"十二五"高等院校经济管理规划教材

国际商法概论

Guoji Shangfa Gailun

（第二版）

主　编　蔡四青
副主编　倪彩霞

西南财经大学出版社
Southwestern University of Finance & Economics Press

中国·成都

图书在版编目(CIP)数据

国际商法概论/蔡四青主编. —2 版. —成都:西南财经大学出版社,2017.9
ISBN 978 - 7 - 5504 - 3235 - 2

Ⅰ. ①国… Ⅱ. ①蔡… Ⅲ. ①国际商法—概论
Ⅳ. ①D996. 1

中国版本图书馆 CIP 数据核字(2017)第 244078 号

国际商法概论(第二版)

主　编:蔡四青
副主编:倪彩霞

责任编辑:孙　婧
封面设计:杨红鹰　张姗姗
责任印制:封俊川

出版发行	西南财经大学出版社(四川省成都市光华村街55号)
网　　址	http://www.bookcj.com
电子邮件	bookcj@foxmail.com
邮政编码	610074
电　　话	028 - 87353785　87352368
照　　排	四川胜翔数码印务设计有限公司
印　　刷	郫县犀浦印刷厂
成品尺寸	185mm×260mm
印　　张	17
字　　数	460 千字
版　　次	2017 年 9 月第 2 版
印　　次	2017 年 9 月第 1 次印刷
印　　数	1—2000 册
书　　号	ISBN 978 - 7 - 5504 - 3235 - 2
定　　价	35.00 元

再版前言

随着经济全球化的发展，世界各国在国际市场上的经济如贸易、投资方面的竞争日趋激烈。面对各国的激烈竞争，中国的公司、企业、经济组织以及个人对国际经济与贸易的法律规范和规则却知之甚少，以致难以适应国际经济贸易法律环境。为了尽快摆脱这种尴尬的局面，认真地研究和掌握相关的国际经济贸易法律规范以及贸易争端解决机制和规则是非常必要的。

为了适应中国对外经济贸易、对外投资、对外经济技术合作顺利开展的要求，同时也为了满足不断变化的国际经济与贸易的发展形势，本书编写者在第一版的基础上对本书进行了修订，修订后的教材具有以下特点：

（1）专业性。为了使国际经济与贸易专业、工商管理专业、市场营销专业等经管类专业学生充分了解和掌握国际经济与贸易法律的相关知识，本书不仅结合了对外贸易活动的实际要求，而且还针对工商管理专业、市场营销专业等经管类专业的需要，将需要学生掌握的相关内容编写到书中，以便其掌握更多的信息。

（2）新颖性和实践性相结合。本书在编写过程中，既注重运用国际经济与贸易立法上和理论上的最新资料，传递国际经济与贸易法律领域的新信息，又注重编写质量好和数量相当的案例，以便学生在学习过程中掌握基本原理，同时也能运用基本原理对案例进行分析，提高自身的实践能力。

（3）系统性。本书的编写原则是，既反映本学科的科学性、系统性和稳定性，又对此学科领域的最新研究成果予以介绍，让学习者全面了解该学科的发展趋势。

（4）简明性。本书语言简练，在理论内容方面力争有所取舍，在案例分析方面又较为全面。

（5）适用对象的广泛性。本书既适合国际经济与贸易本科专业、相关研究方向的研究生、相关经贸专业的大中专学生学习，又适合已经对国际商法有初步了解的公司、企业的商务人士自学。

使用本书的要求是，在教师授课前，学生必须提前预习，基本掌握教材内容。教师授课时主要结合案例讲解，或者进行案例分析，或者讲解最新研究成果。其目的是既使学生基础知识扎实，又帮助他们提高运用最新知识或理论的能力，同时提高其理论指导实践的能力。

另外，本书在编写过程中参考引用了部分网络案例，但因案例较多，无法一一查明原作者，敬请谅解。在此衷心感谢原作者。

编者

2017 年 9 月

目 录

第一章　国际商法概述

教学要点和难点

1. 掌握国际商法的概念及国际商法的主体关系；
2. 了解国际商法的渊源及国际商法调整的对象和范围；
3. 了解和掌握西方两大法律体系的主要特征。

案例导入

美国农场主斯蒂芬与 C 国商人签订了出口玉米 50 吨的合同。交货时，由于 C 国检验检疫机构检验出该批玉米具有转基因成分，被阻止继续进口 C 国。农场主斯蒂芬认为，他的玉米根本没有转基因成分，但是他不能证明自己的看法，因此损失严重。

为了调查为什么会出现转基因成分，他几乎花费了一年的时间，最后终于发现，他农场附近的另一个农场的农场主汉斯种植的玉米含有转基因成分，而且随着蜜蜂采授粉，转基因成分传送到了自己的玉米上。于是斯蒂芬将汉斯告上法庭。理由是汉斯种植的带有转基因成分的玉米授粉，使自己的玉米受到出口影响，要求汉斯赔偿损失。当地法院从未受理过这样的案件，法官需要进行研究，于是案件就拖了下来。刚好那一年，世界贸易组织成立后的第一次部长级会议在多哈举行，斯蒂芬居然到了多哈，找到部长级会议举行的地点，向相关部门申请解决此事。会议工作机构当然没法解决，回复他：请回美国解决。

这里需要注意的是，公司、企业、个人在商务和贸易之间发生的争议和纠纷，主要采取非法律的方式，如协商、调解、仲裁等，或采取法律方式，如诉讼。国家与国家、各国产业与产业之间发生的贸易摩擦和争端，则需要通过世界贸易组织等机构解决。

第一节　国际商法的概念

案例导入

北京长城工贸有限责任公司与荷兰某有限责任公司设在中国上海的独资公司——佛来芒有限责任公司（上海）签订了一份货物买卖合同，北京长城工贸有限责任公司购买佛来芒有限责任公司（上海）通信设备一套，交货地点在北京长城工贸有限责任公司在延庆的仓库。合同还约定，如果因为合同的执行发生争议，首先通过双方协商；协商不成，请双方都信任的某公司调解；如果调解也不成的话，就提交中国国际经济贸易仲裁委员会上海分会仲裁。适用的法律为《联合国国际货物销售公约》。

问题：对该合同，当事人选择适用的法律规定，是否有问题？

一、国际商法的主体

从国际贸易的角度来讲，国际商法是指调整国际商事贸易以及商事贸易组织各种关系的法律规范的总称。这个概念具有两层含义，一是参与国际商事贸易的主体，二是国际商法调整的对象和范围。可以说，国际商法是商法主体、调整的对象和范围的国际化。

国际商法的主体是指以法人、非法人以及自然人身份从事国际商事贸易的当事人（参加者）。自然人即个人是国际经济贸易关系的最早当事人之一。虽然目前以个人的名义从事国际贸易活动已不普遍，但个人仍然在国际经济贸易的若干领域从事着活动，他们依然是国际商事贸易的参加者，因而是国际商法的主体之一。法人即公司、企业作为国际经济贸易的主体，是最常见的情形。

国际商法的主体从法律形式上讲，主要是法人、非法人和自然人；从组织形式上讲主要是公司、企业、合伙企业和个人独资企业。很明显，其主体没有国家的内容，也就是说国际贸易或国际商事活动主要是靠这些组织机构来完成的。在国际贸易或国际商事活动中，如果这些组织机构之间发生争议或纠纷，解决的方法主要有协商、调解、仲裁和诉讼四种，具体内容在本书的后面将用一章的篇幅阐述。

随着世界经济的发展，尤其是第二次世界大战后国际经济贸易的发展变化，法人组织在国际经济贸易领域内的地位越来越重要。法人组织通常包括有限责任公司、股份公司、国有公司以及跨国公司等。经济组织是指一些非法人的合伙企业，如非法人资格的中小型企业、家庭企业等。这些经济组织在各国的数量都是较多的，因此在国际经济贸易中同样起着重要作用。从传统的国际商法的主体来看，并不包括不同国家之间的贸易，国际商法中的"国际"一般是"跨越国界"的含义。但是，随着国际经济一体化的迅速发展，世界贸易组织的建立，各个国家之间以国家、政府名义参加国际商事贸易活动的机会越来越多，以至于在现代国际商法中，国家和政府机构也逐渐成为国际商事贸易活动的主体或当事人。

二、国际商法调整的对象和范围

国际商法是随着国家间商事交往的产生而产生的。20 世纪以前，传统的国际商法基本上局限于国内法或习惯法，主要调整商事行为法、公司法、票据法、海商法等。20 世纪初期，一些政府或民间的国际组织开始致力于制定国际商法公约或编纂统一的国际商事惯例，并取得了重大成就。随着当代国际经济贸易交流规模的扩大和商事交往的多样化、复杂化，除了国际货物买卖有了巨大发展以外，还出现了许多新型的国际商事做法，如国际投资、国际合作生产、国际技术转让、国际劳务输出、国际服务贸易、国际产品责任、国际电子商务等。因此，国际商法调整的对象和范围就比传统的商法更为广泛。概括起来主要有以下几个方面：

（1）调整有关国际货物买卖方面各种关系的法律规范，如国际货物买卖合同、国际货物运输与保险和国际结算、国际贸易商事代理、国际产品责任以及各国管制对外贸易等方面的法律。

（2）调整有关国际贸易机构管理活动方面各种关系的法律规范，如公司法、企业法等。

（3）调整有关无形商品贸易的各种特殊关系的法律规范，如国际技术贸易法、工业产权法、版权法等法律规范。

（4）调整有关促进国际贸易交流的新型交易方式的各种关系的法律规范，如国际贸易中的电子商务、国际投资、国际合作生产等方面的法律规范。

（5）调整有关解决国际商事贸易主体之间交易纠纷的法律规范，如反不正当竞争法、反垄断法、国际贸易仲裁法等。

知识拓展

在国际贸易或国际商事活动中，以国家的名义参与的活动主要有：签署国家与国家之间的双边或多边贸易协议，加入国际经济贸易组织，以国家的名义向相关的国际经济组织主张经济贸易权利、采取贸易救济措施等。例如，国家与国家之间若有经济贸易方面的合作，首先应该以国家的名义签署合作协议，当然这些协议的完成还得进行分解，分解后作为不同的项目进行招标，由国内的公司、企业、合伙企业和个人独资企业分别签订各类合同来完成。又如一旦国家与国家之间发生贸易摩擦或贸易争端，那么还是要以国家的名义向相关的国际组织进行申诉，如向世界贸易组织申诉。

国际贸易或国际商事组织机构之间发生的争议、纠纷和国家与国家之间发生的贸易争端或贸易摩擦有什么区别？这不仅仅是词汇的不同，而是有实质性的区别的。从国际贸易或国际商事组织机构之间发生的争议和纠纷来看，其主体是公司、企业、合伙企业和个人独资企业，他们涉及的争议和纠纷范围，主要是以合同为依据，双方通常通过协商和调解来解决争议与纠纷，如果解决不了，那么可以通过仲裁机构或各国的法院解决。但是如果是国家与国家之间发生的争端和摩擦，则是首先发生在产业或行业中间，而且涉及大量的该产业或行业中的大大小小的公司、企业，更重要的是，这些产业或行业有涉及国家的主权问题。对于国家与国家之间发生的争端和摩擦，各国的法院没有管辖权，只能通过国际经济组织，特别是世界贸易组织解决贸易争端机构的规则来解决。贸易争端或贸易摩擦的形式主要是倾销与反倾销、补贴与反补贴、保障措施和特别保护税等，而这些形式在世界贸易组织规则中，又被称为贸易救济措施。

至于各国之间关于纺织品、农产品还有机电产品等方面的反倾销和反补贴问题，某些发达国家对钢铁产业采取限制进口的保障措施、对轮胎产品采取特别保护税的措施而对知识产权保护等方面问题则属于国家与国家之间的贸易争端或摩擦，就需要世界贸易组织遵循解决贸易争端或摩擦的规则来解决问题。

三、国际商法与其他相关法律的关系

（一）国际商法与国际经济法的关系

国际经济法是调整国际社会中关于经济关系和经济组织的法律规范的总称。一般认为，国际经济法属于国际公法，其范围不仅包括国际商法、国际贸易法、国际投资法、国际货币金融法、国际税法，而且包括为国际市场竞争创立的统一规范制度和通行规则的国际经济组织法等。从国际经济法所涵盖的内容看，国际商法是国际经济法

的一个重要组成部分。

（二）国际商法与国际贸易法的关系

国际商法与国际贸易法有着极为密切的关系。原则上讲，国际商法是调整跨越国境的贸易关系以及与贸易有关的各种关系的法律规范的总称。但是，传统的国际商法基本上等同于国际货物买卖法。从这个意义上讲，国际商法是国际贸易法的一个重要组成部分。但随着第二次世界大战后国际贸易规模的扩大和形式的增加，特别是伴随着西方各国政府对经济生活干预的加强及各种管制贸易的政策和措施的实施，一系列有关管制商业和管制贸易的法律在传统的商法范围之外发展起来。在当代，协调国际经济关系的组织结构也建立和发展起来，如世界贸易组织（WTO），作为独立于联合国的永久国际性组织，它制定国际贸易规则，解决贸易争端的机制也成为国际贸易法的渊源。鉴于此，国内外许多法学家认为国际贸易法不但应该包括有形贸易（货物买卖）、无形贸易（技术转让、劳务输出和服务贸易）、国际投资和国际资金融通方面的法律，而且还应加上国家、国际经济组织干预对外经济活动的全部法律。这实际上是使国际贸易法等于传统商法加上国家、国际经济组织干预经济活动和管制贸易的法律。从这个意义上讲，国际商法又成了国际贸易法的一个组成部分。但不管怎样，国际贸易法是在国际商法的基础上产生与发展起来的。

（三）国际商法与国际私法的关系

国际商法既不同于国际经济法，也不同于国际私法。一般认为国际经济法属于国际公法，而国际商法则主要属于国际私法。但国际商法又不同于传统的国际私法，传统的国际私法属于冲突法，其任务主要是为具有涉外因素的私法案件确定准据法或法律适用，而国际商法则主要是实体法，其任务主要是调整国际商事贸易当事人的权利与义务关系。

正是由于国际商法自身所具有的特点，很难把它归入现存法律体系中的哪一个部门，因此从 20 世纪 60 年代以来，国际商法就被作为一个独立的法学领域加以研究。

第二节 国际商法的渊源

就国际商法而言，其渊源是指各种有关国际商事贸易的法律规范产生的根据、来源以及表现形式，即国际商法表现为何种法律文件才具有效力。一般来讲，国际商法的渊源主要有四个，即国际公约、国际惯例、国际税法以及各国有关贸易方面的国内立法。

一、国际公约

国际条约是指两个或两个以上的主权国家，为确定他们之间经济贸易关系中的权利和义务而达成的协议。这些协议只要是基于有关缔约国自由平等的意志，并且不违背国际公法的一般准则，都是有效的。各国缔结的有关国际商事和国际贸易的条约是国际商法的重要渊源。目前，属于国际商法渊源的国际条约主要有以下几类：

（一）国际货物买卖领域

国际货物买卖领域，国际公约主要有 1974 年《国际货物买卖时效期限公约》、1980 年《联合国国际货物买卖合同公约》、1980 年《修订国际货物买卖时效期限公约的议定书》、1983 年《国际货物销售代理公约》、1985 年《国际货物买卖合同适用法律公约》和《国际货物买卖适用法律公约》等。

（二）国际货物运输领域

国际货物运输领域，国际公约主要有 1924 年《统一提单的若干法律规则的国际公约》（《海牙规则》）、1929 年《统一国际航空运输某些规则的公约》（《华沙公约》）、1938 年《国际铁路货物运输公约》（后经多次修订）、1951 年《国际铁路货物运输协定》（后经多次修订）、1955 年《海牙议定书》、1961 年《统一非缔约承运人所办国际航空运输某些规则以补充华沙公约的公约》（《瓜达拉哈拉公约》）、1968 年《关于修改统一提单的若干法律规则的国际公约》（《维斯比规则》）、1973 年《联合国运输单证统一规则》、1978 年《联合国大会海上货物运输公约》（《汉堡规则》）和 1980 年《联合国货物多式联运公约》等。

（三）国际贸易支付方面

国际贸易支付方面，国际公约主要有 1930 年《汇票与本票统一法公约》《支票统一法公约》，1988 年《联合国国际汇票和国际本票公约》（尚未生效）等。

（四）技术贸易领域

与贸易有关的知识产权条约主要有 1883 年《保护工业产权巴黎公约》（1979 年第七次修订）、1886 年《保护文学艺术作品伯尔尼公约》、1891 年《商标国际注册马德里协定》（1979 年第七次修订）和 WTO 体制中的《与贸易有关的知识产权协定》等。

（五）解决国际商事纠纷方面

解决国际商事纠纷方面，相关国际公约主要有世界贸易组织（WTO）体制中的《争端解决规则和程序的谅解》、1958 年《承认与执行外国仲裁裁决公约》、1976 年《联合国国际贸易仲裁委员会仲裁规则》等。

二、国际惯例

国际惯例是指在国际贸易活动中，由于长期的反复的实践而逐渐形成的并受到遵守的一些贸易规则。一个国际惯例，开始是由一国或多国单方面设定一个规则，然后该规则被其他国家以明示或默示的方式赞成或遵守而逐渐形成。国际惯例虽然不是法律，不具有普遍的法律约束力，但当国际惯例被一个国际公约、国内立法、法院判例或其他法律行为（如声明、宣言等）接受时，它就对有关国家具有约束力，并且对公认的国际惯例的破坏往往会受到国际舆论的谴责甚至招致有关国家的报复。国际惯例既是国际经济贸易活动发展的产物，也是国际经济贸易活动进一步扩大与健康发展所必不可少的原则，其作用显得越来越重要，因此它已构成国际商法的一个重要渊源。

目前在商事交易中有以下几个主要的国际惯例：

（1）国际法协会制订的（1932年华沙－牛津规则）。

（2）国际商会2000年、2010年修订的《国际贸易术语解释通则》。

（3）国际商会2007年修订的《跟单信用证统一惯例（UCP600）》。

（4）1941年《美国对外贸易定义修订本》。

（5）《联合国国际贸易法委员会仲裁规则》等。

三、国际示范法

国际示范法是国际组织制定并通过的由各国单方面采用的规则，它只是给各国提供一个示范，供各国自愿选择。示范法与国际条约的明显区别是，它没有经国际会议通过，也不对各国开放签字，并订有关于示范法不具有强制力的条款。例如联合国国际贸易法委员会制定的1985年《国际商事仲裁示范法》第一条第一款规定："本法适用于国际商事仲裁。但须服从在本国与其他任何一国或多国之间有效力的任何协定。"又如罗马国际统一私法协会制定的1994年《国际商事合同通则》（Principles of International Commercial Contract）的前言也明确指出："通则旨在为国际商事合同制定一般规则，在当事人一致同意其合同受通则管辖时，适用通则。"此外，联合国贸法会制定通过的1996年《电子商务示范法》和2001年《电子签名示范法》同样为人们提供了一套可以选择适用的规则，也为各国在制定电子商务法规时提供了参考的范本。

上述国际示范法虽不是国际条约，不具有当然的约束力，但它毕竟融合了各种法律体系的许多法律原理、规则，也吸收了国际商事活动中的某些惯例，不少国家利用它们来解释国际商事惯例，或作为国内立法的范本。例如，罗马国际统一私法协会制定的1994年《国际商事合同通则》在这方面就发挥了很好的作用。因此，它们是国际商法的重要渊源。

四、各国有关的国内立法

尽管已参加或承认大量的国际商事公约或惯例，但由于传统习惯与自身利益所在，各国仍在许多商事领域中保留独占的立法权，而且现有的有关商事的国际条约和惯例还远不能包括国际商事各个领域中的一切问题，并且即使已有的国际商事条约和惯例也尚未被所有国家和地区一致承认或采用，因此在许多场合中，还要凭借法律冲突规范的指引，运用某一国家的国内民法、商法或判例来处理有关国际商事争议。从这个意义上讲，各国国内的有关立法乃是国际商法的补充，是国际商事贸易法律规范的重要渊源。国际商法中的国内法主要体现为制定法和判例法两种形式，其中尤以西方两大法律体系，即普通法系和大陆法系国家的法律对国际商法的影响最大。

第三节　西方法律体系与国际贸易法的发展趋势

在国际贸易活动中，不但要求各国遵守相同的贸易游戏规则，同时也要求遵循各国的国内法。由于各国政治、经济、文化等历史传统的不同，各国的法律制度也不同，要了解每一个国家具体的法律制度是十分困难的。但是，有些国家的法律结构、法律术语、法律原则基本相同，构成了法律的同一体系，只要了解其中有代表性国家的法律制度，就有助于了解世界各国的法律制度。在当今西方法律制度中最具有代表性和广泛影响力的是以法国和德国为代表的大陆法系，以英国和美国为代表的普通法系。因此这两大法律体系在形成和法律适用中均存在着各自明显的特征，而且两大法系中有关商事立法的部分对国际商法影响较大，因此有必要了解西方两大主要法系的特征。尽管两大法系有一定的分歧，但从目前经济全球化的发展来看，统一国际贸易法成为不可阻挡的历史潮流。

知识拓展

大陆法（Continental Law）也称市民法（Civi Law），作为一个体系在 13 世纪出现于欧洲，是在继承和发展罗马法的基础上逐渐形成与完善的。1804 年的法国《民法典》以及 1900 年的德国《民法典》的颁布，标志着大陆法走向成熟与完善阶段，故大陆法系（Continental Law System）以法国和德国为代表。除法国和德国之外，许多欧洲国家，如瑞士、意大利、比利时、卢森堡、荷兰、西班牙、葡萄牙、奥地利、丹麦、挪威、芬兰、瑞典、希腊等国均属于大陆法系。另外，还有亚洲的一些国家，如日本、泰国、印度尼西亚、土耳其、伊朗等国；非洲的一些国家，如埃塞俄比亚、摩洛哥、阿尔及利亚、索马里、安哥拉、莫桑比克等也属于大陆法系。此外，英国的苏格兰、加拿大的魁北克省、美国的路易斯安那州也属大陆法系。

一、大陆法系的基本特征

（一）受罗马法的影响较大

罗马法是指罗马奴隶制国家的全部法律，即从公元前 6 世纪罗马国家形成时期起，至东罗马帝国从奴隶制转变为封建制时止的整个历史阶段的法律。其中主要是从公元前 5 世纪罗马最早的成文法——《十二铜表法》开始，到公元 6 世纪止东罗马帝国皇帝查士丁尼编纂的《国法大全》（Corpus Juris Clvilis）为止这一时期的法律。罗马法对历代封建制国家和资产阶级国家的法律，特别是其中的民法和商法都有很大的影响。

大陆法系主要在两个方面受到罗马法的较大影响。

1. 大陆法系继承了罗马法

大陆法系在法律思想、法律内容、法律结构等方面继承了罗马法，如 1804 年颁布的法国《民法典》，即《拿破仑法典》在结构上、内容上都以罗马法的《法学阶梯》为依据，特别是关于物权和债权部分受罗马法影响更大。

2. 大陆法系把法律分为公法与私法

大陆法系沿袭了罗马法把法律分为公法与私法两大类的做法。罗马法的公法是指调整国家与国家之间、国家与公民之间权力与服从的法律规范的总称。如对宗教祭司活动和国家机关活动的法律法规。大陆法进一步把公法再细分为宪法、行政法、刑法、诉讼法和国际公法。私法是指调整自然人与自然人之间、法人与法人之间、自然人与法人之间关系的民事和经济关系的法律规范的总称。私法是大陆法系最重要的内容，它对西方国家的法律和法学的发展有着深远的影响。罗马法的私法包括调整所有权、债权、家庭与继承等方面的法规。大陆法系又把它分为民法、商法等。

（二）法律的表现形式是成文法而且是大陆法系的主要渊源之一

1. 法律即成文法是大陆法系的主要渊源

大陆法系各国十分重视法律的系统化、条理化、法典化和逻辑性，都主张编纂各种法典。大陆法国家的法律包括宪法、法典、法律和条例等。

2. 习惯作用次于成文法

习惯虽然也是大陆法的渊源之一，但作用次于成文法。只有当某些法律必须借助于习惯才能为人们所理解时，立法者才在法律中使用某些习惯解释其含义。

3. 判例也是大陆法系的渊源之一

大陆法系国家强调成文法的作用，原则上不承认判例是具有与法律同等的效力。一个判决只对被判处的案件有效，对日后法院判决同类案件无约束力。

4. 学理在大陆法系的发展过程中起着重要作用

学理在大陆法系的发展过程中起着重要作用，同样成为大陆法系的渊源之一。学理为立法者提供法学理论、法律词汇和法律概念，通过立法者的活动，制定成法律；对法律进行解释，并对判例进行分析和评论；通过法学家的著作、培训法律人员影响法律实施的过程。

（三）法律的实施以法律条文的抽象概念为依据，由法官加以解释

在大陆法国家，对法律的解释极为重要，法律必须经过解释才能付诸实施，在这方面，法官享有很大的权力。在一般情况下，法官主要依据法律的文词规定进行解释，同时照顾到立法者的意图。但是为了适应社会政治经济发展的需要，各国的法官都可以采取各种办法摆脱法律文词的束缚。如立法者往往在法律中使用一些含糊的、抽象的、不精确的文词，法官可根据具体案件做出适应当时情况的解释。例如第二次世界大战后，在德国马克急剧贬值的情况下，如果允许债务人以同样数目的德国马克来偿还德国马克贬值前的金钱债务，这对债权人显然是十分不利的。于是德国法院就援引《民法典》第二百四十二条关于善意履行的规定，摒弃了"货币名目主义"（金钱债务应以同等数目的金额偿还的原则），责令债务人不得以同等数目贬值后的德国马克偿还贬值前的债务，从而使法律适应情况变化的要求。

（四）大陆法系各国的法院层次基本相同

大陆法系各国的法院组织虽然各有特点，但都有一些共同之处。主要表现为：法

院的层次基本相同，各国除普通法院外，都有一定的专门法院与普通法院同时并存。各国法院都分为三级，即第一审法院、上诉法院和最高法院。专门法院有商事法院、亲属法院和劳动法院，专门受理有关商务关系、家庭关系和劳资关系的案件。

知识拓展

普通法（Common Law）是英国在中世纪时期形成的一种法律制度，从广义的普通法系（Common Law System）来讲，它不仅包括英国的全部固有的法（即普通法、衡平法的总称），而且也包括了接受英国法的各国的国内法。由于判例是普通法的主要渊源，所以它又称为判例法（Case Law）。在当今世界上，普通法的主要代表是英国和美国，故在多数情况下称为普通法。

除英国和美国之外，过去曾受英国殖民统治的国家和地区，如加拿大、澳大利亚、新西兰、爱尔兰、马来西亚、新加坡、巴基斯坦、锡兰以及中国香港地区等也都属于普通法系。

二、普通法系的基本特征

（一）普通法受罗马法的间接影响

普通法虽然不像大陆法一样直接继承了罗马法的传统，但罗马法对普通法还是有一定的影响。

1. 受教会法的影响

教会法的渊源主要是罗马法。教会法院主要管辖有关家庭关系、遗嘱继承和海事方面的案件，在这些领域中，罗马法对普通法的形成有很大的影响。

2. 受商法的影响

《商事行为法》（Law Merchant）是从事贸易的商人之间的一种习惯法。在13世纪时，英国商人就有自己的商业习惯法，并有专门的商事法院，设在市集附近，处理有关商事纠纷案件。18世纪中期商业习惯被吸收到普通法中。到18世纪以后，商法已被普通法吸收，成为普通法的一个组成部分。英国的商业习惯法同欧洲各国的商法基本一致，受罗马法的影响很大。

3. 罗马法渗入衡平法（Equity）

普通法院是通过一定的诉讼形式发展起来的。当事人向法院起诉时，必须请求国王的枢密大臣（Chancellor）发给一种书面的令状（Writ），每一种令状都有固定的程序，如诉讼事项、能否委托代理人出庭、搜集证据的条件、执行判决的办法等。每一种诉讼程序都有一套专门的术语，不得在另一种诉讼程序中使用。如果不符合要求，法院概不受理。枢密大臣在审理案件时，可以不受普通法的约束，而是按照"公平与正义"的原则做出判决，这样判决就形成了所谓的"衡平法"。衡平法法院在14世纪下半叶成立独立的法院，与普通法法院同时存在。由于衡平法法院多由精通罗马法的僧侣担任法官，而他们又可以参酌罗马法的规定来处理案件，因此罗马法就渗入了衡平法。

（二）普通法的表现形式主要是判例法，判例法是普通法的主要渊源之一

判例法是普通法的主要渊源，它是由英国高等法院的法官以判决的形式发展起来

的法律规则。判例法的一个主要特点是，法院在判决中所包括的判决理由必须得到遵循，即对做出判例的法院本身和对下级法院日后处理同类案件均具有约束力。这就是"先例约束力原则"（Rule of Precedent），根据这一原则，上议院的判决是具有约束力的先例，对全国各级审判机关都有约束力，一切审判机关都必须遵循。上诉法院的判决可构成对下级法院都有约束力的先例，而且对上诉法院本身也有约束力。高级法院的每一个庭的判决对一切低级法院有约束力，对高等法院的其他各庭也有很大的说服力。这些原则在美国有些变化，即联邦和州的最高法院可以不受他们以前确定的先例的约束，他们可以推翻过去的先例并确立新的法律原则。

总之，普通法国家的法院在审理案件时，依据主要是判例，而不是法律条文。法院在审理案件时，先对诉讼的具体情节进行确定、评价和分析，然后再同先例中的具体事实进行比较识别，再根据先例约束力的原则判决，而不是以法律条文审理案件。

除判例法是普通法的主要渊源外，成文法、习惯法也是其渊源。

（三）普通法的结构具有二元性

无论是英国法还是美国法，其法律结构都具有二元性。

从英国法来看，英国法分为普通法和衡平法两种。两者虽然都是判例法，但各有不同的特点。

1. 救济法不同

普通法只有两种救济方法，一种是金钱赔偿（Relief in the Form of Money），另一种是返还财产（Restoration of Property），且以金钱损害赔偿作为主要的救济方法。一般情况下，法院在受理债权债务案件时，给予债权人的救济方法只能是判令债务人支付一定的损害赔偿金额，这种救济方法在大多数情况下可以满足债权人的要求。但在某种情况下则不能，如有关土地和房屋等不动产交易，以及古董、字画等特定物的买卖等。又如普通法对于发生不法行为或违约行为的情况，不能预先采取防止措施。当事人只能等待其行为发生后，才能向法院诉请损害赔偿。

衡平法院为了弥补普通法的不足，发展了一些新的救济方法。衡平法的救济方法也是有两种，一是实际履行（Specific Performance），有时又称为依约履行，是指衡平法院可判令负有一定义务的一方当事人按照合同的规定履行其应负的义务。但以违约所遭受的损害不能以金钱赔偿得到满足，或损害的金额无法确定为限。二是禁令（Injunction），衡平法院可以发出禁令，命令当事人作某种行为或不作某种行为，以事先防止不法行为和违约行为的发生。

在下列情况下，衡平法院可以发出禁令：①不法损害动产或不动产；②发生违约行为；③违反信托行为；④官吏政府机构的不法行为；⑤不法征收租税。

可见，当普通法的救济方法不能弥补当事人的损失时，可用衡平法来弥补。

2. 诉讼程序不同

普通法法院有陪审团制度，衡平法法院均不设陪审团；普通法法院听取口头答辩，采取口头询问方式审理案件，而衡平法法院则采取书面诉讼程序。

3. 法院的组织系统不同

在英国的高等法院内设有王座法庭（Queen's Bench），适用普通法的诉讼程序法；设有枢密大臣法庭，适用衡平法的书面诉讼程序。在确定某种案件应属于王座法庭还是枢密大臣法庭管辖时，不是根据该案件适用的法律是属于普通法还是衡平法，而是考虑哪一种诉讼程序对该案件的审理最为合适来确定。现在普通法包括刑法、合同法和侵权行为（民事责任）法，但在这些法律部门中也适用衡平法发展起来的不正确说明（Mis‑represetation）、不正当的影响（Undue Influence）以及禁止自食其言（Estoppel）等原则。衡平法包括公司法、信托法（Trust）、破产法、遗嘱与继承法等。

4. 法律术语不同

为了避免与普通法院发生冲突，衡平法院在司法活动中使用自己所特有的法律术语。例如：衡平法中称起诉为 Suit，普通法称为 Action；衡平法中权利称为 Interests，普通法称为 Rights；普通法称判决为 Decree，衡平法则称为 Judgment；普通法称将判令支付金钱损害赔偿称为 Compensation，衡平法则称为 Damages；普通法律师被称为 Common Lawyers，衡平法律师被称为 Equity Lawyers。两种法院的律师受不同的法律训练，用不同的方法，分别处理不同的案件。

再来看美国法，美国法律的结构也具有二元性。

1. 美国法律分成联邦法与州法两大部分

这是美国法律结构的主要特点。根据1791年美国宪法修正案第十条的规定：凡宪法未授予联邦或未禁止各州行使的权力，均属各州。在不违反联邦宪法规定的前提下，各州均有权自由制定或取消州宪法，不同的州宪法在具体规定上差别很大，州宪法的修订也比联邦宪法便利。若州法与联邦法有抵触时，应适用联邦法。在民事立法方面，联邦的立法权范围主要包括银行、工业、国际贸易、州际贸易、专利权和税收等事宜。但即使在上述范围内也并不排除各州的立法权，美国各州建有较为完整的行政、立法和司法结构，在一定的范围内管辖本地的财政、税收、文化和教育等方面的事务。

2. 美国的法院组织设有联邦法院与州法院两套系统

具体分为：联邦法院包括地区法院、上诉法院和最高法院；州法院包括第一审法院、上诉法院和联邦法院、州法院。

美国法律制度的发展，主要是判例法和成文法相互作用的结果，习惯法对其影响不大。

（四）重视程序法

英国法有一句格言：救济先于权利（Remedies Precede Right）。在英国，实体法是通过各种诉讼程序形成的，如果某种权利缺乏适当的救济方法，这种权利就不能存在，就不能得到法律上的保障。救济是指通过一定的诉讼程序给予当事人以法律上的保护，救济属于程序法的范畴，权利则属于实体法的范畴，程序不对，权利也无从获得。这表明诉讼程序在英国法中占有十分重要的地位。

三、当代国际贸易法统一化的发展趋势

第二次世界大战后，全世界进入了较稳定的和平时期，大多数国家纷纷利用这段

难得的时期发展自己的经济，从而出现了经济全球化。20世纪末，又接连不断地发生了一系列事件，例如欧盟的顺利发展、北约的扩大、世界贸易组织的成功发展、联合国调控世界事务力量的增强等。这些事件充分证明了一个真理：经济全球化已经成为势不可挡的历史大潮。目前经济全球化的发展，必然要求各国人民在国际贸易中遵守相同的游戏规则，即国际贸易法的统一化也成为不可阻挡的历史潮流。因此，我们必须抓住这次难得的机遇和挑战，为推进国际贸易法统一化做出应有的贡献。

（一）两大法系法律渊源的发展趋势

1. 大陆法系"判例法"的地位不断提高

大陆法系国家都非常强调成文法的作用，这些国家，原则上不承认判例与成文法具有同等效力。法、德等国在法典颁布后的一段相当长的时期内，法官只能对法典进行狭义解释，只能将法律事实与法律条文生硬地"对号入座"，法官毫无适用法律的灵活权力，因而常被普通法系学者称为"机器人"。随着社会经济的发展变化，属于大陆法系的各国出现了许多法典和法规所不能预见的情况，社会生活的发展要求对法典和法规所确立的法律原则有所改变。因此进入20世纪以来，大陆法系各国无视判例作用的态度已有所改变，例如德国公开明确地宣布，联邦宪法的判决对下级法院有强制性的约束力。大陆法系"判例法"的形成有两种情况：一种是通过最高法院的判决确立新的法律原则；另一种是法官在判案中对法典的某些条款作了扩展解释而创造的法律原则。所以这种"判例法"与英美法系的判例法是不同的。

2. 普通法系成文法的数量日益增多

自19世纪末到20世纪初以来，普通法系国家的法律结构发生了深刻的变化。这种变化主要是成文法的比重和作用不断上升，逐渐成为英美法的重要渊源。普通法系的成文法包括两种情况：一种是议会制定的法律；另一种是行政机关按照法律制定的条例。据统计，英国从19世纪中期到20世纪中期的100年间颁布的、至今仍然有效的法律共有3 386件，如1882年的《汇票法》、1893年的《货物买卖法》、1906年的《海上保险法》就是这项工作的主要成果。此外，英国从1870年开始进行《法律修订汇编》的编纂工作。但是，直到目前为止，英国仍然拒绝像大陆法国家那样编纂统一的刑法典、民法典和商法典。特别是1939年以来，英国开展了大规模的立法活动，形成了一些新的法律门类，如劳动法、经济法等。这些新法由各行政委员会实施，而这些准审判机关在其活动中则不适用"先例约束力"原则。

从美国来看，成文法的地位和作用比英国突出。美国有两种成文法，即联邦成文法和州成文法。联邦成文法主要是联邦宪法，州的成文法除州宪法和州刑法典外，大多数州还有刑事诉讼法，一些州也有了民事诉讼法典，个别的州还有民法典。从19世纪下半期起，美国开始进行联邦立法的整理编纂工作。

自欧盟成立后，英国作为欧盟的成员国，就认可了欧盟法作为其法律的一部分，并享有优先权，这就意味着英国法开始在某些方面与大陆法相汇合，也标志着英国法接受了大陆法系的某些法律原则。大陆法系虽没有"遵守先例"的原则，但是在旧法条文已经不适用的情况下，特别是在法典没有明文规定的情况下，判例往往也成为法官判案的参考和依据。普通法系国家成文法日益增多，判例法有所减少，有些判例所反映的法律原则通过立法，变成成文法。

由于两大法系法律渊源的形成是历史传统、社会政治、经济状况、思想文化发展等不同而长期演变的结果，它们的发展趋势也必将受到这些客观条件的制约，不可能立即汇合成单一的西方法系，两大法系的重大差别还将长期存在。例如，普通法系国家虽然成文法日益增多，但仍以判例法为主要法律渊源的这一特点目前并未根本改变；大陆法系国家的"判例法"也并非普通法系国家意义上的判例法。从结果上看，虽然它们都是法官创制的法律，而且这种"法官法"都具有一定的约束力，但从创制法律的依据来看，两者则有很大的差别。因此，两大法系汇合成单一的西方法系还要经历漫长的阶段。

（二）国际贸易法统一化的趋势

随着世界经济的快速发展，越来越多的国家纷纷参与到国际贸易中来，当代国际经济结构发生了深刻的变化，贸易与投资、知识产权、现代科学技术等构成了越来越密切的关系，这就要求加快相关的国际贸易法律实现统一化进程。

国际贸易法统一化实际上就是国内法与国际公约、国际惯例的结合，判例法与成文法的结合。在国际贸易法统一化的过程中，国内法显然不能调整国际经济贸易关系。例如，在合同的成立方面，大陆法国家多采用到达生效的原则，而普通法系国家则采用投邮生效的原则，这无疑会影响到国际贸易当事方的利益。传统的国际商法主要是由"意思自治"原则来调整的，但是，近年来国家通过立法，从关税、原产地规则、卫生检疫和商品检验、配额和许可证、外汇、反倾销和反补贴等一系列法律法规对国际贸易进行管理。就其法律规范的性质而言，属于国内法的范畴，然其调整的对象，却是国际的贸易关系，传统的国际商法"意思自治"原则的运用必须与时俱进进行调整，否则将对国际贸易产生直接的不良影响。虽然商人习惯法也有国际性，但它毕竟是商人之间的商事做法，并非主权国家共同参加起草及通过的国际条例。商人习惯法基本上不是成文法，各国商人长期沿用的不少贸易惯例仍未成文化，不同国家的商人常常给予不同的解释，使国际贸易法具有不确定性和不稳定性，这也影响了国际贸易的顺利发展。而国际贸易法统一化中的文件，几乎都是成文法，包括大量的国际条约、协定、国内立法甚至对国际贸易惯例的编纂和整理，各国政府、商人、法官或者仲裁员可以迅速便捷地查询和使用需要的内容。世界贸易组织所管理的数十项国际协定，联合国国际贸易法委员会通过的公约等，充分说明了这一点。当前的国际贸易法统一化，就是要求主权国家发挥主导作用，并要求政府间国际组织全面参与国际贸易法的统一化进程，使国家开始对国际贸易进行直接的法律性规制，让国际贸易法开始大范围地成文化。当然，国际贸易法的统一化虽然取得了长足的进展，但是还存在一定不足。例如，没有对一些重要的问题做出规定，有些惯例至今尚未得到普遍的承认和采用等。无论如何，国际贸易法统一化已是大势所趋。

参考书

1. 冯大同. 国际商法 [M]. 北京：对外经济贸易大学出版社，1998.
2. 蔡四青. 国际商法 [M]. 北京：科学出版社，2005.

思考题

1. 何谓国际商法？
2. 试述国际商法的主体之间的关系。
3. 简述国际商法的渊源。
4. 试述英美法系与大陆法系的主要特征。
5. 试述国际贸易法统一化的趋势。

课后案例分析

大连氯酸钾厂向美国威士利化工工业公司引进漂粉精生产线设备。1987年12月23日，买卖签订了近500万美元的商业合同。合同主要包括技术转让和购买设备两方面内容。

买方：中国技术进出口公司大连分公司（外贸代理）、中国化工建设总公司大连分公司（担保人）和大连氯酸钾厂。

卖方：美国威士利水化学公司、加拿大贝克兰系统公司（中间人）。

其中购买设备费为392万美元，专有技术即8项技术秘诀转让费100万元。全部价款只付现金83%，剩下17%由卖方收购产品漂粉精产量的5%作为返销（这样可节约80万美元的现金）。商业谈判和合同签订得相当规范和仔细。

1988年年底，全部设备抵达大连，合同顺利履行，400多万美元从中国打入美方的账户，美方的技术人员在大连企业协助安装调试机器，万事俱备，只剩下那8项技术秘诀。

1990年4月，中方终于接到美方的回音，公司不幸破产，不能继续履行与中方签订合同的内容，这是不可抗力。由于无技术，美方技术员走了，中方只好自己试车，终于生产出离合格率只差一点的漂粉精沫。大连厂的职工不甘心地将这些不合格的漂粉精沫产品装进早已印刷好的包装袋内，并带到北京的一个展览会上，可有人却把展台上的产品送给了美国人。

负责进出口的中国技术进出口公司大连分公司很不甘心，请了一位美国律师，去美方做破产清理程序的法院，做了债权登记，希望能从破产公司的清理中获得一些补偿。不料中国技术进出口公司大连分公司在美国法院受到美国的迪拿米克公司的控告，状告其在引进生产线时犯了法。迪拿米克公司称，当时中方用100万美元为诱饵，从威士利公司骗取了早已独家转让给它的专有技术，证据是中方用此技术生产并展览的产品，另有威士利独家转让的全部文件以及中方用 100 万美元购买技术的合同文本。

有关部门对美国的无理行径采取不予理睬的政策。10 个月后，美国破产法院做出以中国技术进出口公司大连分公司和中华人民共和国为被告的缺席判决：中方支付 140 余万美元的赔偿金，今后永远不得使用漂粉精生产技术。中方仍未理会，案件被送到联邦地区法院。

1993 年 11 月联邦大法官做出更加严厉的第二次判决，除原罚金外，又罚加利息，赔偿金达到 1 400 万美元，另加一条"藐视"法庭的罪名，被告人也从前面的 2 个增加到 8 个。

1996 年美国亚拉巴马州法院向"中华人民共和国"等 8 家中国公司、企业被告发出传票，通知将于 1997 年 2 月 18 日开庭，审理执行 1993 年该法院做出的一个中方败诉的判决。

此次开庭根据美方律师要求，冻结这些机构在美国的资产 1 400 万美元，中国银行纽约分行也被列为被执行财产的对象。中国仍采取不予理睬的政策。

这实际上是一起国际大冤案。在这场危机中不仅表现在中方将无辜地损失 1 400 万美元，更重要的是就此将在美国法院形成一个不利中国的判例，即凡是在美国败诉承担债务的中国企业，都将以"连坐法"牵连其他在美国注册、受美国法律管辖的中国公司。为了不让这个判例形成，推翻原判决，中国必须打赢这场官司。最终，中国胜诉。

这是一起长达 10 多年，法律关系比较复杂，涉及的法律知识较多的案例，分析起来可从以下几个方面入手：对该案的法律关系的分析，对购买生产线及设备的合同的分析，对美国公司破产的分析，中方被控告的理由和原告身份的分析，对冻结中国 8 家企业在美国财产问题的分析，该案的关键是对"技术保证"没有防范措施等。

第二章 国际贸易中的商事组织法

教学要点和难点

1. 了解和掌握商事组织的法律形式的一般概念和特征；
2. 了解个人独资企业法的主要内容；
3. 了解和掌握公司设立的必要条件、公司内部组织结构建立的法律规定；
4. 掌握中外合资经营企业法的主要内容；
5. 难点是企业的法人和非法人概念。

案例导入

原告纽本曾与一个叫克瑞金的人签订一份书面合同，议定购买"约克车行"制造的某类汽车。原告付清全部价款后，克瑞金未交货即不见踪影。原告认为克瑞金和玛斯本登（被告）是合伙人。理由是：被告曾向"约克车行"无息投入8.5万美元，并且以为该类汽车购买元件和其他设备的方式参与了经营，原告到"约克车行"如遇克瑞金不在便总是与被告打交道，被告还从汽车销售中取得利润。

被告辩称：投入的8.5万美元属"贷款"，取得的汽车销售款是"贷款"的偿还和购买部件等劳务的报酬。法院的判决：被告败诉。理由：①既为"贷款"，则还款量或还款时间就应该是固定的，不应等到汽车销售时；②既为劳务，也应定时定量支付。被告的资金投入或取得不具备"贷款"和"劳务报酬"的特征，故被告应被视为克瑞金的合伙人。

第一节 国际商事组织的法律形式

案例导入

深海商行是一家个人独资企业，出资人陈某拥有私人住宅3套。由于经营不善，陈某决定解散商行，清算商行现有资产后陈某获现金20万元。陈某随即通知商行债权人林某（拥有35万元债权，且无担保债权），将20万元偿还给林某后，表示债务人是深海商行，其全部资产已用来清偿债务，现商行已解散，其对外欠债也自行消灭，拒绝偿付林某余下的15万元债务。林某无奈之下于6月10日向法院提起诉讼，主张剩余的15万元债务，要求变卖陈某的住宅，并将变卖所得清偿其债权。

问题：陈某主张深海商行已以其全部资产对外承担责任，现深海商行已解散，其对外债务自行消灭，该主张是否成立？

商事组织，又称商事企业，是指以自己名义从事营利性活动，并具有一定规模的经济组织。由于国际贸易中的商事关系是由商事组织建立和承受的，因此规范从事国际贸易商事活动的商事组织法在国际商法中具有首要的地位和作用。在实行市场经济的国家，商事组织有各种各样的法律形式，一般说来，商事组织主要有三种基本的法律形式，即个人独资经营企业、合伙企业和公司。

一、个人独资经营企业

个人独资经营企业，又称个人企业（Individual Proprietorship），是指由一个自然人出资并从事经营管理的企业。这类企业主要具有以下法律特征：

（一）个人独资企业是一个自然人企业，不具有法人资格

个人独资企业的成立一般不要求履行正式的法律手续，只需办理注册和领取营业执照即可经营。企业的财产与出资人的财产没有任何区别，出资人就是企业的所有人，他以个人的全部财产对企业的债务负责。也就是企业主对其经营活动和企业的债务单独承担无限的清偿责任，即一旦因经营不善或其他原因而使企业发生亏损倒闭，企业主对企业债务赔偿责任不仅限于他在企业中的资产，而且要以其在企业债务赔偿进行抵偿，也就是要以其全部财产对企业的债务承担责任，因此个人独资企业主的风险比较大。

（二）个人独资企业不设立内部组织机构

个人独资企业的出资人对企业的经营管理拥有控制权和指挥权。也就是个人独资企业的企业主对本企业的一切业务活动有决定权、处置权和代表权，其经营比较灵活。尽管有时个人独资企业会根据需要聘用一些管理人员，但经营的最高决策权仍属于企业主。个人独资企业的企业主有权决定企业的停业、关闭等事项。

（三）个人独资企业的资金来源有限，资本数额较少

个人独资企业通常只经营有限的小额生意。例如在美国或加拿大，只用花十几美元或几十美元的注册费用即可被允许进入市场，法律上对个人独资企业并无注册资金的限制。在中国，改革开放初期个人企业通常是指个体工商户。自2000年1月中国颁布《中华人民共和国独资企业法》之后，个体工商户被改称为个人独资企业。

（四）个人独资企业的税赋比较轻

个人独资企业主只需缴纳一次个人所得税，而不必像公司企业的股东，在公司缴纳了法人所得税后，还须缴纳个人所得税，即"双重纳税"。

知识拓展

　　由于个人独资企业设立手续简便，内部关系简单，经营方式比较灵活，法律规定比较宽松和优惠，个人独资企业在实行市场经济国家中是数量最多的企业形式，如美国的个人独资企业约占其全部企业总数的77%。但又由于个人独资企业资金通常比较单薄，难以形成大企业，加之企业主投资要承担无限责任，风险比较大，因而个人独资企业大多属于中小企业，故在世界各国经济中并不起主要作用。另外，某些国家对个人独资企业的生产经营范围有所限制，例如日本等国不允许个人独资企业从事银行、保险等事业。2000年1月1日起生效的《中华人民共和国独资企业法》规定，独资企业不具备法人资格，投资者须以其全部财产对企业的债务负责，还规定不允许独资企业从事军工、金融业的经营活动，不得生产经营国家禁止的产品。

二、合伙企业

　　合伙企业，又称合伙（Partnership），是指两个或两个以上的合伙人共同投资经营，共同承担责任或企业风险，共同分享利润而组成的企业。与其他商事组织相比，合伙企业具有以下主要法律特征：

　　1. 合伙企业是合伙人共有的营利组织

　　合伙人设立合伙企业的目的是营利，这就使合伙企业不同于工会、行会组织、其他宗教或慈善组织。合伙人共同拥有合伙企业，这使合伙人之间的关系不同于雇主与雇员、房东与房客、出租人与承租人之间的关系。合伙人共负盈亏，这使合伙人不同于只享有盈利不负担亏损的债权人、雇员、代理人与出租人。

　　2. 合伙企业基于合伙人之间订立的契约而成立

　　合伙企业的成立，通常要签订合伙契约。合伙契约是规定合伙人之间权利与义务的法律文件，是确定合伙人在出资、利润分配、风险及责任的分担、合伙的经营等方面权利与义务的基本依据，对每一个合伙人均具有约束力。因此，合伙人之间实际上是一种契约关系。即使合伙企业设有一定的组织机构负责日常的业务，其内部关系仍主要适用合伙契约的有关规定。

　　3. 合伙企业是"人的联合"

　　合伙企业是基于合伙人之间的信任而建立在合伙契约基础之上的。它强调的是人的联合，合伙人与合伙企业紧密联系，合伙人中如有一人死亡、破产或退出，合伙企业即告解散。

　　4. 合伙企业的合伙人原则上均享有平等参与管理合伙事务的权利

　　除非合伙契约有相反的规定，每个合伙人均有权对外代表合伙企业从事业务活动。其在执行业务中所做出的行为，对合伙企业和其他合伙人都具有拘束力。

　　5. 合伙企业的合伙人对企业的债务承担无限连带责任

　　连带责任是指合伙人对合伙企业的全部债务负有单独清偿的责任，债权人可以向任何一个合伙人要求清偿全部债务。无限责任是指合伙人的责任不以出资数额为限，当企业财产不足以清偿债务时，不足部分应由合伙人的其他财产抵偿。可见，合伙人以个人所有的全部财产作为合伙债务的担保。一旦合伙企业的财产不足以清偿其债务，各个合伙人都要对此承担无限责任，而且相互间存在连带责任。

6. 合伙企业一般不是法人

合伙企业原则上不能以合伙企业的名义拥有财产，享受权利和承担义务。合伙的财产应归合伙人共有，只是管理权和使用权归合伙企业，以便合伙企业统一使用合伙投资，实现合伙经营的目的。在合伙存续期间，合伙人不得擅自抽取、分割和任意转让企业的财产和资金。因为合伙关系只是合伙人之间的合同关系，不具有外部的统一性，故其对外活动以合伙人的名义进行。

但是少数大陆法系国家在立法或实践中已经承认合伙企业是法人，如法国、荷兰、比利时等。1987 年修改后的法国《民法典》第一千八百四十二条规定："除隐名合伙以外的合伙，自登记之日起，享有法人资格。"英美法系国家虽然不承认合伙企业的法人资格，但在某些特定场合也把合伙企业视为法人，如美国法律规定，合伙企业可以以合伙的名义起诉、应诉。《中华人民共和国合伙企业法》（以下简称《合伙企业法》）规定，合伙企业不是法人，但鉴于个人合伙组织的客观存在及其参加各种商事活动的事实和经济意义，允许合伙企业起字号，依法经核准登记，在核准登记的经营范围内从事经营。

知识拓展

合伙企业在市场经济国家是一种数量较多的企业形式。由于合伙企业简单易行、灵活方便，具有出资人相互极端信任的性质，而且比较稳定、可靠，尤其适用于小型企业，因此合伙企业在各国仍占一定比例。在实行市场经济体制的各国，合伙企业也起到重要的作用，发达国家在加强公司立法的同时，也开始重视合伙企业的立法。英美法系国家主要以单行法的形式立法。英国现行的合伙企业法是由 1890 年《合伙法》和 1907 年《合伙法》组成的。美国的合伙法仍然属于州法，为统一各州的合伙法，美国 1914 年由统一州法全国委员会起草了《统一合伙法》和《统一有限合伙法》。这两个合伙法已得到大多数州的采纳，从中可以看出，美国的合伙法深受英国的影响。大陆法系国家一般将合伙放在民法、商法典中加以规定，近年来，大陆法系中的某些国家如法国、日本等关于合伙规定的一项最重要的突破是承认合伙也为法人。中国的经济活动中也大量存在合伙形式，《中华人民共和国民法通则》（以下简称《民法通则》）、《中华人民共和国私人企业暂行条例》《中外合作经营企业法》（以下简称《中外合作经营企业法》）等为中国合伙法的初期渊源。1997 年 2 月 23 日，中国终于通过了单行的《合伙企业法》，该法于 1997 年 8 月 1 日生效。

但是由于合伙企业在规模、组织以及资金来源等方面的限制，合伙人对债务负无限连带责任，因此人们往往不愿用这种形式出资。又由于合伙企业的人数有限，不容易集聚更大的资本，所以合伙企业大都属于中小型企业，特别是家族企业。

三、公司

公司（Corporation）是依法定程序设立的，以营利为目的的法人组织。公司与企业是两个既有联系，又有区别的概念。企业是指应用资本赚取利润的一种经济组织，包括独资企业、合伙企业、合作企业和公司企业等形式。

（一）公司的法律特征

公司只是企业的一种组织形式，根据各国法律的规定，公司一般应具备以下法律特征：

1. 公司是依法登记而成立的经济组织

公司作为规范化的经济主体，必须严格依照法律的规定设立。①依据公司法而成立。各国公司法对公司成立的一系列基本条件，如公司发起人的资格和数目、最低股本额、公司章程和公司管理机构的组成等都作了明确规定，只有满足了上述条件并经过注册登记后，公司才能成立。②公司除了要依公司法规定外，还要符合其他有关法律规定。如在中国境内设立外商投资公司，除符合中国公司法外，还要符合中国外商投资企业的有关规定。

2. 公司是以营利为目的的经济组织

营利是指通过生产、经营或服务谋求某种利益，这种利益一般是指货币的增值。公司以营利为目的，指公司的设立、运行是为了获得经济利益，凡不是以营利为目的的社会组织就不是公司。

3. 公司是由数名股东共同出资而组成的经济组织

从组织要素看，公司是"资本的联合"，公司股东的退出、破产或死亡不影响到公司的存续。除政府特许外，一个股东不能设立公司①，这是它与独资企业的区别。

4. 公司是具有法人资格的经济组织

①公司必须拥有与其生产经营规模相适应的财产，而且应是独立于它的成员（股东）的财产之外的。这些财产来自股东的投资，亦即公司的股东一旦将自己的资产投入公司，该财产在法律上就属于公司所有，股东就丧失了直接处置该财产的权利。②公司须有自己的名称、组织机构和经营场所。③公司以自己的名义进行活动，自主经营，自负盈亏，并以其全部财产承担债务责任。

从各国来看，公司的数量在社会经济因素中所占的比例并不是很大，但其经济实力和影响却是任何其他组织或个人所无法比拟的。以美国为例，据统计，美国非政府工作人员中，每6人中就有1人受聘于美国500家最大的公司，美国2/3的非农业经济活动是由这500家公司包揽的。尽管公司在美国企业中所占的比例大约只有1/5，但公司却为美国3/4的劳动力提供了就业机会。美国社会中的这些情况在其他发达国家和发展中国家也同样存在。因此，可以这样说，公司是社会经济活动中最重要的商事组织，公司法不言而喻地成为商事组织法中最核心的法律。

（二）公司的种类

根据股东对公司债务所负责任的不同，公司可分为无限责任公司、两合公司、有限责任公司和股份有限责任公司四类，但在现实中主要是有限责任公司和股份有限责任公司两类。

1. 有限责任公司

有限责任公司是指由公司法规定的一定人数（两个或两个以上）股东所组成，每个股东以其所认缴的出资额为限对公司债务承担责任，公司以其全部资产对债务承担责任的公司。

---

① 参照2005年修改的《中华人民共和国公司法》中规定设立一人有限责任公司的条件。

有限责任公司具有以下几个特征：

①有限责任公司的股东仅就其出资额为限对公司负责。②有限责任公司的资本不分为等额股份，不对外发行股票。证明股东出资份额的权利证书称为出资说明书，而不是股票。它是非证券性质的，不能在证券市场上随便转让。③有限责任公司的股东有最高人数的限制。中国公司法、英国公司法等规定，有限责任公司的股东人数不得超过 50 人，如超过此数，有限责任公司必须转为股份有限公司或予以解散，其他公司没有最高人数的限制。④有限责任公司不公开自己的财务状况，因为其不涉及社会上其他公众的利益。⑤有限责任公司股东的出资转让受到严格的限制。从广义上讲，有限责任公司基本上属于资合性质，但股东之间一般比较熟悉，也具有人合性质。有限责任公司的董事通常拥有该公司的全部或主要股份，管理者就是拥有者，他们的退出或股份的转让对公司的存续有一定的影响。中国的公司法规定，有限责任公司的股东向股东以外的人转让其出资时，必须经全体股东过半数同意。⑥有限责任公司的联合或合并较为困难，这是因为有限公司董事手中握有公司的大多数股份，它们在股东大会上有决定性的发言权和决策权，而且有限公司的股份转让限制较严，也阻止了某些股东要求公司合并的意图。

知识拓展

无限责任公司，又称无限公司。它指由两个以上股东组成，股东对公司债务负连带无限责任的公司。其特点有：①无限公司必须由两个或两个以上的无限责任股东组成，无限责任公司的股东多以自然人为限。②无限公司可以不拥有注册资本，账目不受外界检查。③无限公司股东对公司债务承担无限清偿责任。④无限公司的股东必须直接参加公司的经营管理。在无限连带责任这一点上，无限公司的股东与合伙组织的合伙人是完全相同的。

两合公司，是指一部分股东对公司债务负无限责任，而另一部分股东对公司债务仅负有限责任的公司。在两合公司中，负无限责任的股东对公司债务负连带的无限清偿责任，但他们享有代表和管理公司的权利，而只承担有限责任的股东对公司债务的责任仅以其出资额为限，但他们无权代表和管理公司。两合公司这种商事组织仅见于大陆法系国家，它类似于英美法系中的有限合伙，但与后者不同的是它具有法人资格。

2. 股份有限责任公司

股份有限责任公司是指公司资本划分为等额的股份，股东仅以其所持有股份为限对公司债务承担责任的公司。有限责任公司与股份有限公司相比，它们的共同特点是股东对公司债务都承担有限责任，但它们还有较大的差别。

有限责任公司与股份有限公司的差别，主要表现在以下几个方面：

①股份有限公司的全部资本分为等额股份，股份采取股票的形式。这是与有限责任公司最主要的区别。②股份有限公司的股东有最低人数的限制，而无最高人数的限制。③股份有限公司的股东就其所认缴股份对公司负责，也就是股东对公司只负缴清其股份金额的责任，但并不对公司的债务负责，公司以其全部资本对公司的债务承担责任。④股份有限公司可对外发行股票，股份也可以自由转让。股份有限公司是比较典型的合资公司，具有完全的资合性质。在股份公司中股东的人身性质没有任何意义，

任何愿意出资的人都可以成为股东，没有资格的限制。股东仅仅是股票的持有者。股东的所有权都体现在股票上，并随着股票的转让而转移。⑤股份有限公司因股东数众多须公开自己的财务状况。在股份有限公司中，股权分散，股东人数众多，公司的拥有权与管理权相分离，公开股份有限公司的账目有利于众多的股东了解公司的经营状况、资产动态和利润增长等方面的信息，以便投资者或股东的进一步投资或获得利益。

在各国现实经济生活中，起主要作用的且数量较多的是有限责任公司与股份有限公司，中国公司法所肯定的也是这两类公司。

第二节　合伙企业法

案例导入

史密斯先生是某合伙事务所的合伙人之一，与其他三个合伙人一起被授权参与经营管理。2009 年 5 月，在没有通知其他合伙人的情况下，他擅自与一家企业签订了一项合同，结果使得该事务所遭受损失，承担了债务。同年 10 月，他退出该事务所。12 月，债权人要求该事务所偿还这笔债务，遭到拒付，理由是其他三个合伙人对此不知情；债权人要求斯密斯先生支付，也遭到拒付，理由是他已经退出该事务所。史密斯先生和该合伙事务所的拒绝是合理的吗？

一、合伙企业的设立

（一）合伙合同

各国的法律一般规定，合伙企业是基于合伙人之间的合同而成立的。合伙合同是规定合伙人之间权利和义务的法律文件，是确定合伙人在出资利润的分配、风险及责任的分担、合伙的经营等方面的基本法律依据。

发达的市场经济国家一般对合伙合同的形式是采用口头的或书面的并无限制性要求。但是，中国《合伙企业法》要求设立合伙企业的合伙人必须以书面形式订立合同，合同一经生效，对每一合伙人均具约束力。

合伙合同包含下列内容：①合伙企业的名称、合伙人的姓名及其住所；②合伙目的和合伙企业的经营范围；③主要经营场所的地点以及经营管理方式；④合伙人的出资方式、每一合伙人的出资种类和金额和交付出资的期限；⑤利润分配和亏损分担方法；⑥合伙企业事务的执行；⑦合伙的期限、入伙和退伙；⑧合伙企业的解散和清算；⑨违约责任；⑩其他必要事项。

中国《合伙企业法》中的上述规定对避免或减少合伙人之间的纠纷显然是大有益处的。那些不强行要求有书面协议的国家的司法实践一般也主张合伙人之间最好还是采用有凭有据的书面协议。

（二）合伙的登记

通常，成立合伙企业的手续较为简便，但各国对此规定不一。

英美法系国家对普通合伙一般不要求政府的批准登记，但要求所有的合伙组织都必须有合法的目的。英国的合伙法对合伙组织的商号有特别的要求，即合伙组织的商号一般应以普通合伙人的姓氏命名，在姓氏之后可以加上"商号"（Firm）或"公司"（Company）的字样。但是，无论是普通合伙还是有限合伙，其名称中均不得加上"有限"字样，否则即予罚款。若商号名称未包含合伙人的真实姓氏或未包含合伙人真实姓名的开头字母，则要求该合伙组织必须向有关主管部门进行注册登记，并须在其一切信笺、文具上提供参与商业活动人员的详情以及每人的地址（一般为营业地址）。英国法的这些规定是为了使有关文件能顺利送达。美国统一合伙法规定，合伙须依合伙人的协议而组成，无须政府批准，但必须有合法的目的，只有律师业、医师业等特殊行业的合伙组织须向主管部门申领开业执照后才能正式从业。此外，按英国合伙法规定，若商号名称中未包含合伙人的真实姓名或未包含合伙人真实姓名的开头字母，则该合伙组织须向有关主管部门进行注册登记。大陆法系国家都要求设立合伙组织时必须履行申请登记手续。中国《合伙企业法》要求，合伙企业经申请获准登记并领取营业执照后，方可从事经营活动。

很多国家对合伙组织的成员数作了限制性规定，如英国规定，除律师、会计师、证券批发商、证券经纪商、专利代理人、检验师及与检验职业有关者、精算师、咨询工程师和建筑工程师所组成的合伙组织外，其他合伙组织的成员人数不得超过 20 人。美国各州法大多规定，合伙组织的成员数不得超过 50 人。

二、合伙企业的内部关系

合伙企业的内部关系是指合伙成员之间的权利与义务关系，一般情况下，它们的关系主要以合伙协议或合同形式明确。

（一）合伙人的权利

合伙人主要有以下权利：

（1）分享利润的权利。每个合伙人均有根据合伙合同规定的比例取得利润的权利。若合伙合同未规定的，按英、美、德等国合伙法的规定，合伙人应平均分配利润，而不考虑合伙人出资的多少。法国则规定应按合伙人的出资比例分享利润。

（2）参与经营的权利。除非合伙合同有相反的规定，每个合伙人在正常的业务范围内有权相互代理。

（3）获得补偿的权利。合伙人在处理合伙组织的正常业务中的支出，有权从合伙组织中获得补偿，但合同另有规定者除外，任何合伙人不得针对其在合伙组织中的劳务要求报酬。

（4）监督和检查账目的权利。每一合伙人都有权了解、查询有关合伙经营的各种情况，负责日常业务的合伙人不得拒绝。

（二）合伙人的义务

合伙人的义务主要有以下几项：

（1）缴纳出资的义务。合伙人有义务按合同规定的时间、数额、方式缴纳出资。

（2）忠实义务。每个合伙人在处理合伙组织的义务时，须对其他合伙人负"绝对真实"的义务，向其他合伙人提供合伙组织的真实账目和一切情况，不得私自以合伙组织的名义与自己订立合同，也不得经营与合伙组织相竞争的事业，否则，由此所赚的利润须归合伙组织。

（3）谨慎和注意的义务。参与经营管理的合伙人在执行合伙事务时，必须谨慎小心，如因其失职而给合伙企业造成损失，其他合伙人有权请求赔偿。

（4）不得随意转让出资的义务。合伙人未经其他合伙人同意不得将其在合伙中的出资及各项权利转让给第三人。

三、合伙企业的外部关系

合伙的外部关系是指合伙组织与第三人的关系。各国一般规定，每一合伙伙伴在企业所从事的业务范围内，都有权作为合伙企业与其他合伙人的代理人。这种合伙人之间的相互代理规则决定了合伙企业同第三人的关系有以下特点：

（1）每个合伙人在执行合伙企业通常业务中所作的行为，对合伙企业和其他合伙人都具有拘束力。除非该合伙人无权处理该项事务，且与其进行交易的第三人也知道其未得到授权。

（2）合伙人间若对某一合伙人的权利有所限制，不得用以对抗不知情的第三人。

（3）合伙人在从事正常的合伙业务中所作的侵权行为，应由合伙企业承担责任。但合伙企业有权要求由于故意或疏忽的有关合伙人赔偿企业由此而遭受的损失。

（4）新合伙人对参与合伙之前合伙组织所负的债务不承担任何责任，对已退出合伙组织的原合伙人而言，若日后发生的债务是在其退伙之前的交易结果，则他仍须对债务负责，若该债务与其退伙之前的交易无关，且第三人知道他已不是合伙人，则他对退伙后第三人的债务不承担任何责任。

四、合伙企业的解散

合伙企业的解散可分为自愿解散和依法解散两种。

自愿解散是指合伙企业依合伙人之间的协议而解散。因其本身是基于协议而成立的，故法律允许当事人再以协议解散。

依法解散是指合伙企业依法律的有关规定而宣告解散。这种类型的解散大体有以下几种情况：①合伙人中的一人死亡、退出或破产。②因发生某种情况，致使合伙企业所从事的业务成为非法，如发生了战争，合伙人之一成了敌国公民等。③某合伙人精神失常，长期不能履行其职责；或因行为失当使企业遭受重大损失；或因企业经营失败难以继续维持。

无论采取哪种方式解散合伙企业，合伙人都应对合伙财产进行清算。如果合伙组织的财产不足以清偿合伙组织的债务，合伙人须承担无限连带责任。但若清偿了所有债务之后仍有剩余，则所有合伙人都有权参与企业财产分配。

五、有限合伙

（一）有限合伙的概念

有限合伙，是指由至少一名普通合伙人和至少一名有限合伙人组成的企业，前者对合伙企业的债务负无限责任，后者则只负有限责任，即仅以其出资额为限对合伙企业的债务承担有限责任。[①]

知识拓展

有限合伙的起源及发展：有限合伙起源于欧洲中世纪，在 12～13 世纪，随着欧洲地中海地区海上贸易的发展和扩大，单个商人已不再适应较大规模的商业冒险。于是"卡孟达契约"（Commenda）便应运而生。"卡孟达契约"主要在普通商人与海运商人之间订立，一般规定由普通商人提供资金，海运商人负责经营、贩卖货物，普通商人的风险及责任以其出资为限，这种契约后来便演变为有限合伙。1807 年法国商法典首次对有限合伙作了规定，1890 年英国合伙法也规定了有限合伙，1907 年又制定了单行的英国有限合伙法，"美国统一州法委员会"于 1916 年制定了美国统一有限合伙法，现已被大多数州所采纳。

（二）有限合伙中有限合伙人的权利及义务

在有限合伙中，普通合伙人的权利和义务与其在普通合伙中是基本相同的。有限责任合伙人的权利、义务主要有以下几项：①有限责任合伙人不参与企业的经营管理，其行为对企业无拘束力，如果其参与了企业的经营管理，其在此期间就要对企业的一切债务承担责任；②有限责任合伙人的名称一般不列入商号名称，如果列入则有限合伙人将对合伙的债务承担无限责任；③有限责任合伙人有权审查企业的账目；④有限责任合伙人的死亡、破产不影响企业的存在，不产生解散企业的后果，但如果负无限责任的普通合伙人一旦死亡或退出，除合伙协议另有规定外，企业即告解散；⑤有限责任合伙人所持的股份经过普通合伙人同意之后，可以转让给别人；⑥有限责任合伙人不得发出解散企业的通知。

第三节 公司法

案例导入

史密斯先生与其他数人成立了"东亚股份有限公司"，专事投机买卖。公司注册资本为 100 万美元，史密斯先生在某日违反公司法与别人签订一笔合同，亏损 1 000 万美元。债权人催他清偿债务，他声称东亚股份有限公司乃独立法人，他对该公司所负债务只以其出资 40 万美元为限，而他的个人财产为 500 万美元。斯密斯是否应用其个人

[①] 中国《合伙企业法》中规定了有限合伙的内容。

财产来支付公司债务?

公司法是指规定公司的设立、组织、经营、解散、清算以及调整公司对内对外关系的法律规范的总称。公司的对内法律关系包括:公司的股东、董事、经理、职员等各部分人的权利与义务关系,公司各行政机构,如股东会、董事会、监事会等之间的法律规定。公司的外部关系包括:调整公司与政府之间的关系、调整公司与第三人之间的关系。第三人主要是指与公司进行业务往来的公司、企业、经济组织以及个人。公司法的规范具有强制性、严格性,其目的是保护公司股东和债权人的合法权益,维护社会交易的安全。

一、公司的设立

公司的设立是指发起人为组建公司,使其取得法人资格,必须采取和完成的多种连续的准备行为。公司的设立必须履行以下手续:法定的发起人、发起人负责拟订公司的章程和内部细则,凑齐法律所要求的最低资本金并组织认购股份,选举或任命公司的管理人员,申请注册登记等。这些手续完成后,经主管当局核准登记,即可领取营业执照,至此公司便告成立。由于公司的种类不同,设立的基础不同,各国公司法对各类公司设立的具体要求不尽相同,但就各类公司设立行为的共同内容而言,主要包括以下几个部分:

(一)公司设立的方式

公司设立的方式可以分为两种,即发起设立和募集设立。

1. 发起设立

它是指公司的资本由发起人全部认购,不向发起人之外的任何人募集而设立的方式。

这种设立方式,因其设立程序较为简单,也称为单纯设立;又因其无须对外募股,由发起人共同认购,又称为共同设立。由于无限责任公司是人合公司,两合公司和有限责任公司也近似于人合公司,资本都具有封闭性,故只能采取此种设立方式。股份有限公司的设立也采取此种方式。

2. 募集设立

募集设立是指发起人不能认足公司的资本总额,其余部分向外公开募足而设立的方式。

与发起设立相比,募集设立的主要特点在于,向发起人之外的社会公众募股,故仅适用于股份有限公司,特别是当设立规模较大的股份公司时,仅凭发起人的资本往往不足,则需要采取这种设立方式。由于这种方式既需对外募足股份,又须召开创立大会,其设立程序比发起设立复杂,故又称为复杂设立。而由于股东的确定是分次而为之(发起人认股在先,认股人认股在后),又称为渐次设立。

各国公司法对采取募集方式设立的公司,对发起人认购的股份应占发行资本总数的比例大都有限制性规定。这对于防止发起人完全凭借他人的资本来开办公司,自己不承担任何财产责任,或者只投入极其少量的资本,仅承担其有限的责任,是非常必要的。

（二）公司设立的条件

设立公司必须具备一定的条件，各国的法律虽有具体规定，但一般必须具备以下共同条件：

1. 发起人

发起人又称创办人，是指负责筹建公司的人员。由于发起人都有出资或认购公司股份的义务，在公司成立后即成为公司的首批股东。

但是发起人与股东又存在差别：①发起人在公司成立之前即存在，而股东只在公司成立之后才存在。②发起人的目的是创设公司，所以发起人除了认购并缴纳出资外，还负有筹办公司事务等一般股东不承担的义务；股东是为了取得公司股份，作为公司的组成人员，其义务仅在于缴纳出资，并对公司的债务承担相应的责任。③发起人不一定成为股东。发起人筹办创立公司的各种事务后，若公司成立了，发起人即成为公司的股东，但公司若未成立，发起人则不能成为公司的股东，因为没有公司，也就无所谓股东。

在一般情况下，发起人可以是自然人，也可以是法人。自然人作为发起人，应是具有完全行为能力的人。法人作为发起人，应是法律上不受特别限制的法人。

各国公司法对发起人人数都有具体的规定，除个别国家如美国有些州的法律允许1人发起设立公司外，绝大多数国家规定发起人须在2人以上，如法国、日本为7人以上，德国为5人以上，英国为2人以上，中国股份有限责任公司为2人以上。

对于发起人的国籍和居住地问题，多数国家没有限制性规定，本国公司和外国人都可作为公司的发起人。只有个别国家的公司法对发起人的资格作了限制。例如，意大利公司法规定，公司发起人不一定是意大利公民，但外国人拥有意大利公司3%以上股份时，需经意大利财政部批准。挪威公司法规定，若公司发起人的投股书是向公众公开发出的，则发起人应有一半须在挪威居住2年以上。中国的公司法规定，在中国设立股份有限公司，必须有半数的发起人在其境内有住所。

各国都要求发起人对所创建的公司及其股东负有忠诚、无欺诈和公正的义务。例如，发起人须在投股书中向一个独立的董事会或公司股份认购者说明在创办中获得的利润。若其未向公司说明获利情况，或向公司隐瞒其获利情况，公司有权收回发起人的获利。

2. 资本

公司资本是指由全体发起人或股东认缴的股金总额。公司资本是公司赖以生存的"血液"，是公司运营的物质基础，也是公司债务的总担保。因此，公司资本是公司设立必不可少的条件之一。

公司资本一般由现金、实物和无形财产构成。为保证公司资本的真实、可靠和充足，各国公司法对股东出资的义务、程序、方式等，都有着十分详尽的规定，对公司法定资本金的最低限额也都有明确的要求。如德国要求股份有限公司至少为10万德国马克，法国规定至少为50万法国法郎，英国规定至少为5万英镑。美国等少数国家对公司的资本要求较低，他们重视的是公司的经营能力。美国不少州规定，公司的资本额只要达到1 000美元即可，有些州甚至只规定为500美元。中国公司法规定，有限责任公司的注册资本最低限额为 3 万元。股份有限公司注册资本金最低限额为 500 万元。[1]

3. 设立行为

设立行为是指发起人制定章程、确定股东履行出资、确定内部组织机构及向登记机关提出登记申请等创立公司的行为，公司发起人必须实施公司法所规定的各项设立行为，否则公司不得成立。此外，如公司创立不成，所有发起人应对这种行为所产生的债务承担责任。

（三）公司设立的程序

设立公司的程序问题，是公司法的一个重要组成部分。各国公司法对设立程序的规定虽有繁有简，但对以下内容的规定却是基本相同的：

1. 发起人发起

发起人要先对设立公司进行可行性分析，确定设立公司的意向。

2. 订立公司章程

公司章程是公司设立过程中须向公司注册机构提交的关于公司宗旨、资本数额、业务范围、组织机构及其职权和活动方式等诸事项方面基本原则的最为重要的文件。

依各国公司法规定，公司章程的内容主要有以下几个方面：

有限责任公司法规定，公司章程的内容主要有：①公司的名称和住所。②经营范围。③注册资本。④股东的姓名或名称。⑤股东的权利和义务。⑥股东的出资方式和出资额。⑦公司机构及其产生办法、职权和议事规则。⑧公司的法定代表人。⑨公司的解散事由与清算方法。

股份有限公司除上述内容外还须载明：①公司的设立方式。②公司股份总数。③每股金额和注册资本。④发起人的姓名或名称。⑤认购的股份数。⑥公司利润分配办法。⑦通知或公告方式等。

知识拓展

设立任何公司都须制定章程，这是公司设立的极其重要的法定步骤。无限责任公司、有限责任公司及两合公司的章程由公司最初的全体股东制定，股份有限公司章程的制定人是全体发起人，并须经创立会通过，此后须将其提交主管机关登记，以示公司保证按章程所定的准则从事组织和经营活动。一旦政府主管机关核准了章程，就等于接受了公司所作的保证，它就成为公司的"根本大法"，须对外公开。公司若违反章程，就应承担相应的责任和处罚。

公司章程的法律特征：

（1）公司章程是公司内部的基本法律规范。股份有限公司和有限责任公司的章程规定了公司的类型、宗旨等重大事项，为公司的设立和活动提供了一个基本的行为规范。从实质意义上来说，章程是关于公司组织及行动的基本准则。依据《中华人民共和国公司法》（以下简称《公司法》）的规定，公司章程是全体发起人共同的书面意思

---

[1] 参照 2005 年《中华人民共和国公司法》中的规定。

表示，我国《公司法》第九十一条规定：创立大会对通过公司章程所作出的决议，必须由出席会议的认股人所持表决权的半数以上通过。关于股份有限公司章程的修改，我国《公司法》第一百〇四条规定：修改公司章程必须经出席股东大会的股东所持表决权的 3/2 以上通过。

（2）公司章程是多数人的共同行为。公司章程必须经全体制定人同意，才能形成。制定章程是一种要式行为，章程应形成书面文件，制定人应在章程上签名或盖章。有些国家公司法规定，资合公司的章程，要经过公证机关或法院的公证，才能发生效力。公司章程生效后，必须保持其内容相对稳定，不得随意变更，

（3）公司章程只对公司内部人员具有约束力。公司章程只对公司内部人员具有约束力，而不能对抗善意第三人。依我国《公司法》第十一条的规定设立公司必须依照该法制定公司章程。公司章程是某一团体的自治法规，公司章程对公司、股东、董事、监事、经理具有约束力。这体现了公司法保护社会利益、国家利益和善意第三人合法权益的原则。善意第三人是指与公司进行正常业务交往的个人和经济组织。保护善意第三人的合法权益，是为了防止犯罪分子利用公司制度进行欺诈、胁迫活动，维护社会正常商业交往的安全。对于恶意的第三人，没有进行合法正常的业务交往的违法者，则要予以严惩，这样才能保障整个社会经济秩序的稳定。规定公司不能以其对经理人或者其他负责人的任命不符合章程规定的程序和条件为由而对抗善意第三人，是世界各国的普遍做法。例如，在英国，只要代表公司进行交易的人是实际上有权或者应该有权的公司机关或负责人任命的，无论该职员的任命是否符合公司章程规定的条件和程序，善意第三人都有权要求公司对该职员的行为负责。法律之所以这样规定，主要是为了增进交易的速度，如果不作这种规定，岂不意味着第三人在与公司进行交易时，必须调查公司代表或代理公司进行交易的人是否是经正常手续任命的。这种调查一方面很困难，另一方面也影响交易的速度，不利于交易的迅速进行。

3. 确定股东

无限公司、有限公司及两合公司的股东，一般在订立章程时予以确定，即在章程中明确记载股东的姓名。股份有限公司的股东，一部分可在章程中确定，这就要求是公司发起人。另一部分股东需要募集，通过募股程序来确定。

4. 缴纳出资

公司的资本是由全体股东出资构成，在公司章程中应有明确记载。因此，除实行授权资本制的国家外，公司章程中所记载的资本总额，在公司成立时都必须落实到每一股东的名下，凡股东均负有出资的义务。

5. 确立机关

公司机关是公司的法定机构，在公司设立阶段应予以确定。无限公司的全体股东及两合公司中的全体无限责任股东，都具有代表公司执行公司业务的权利。但公司章程可以规定其中一人或数人作为执行业务股东。根据我国《公司法》的规定，股东人数较少或者规模较小的有限责任公司，可以设一名执行董事，不设董事会。董事会由股东会选举产生。股份有限公司由公司创立大会选举公司的董事，组成董事会，并由董事会选举董事长。董事长是公司的法定代表人。在公司设立阶段，还要确立公司的

监事和监事会，以及公司的经理、副经理等。

6. 申请登记

各国公司法皆规定，公司在向政府主管机关申请登记时，除缴纳法定的手续费和捐税外，还得提交若干法定的文件，如登记申请书、公司章程、验资证明等，其中最主要的就是符合法律规定的章程。经登记主管机关审查完备合法后即予注册，发给营业执照。至此，公司便告成立，取得法人资格。

（四）公司设立的效力

无论公司成立还是不成立，发起人对其设立行为都要承担相应的法律责任，这就是设立行为效力的表现。公司设立行为的后果主要有以下两个方面：

1. 在公司成立的场合发起人的责任

在公司成立的场合发起人的责任是：①资本充实责任。凡未能缴足首期发行股份的，以及认购人逾期不能缴付股金的，发起人应负连带认缴责任。②损害赔偿责任。凡在设立过程中，由于发起人的过失，造成出资有虚假或估计过高等情况，致使公司利益遭受损害的，发起人对公司应负连带赔偿责任。

2. 在公司不能成立的场合发起人的责任

在公司不能成立的场合发起人的责任是：①对设立行为所生债务的责任。对于设立中的公司地位的认识，各国一般都认为与合伙相当，准用有关合伙的法律规定。有公司不能成立时，发起人对设立行为所产生的债务和费用负连带责任。②对已收股款的返还责任。采取募集方式设立公司的，在公司不能成立时，发起人对认股人已缴纳的股款，负返还股款并加算银行同期存款利息的连带责任。

二、公司的基本权利和义务

根据各国公司法的规定，公司的基本权利主要有以下方面：①能以公司的名义起诉、应诉。②拥有并使用可随意改变的印章或其摹本。③以任何合法的方式处理不论位于何处的动产或不动产、有形或无形财产、债权或债务。④资助雇员。⑤选举或任命公司的行政人员和代理人，明确其职权，确定其报酬。⑥订约权。⑦为经营和管理公司事务，制定或修改与法律不相抵触的章程和内部细则。⑧有权贷款，使用其资金进行投资，为投资而作动产或不动产抵押。⑨在本国内外开展业务活动，建立办事处及从事其他法律许可的活动。⑩为公共福利、慈善、科学和教育目的而捐款。⑪制定和实施对公司董事、雇员或任何个人的奖励或抚恤计划。⑫拥有并行使其他有利于实现其宗旨的合法权利。

根据各国公司法的规定，公司在行使上述权利的同时，也承担下列几项基本义务：不得侵犯国家和社会公共利益；不得侵犯第三人和股东的正当利益；依法经营；依法纳税等。公司如果违反上述义务或公司被某些人用来逃避法定义务或进行欺诈时，公司或有关责任人员则须承担法律责任。

三、公司的资本

公司的资本，从狭义上是指公司的自有资本，与广义的公司资本相对。广义资本，指公司生产经营的全部资本和财产，包括公司自有资本和借贷资本两部分。各国公司法中的资本用语一般也仅限于狭义上的含义。本书所用"公司资本"是指狭义资本。

(一) 公司资本的构成

1. 现金

现金是公司资本构成的要素之一。为了保证公司资本中有足够的现金从事经营活动，多数国家都规定了现金应占公司资本的比例。如德国、法国规定股份有限公司的现金出资应占公司资本的25%以上，意大利规定为30%，瑞士、卢森堡规定为20%。许多国家的公司法虽然没有明确规定是否以贷款或借款作为现金出资，但就公司资本为公司债务担保而言，股东不得以贷款或借款充作出资。

2. 实物

实物属于有形资本，主要包括建筑物、厂房和机器设备等。各国公司法均规定，允许以实物投资，但要求股东对出资的实物须拥有所有权，并出具有效证明，另外，不能以租赁物或他人财产作为出资，已设立担保的实物也不能作为出资。各国公司法还规定，以实物出资的，应一次付清，并办理实物出资的转移手续。由于实物的价值直接涉及投资人及其股东的利益，为此，应请权威的评估机构采用科学的计算方法进行评估，并将评估结果让其他股东知晓，得到发起人和其他股东的认可。

3. 无形资产

无形财产包括工业产权（专利权和商标权）、专有技术、土地使用权和商业信誉等。它们可以折价成为股东向公司的出资或入股。

(二) 公司的股份与股票

1. 股份

股份是股份有限公司资本构成的专称。股份有限公司的自有资本来自股东的投资。股东将股本以资金和实物的形式缴纳给公司，公司将这些资金和实物分成相等的单位，每一份代表一定金额。每份金额相同，这就是股份，也是股份有限公司资金构成的最小单位。而全部股份金额的总和即是公司资本的总额。股份也是股东法律地位的表现形式，它所包含的权利、义务一律平等。每股份代表一份股东权，股东权利与义务的大小，取决于其拥有股份数额的多少。

根据不同的标准，可将股份划分为不同的种类。

（1）依据股东的权限，分为普通股和优先股。普通股是指股份公司发行的没有特别权利的股份。它是公司资本构成中最基本的股份，也是公司中风险最大的股份。它有以下几个特点：①其股息不固定，视公司有无利润及利润多少而定，且须在支付公司债利息和优先股股息后方能分得。②在公司清算时，普通股东分配剩余财产，亦须排列于公司债权人和优先股东之后。③普通股东一般都享有表决权，有权参与公司重大问题的决策。

优先股是指对于股份公司资产、利润享有更加优越或特殊权利的股份。优先股可优先获得股息，而且股息固定，不受公司经营状况好坏的影响。优先股还可在公司清算时，在公司剩余财产中优先于普通股受偿。但是优先股股东对公司重大事项无表决权。

（2）依据股东是否被记名，分为记名股和无记名股。记名股是将股东的姓名或名称记载于股票的股份。其权利只能由股东本人享有，转让须将受让人的姓名或名称记载于股票之上，并通知发行公司记载于股东名册之上，否则不产生转让效力。

（3）依据股份是否以金额表示，分为有票面金额股与无票面金额股。有票面金额的股份是在股票票面上标明了一定金额的股份。它的每股金额必须一致，但具体数额多少，各国规定不一。为防止公司变相减少股本，造成公司资本的空虚，各国一般都禁止以低于票面值的价格发行股票，允许以高于面值的价格即溢价发行股票。无票面金额股是指股票票面不表示一定金额，只表示其公司资本总额的一定比例的股份。此种股份的价值随公司财产的增减而增减。为此，股份所代表的金额常处于不确定状态中，增加了股份转让交易的难度。多数国家已不允许发行无票面金额股，只有美国、日本、卢森堡等少数国家未予以禁止，但也大都对其作出种种限制性规定。

（4）依据股份有无表决权，分为表决权股和无表决权股。表决权股是指享有表决权的股份。通常每一普通股份有一表决权，可以对公司重大事项无条件行使表决权。无表决权股是依法或依章程被剥夺了表决权的股份。公司的自有股份和自愿放弃表决权的股份，即主要是享有特别分配利益的优先股，属于无表决权股。

2. 股票

股票是股份公司股份的证明书，是股份的证券表现。股东可以凭借它取得股息和红利，或按它所体现的财产价值依法进行交易。各国法律规定，股票须按法定方式制作，并记载法定事项。

公司自设立到营运，一般都不止一次地发行股份（票）。如在设立时，要通过发行股份筹集组建公司所需用的资本；设立后增资时，也要发行股份。股票发行人既包括已成立的股份有限公司，也包括经批准拟成立的股份有限公司。除此之外，任何其他类型的公司都无权发行股票。

由于股票的发行事关社会经济秩序的稳定及投资人的利益，因此，各国对股票发行的条件和程序都有具体规定。例如，以美国为代表的一些国家采取"公开原则"，要求发行人要将一切有关的管理资料公开，不得有虚假、误导或遗漏；大陆法系国家一般采取"实质管理原则"，要求公开股票发行的真相，且要符合法定的实质条件，并赋予主管机关以广泛的裁量权，以防止不良股票的公开发行。

（三）出资的转让

无论何种类型的公司，股东的出资均可以转让。但因公司的性质不同，法律对股东出资的限制也宽严有别。

各国公司法皆规定，无限公司的股东无论转让全部或部分出资，必须经其他股东全部同意，不得随意转让。这是因为无限公司以人为基础，股东转让出资难以找到其他股东所信任的受让人，同时也是防止股东在公司经营欠佳时，以转让出资方式来逃避连带的无限责任的行为。

有限责任公司既具有资合性，又兼具人合性，故股东出资的转让也受到一定的条件限制。各国法律对其限制主要是：①向本公司其他股东转让限制较轻，向非股东转让限制较严。②股东转让出资须经股东会半数或 2/3 以上股东同意，不同意转让的股东有优先受让权，有的国家还规定董事转让出资，须经全体股东同意，在没有受让人股东时，才能对外转让，但转让的条件不得优于对内转让的条件。③对转让出资的条件和手续，授权由公司的章程规定。

股份有限公司是典型的资合公司，股东的人身关系较松散，因而股东可以自由转让其出资（股份），即使是记名股票，也只需背书和办理过户手续即可。但是某些国家对于股票的转让也有一定的限制。例如，有的国家规定，公司发起人因与公司有特殊的历史关系，在公司成立后的一定期间内，不得转让其股票。有些国家对把股票转让给外国人有一定的限制，如英国公司法规定须事先取得财政部的同意。

（四）增资与减资

各国均允许各类公司在必要时可依法定条件和程序增加资本，其中股份有限公司发行新股的条件和程序较为严格、复杂。而资本的减少有可能危及社会交易的安全，影响到公司全权债权人的利益，因此，各国对减少股本作了明确的限制性规定。这些限制大体一致：须经股东大会决议，不影响公司的偿债能力，交主管部门备案。

三、公司的组织机构

公司的组织机构，是实现对公司经营、监督与控制的公司内部组织系统，主要包括股东会、董事会、监事会和经理。

（一）股东会

股东会又称股东大会，是全体股东的组织，是公司的最高权力机构，对公司拥有领导权和管理权。股东会对内并不直接对公司业务进行经营管理，对外也不代表公司，它是通过选举和控制董事会来间接地行使管理和领导权。这是个非常设的意向决定机构。

1. 股东会的权力

各国对股东会职权范围的规定主要如下：①决定公司重要负责人的任免及其报酬。②审查和批准公司的年度报告、资产负债表、损益表及其他会计报表。③决定公司股息和红利的分配方案。④决定公司章程的修改和公司股本的增减。⑤决定公司的合并和解散等。

对上述权限，某些国家公司法也有所限制，如德国公司法规定董事会的成员由监事会选任与解任。

2. 股东会议及股东会决议

股东会通过定期或临时地举行由全体股东出席的会议来进行工作，以行使对公司联合控制的最高权力。因定期股东会每年召开一次（也有的公司章程规定每年召开两次），故称为股东年会。各国规定，临时股东会在董事会认为必要时，或由符合一定比例的有表决权的股东请求时，或根据法院的决定而召开，其大都是讨论一些特别重要事项，因此，又被称为股东特别会议。

无论是股东年会还是特别会议，原则上应由董事会召集，董事长（为股东会的主席）主持。在召开股东会时，董事会应根据公司法的要求或公司章程规定，在会前若干天将会议的日期、地点及提交股东会议的事项通知各股东，并登报予以公告。各国公司法规定，参加各类股东会的股东须达到法定人数，一般规定要有代表公司股本50%以上的股东参加，股东会才能合法召开。在符合开会的法定人数前提下，股东会的普通决议要求以出席股东会有表决权的股东的简单多数通过，特别决议须以2/3或3/4的多数通过方为有效。

3. 股东会的表决方式

股东在股东会上通过行使表决权来对公司的重大事项做出决策。表决权是公司股东权力的中心内容，是股东对公司进行有效控制的关键。为此，各国公司法对股东在股东会议上的表决方式都作出了规定。对于股份有限公司，传统的表决方式是普通股"一股一权"制。而对于有限责任公司，大多数国家按出资比例分配表决权。

但是，为了防止大股东操纵股东会的表决权，损害小股东的利益，一些国家公司法规定，公司可以在章程中限制大股东的表决权。这些规定主要有：①对表决权数量的限制。如规定拥有股份数额超过一定比例，其超额部分以八折或五折计算。②对表决权代理的限制。例如，规定受托人的代表表决权，不得超过股份总数表决权的一定比例。③表决权行使回避。例如，规定事关某些股东特别利益的表决，其结果可能会损及公司利益时，该股东应回避表决，也不能代理其他股东行使表决权。

（二）董事会

董事会，是由股东会选举产生的，由董事会组成的行使经营决策权和管理权的公司常设机构。它对内管理公司事务，对外代表公司行使职权。随着其地位和作用的日益加强，董事会现在已成为领导企业的最重要的机构。

各国公司法规定，股份有限公司必须设立董事会，对有限责任公司一般没有强制性规定。关于董事会的法律规定主要包括以下几个方面：

1. 董事会的组成

董事会由符合条件的当选董事组成。英美法系国家一般规定，自然人和法人皆可担任董事，但在法人为董事时，须指定一名有行为能力的自然人作代理人。大陆法系国家中只有法国等少数国家的规定与英美法系国家的规定相同，而德国等大多数国家则明确规定法人不得担任董事。

由于董事是代表股东对公司的业务活动进行决策和领导的专门人才，各国公司法都对董事的资格作出了限制性规定，以确保具有经营经验和管理能力的人入选，从而科学地管理公司。

这些限制性规定包括：①要求董事会中至少有一名或一定比例的成员为本国国民或居民。至于董事是否必须为公司的股东，除公司内部细则或股东决议另有规定外，多数国家的法律并未对此有所限制，但德国法例外。②对董事年龄的上限，多数国家未限制。③对董事的品行，有些国家规定某些犯过罪的人在一定期限内不得担任董事。④为了确保董事维护公司利益，恪尽职责，各国公司法一般规定，董事不得兼任任何其他公司的董事或实际管理人员。

关于董事会成员的人数，各国法律允许公司在其内部细则中加以规定。但英美法系国家一般都规定了最低人数；某些大陆法系国家对董事会的人数不仅有最低限约束，而且还有最高限约束。

2. 董事会的权限

董事会作为公司最重要的管理机构，具有十分广泛的权限。许多国家的公司法规定，除公司法或公司章程规定应由股东会决议的事项之外，公司的全部业务均可由董事会执行。但董事会具体行使哪些权力却很少有国家以法律的形式进行列举。

3. 董事的责任

董事对公司的业务管理拥有最高决策权，董事与公司有关的行为直接关系到公司、股东及第三人的利益，因此，各国皆规定了董事对公司的责任。大陆法系国家认为，董事长对公司负有善良管理人的义务，若不履行义务，致使公司利益受到损失，应负赔偿责任。英美法系国家认为，董事具有公司代理人和财产受托人的双重身份，应对公司承担一种信托责任。尽管两大法系对董事责任的规定有所差异，但都要求董事为公司的最高利益负忠诚、勤勉和谨慎的责任。

董事的责任主要包括以下几个方面：①认真履行职责，发挥管理技能。②保守公司的商业秘密。③不得进行任何欺骗性或暗中交易活动。④不得收受贿赂。⑤不得超出法律规定或公司授权的范围行使职权。⑥不得从事与公司营业范围相同及与公司竞争的商业活动。⑦不得利用手中掌握的职权，运用公司的资金、财产、信用等为自己谋利。⑧不得自己处理与自己的利益有关而又可能与公司利益冲突的事务。

董事违反上述诸项职责而给公司造成损害的，应对公司承担责任；若因董事会的决定有误而使公司受到损害，参与决议的董事也应对此承担责任。董事在对外代表公司执行业务时，给第三人造成损害的，应与公司承担连带赔偿责任。根据各国规定，董事承担责任的方式主要是赔偿损失，此外还有罚款、开除，甚至承担刑事责任。

（三）监事会

监事会是指对公司的业务活动进行检查的常设机构。

对公司是否设置监事会，各国立法规定不同。在有限责任公司中，监事会一般是公司的任意机关。公司可设监察人一至数人，也可不设。在股份有限公司中，有的国家规定，在股东会之下设有董事会和监事会两个机构，由监事会对董事会执行业务的活动进行监督，如德国等；有的国家规定，只设董事会而不设监事会，如英、美等国；有的国家规定，公司可设监事会，也可不设监事会，由公司章程做出选择，如法国等。

监事会成员一般由股东会在有行为能力的股东中选任。也有的国家规定，达到一定规模的公司，其监事会除有股东代表外，还要有一定比例的雇员和工会代表。为了使监事会能正常行使监察职能，各国皆规定，负责公司业务的董事、经理和财务负责人及他们的配偶不得担任监察人。

监事会的职权，主要是对公司董事会和经理的业务活动实行监督，具体包括：①监督董事会的活动，如有权派代表列席董事会会议，定期和随时听取董事会的报告。②监督检查公司的经营状况与财务状况。③审核公司的结算表册和清算表册；认为有必要时，有权召集股东会。④法律与章程赋予的其他权利。

（四）经理

经理是指为董事会聘任的，辅助董事管理公司事务的行政负责人。它一般由公司章程任意设定，设置后即为公司常设的辅助业务执行机构。

根据西方国家公司法规定，经理的职权大体包括：执行董事会确定的经营方针、任免公司的职员、对外代表公司签订合同、负责管理公司的日常事务等。其义务主要有：对公司诚信、勤勉，不得从事与本公司有竞争或损害公司利益的活动，严格遵守公司股东会和董事会的决议。

我国《公司法》第一百四十九规定了董事、经理的义务和赔偿责任。虽然董事义务部分规定在股份有限责任公司中，但根据《公司法》第一百四十九条的规定，同样适用于有限责任公司的董事和经理。

根据我国《公司法》的规定，董事和经理对公司负有如下义务：

（1）不得利用职务优势取得个人利益。经理既不能利用职务优势从公司直接获得利益，也不能利用职务优势使第三人从公司获得利益、自己再从第三人那里得到利益。前一种情况为侵占公司资产，公司可以对经理提起返还财产之诉；后一种情况为接受他人贿赂，除构成刑事犯罪应受刑罚制裁的以外，公司可以对经理和行贿人提损害赔偿之诉或主张经理以公司名义与行贿人进行的交易无效。

（2）不得挪用公司资金或者将公司资金借贷给他人。《公司法》第一百四十九条的规定，经理挪用公司资金或者将公司资金借贷给他人的，责令退还公司的资金，由公司给予处分，将其所得收入归公司所有。构成犯罪的，依法追究刑事责任。动用公司资金为本人或他人从事营利活动而无永久占用公司资金的目的，为挪用公司资金。经理也不得将公司资金借贷给他人。无论经理以个人名义，还是以公司名义，将公司资金借贷给他人都为法律所禁止。但是，公司为自身利益而将合理数额的资金借给他人不属于限制借贷的范围，例如本公司人员差旅费的预支等。

（3）不得以公司资产为本公司的股东或者其他个人债务提供担保。我国《公司法》第一百四十九条规定："董事、经理违反本法规定，以公司资产为本公司的股东或者其他个人债务提供担保的，责令取消担保，并依法承担赔偿责任，将违法提供担保取得的收入归公司所有。情节严重的，由公司给予处分。"除了为公司自身的债务而设定抵押之外，公司资产在原则上不得作为抵押物。否则，公司债权人之外的抵押权人就会先于公司债权人从公司财产中获得清偿，从而使资本确定原则失去意义。如果公司作为其他债务人的保证人，当被保证人无力清偿债务时，公司资产将被用于清偿被保证人的债务，公司自身债权人的利益将受到影响，同样违反资本确定原则。

（4）不得自营或者为他人经营与其任职公司同类的营业或者从事违反竞业禁止义务的营业，即"经理违反本法规定自营或者为他人经营与其所任职公司同类营业的，除将其所得收入归公司所有外，并可由公司给予处分"。经理处于公司受托人的地位，本应为实现公司的最大利益而尽职尽责。如果董事同时处于公司竞争者的地位，就不可能去实现公司的最大利益。董事、经理的竞业禁止义务包括两种情况，一是董事自营与公司业务同类的营业；二是为他人经营与其所任职公司同类的营业，比如为经营同类业务的亲朋好友出谋划策、提供机会。

（5）除合同章程规定或股东会同意外，不得与本公司订立合同或者进行交易。经理本身具有公司业务的代理权，如果其又代表公司进行交易，实际上就成了自己代理，难免要损害公司的利益。但是法律并不是绝对禁止董事、经理与公司之间的交易，只要这种交易是公司章程规定的或者股东会事先批准的。

（6）除依照法律规定或者股东会同意外，不得泄露公司秘密。公司秘密是指披露之后会使公司蒙受损失或者失去商业机会的信息。在法律规定的情况下，比如在公司发行新股、发行债券时，股份公司必须对公众充分披露信息而公开自身的秘密，董事以保守公司秘密为理由不予披露的，可能构成对投资者隐瞒重要事实的情况而负赔偿责任。在法律没有规定必须披露秘密的情况下，董事对公司负有保密义务。

根据我国《公司法》的规定，经理对公司负有如下责任：

公司董事、经理负有必须严格地履行法律规定的义务。如果由于自己没有尽到自己的义务而给公司造成了损失，就要负赔偿责任。但并不是说董事、经理的任何行为造成了公司损失都要负赔偿责任，经理负赔偿责任应当具备如下条件：

（1）经理违反了其应该履行的义务。经理的义务包括明示义务和注意义务两方面。明示义务是指根据法律、法规的规定或者股东会、董事会决议及公司章程的规定经理所应为的或不得为的行为。明示义务比较明确，比如我国《公司法》规定经理不得非法担保的义务、不得非法借贷资金给他人的义务、执行股东会和董事会决议的义务等。违反了明示义务很容易被发现，判断起来也比较明确。注意义务是指经理在管理公司过程中所应尽到的应有的注意责任。比如经理在其行为有选择的余地时，应选对公司最有利的机会；在履行公司职务时应当考虑相关因素使公司避免损失等。注意义务实质上是我国《民法通则》中的诚信原则在我国《公司法》中的体现。经理是否尽到注意义务要结合各方面的因素综合进行判断。

（2）经理有过错。过错是指经理在行为的应受归责的心理状态，包括故意与过失两方面。故意是指经理明知其行为将对公司造成损害而继续进行该行为或者在可能避免公司损失时拒绝采取预防措施。过失又包括重大过失和轻过失。重大过失是指在一个稍微注意即能避免损失的情况下缺乏应有注意。轻过失是指经理缺乏一个正常的人在当时情况下所应尽到注意义务而导致公司损失的心理状态。在公司或股东追究经理违反注意义务的责任时，不但要证明经理违反了注意义务，而且要证明在行为时有过错。往往注意义务的违反和过错的证明是不可分的。

（3）经理的过错导致了损失。损失包括直接损失和间接损失两种。直接损失是指经理的行为导致公司财产的直接减少，如经理把公司的资金借给他人，届期得不到偿还导致公司资金的直接减少。间接损失是指经理行为导致公司预期利益的减少或丧失。例如，公司订立一个合同可得到100万元利润，经理却把此机会转让给他人，使公司的预期利润减少。损失不仅包括有形财产损失，也包括公司的法人人身权受到侵害而导致的无形财产损失，如公司的形象受到损害、信誉降低等。损失由经理负担还必须是经理的行为导致了损失的发生。如果损失由第三人造成或由于不可抗力事件所致，经理也不负责。

四、公司的股利分配

（一）公积金制度

公积金制度又称储备金，是指公司依法律和章程的规定，从营业盈余中提留的，不作为股息分配，保留在公司内部，具有特定用途的那部分累积资金。一般说来，公司的财产除原有资本外，最重要的就是公积金。公司要求长远发展，用公积金追加投资是扩大营业范围和经营规模的一个重要途径。而且，建立公积金制度用以弥补亏损，又可避免公司经营出现较大的动荡，以使公司能在原有规模上正常稳定地经营。通常，英美法系国家允许公司在其章程中自定公积金的提取，而大陆法系国家则多以法律的形式明文规定。

各国一般将公积金分为法定公积金和任意公积金。

1. 法定公积金

法定公积金是指依据法律规定而强制提取的公积金。依其来源不同，还可将其分为：

（1）资本公积金，即直接由资本或资产以及其他原因所形成的公积金。它一般是投资的一部分或具有其他资本的性质，主要来自股票溢价发行的溢价款、资产估价增值所获得的估价溢额、接受赠与财产的所得额等。

（2）法定盈余公积金，是指公司在弥补亏损后，分配股息前，按法定比例在税后利润中提取的公积金。各国对此规定的比例不一致。法定公积金的主要用途是弥补亏损和转增股本。由于法定盈余公积金是经常性的，而资本公积金是非经常性的，故应先使用法定盈余公积金弥补亏损。在转增股本时，应经股东会决议。

2. 任意公积金

任意公积金是指自由提取的公积金。它不受公司法强制性规定的限制，用途一经确定，即转为专用资金，非股东会决议，不得挪作他用。

（二）股利分配

股利分配即股息和红利分配，只能于每一营业年度终了才能进行。股息和红利来源于公司的可分配利润，即公司盈利减去税款和费用，弥补亏损和提取法定公积金；法定公益金后的剩余部分。股息和红利的分配一般采取现金支付，此外还有股份分配和财产分配方式。因各国有关股利分配的法律规定均为强制性规范，故违反这些法律规定的股利分配方案即为无效，股东应返还因此取得的股利。有些国家还规定参与决定分配方案的公司、董事对此应负连带责任。

五、公司的合并、分立、解散和清算

（一）公司的合并

公司的合并是指两个或两个以上的公司依法达成合意，归并为一个公司或创设一个新的公司的法律行为。

公司合并有两种方式：①将现存的两个以上的公司同时解散，共同成立一家新的公司，称为新设合并。②将一个或一个以上的公司解散，而将其财产转归一家现存公司，称为吸收合并。

为确保合并行为顺利、有效、切实保护各有关方面的合法利益，各国公司法规定合并应按以下程序进行：①由同意合并的各个公司的董事就合并的条件进行磋商。②由各有关公司召开股东会做出合并的决议。③各合并公司编制资产负债表及财产目录，再将合并的办法公告及通知各债权人，债权可在规定的期限内提出异议。公司对于持有异议的债权人应如数给予清偿，或向其提供适当担保，然后再进行资本的合并和财产的转移。④依法向有关主管部门办理合并登记手续，只要公司的合并行为既不影响原各公司的债权人利益，又不违反所在国的反垄断法，各国一般都会批准合并申请并给予注册。一经注册，合并即告成功。

公司合并后将产生以下法律后果：①原公司消灭，新公司成立。就吸收合并而言，吸收合并的公司仍存续。②股东重新入股。股东愿加入新公司的，成为新公司股东，股东不愿加入的，可转让股份或转让出资。③债权债务承担。因合并而消灭的公司债权及债务，由存续公司或新设公司无条件承担。

（二）公司的分立

公司的分立是指一个公司又设立另一个公司或一个公司分解为两个以上公司的法律行为。公司分立也有两种形式：①派生新高级分立，即公司以其部分资产另设一个新公司，原公司存续。②新设分立，即公司将其全部资产分别归入两个以上的新设公司企业，原公司解散。

公司分立的程序及其法律后果与公司合并基本相同。

（三）公司的解散

公司的解散是指公司在经营中，因出现公司章程规定事由或其他法定事由而停止公司的对外活动，并清算处理未了结事务的法律行为。

公司一旦解散，即应停止对外的一切活动，不能再对外从事经营活动。但公司解散并不意味着法人资格一定消灭。公司解散分为两种情况：一是法人资格并不立即消灭，公司解散以后，仍需处理未了结事务，如清理债权、债务等。此时，公司的法人资格仍然存在。二是公司法人资格消灭，如公司合并、分立，在这种情况下无须进入清算程序。

公司解散因其原因或条件不同，可分为任意解散和强制解散两种。任意解散是指由发起人或股东约定或决议引起的公司解散。主要有以下几种情形：如公司的营业期限届满；股东会做出解散决议；公司合并或分立；章程中规定的某些解散事由出现等。强制解散，是指因主管机关决定或法院判决所导致的公司解散。主要有：主管机关命令其解散；法院判定解散；公司被宣告破产等。

公司一旦宣布解散，就会给其带来以下法律后果：①公司解散，其法人资格并不立即消灭，但公司的权利能力受到限制，只能在清算范围内进行活动，超越清算范围的经营活动，不具有法律效力。②公司解散后，应依法律规定进行清算，进入清算程序。③公司进入清算程序后，原公司法定代表人不能代表公司对外进行经营活动，而应由公司清算组进行有关活动。

（四）公司的清算

公司的清算是指公司在解散过程中清理公司的债权债务，并在股东间分配公司剩余财产，结束公司所有法律关系的一种法律行为。依各国公司法规定，公司清算包括以下内容：

1. 成立清算组

公司清算事务的执行人是清算人，其可以由公司执行业务的股东或董事担任，可以由公司股东选任，也可以由法院指派。清算组在清算期间对外代表公司，其职权主要有：①清算公司财产，分别编制资产负债表和财产清单。②通知或公告债权人。③处理与清算有关的公司未了结的业务。④清缴所欠税款。⑤清理债权债务。⑥处理公司清偿债务后的剩余财产。⑦代表公司参与民事诉讼活动。

2. 公告或通知债权人

清算组成，应在法定期间内通知公告债权人，以便债权人在法定期间内向清算组申报债权。逾期未申报的债权不列入清算范围。

3. 清理债权债务

清算组成立后，应及时清理公司的债权债务，编制资产负债表和财产清单，制定清算方案，并报股东会或有关主管机关确认。

4. 清偿债务

清算方案经批准后，公司财产能清偿债务时，应按规定清偿公司债务。清偿后剩余的财产，有限责任公司按股东出资比例分配，股份公司按股东持有股份比例分配。

5. 注销登记

公司清算结束后，清算组应制作清算报告，报股东或有关主管机关确认，并报送公司登记机关，申请注销登记。

第四节　中国外商投资企业法

案例导入

中国某企业与美国一公司协商决定在上海设立一家外商投资企业。合同中规定，中方出资60万元，美方出资40万元；双方合作期为10年；从第三年起，美方按照80%的比例分享利润，直到回收投资后，再按中方60%、美方40%的比例分享利润；合同期满后，全部固定资产归中方所有。问：这家外商投资企业是什么性质的？该企业可采用什么经营管理方式？

知识拓展

　　扩大对外开放、促进国际经济合作是中国的一项基本国策。自20世纪80年代以来外商在中国进行的直接投资不仅为中国社会和经济的发展提供了必要的资金，而且为中国引进和吸收国外先进的技术和科学管理经验、大力发展中国进出口贸易创造了有利的条件。与此同时，中国不但在外商投资的硬件环境方面进行了改善，而且在外商投资的软环境，特别是在对外商投资的法律保护方面也有了进一步的完善。为了保护外国投资者的合法权益，指导外商投资企业的行为，中国相继制定了900多项有关外商投资的法律、法规、条例和规定，这些法律、法规、条例和规定为外商到中国投资提供了良好的法律环境。

一、外商投资企业法概述

（一）外商投资企业的概念及其种类

　　外商投资企业是外国人依照中华人民共和国的法律，在中国境内以私人直接投资方式参与或独立投资方式设立的各类企业的总称。

　　外商投资企业具有以下法律特征：

　　1. 外商投资企业是外国人参与或独立设立的企业

　　外国人是指外国国籍的法人或自然人，也指外国的企业、公司、其他经济组织及个人。外国人参与设立企业指外国人与中国人共同设立的企业，包括中外合资经营和中外合作经营企业。外国人独立设立指企业的设立人仅包括外国人，企业的全部资本都由外国人提供即外资企业。

　　2. 外商投资企业是依照中华人民共和国法律并在中国境内设立的企业

　　这一特征表明，外商投资企业是中国企业，具有中国国籍，受中国法律的管辖和保护。这无论在性质上还是在法律地位上都与依外国法律设立的、在中国境内进行一定经营活动的外国企业的分支机构有区别。

　　3. 外商投资企业由外国人以私人直接投资方式设立

　　根据这一特征，凡利用外国政府或各国政府投资共同设立的国际经济组织的资金举办的企业，凡是利用外国人的借款、租赁等间接投资方式举办的企业都不属于外商投资企业。只有外国人以举办企业这种直接投资方式设立的企业才属于外商投资企业范畴。

　　根据不同的划分标准，可将外商投资企业分为下列几种类型：①外国人参与设立的外资企业。②具有法人资格的法人型企业和不具备法人资格的非法人型企业，即合资企业和合作企业。③产品出口企业、先进技术企业和一般外商投资企业。

（二）外商投资企业法的概念及其法律渊源

　　外商投资企业法是指我国制定的调整外商投资企业在设立、管理、经营和终止过程中产生的经济关系的法律规范的总称。

　　中国1979年7月1日通过、于1990年修订、2001年3月再次修订的《中华人民共和国中外合资经营企业法》（以下简称《中外合资经营企业法》）及国务院1983年制定、1986 年 1 月修订、2001 年 7 月再次修订的实施条例；1988 年 4 月 13 日颁布、2000 年 10 月修订的《中外合作经营企业法》及国务院 1995 年颁布、2002 年 1 月修订的实施细则；1986 年 4 月 2 日颁布、2000 年 10 月修订的《中华人民共和国外资企业法》（以下简称《外资企业法》）及国务院 1990 年 10 月修订的实施细则，是调整外商投资企业的基本法。

随着中国对外开放政策的进一步贯彻和利用外资工作的进一步开展，中国于 1990 年 4 月 4 日对《中外合资经营企业法》进行了修订，对应该外方合营者担任董事长、合营期限等多项条款作了较大的修订和补充。这些修订和补充使《中外合资经营企业法》更趋完善。

知识拓展

对外商投资企业，有几个界限应该明确。一是外国人，这里指的外国人从法律形式讲，是指法人、非法人和自然人，从组织形式讲是指公司、企业、非法人经济组织和个人独资企业。二是在中国境内，遵循中华人民共和国的法律，如中国的外商投资企业法、中国公司法、中国合同法、中国的反不正当竞争法、中国的反垄断法等。三是直接投资和间接投资。直接投资是指投资者直接开设公司或企业，直接从事经营管理，或者投资并购相关公司或企业相当数量的股份，从而对该企业具有经营上的控制权的投资方式。间接投资是指投资者以其资本购买相关公司、企业的债券、金融债券或公司股票等各种有价证券，以预期获取一定收益的投资，由于其投资形式主要是购买各种各样的有价证券，因此也被称为证券投资。中国的外商投资企业是典型的直接投资方式，是吸引外商投资的一种比较好的方式。四是私人投资和政府投资。私人投资是指由公司、企业投资，必须考虑成本、收益、回报率的投资方式。政府投资是指由政府出资建设公共基础设施项目的投资，如建设地铁、修路、建造高铁、建造公园项目的投资。外商投资企业就是典型的私人投资方式。

（三）外商投资企业法的原则

外商投资企业在设立、生产以及管理等活动中，应当遵循以下基本原则：

1. 主权原则

主权原则即开办外商投资企业，必须从维护我国国家主权和经济独立出发，必须符合我国经济建设发展需要，不能有损我国主权。如合营企业的一切活动应遵守我国法律，合同、章程应报国家主管机关批准。有损中国主权的，违反中国法律的，不符合中国国民经济发展需求的，成为环境污染的，登记处的协议、合同、章程显属不公平的，损害合营一方权益的，都不能被批准。

2. 平等互利原则

平等是指合营各方的法律地位平等；互利是指合营各方在经济上要相互有利。如合资法规定，各方按注册资本比例分享利润并分担风险及亏损，就是这一原则的体现。

3. 参照国际惯例原则

在外商投资企业法中，采用了在国际经济交往中普遍接受的习惯做法，如董事会制度、仲裁解决争议制度等。

4. 采取国际私人直接投资方式

国际私人直接投资是指私人投资者在国外举办企业或与当地资本合营，投资者对所投入的生产要素的使用和企业的生产经营活动拥有管理权和控制权的投资。国际私人直接投资是国际投资的主要形式，是国际资本运动的基本方式，在国际投资中处于主导地位，对推动世界经济的发展起着极其重要的作用。

根据国际惯例，外商投资企业大体可以划分为股权式合营企业和契约式合作企业两大类。中国的外商投资企业根据这一惯例，具体分为中外合资经营企业、中外合作经营企业和外商独资企业三类。

二、中外合资经营企业法

(一) 中外合资经营企业的概念和特征

中外合资经营企业（以下简称"合营企业"）是由外国公司、企业其他经济组织或个人与中国公司、企业或其他经济组织，依中国法律，在中国境内共同投资、共同经营、共享利润、共担风险而设立的有限责任公司。

从上述对中外合资经营企业概念的表述可看出，合营企业具有以下法律特征：

1. 中外双方合营

中外合营企业是由两个或两个以上的外商或其他经济组织共同组成的，其中外方合营者可以是公司合伙，也可以是个人。

2. 依照中国法律并在中国境内

中外合营企业依照中国的法律，经中国政府批准在中国境内设立，因而是中国企业法人，必须遵守中国法律的管辖，并受到中国法律的保护。

3. 中外合营企业的法律形式为有限责任公司

中外合营企业拥有独立的法人地位，以企业的全部财产作为企业从事经营活动的经济担保。合营各方对合营企业的债务仅以其出资额为限，且合营各方对合营企业债务互相承担连带责任。

4. 中外合营企业是股权式的合营企业

中外合营各方的所有投资以货币形式进行估价，然后以此折合成股份，并计算出其在整个注册资本中所占的比例（称作股权比例），再按此股权比例分担企业的机会和风险、收益和亏损。

(二) 中外合资经营企业法的概念和立法宗旨

《中外合资经营企业法》是调整国家在管理和协调中外合资企业设立、经营、收益、分配和终止过程中经济关系的法律规范的总称。

《中外合资经营企业法》的立法宗旨是扩大国际经济合作和技术交流，通过法律规范中外合资经营企业，以维护其合法权益和加强管理，促进对外开放，促进经济发展。

(三) 中外合营企业的设立

1. 设立中外合营企业的条件

关于设立中外合营企业的条件，在实施条例中规定了两个原则：

(1) 促进我国经济的发展和科学技术水平的提高。中外合资企业的设立应能采用先进的技术设备和科学的管理方法，有利于企业的技术改造，培训企业技术人员和管理人员，使我国企业人员在技术的接受能力、管理方法的水平方面都得到提高。

（2）注重经济效益。通过举办合营企业，不仅注重企业的经济效益，即投资少、见效快、收效大，也就是要能增加产品品种、提高产品质量和产量、扩大产品出口、增加外汇收入，而且还要注重社会的经济效益，节约能源和原材料，对有损中国主权、违反中国法律和产业政策、不符合中国经济发展要求、造成环境污染而签订的合同、章程显属不公平、损害合营一方权益的申请，不予批准。

2. 设立中外合营企业的程序

在中国境内设立中外合资经营企业须经政府有关部门或机构的审查批准。合营企业的设立须经过以下主要步骤：

（1）立项。由中方合营者向企业主管部门呈报拟与外国合营者设立合营企业的项目建议书和初步可行性研究报告。该建议书和初步可行性研究报告经企业主管部门审查同意，并转报审批机构审批的程序即是立项，其目的是确保合营项目符合国民经济发展的需要，减少项目选择的盲目性。

（2）编制可行性研究报告。在项目建议书和初步可行性研究报告被批准后，合营各方才能进行以可行性研究为中心的各项工作，并编制可行性研究报告，以及合营各方订立合营企业协议、合同和章程，从而为合营企业的审批提供依据。

（3）审批。由中方合营者负责向审批机构报送下列文件：①设立合营企业的申请书；②各方共同编制的可行性研究报告；③合营企业协议及合同章程；④各方委派的合营企业董事长、副董事长、董事人选名单；⑤中方合营者的企业主管部门和企业所在地省、自治区、直辖市政府对设立合营企业签署的意见。

（4）登记。合营各方在收到审批机关的批准书后 1 个月内，应向有关工商管理机关办理登记手续，领取营业执照。合营企业营业执照签发日期，即为合营企业成立的日期。

3. 中外合营企业的协议、合同及公司章程

（1）中外合营企业协议。合营企业协议是指合营各方对设立合营企业的某些要点和原则达成一致意见而订立的文件。合营企业协议一般在合营各方正式签署合营企业合同之前订立，其主要目的是为合同的谈判、起草以及签订确立一些基本原则和主要框架，以保证合同能够最终顺利地签订。合营企业协议一般包括的内容：合营各方的名称、代表和谈判的经过；合营企业的经营宗旨、经营范围和生产规模；合营企业的总投资额、注册资本、各方出资方式、出资比例及利润分配原则；产品销售方向、原材料来源；采用的设备和技术等。

（2）中外合营企业合同。合营企业合同是指合营各方为设立合营企业就相互权利、义务关系达成一致意见而订立的文件。合营企业合同应包括的主要内容：①合营各方的名称，注册的国家，法定地址和法定代表人的姓名、国籍；②合营企业的名称、法定地址、宗旨、经营范围和规模；③合营企业的投资总额，注册资本，合营各方的出资额，出资比例，出资方式，出资的缴付期限以及出资额欠缴、转让的规定，合营各方利润的分配和亏损分担的比例；④合营企业董事会的组成，董事会名额的分配以及

总经理、副总经理及其他高级管理人员的职责、权限和聘用办法；⑤采用的主要生产设备、生产技术及其来源，原材料购买和产品销售方式；⑥外汇资金收支的安排，财务、会计、审计的处理原则；⑦有关劳动、工资、劳动保险等事项的规定；⑧合营企业期限，解散及清算程序；⑨违反合同的责任，解决合营各方之间争议的方式和程序；⑩合同文书采用的文字和合同生效的条件等。

从上述可以看出，合同是协议的具体化。一般来讲，经合营各方同意，可以不订立合营企业协议，只订立合营企业合同。合营企业协议不是法定必需的法律文件，合营企业协议与合营企业合同有抵触时，以合同为准。

(3) 中外合营企业章程。合营企业章程是按合同规定的原则，经合营各方一致同意，规定合营企业的宗旨、组织原则和经营方法等事项的企业内部法律文件。合营企业章程的主要内容包括：①合营企业的名称及法定地址；②合营企业的宗旨、经营范围和合营期限；③合营各方的名称，注册的国家，法定地址和法定代表人的姓名、国籍；④合营企业的投资总额、注册资本，合营各方的出资额、出资比例、出资转让的规定，合营各方利润的分配和亏损分担的比例；⑤合营企业董事会的组成、职权和议事规则，董事的任期，董事长、副董事长的职责；⑥管理机构的设置，办事规则，总经理、副总经理及其他高级管理人员的职责、权限和任免办法；⑦外汇资金收支的安排，财务、会计、审计的处理原则；⑧合营企业期限，解散及清算程序；⑨章程修改的程序。

中外合营企业章程与合营企业合同均为必备的法律文件。但两者也有不同：

(1) 两者的法律后果不同。合营企业合同是设立合营各方相互间权利与义务关系的法律文件，其法律后果是导致合营各方相互间权利与义务的产生，并对合营各方有约束力；合营企业章程主要是规范合营企业及其内部各机构的法律文件，法律后果则是合营企业法人资格的产生，是合营企业向社会公开企业宗旨、组织原则和经营范围以及承担民事责任的文件。

(2) 两者的侧重点不同。合营企业合同主要规定合营各方为设立合营企业而产生的各项权利与义务，重点在于合营企业的设立；合营企业章程则主要规定合营企业在设立后经营管理及对外开展业务所应遵循的原则和程序。

(3) 两者的变更、解除和程序不同。合营企业合同只能由合同当事人变更和解除；合营企业章程由合营企业董事会依法变更、解除。

(4) 两者的违约责任不同。违反合营企业合同的规定应依《中华人民共和国合同法》（以下简称《合同法》）追究违约责任；违反合营企业章程的规定应根据有关法律、法规，追究相应的行政责任、民事责任以至刑事责任。

(三) 中外合营企业的资本

1. 中外合营企业的注册资本与投资总额

(1) 中外合营企业的注册资本。合营企业的注册资本，是指为设立合营企业在登记管理机构登记的资本总额，应为合营各方认缴的出资额之和。注册资本的作用在于：表明合资企业所拥有资本的大小，体现合资企业的经济实力，明确合资企业承担责任的大小，它同时是合营各方对合营企业承担风险和分配利润的依据。企业在合营期内，不得减少其注册资本；合营一方若要转让其出资额时，须经合营他方同意，并经审批机构批准。为了更多地吸收外国资本，且加强外方对合营企业经营管理的责任，《中外合资经营企业法》还规定，在合营企业的注册资本中，外国合营者的投资比例一般不低于25%。

（2）中外合营企业的投资总额。合营企业的投资总额是指按合营企业合同、章程规定的生产规模需投入的基本建设资金和生产流动资金的总和，这一般包括注册资本和借入资本。

（3）中外合营企业的注册资本占投资总额应保持一定的比例。为了保证合营企业有足够的注册资本，《关于中外合资经营企业注册资本与投资总额比例的暂行规定》要求：①投资总额在300万美元（含300万美元）以下的，其注册资本至少应占投资总额的7/10；②投资总额为300万~1 000万美元（含1 000万美元）的，注册资本至少应占投资总额的1/2，其中投资总额在420万美元以下的注册资本不得低于210万美元；③投资总额在1 000万~3 000万美元（3 000万美元）的，其注册资本至少应占投资总额的2/5，其中投资总额在1 250万美元以下的，注册资本不得低于500万美元；④投资总额在3 000万美元以上的，注册资本至少应占投资总额的1/3，其中投资总额在3 600万美元以下的，注册资本不得低于1 200万美元。

中外合营企业追加投资的，其追加的注册资本与增加的投资总额也应适应上述规定的比例。

2. 中外合营企业的出资方式

根据《中华人民共和国中外合资经营企业法实施条例》的规定，合营各方可以现金、实物、工业产权、专有技术出资，其中中国合营者还可以土地使用权进行出资。但必须具备以下条件：

（1）中外合营各方须对其上述出资拥有所有权任何一方不得用以合营企业名义取得的贷款，或以合营他方的财产和权益为担保而取得的贷款作为其出资，也不得用以合营企业名义租赁的设备或其他财产以及合营者外的他人财产作为自己的投资。

（2）中外对实物及无形资产和作价要公平合理，应由合营各方友好协商，一致同意或予以确定。如经各方同意，也可聘请第三者进行评估。

（3）中外合营各方不得在其上述出资上设有任何担保物权，如抵押权或留置权，并出具对其出资享有所有权和处置权的有效证明。

（4）中外合营各方应在合营合同中订明出资期限，并按合同规定的期限缴清各自的出资。凡合同中未具体规定出资期限，但规定一次缴清出资的，合营各方应依法从营业执照签发之日起6个月内缴清。合同中规定分期缴付出资的，合营各方的第一期出资不得低于各自认缴出资的15%，并应在营业执照签发之日起3个月内缴清。合营一方未按合同的规定如期缴付或缴清其出资的即构成违约。守约方应在逾期后1个月内，向原审批机关申请批准解散合营企业或申请批准另找合营者。守约方可依法要求违约方赔偿因未缴清出资造成的经济损失。

（四）中外合营企业的组织机构

中外合营企业的组织机构由董事会及其领导下的经营管理机构组成。

1. 董事会

中外合营企业一般不设股东会，董事会是合营企业的最高权力机构，并有决策机构和领导监督机构的双重职能。董事会有权决定合营企业的一切重大问题，主要包括：企业发展规划，生产经营活动方案，收支预算，利润分配，劳动工资计划，停业，以及总经理、副总经理的任命或聘请及其职权和待遇等。

董事会中董事的人数一般为奇数。董事名额的分配由合营各方参照出资比例协商确定，并由各方委派，董事会设董事长和副董事长。董事长由合营各方协商确定或由董事会选举产生。董事长是合营企业的法定代表人。

董事会会议每年至少召开一次，并只有在2/3以上董事出席时方能举行。对于一些重大事项，包括合营企业章程的修改；合营企业的中止与解散；合营企业注册资本的增减及转让；合营企业与其他经济的合并等，必须由出资董事会会议的全体董事一致通过方可做出决议。

2. 经营管理机构

中外合营企业设经营管理机构作为董事会的执行机构，负责企业的日常经营管理工作。

经营管理机构，设总经理一人，副总经理若干人，他们由合营企业董事会聘请，可由中国公民担任，也可由外国公民担任。总经理的职责：执行董事会会议的各项决议，组织领导合营企业的日常经营管理工作。在董事会授权范围内，总经理对外代表合营企业，对内任免下属人员，行使董事会授予的其他职权。

（五）中外合营企业的经营管理

1. 中外合营企业的生产经营计划

中外合营企业在中国法律、法规规定的范围内有权自主地从事经营管理活动，合营企业按照合营合同规定的经营范围和生产规模制订生产经营计划，由董事会批准执行，报企业主管部门备案。

2. 中外合营企业的物资购买与产品销售

中外合营企业对所需要的机器设备、原材料、燃料、配套件、运输工具和办公用品等，有权自行决定在中国购买或向国外购买，但在同等条件下应先在中国购买。在销售方面，中国政府鼓励合营企业向国际市场销售其产品。但是，合营企业生产的产品属于中国急需的或中国需要进口的，可以以中国国内市场销售为主。

3. 中外合营企业的财务会计制度与利润分配

中外合营企业设总会计师协助总经理主持企业的财务会计工作。根据《中华人民共和国会计法》规定，合营企业会计年度采用公历年制，自公历每年1月1日起至12月31日止为一个会计年度。合营企业采用国际通用的权责发生制和借贷记账法，原则上采用人民币记账本位币；经合营各方商定，也可以采用一种外国货币为本位币。以外币记账的合营企业，除编制外币的会计报表外，还应另编折合人民币的会计报表。

合营企业按《中华人民共和国税法》规定缴纳企业所得税后的利润，按董事会确定的比例提取储备基金、职工奖励及福利基金、企业发展基金后，即为可分配利润，应按照合营各方的出资比例进行分配。但在亏损情况下，以前年度的亏损未弥补前不得分配利润。以前年度未分配的利润可并入本年度利润分配。合营企业的各项保险应向中国的保险公司投保。

（六）中外合资经营企业的合营期限、解散和清算

1. 中外合营企业的合营期限

中外合营企业的合营期限按不同行业、不同情况作不同的约定。有的行业应当约定合营期限；有的行业可以约定合营期限，也可以不约定合营期限。约定合营期限的合营企业，合营各方同意延长合营期限的，应在距合营期满前6个月向审查批准机关提出申请。审查批准机关应自接到申请之日起1个月内决定批准或不批准。

2. 中外合营企业的解散

中外合营企业的合营期届满而不申请延长合营期，合营企业解散，这属于自然解散。如果在合同规定的有效期内发生下列情况，应由董事会提出解散申请书，报批准机关批准：①企业发生严重亏损，无力继续经营。②合营一方不履行合营企业协议、合同、章程规定的义务，致使企业无法继续经营。③因自然灾害、战争等不可抗力遭受严重损失，无法继续经营。④合营企业未达到其经营目的，同时又无发展前途。⑤合营企业合同、章程所规定的其他解散原因已经出现。

3. 中外合营企业的清算

中外合营企业宣告解散时，董事会应提出清算程序、原则和清算委员会人选，报企业主管部门审核并监督清算。清算委员会的任务是针对合营企业的财产、债权、债务进行全面的清查，编制资产负债表和财产目录，提出财产作价和计算依据，制定清算方案，提请董事会会议通过后执行。在合营企业清算工作结束后，由清算委员会提出清算结束报告，提请董事会通过后报原审批机构，并向原登记管理机构办理注销登记手续，缴销营业执照。合营企业解散后，各项账册及文件应由原中国合营者保存。

（七）中外合营各方争议的解决

中外合营各方发生纠纷，董事会不能协商解决时，由中国仲裁机构进行调解或仲裁，也可以由合营各方协议在其他仲裁机构仲裁。如果合营各方之间没有书面仲裁协议的，发生争议的任何一方都可以依法向中国的人民法院起诉。

三、中外合作经营企业法

（一）中外合作经营企业的概念

中外合作经营企业，是指由外国企业、其他经济组织以及个人，同中国企业、其他经济组织根据合作经营企业合同约定的投资或合作条件，在中国境内共同投资而设立的契约式合营企业。

（二）中外合作经营企业的特点

1. 合作企业是契约式合营企业

它与股权式合营企业有明显区别。在合作企业中，合作各方根据合作企业合同的规定享受权利和承担义务，而不是根据出资比例。《中外合作经营企业法》明确规定，中外合作者依法在合作企业合同中，约定投资或合作条件、收益或产品分配、风险和亏损的分担、经营管理方式和合作企业终止时财产归属等事项。

2. 合作企业法人资格不确定

法人资格不确定是指合作企业不一定都具有法人资格，它们可以办成法人企业，也可办成非法人经济实体。如果符合中国法律关于法人条件规定的，可取得中国法人资格，采取有限责任公司形式。合作各方对合作企业的责任以各自认缴的出资额或提供的合作条件为限，合作企业以其全部资产对其债务承担责任。不具法人资格的合作企业的合作各方的关系是一种合伙关系，其合作各方应根据各自认缴的出资额或提供的合作条件，在合作合同中约定各自承担债务责任的比例，但不得影响合作各方连带责任的履行。偿还合作企业债务超过自己应承担数额的合作一方，有权向其他合作者追偿。

3. 合作各方的合作条件不必作价

合作企业合作各方的出资过程比较灵活、简便。合作企业股权式合营企业，双方不必按出资比例享受权利和承担义务，也不需将合作各方以合作条件形式向企业提供的财产折算成货币形态计算各方出资比例，减少了对实物和工业产权等投资进行估算和作价的困难和麻烦，便于加速合作企业的建立。但是各方以投资形式向企业提供的财产须进行作价，计算出各方投资比例，且依《中华人民共和国中外合作经营企业法实施细则》规定，在法人型合作企业中，外方的投资比例一般不低于合作企业注册资本的25%。

4. 合作企业组织机构的形式多样化

中外合作各方可以在合同中约定企业应采取的组织机构形式，一般可选择以下其中一种形式：

（1）董事会领导下的总经理负责制。凡采取这种形式的合作企业，一般都属于具有法人资格的经济实体。

（2）联合管理制。不组成法人形式的合作企业一般实行联合管理制，即由合作各方选派代表组成统一的联合管理机构，作为企业的最高领导和决策机构，决定企业的重大问题，任命或选派总经理对项目进行管理。

（3）委托管理制。委托管理制是指董事会或联合管理机构委托中外合作者以外的第三方进行管理。由于这种形式不是合作企业组织机构的形式，而是合作企业的组织机构通过签订管理合同形式将企业经营管理转让给他人负责，因此采取这种管理形式时，须报审批机关批准，并向工商行政管理机关办理变更登记手续。

5. 合作企业按合同约定分配收益或产品，承担风险及亏损

在实践中，常见的收益分配方式有：

（1）产品分成。即合作企业将企业生产的产品依合作合同约定的比例，分配给合

作各方。采取产品分配收益，即合作各方一般仅在生产环节上进行合作，到了销售环节由合作各方独立完成。产品是否销售和能否销售出去，销售后能否收回成本，获得利润，均由各方自负。

（2）利润分成。即将合作企业的利润按一定百分比分配给合作各方。它可按各方的投资比例确定，也可不按各自投资比例而按合同约定比例确定。亏损及风险分担的方式常见的有依各方投资比例约定，依各方利润分成比例约定，在合同中另行约定等。

6. 合作企业的外方在合作期内可先行回收投资

在各国公司法中，资本是股东对公司的永久性投资，股东可以转让其出资。但在公司存续期限内股东不得收回其投资，只能在公司解散终止时，才能从公司剩余财产中收回其出资。《中外合作经营企业法》允许外国合作者进行资本回收，实质上是对外国合作者的一种优惠，目的在于尽可能地吸收外国人来华投资。

《实施细则》规定，外国合作者在合作期限内可申请按下列方式先行收回投资：①在按投资或提供合作条件进行分配的基础上，在合作合同中约定扩大外方的收益分配比例；②经财税机关国家有关税收的规定审批，外方在合作企业缴纳所得税前收回投资；③经财税机关和审批机关批准的其他回收投资方式，但合作企业的亏损未弥补前，外方不得先行收回投资。

在实践中，目前逐步形成了两种回收投资的方式：①外国投资者在利润分成中先行回收投资。具体做法是：在合作期的前期（称为资本回收期），中国合作者减少其应分得的利润，扩大外国合作者利润分成的比例，使其资本回收。合作期满后，合作企业的财产全部归中方所有。②外国合作者从企业固定资产折旧费中进行资本回收。具体做法是：中外合作者在合作企业合同中约定企业固定资产折旧费的提取办法（往往是加速折旧法），然后外方每年提取企业固定资产折旧费，用于资本回收。合作期满后，全部固定资产归中方。

由于外方先行回收其投资，在资本回收完毕后的合作期内，若企业出现亏损或破产，亏损责任实际上将由中方承担。因此《中外合作经营企业法》规定，外国合作者在合作期限内先行回收投资的，中外合作者应依有关规定和合作合同的约定对合作企业的债务承担责任。

（三）中外合作经营企业的设立、期限和终止

1. 中外合作经营企业的设立

申请设立合作企业，应当将中外合作者的协议、合同、章程等文件报送国务院对外贸易合作主管部门或国务院授权的部门和地方人民政府审查批准。审查批准机关应当在接到申请之日起45日内决定批准或不批准。设立合作企业的申请被批准后，应当自接到批准证书之日起30日内向工商行政管理机关申请登记，领取营业执照。合作企业营业执照的签发日即为该企业的成立之日。合作企业还应当在成立之日起30日内向税务机关办理税务登记手续。

2. 中外合作经营企业的期限和终止

中外合作经营企业的合作期限由中外合作者协商并在合作企业合同中订明。中外

合作者同意延长合作期限的，应在距合作期满 180 日前向审批机关提出申请，审查批准机关应自接到申请之日起 30 日内决定批准或不批准。合作企业经批准延长合作期限的，应向原登记机关办理变更登记手续。如果合作企业合同约定外国合作者现行收回投资，并且已经收回完毕，合作企业期限届满不再延长。

中外合作企业在合作期限届满或合作企业合同中规定的终止原因出现时终止。合作企业期限届满或提前终止时，应依照法定程序对资产及债权、债务进行清算。中外合作者应依照合作企业合同的约定确定合作企业财产的归属。合作企业期满或提前终止，应向工商行政管理机关和税务机关办理注销登记手续。

四、外资企业法

(一) 外资企业的概念及其特征

外资企业是依照中国有关法律在中国境内设立的全部资本由外国投资者投资的企业，不包括外国的企业和其他经济组织在中国境内的分支机构。

外资企业具有以下特征：①外资企业的全部资本是由外国投资者投资的，投资者既可以是一个外国公司或一个自然人，也可以是两个以上外国公司或两个以上自然人。②外资企业是在中国境内，依中国法律设立的，属于中国的企业。③对于符合中国法律关于法人条件规定的外资企业，可依法取得法人资格，采取有限责任公司形式。

(二) 外资企业法的概念及法律保护

外资企业法是调整外资企业从设立、经营、管理、终止期间所发生的各种经济关系的法律规范的总称。外资企业法的颁布和实施，有利于吸引更多的外国投资者到中国投资设立外资企业，也为保护外资企业的合法权益、为外资企业在中国境内从事经营活动和我国政府对外资企业进行管理监督提供了法律依据。

我国对外资企业合法权益的保护主要有以下几个方面：①外国投资者对其在中国投资设立的外资企业和获得的利润享有财产所有权。②外国投资者和外资企业的外籍员工，其合法收入可以通过中国银行汇往国外。③外资企业享有完全的经营管理权，其依照经批准的章程进行经营管理活动不受干涉。④国家对外资企业不实行国有化和征收，在特殊情况下，根据社会公共利益的需要，依照法律程序对外资企业实行征收应给予相应的补偿。⑤外资企业在中国境内的合法权益受到侵犯时，有权根据中国的法律规定，向中国仲裁机构或人民法院提请仲裁或诉讼，请求保护其合法权益。

外资企业尽管全部资本由外国投资者投资，全部股权属于外商所有，但由于它是依照中国有关法律在中国境内设立，向中国工商行政管理机关登记注册的，其主要办事机构在中国境内因而它从法律上说属于中国企业，其取得法人资格后即成为中国法人。所以，外资企业在中国境内从事经营活动必须遵守中国法律、法规，受中国法律的管辖。外资企业与中国国家行政机关、企业事业单位或个人发生争议，因争议各方都是处于中国属地管辖权之下，其纠纷应由中国法院或仲裁机构按照中国法律，根据争议的不同性质分别解决。外资企业既然是中国法人或中国企业，其合法权益必然受到中国法律的管辖和保护。

（三）外资企业的设立

1. 外资企业设立的条件

设立外资企业，必须有利于中国国民经济的发展，能够取得显著的经济效益，并应至少符合下列一项条件：①采用先进技术和设备，从事新产品开发，节约能源和原材料，实现产品升级换代，可以替代进口的。②年出口产品的产值达到当年产值50%以上，实现外汇收支平衡或有余的。

对于新闻、出版、广播、电视、电影、邮电通信、公用事业、交通运输、房地产、信托投资、租赁等行业，国家禁止或限制设立外资企业。

2. 外资企业设立的程序

根据《外资企业法》的规定，设立外资企业的程序与设立合营企业和合作企业程序基本相同，由于外资企业是由外国投资者投资并经营的，不需与中方合营者谈判签订合营协议和合同，因而设立外资企业的手续相对要简单一些。依中国的法律和实践，设立外资企业须遵守如下程序：

（1）申请。外国投资者应向拟设立外资企业所在地对外经济贸易委员会报送设立企业申请书和初步可行性研究报告，拟设立的外资企业章程，拟设立的外资企业董事会的人选名单，外国投资者的资信证明文件。

（2）批准。审批机关在接到外资企业的申请之日起90天内决定批准或不批准。

（3）登记。设立外资企业的申请批准后，外国投资者应在接到批准证书之日起30天内向工商行政管理机关申请登记领取营业执照。外资企业的营业执照签发日期为该企业的成立日期。

（四）外资企业的出资方式及出资期限

1. 外资企业的出资方式

外国投资者可用能自由兑换的外币出资，也可用机器设备、工业产权、专有技术等作价出资。经审批机关批准，外国投资者也可用其从中国境内创办的其他外商投资企业获得的人民币利润出资。以工业产权、专有技术作为出资的，其作价额不得超过外资企业注册资本的20%。外资企业在其经营期内，不得减少其注册资本。若将其财产或权益对外抵押、转让，须经审批机关批准，并向工商行政管理机关备案。

外资企业的注册资本，即外国投资者为设立外资企业在工商行政管理机关登记的资本总额，要与其经营规模相适应，注册资本与投资总额的比例应当符合中国法律、法规的有关规定。外资企业在经营期限内不得减少其注册资本。

2. 外资企业的出资期限

外国投资者缴付出资的期限应在设立外资企业申请书和外资企业章程中载明。外国投资者可分期缴付出资，但最后一期出资应在营业执照签发之日起3年内缴清。其第一期出资不得少于外国投资者认缴出资额的15%，并应在外资企业营业执照签发之日起90天内缴清。凡未能按期出资或按期缴付，超过30天不出资的，批准证书自动失效。

（五）外资企业的经营管理

外资企业依其经过批准的章程进行经营管理活动不受干涉。在生产经营方面，法律允许外资企业享有充分的自主权，外资企业在批准的经营范围内所需要的原材料、燃料等物资可在中国购买，也可在国际市场上购买。外资企业的产品应全部或大部分出口。为了防止外资企业造假账、搞两套账目以进行偷税、漏税等不法行为，《外资企业法》规定，外资企业须在中国境内设置会计账簿，进行独立核算，按规定报送会计账表并接受税务机关的监督。外资企业拒绝在中国境内设立会计账簿的，税收机关可以处以罚款，工商行政管理机关可以责令其停止营业或吊销其营业执照。

（六）外资企业的终止

外资企业有下列情形之一的，应予终止：①经营期限届满。②经营不善，严重亏损，外国投资者决定解散。③因自然灾害、战争等不可抗力因素而遭受严重损失，无法继续经营。④破产。⑤违反中国法律、法规，危害社会公共利益被依法撤销。⑥外资企业章程规定的其他解散事由已经出现。外资企业终止的情形同样适用于中外合资经营企业、中外合作经营企业。

参考书

1. 沈四宝. 国际投资法［M］. 北京：中国对外经济贸易出版社，1998.
2. 冯大同. 国际商法［M］. 北京：对外经济贸易大学出版社，2001.

思考题

1. 试述国际商事组织主要的法律形式。
2. 比较合伙企业与公司的主要区别。
3. 比较有限责任公司与股份有限责任公司的区别。
4. 试述公司章程的法律意义。
5. 试述公司董事、经理对公司的义务和责任。
6. 思考股份有限公司中股东大会与董事会的关系。
7. 试比较中外合资经营企业与中外合作经营企业的异同。

课后案例分析一

甲和乙为一营业执照是否正确发生争论。甲认为该营业执照中有的项目不准确，明显存在基本知识方面的错误，必须改正，如"公司名称：某市土特产进出口公司。法定代表人：李小东。注册资本：1 000万元。经营范围：进出口土特产品……"乙则认为没有什么问题，不用大惊小怪。请问这份营业执照是否存在问题？

课后案例分析二

2009年1月，甲、乙、丙、丁四人决定投资设立一合伙企业，并签订了书面合伙协议。合伙协议的部分内容如下：①甲以货币出资 10 万元，乙以机器设备折价出资 8 万元，经其他三人同意，丙以劳务折价出资 6 万元，丁以货币出资 4 万元。②甲、乙、丙、丁按 2：2：1：1 的比例分配利润和承担损失。③由甲执行合伙企业事务，对外代表合伙企业，其他三人均不再执行合伙企业事务，但签订购销合同及代销合同应经其他合伙人同意。合伙协议中未约定合伙企业的经营期限。

合伙企业存续期间，发生下列事实：

（1）合伙人甲为了改善企业经营管理，于 2009 年 4 月独自决定聘任合伙人以外的 A 担任该合伙企业的经营管理人员，并以合伙企业名义为 B 公司提供担保。

（2）2009 年 5 月，甲擅自以合伙企业的名义与善意第三人 C 公司签订了代销合同，乙合伙人获知后，认为该合同不符合合伙企业利益，经与丙、丁商议后，即向 C 公司表示对该合同不予承认，因为甲合伙人无单独与第三人签订代销合同的权力。

（3）2010 年 1 月，合伙人丁提出退伙，其退伙并不给合伙企业造成任何不利影响。2010 年 3 月，合伙人丁撤资退伙。于是，合伙企业又接纳戊入伙，戊出资 4 万元。2010 年 5 月，合伙企业的债权人 C 公司就合伙人丁退伙前发生的债务 24 万元要求合伙企业的现合伙人甲、乙、丙、戊，退伙人丁，经营管理人员 A 共同承担连带清偿责任。甲表示只按照合伙协议约定的比例清偿相应数额。丙则表示自己是以劳务出资的，只领取固定的工资收入，不负责偿还企业债务。丁以自己已经退伙为由，拒绝承担清偿责任。戊以自己新入伙为由，拒绝对其入伙前的债务承担清偿责任。A 则表示自己只是合伙企业的经营管理人员，不对合伙企业债务承担责任。

（4）2011 年 4 月，合伙人乙在与 D 公司的买卖合同中，无法清偿 D 公司的到期债务 8 万元。D 公司于 2011 年 6 月向人民法院提起诉讼，人民法院判决 D 公司胜诉。D 公司于 2011 年 8 月向人民法院申请强制执行合伙人乙在合伙企业中全部财产份额。

要求：

根据以上事实，回答下列问题：

（1）甲聘任 A 担任合伙企业的经营管理人员及为 B 公司提供担保的行为是否合法？并说明理由。

（2）甲以合伙企业名义与 C 公司所签的代销合同是否有效？并说明理由。

（3）甲拒绝承担连带责任的主张是否成立？并说明理由。

（4）丙拒绝承担连带责任的主张是否成立？并说明理由。

（5）丁的主张是否成立？并说明理由。如果丁向 C 公司偿还了 24 万元的债务，丁可以向哪些当事人追偿？追偿的数额是多少？

（6）戊的主张是否成立？并说明理由。

（7）经营管理人员 A 拒绝承担连带责任的主张是否成立？并说明理由。

（8）合伙人乙被人民法院强制执行其在合伙企业中的全部财产份额后，合伙企业决定对乙进行除名，合伙企业的做法是否符合法律规定？并说明理由。

（9）合伙人丁的退伙属于何种情况？其退伙应符合哪些条件？

第三章 国际货物买卖法

教学要点与难点

1. 了解和掌握国际货物买卖合同的特点；
2. 了解和掌握联合国国际货物销售合同公约的主要内容；
3. 了解和掌握国际货物买卖合同成立的主要内容；
4. 了解和掌握国际货物买卖合同履行的主要内容。

案例导入

2012 年，我国某机械进出口公司向一法国商人出售一批机床。法国商人又将该机床转售给美国及一些欧洲国家。机床进入美国后，美国的进出口商被起诉侵权了美国有效的专利权，法院判令被告赔偿专利人损失，随后美国进口商向法国出口商追索，法国商人又向我方索赔。问题：我方是否应该承担责任，为什么？

第一节 国际货物买卖法概述

案例导入

某年，我国一出口公司向英国的一家公司出口一批货物，以 CIF 伦敦价格成交。我公司在装运前已经取得商品检验合格证书，按照合同规定准时发货，并且按照规定的单据收到货款。但是，在货轮航行到苏伊士运河之前，我方才得知由于埃（及）以（色列）之间发生战争，该运河已经关闭，所以货轮被迫向南绕道好望角行驶。在此期间的航程中，货轮遭遇到了强台风的袭击，几经周折，用了两个多月才到达伦敦。经过英方复验这批货物，发现货物部分受水渍而变质。因此，英方便向我方提出索赔和支付延期交付货物的罚款。我方业务员在接到英方的索赔文件之后，认为该索赔是合理的，因为双方的成交价格是 CIF，而 CIF 又称为到岸价，要承担货物运至目的港的运费、风险费和其他一切费用，即货物到达目的港，才是货物所有权和风险转移之时。所以，我方公司如数赔偿了英方公司所提出的索赔款项。我方公司的做法是否合理？

国际贸易关系主要是买卖关系，各国买卖法和有关的国际公约对买卖关系作了规定，它是国际贸易法规的重要组成部分。

一、国际货物买卖法概念

国际货物买卖法是指调整国际货物买卖关系法律规范的总称。在市场经济占主流的国际社会里，当事人一般是通过合同形成国际货物买卖关系的。因此，国际货物买卖关系实质上是国际货物买卖合同关系，国际货物买卖法实质上就是调整国际货物买卖合同关系法律规范的总称。

国际货物买卖合同是指营业地设在不同国家的当事人之间所订立的货物销售合同。根据这一定义，国际货物买卖合同具有这样的特点：

1. 双方当事人的营业地设在不同的国家

当事人的营业地是决定货物买卖合同具有国际性的关键，其次交易的货物必须跨越国境。如果双方当事人的营业地设在不同国家，交易的货物也跨越国境，他们之间订立的货物买卖合同就是国际货物买卖合同。如果仅仅只是双方当事人的营业地设在不同的国家，但交易的货物没有跨越国境，即使双方当事人国籍不同，也应视为国内货物买卖合同。因此，国际货物买卖合同又可称为跨国货物买卖合同。

2. 国际货物买卖合同比国内货物买卖合同复杂

国际货物买卖合同的标的货物，要从一国运往另一国，通常这种运输较国内运输距离远、时间长，因而运输途中可能遇到的风险就多；国际货物买卖在支付上一般要涉及外币的使用，因此也可能遇到外汇汇率变动和政府外汇管制等引起的风险；国际货物买卖合同中规定的双方当事人的权利与义务关系应当由哪一国的法律来确定，在法律上也会遇到不少难以解决的问题。所有这些都使得国际货物买卖合同趋于复杂。

3. 国际货物买卖合同的标的是有形货物

国际货物买卖合同的标的既不包括不动产（土地房地等）以及公债、股票、投资证券、流通票据或货币的买卖，也不包括其他权利财产（如专利、商标、专有技术）和以提高劳务为主的贸易。根据中国《合同法》的规定，出卖具有知识产权的货物或计算机软件标的物的，除法律另有规定或当事人另有规定外，该标的物的知识产权不属买受人。

二、国际货物买卖合同适用的法律

目前调整国际货物买卖合同的法律包括各国有关国际货物买卖的法律、有关国际公约（包括双边或多边协定、条约）或某种国际惯例。分别介绍如下：

（一）各国有关国际货物买卖的法律

由于各国的历史渊源和经济发展情况不同，各国有关货物买卖的法律也存在着差别。

大陆法系大部分国家把有关买卖法的法律纳入民法典或商法典。商法合一，使之成为货物买卖合同的法律渊源。

买卖法大都以单行法规的形式出现。其中英国 1893 年的货物买卖法最具有代表性。它总结了英国数百年货物买卖案件的判例，为英联邦各成员国及美国以后制定类似的法律提供了一个范本，成为商品交易的一般准则。该法几经修订，现行的是

《1979 年货物买卖法修订本》。1952 年美国法学会和美国统一州法全国委员会制定并公布了《美国统一商法典》，该法经过多次修订，迄今为止，美国各州采用较多的是 1977 年的文本。其第二篇即对买卖作了专门规定，其他各篇也以买卖为中心，是一部适应现代商业流转需要的买卖法。

中国在国际货物买卖方面适用《民法通则》《合同法》，与大陆法系和英美法系国家一样，都只有一部买卖法，既适用于国内货物买卖，也适用于国际货物买卖，实现了货物买卖法律的国内与对外的统一，这标志着中国对外贸易法律法规与国际公约、国际惯例接轨的重大突破。

（二）有关国际货物买卖的国际公约

由于各国货物买卖法存在着分歧，为了避免减少由此而产生的法律冲突，促进国际贸易的发展，从 19 世纪末以来，在一些国家组织的努力下，制定了若干有关国际货物买卖统一法公约。这些公约主要有 1964 年的海牙《国际货物买卖统一公约》和《国际货物合同成立统一法公约》，1979 年的《联合国国际货物买卖时效期限公约》和 1980 年的《联合国国际货物销售合同公约》。

知识拓展

1980 年的《联合国国际货物销售公约》（以下简称《公约》）是迄今为止有关国际货物买卖合同的一项最为重要的国际公约。它是由联合国国际贸易法委员会主持制定，于 1980 年在维也纳举行的外交会议上获得通过，并于 1988 年 1 月 1 日正式生效。《公约》合理划分了买卖双方的权利、义务，适当处理了违约和违约责任，维护了各方当事人的利益，并对不同社会制度、不同法律制度、不同经济发展水平国家的不同要求及各方利益作了必要的调和、折中，成为世人所能普遍接受的货物买卖规则。

中国作为《公约》的成员国之一，其企业、经济组织在与营业地设在外国的缔约国当事人签订货物买卖合同时，适用该《公约》的规定。但是应注意以下几个问题。

1. 中国对《公约》的保留

中国在批准《公约》时，曾做了两项保留。

（1）关于采用书面形式的保留。按照《公约》第十一条的规定，国际货物买卖合同无须具备特定的形式，无论是书面形式、口头形式或其他形式都是有效的。这一规定同中国《涉外经济合同法》关于涉外经济合同（包括国际货物买卖合同）必须采用书面形式的规定有抵触，故中国对此提出保留。

（2）关于对《公约》适用范围的保留。根据《公约》第一条第一款 a 项的规定，其适用范围以当事人的营业地处于不同国家为标准，对当事人的国籍不予考虑。按照《公约》规定，若合同双方当事人的营业地处于不同的国家，而且这些国家又皆为《公约》的缔约国，该《公约》就适用于这些当事人间订立的货物买卖合同。对这一规定中国没有异议。但同时公约又规定，只要当事人的营业地是处于不同的国家，即使他们的营业地所属国不是《公约》缔约国，但法院仲裁机构根据国际私法规则认为该买卖合同应适用某一缔约国的法律时，则《公约》亦将适用于这些当事人之间订立的买卖合同。例如，甲乙双方都处于非《公约》缔约国内，而双方当事人订立国际货物买卖合同的地点在缔约国。假若合同适用甲方国家法律，但是甲方国家冲突法规规定适用合同订立地法，则合同应使用《公约》，而不适用两国的货物买卖法。《公约》此项规定的目的在于扩大其适用范围，对此，中国在核准公约时也提出了保留。但对当事人自愿选择适用《公约》的，中国与其他国家相同，承认当事人根据意思自治原则所做出的这种选择。

2.《公约》不适用的商品的买卖

（1）供私人、家庭使用而购买的货物。因为在许多国家，消费品交易须遵守国家所订旨在保护消费者的各种法律，为了避免妨害这一类国内法的效力，私人消费品的买卖不宜适用公约。

（2）采用拍卖方式进行的买卖。这种买卖须适用国内法的特殊规则。

（3）根据法律令状进行的买卖。它是依司法当局或行政当局的执行令状所进行的买卖，须根据强制执行法的程序进行。

（4）公债、股票、投资证券、流通票据或货币的买卖。有些国家不把公债、股票之类视为货物，且这类交易在许多国家还须遵守特殊的强制性规范。

（5）船舶或飞机的买卖。有些国家把船舶与飞机的买卖视同不动产交易，或要求某些船舶和飞机的买卖须办理登记手续方为有效，同一般的货物买卖有不同的要求。

（6）电力的买卖。许多国家不把电力看作货物，同时，国际电力买卖问题特殊，与一般的国际货物买卖不同。

（7）卖方绝大部分义务在于供应劳力或其他服务的合同，也不属于公约的适用范围，如来件装配合同、来料加工合同、咨询服务合同等即属此类。

3.《公约》的适用不具有强制性

根据《公约》的规定，合同当事人可以排除《公约》的适用，也可以消减或改变《公约》的任何规定。即若合同双方当事人的营业地分处于不同的缔约国，本应适用《公约》，双方也可在合同中规定不适用《公约》而选择适用其他法律；若本应适用《公约》的双方当事人未在合同中排除公约的适用，则公约就适用于他们所订立的买卖合同。此外，若一方当事人营业地所在的缔约国对《公约》有关合同订立、修改及废止等，可用书面形式以外的其他形式订成的规定提出保留的，当事人即须遵守该缔约国所做出的保留。中国就属于这种情况。

4.《公约》的适用优先于我国国内法

依中国《民法通则》与《合同法》的有关规定，若《公约》与中国有关法律有不同规定时，除了中国在加入《公约》时声明保留的条款外，应适用《公约》的规定。

（三）有关国际货物买卖的贸易惯例

在国际货物买卖中，双方当事人可以在合同中规定采用某种国际贸易惯例，用以确定他们之间的权利与义务。这方面的国际贸易惯例主要有：

1.《国际贸易术语解释通则》

该通则由国际商会于1935年制定，1953年修订，1980年和1990年又作了两次修改。现行的文本是 1990 年修订本。该通则在国际上已获得广泛的承认和采用。

2. 《华沙－牛津规则》

该规则由国际统一私法协会于 1932 年制定，共 21 条。它主要是针对 CIF（成本保险加运费）合同制定，具体规定了这种合同中买卖双方所承担的费用、责任与风险，在国际上也有相当大的影响。

3. 《1941 年修订的美国对外贸易定义》

该定义是由美国商会、美国进口商理事会和全国对外贸易理事会组成的联合委员会制定的，在南北美洲各国有很大的影响。它对美国对外贸易中常用的贸易术语下了定义，具体规定了在各种贸易术语中双方的权利与义务。其中它把 FOB（离岸价）贸易术语分为 6 种类型，与《国际贸易术语解释通则》所作的解释有很大差别。

第二节　国际货物买卖合同的成立

案例导入

北京某公司希望向一美国公司出口工艺品，于星期一上午 10 点以自动电传向美国纽约的一贸易公司发盘。公司原定价为每单位 500 美元 CIF 纽约，但是误报为每单位 500 人民币 CIF 纽约。

在下列三种情况下应当如何处理？①如果当天下午发现问题；②如果第二天上午 9 点发现问题，客户还没有接受；③如果第二天上午 9 点，客户已经接受了。

国际货物买卖合同的成立，是双方当事人意思表示一致的结果。这是各国合同法的一般原则，同样适用于国际货物买卖合同。在对国际贸易中，双方当事人取得一致意见的过程，就是合同成立的过程，又称为交易磋商过程。国际货物买卖合同的成立必须具有以下条件：

一、当事人应通过要约与承诺达成协议

合同的成立是双方当事人意思表示一致的结果，这一过程必须包括两个要素，即要约和承诺，也就是说，合同的成立，是通过一方提出要约，另一方对要约表示承诺而成立的。

（一）要约

要约（Offer）是一方当事人向另一方当事人所作的愿与其订立合同的一种意思表示或建议。提出要约的一方称为要约人（Offeror），对方称受要约人（Offeree）。

1. 根据各国法律规则和《公约》的规定，一项法律上有效的要约应具备的条件

（1）要约须向一个或一个以上特定人提出。《公约》明确规定，在国际货物买卖中，要约必须向一个或一个以上的特定人提出。根据《国际商事合同通则》和大多数国家合同法的规定：凡不是向特定人发出的订约建议，如寄送的价目表、拍卖公告、招标公告、招股说明书、商业广告等，不认为是要约，而仅视为要约邀请（要约引

诱）。按此规定，不指定受要约人而泛指公众的建议是不能视为要约的。但是在各国法律中，有明确的相反意思表示的广告和悬赏广告一般都认为是一项要约。

（2）要约人在要约中要表明订立合同的旨意。要约必须表明要约人有订立合同的目的，否则，不能称为要约。由于要约表明要约人在得到受要约人承诺以后，就要受受要约规定内容的约束，合同即告成立。因而在业务实践中，如果当事人由于种种原因并不想自己发出要约，而是希望对方向自己提出要约，他可发出要约邀请（Invitation for Offer，业务上称为虚盘）。有些公司经常向交易对方寄送报价单、价目表、商品目录等，其目的是吸引对方向本公司提出订货单。这种订货单可以算是要约，但需要经本公司承诺后合同才能成立。还有些外国公司运用电函、估价单等作为要约邀请。因此，确定一方当事人是否有订约意向，不仅要从其使用的文字和方式加以判别，更应考虑与事实有关的整个情况，包括谈判情况、当事人之间确定的习惯做法、惯例和当事人其他任何行为。

（3）要约的主要内容必须是明确的、肯定的。根据这一要求，一项要约应包括拟订立合同的主要内容，这样，在被受要约人接受后，就能成立一项对双方均有约束力的合同。在国际货物买卖中，要约一般应包括商品的名称、品质、价格、数量、交货期以及付款方式六个方面的内容，根据《公约》第十四条的规定，订约建议的内容应十分确定，在订约建议书中必须包括三项内容，即买卖标的名称、明示或默示地规定货物的数量和价格以及规定应如何确定数量和价格。

（4）要约必须传达到受要约人。英美法与大陆法系国家的法律都认为，要约这一意思表示必须传达到受要约人才能产生法律效力。《公约》也规定，要约于送达受要约人时生效。因此，如果卖方通过信件或电报向买方发出的要约因邮局误递或疏忽而遗失，则该要约无效。因为买方（受要约人）只有知悉其要约的内容才能决定是否予以承诺。这一规定，同样也适用于下述情况，即买卖双方因偶然巧合，而在同时发出相同内容的要约，理论上这两个碰头的要约（交叉要约）也不成立，因为缺少承诺这一要素。

根据中国《合同法》规定，采用数据电文形式的要约，收件人指定特定系统接收数据电文的，该数据电文进入该特定系统的时间，视为到达时间；未指定特定系统的，该数据电文进入收件人的任何系统的首次时间视为到达时间。

2. 要约的撤回和撤销

《公约》对要约的撤回和撤销作了明确、肯定的规定：

（1）一项要约即使是不可撤销的，在其送达到受要约人之前，都可以撤回，但撤回要约的通知必须先于要约到达受要约人，或至少同时到达，只有这样才能阻止要约因到达而生效。

（2）即使要约到达受要约人后已经生效，但在合同成立之前，要约原则上仍可撤销。不过撤销要约的通知必须于受要约人发出承诺通知之前送达受要约人，否则撤销要约的通知无效。但在这种情况下，该《公约》对要约人撤销要约权利加以某种限制，即要约中已经写明承诺期限或以其他方式表示要约是不可撤销的；受要约人有理由信赖该项要约是不可撤销的，而且他已本着对该项要约的信赖行事。

《公约》对这个问题的规定，既是将英美法系国家和大陆法系国家在要约问题上的法律相同点加以归纳，又将法律分歧点加以折中调和。

世界上主要国家，特别是两大法系国家的法律认为，要约必须送达到受约人时才产生法律效力，在要约人发生要约到该项要约送达到受约人之前，由于要约在此期间尚未发生效力，对要约人无约束力可言，要约人当然可以把要约撤回，或者改变要约的内容。

但两大法系在要约已经送达到受要约人，当受要约人做出承诺之前，要约人是否受其约束，是否可以撤销要约或者变更要约的内容等问题上，分歧很大。

英美法认为，在上述情况下，要约人原则上不受其要约的约束，他可以在受要约人对要约表示承诺之前的任何时间内，撤销其要约或变更其要约的内容。即使要约人在要约中规定了有效期限，他仍可以在期限届满以前的任何时间内将要约撤销。因为英美法认为，在此情况下，要约人做出的允诺没有获得对价的支持，要约人可以不受其要约的约束。例如，要约人可以在要约中表明，如果受要约人允诺支付 100 英镑，该项要约将于一周之内不予撤销。这里的 100 英镑就是换取对方在一周之内不撤销要约的允诺的对价。如果受要约人同意支付这笔款项，就等于双方当事人成立了一个担保合同或称有选择的合同，在此情况下，要约人就要受其要约的约束，在要约规定的一周之内不得撤销或更改其要约的内容。

《美国统一商法典》突破了这一限制。它认为，在货物买卖中，只要满足三个条件，即使该项要约没有对价，要约人仍须受其要约的约束。这三个条件是：①要约人应是从事该交易的商人。②要约的有效期限不超过三个月。③要约须以书面形式存在，并由要约人签字。

大陆法系的德国法律对此问题的规定则与英美法的规定完全不同，它认为，要约在到达受要约人后，要约人须受其要约的约束。如果要约中有有效的规定，要约人在有效期内不得撤销或更改其要约；如果在要约中没有规定有效期，则依通常情形在可望得到答复期间之前，要约人不得撤销或更改要约的内容，除非要约人在要约中注明有不受约束的词句。但如果在要约中有不受约的词句，则一般地说，该要约在法律上仅只有要约邀请，而不是要约。采取德国法这一原则的还有巴西、瑞士、希腊等国。

3. 要约的有效期

各国法律认为，凡要约都有有效期。要约可在有效期内被受要约人承诺而成立合同。要约人对要约的有效期可作明确的规定，如"要约有效至 10 月 18 日""要约限 10 月 18 日前复"等；也可不作明确规定，如"即复""电复"等。凡明确规定有效期的要约，则要约在送达到受要约人开始生效至规定的有效期届满为止。要约未明确规定有效期的，则按"合理的时间内"，或"依通常情形在可望得到承诺的期间"有效。至于合理时间或依通常情形在可望得到承诺的期间，各国法律并没有明确的规定或解释。原则上，其计算取决于各种事实情况和交易的性质。如《公约》第十八条规定：对口头要约必须立即接受，这里的"立即"，也依事实情况或交易性质的不同而有所区别。一般来说，在国际货物买卖中，国际市场上价格波动频繁的商品，其"合理时间"或"依通常情形的可望得到承诺的期间"理解为短期；反之，则理解为长期。

关于有效期的计算问题，《公约》作了明确的规定。它认为，要约人在电报或信件内规定的承诺期间，从电报交发时刻或信上载明的发信日起计算。如信上未载明发信日期，则从信封上所载日期起算；要约人以电话、电传或其他快速通信方法规定的承诺期间，从要约送达受要约人时起算。在计算承诺期间时，承诺期间内的正式假日或非营业日应计算在内。但是如果承诺通知在承诺期间的最后一天未能送到要约人地址，若那天在要约人营业地是正式假日或非常营业日，则承诺期间应顺延至下一个营业日。

4. 要约的消灭

要约因种种原因而失去其法律效力叫要约的消灭，通常有以下几种情况：

（1）要约因期间已过而失效。要约明确规定有效期的，则在该规定的期间终了自行失效。即使受要约人在此之后再作出承诺，这种承诺也不能使合同成立，而只能作为一个新的要约，须经原要约人承诺后才能成立合同。如果要约没有规定有效期，则一般地说，在合理的时间内或依通常情形在可望得到承诺的期间未被承诺而失效。

（2）要约在被承诺前因被要约人撤回或撤销而失效。

（3）要约因被受要约人拒绝而失效。要约一经拒绝即告失效，而不论原定的有效期是否已经届满。要约还可以因受要约人在承诺中对要约内容加以实质性的修改、限制或增加而失效，其效果也视同对要约的拒绝。

（4）要约因法律的效力而失效。实践中有不少事件可以作为法律事实而使要约失效。这些事件的发生不必通知对方当事人，事件发生的同时要约也随之失效。例如要约可因要约人或受要约人在要约被接受前死亡或丧失行为能力（如精神失常）或因要约的标的物非由于要约人的原因灭失而失效等。

（二）承诺

承诺（Acceptance）是指受要约人按照要约的规定，对要约的内容表示同意并愿按此内容与要约人达成合同的一种意思表示。要约一经承诺，合同即告成立，双方当事人都要受合同的约束，不得任意更改或撤销合同。因此，承诺是合同成立中至关重要的一个程序。

1. 根据多数国家的合同法及《公约》，一项有效的要约应具备以下条件：

（1）承诺必须由受要约人作出。只有受要约人作承诺才能与要约人达成具有约束力的合同，这里的受要约人包括其授权的代理人。除此之外，任何第三人即使知道要约的内容并对此做出同意的意思表示，也不能据此成立合同。向公众发出的要约，则可以由知道该要约的任何人加以承诺而成立合同。

（2）承诺必须在要约的有效期内传达到要约人。承诺必须在要约规定的有效期内做出，并传达到要约人，才能成立合同。如果要约没有规定有效期，则应在"合理时间内"或在"依通常情形在可望得到承诺的期间"做出承诺。迟于有效期做出的承诺，就叫作"逾期承诺"或"迟到的承诺"。按各国法律规定，逾期承诺不是有效的承诺，而是一项新的要约，它要由原要约人对此表示承诺后才能成立合同。

（3）承诺必须与要约内容一致。作为一种法律原则，如果受要约人在承诺中，对要约内容附有添加、限制或其他更改，即为拒绝该项要约并构成反要约（Counter - Offer），多数国家包括英国的法律都有这一规定。但是，美国对此问题的规定却采取了比较灵活的态度。按照《美国统一商法典》规定，在商人之前，如果受要约人在承诺中附加了某些条款，承诺仍然有效。其附加内容应视为合同的一部分，除非：①要约中已明确规定承诺时不得附加任何条件。②承诺中的附加条件对要约作了重大的修改。③要约人在接到承诺后已在合理时间内做出拒绝这些附加条件的通知。

《公约》除了吸取各国法律的一般原则外，也吸取了《美国统一商法典》的上述原则。它规定：对要约表示承诺但载有添加或不同条件的答复，如所载的添加或不同条件在实质上并不变更该项要约的条件，除要约人在不过分迟延的期间内以口头或书面通知反对外，仍构成承诺。如果要约人不做出这种反对，合同的条件就以该项要约的条件以及承诺通知内所载的更改为准。应注意的是，《公约》不但像《美国统一商法典》一样，区分实质性的变更和非实质性的变更，而且还明确列举了实质性更改的具体事项。它规定：有关货物价格、付款、货物质量和数量、交货地点和时间、一方当事人对另一方当事人的赔偿责任范围或解决争端等的添加或者不同条件，均视为在实质上变更要约的条件。

（4）承诺的传递方式必须符合要求。承诺的传递方式一般适用三条原则：①按照要约中对承诺传递方式的规定办理。②如果要约中对承诺的传递方式无明确规定，则承诺就可按要约本身所采用的传递方式办理。③受要约人也可采用比要约所指定的或要约所采用的传递方式更为快捷的通信方式做出承诺。

此外，各国法律一般都认为，受要约人对要约表示沉默或不行为都不构成承诺，不能成立合同。《公约》第十八条第一款也有明确规定：缄默或不行为本身不等于承诺。因此在实际业务中，如欲与对方成交，一般都须由受约人口头或书面做出表示。

2. 承诺生效的时间

承诺从什么时候起生效是一个极其重要的问题。因为承诺生效时间即合同成立时间，承诺生效地点即合同成立地点，一旦承诺生效，双方当事人就承受了由合同产生的权利与义务。然而，在这一问题上，英美法系和大陆法系的分歧很大，采用以下两种不同的原则：

（1）投邮生效原则（Mail - box Rule）。英美法系认为，凡以信件、电报做出承诺时，承诺的函电一经投邮或交发立即生效，合同即告成立。只要受要约人把载有承诺内容的信件投入邮筒或把电报交到电报局发出，承诺即于此时生效，即使此项函电在传递过程中被遗失或延误，但只要受要约人能证明他已在函电上写明了收件人的姓名、地址，付足了邮资并交到邮电局，合同仍可成立。英美法系采取此原则旨在缩短要约人撤销其要约的时间，以保护受要约人。英美法系认为，要约人可不受其要约的约束，在其要约被承诺前，随时都可把要约撤销，这对受要约人是不利的，故采取投邮生效原则，即只要承诺一旦投邮发出，要约人撤销其要约的权利即告终止，不是在承诺送达其时才终止，以阻止要约人在承诺尚在途中时撤销要约，而受要约人一旦发出承诺后，即可信赖要约而行事。当然，投邮生效对要约人不利，因为表示承诺的信函或电报在传递途中丢失，要约人在尚不知合同已成立的情况下，也要承担合同义务。

（2）送达生效原则（Received the Letter of Acceptance Rule）。大陆法系认为，表示承诺的信函或电报必须送达要约人时才能生效，如在传递中发生迟误或遗失，合同就不能成立。倘若承诺通知到达要约人的支配范围以内，即使要约人未及时拆阅，尚未了解其内容，承诺也于送达时生效，合同也于此时成立。送达生效原则对要约人有利，要约人只有在收到表示承诺的信件后才承担合同的义务。

在这个问题上，《公约》基本上是按大陆法系的"送达主义"的原则来处理的，即对要约所作的承诺，应于表示同意的通知送达要约人时生效。但《公约》又以英美法系为例外，规定若按要约的要求或依当事人相互间确认的习惯做法或惯例，受要约人可以做出某种行为的方式来表示承诺，而无须向要约人发出承诺通知，则承诺于做出该行为时生效。

根据中国《合同法》规定，承诺通知到达要约人时生效，采用数据电文形式订立合同的，承诺到达时间可适用要约到达受要约人的规定。（见前面要约的有关内容）

3. 承诺的撤回

根据大陆法系承诺送达到要约人时生效的一般原则，受要约人可以在承诺到达要约人之前随时撤回自己的承诺。而英美法系因在对用信件或电报表示承诺的问题上采取投邮立即生效的原则，故不存在撤回承诺的问题。而采取承诺送达生效的国家（如德国），只要撤回承诺的通知先于或与承诺的通知同时送达到要约人，就能产生撤回承诺的效果，达到阻止合同成立的目的。例如，以平邮或空邮发出的承诺通知，可即时用电报、电传等更为快捷的传递方式把它撤回。但如承诺通知已到达要约人，则合同已经成立，也就无法撤回。

二、当事人必须具有签订合同的能力

在交易活动中，当事人双方订立的合同是否具有约束力还取决于当事人是否具有订立合同的资格或能力。

1. 成年的自然人原则上都有订立合同的能力

成年的自然人有资格订立货物买卖、运输、租赁或技术转让等合同。但订立或签署国际商务合同则只是少数的自然人的资格。很多国家允许签订非特许类国际商务合同，某些具有特殊技能的自然人常被有关国家的商务组织吸引签署较长期限国际商务服务合同，如某著名球星或教练与某国外的俱乐部签订 3～5 年的雇佣合同等。与商事组织一样，自然人未经特许一般不能以特许服务提供者的身份签订特许类国际商务合同。

各国一般也不赋予未成年人（Infants）、禁治产人（Persons Who are Banded to Govern Their Properties by Law，大陆法的术语）①、精神病患者（Insane Person）、酗酒者

---

① 德国《民法典》第一百〇四条规定，禁治产人是指因患精神病，或有饮酒癖不能处理自己的事务，或因挥霍无度、浪费成性，由法院宣告禁止治理财产的人。

（Alcoholics）① 以及部分行为能力受到限制的成年人超出其认知状态签订合同的，也就是说，若未成年人、禁治产人或精神病患者依法具有签订国际商务合同的权利能力，则在需要时由他们的监护人代签这样的合同。但是，根据中国《合同法》第四十七条、德国《民法典》第一百零七条及英美法系国家的一些判例，未成年人签署的纯获利的国际商务合同具有法律效力。若某网络少年被德国某知名公司网上软件设计比赛广告吸引，瞒着监护人参加了比赛，并获得了大奖，则该德国公司就不得以该少年无缔结国际商务合同的行为能力为由而拒绝发给奖品。

2. 法人具有订立合同的能力

法人具有订立合同的能力，但法人的订约能力不能超出法律或法人章程所规定的范围。英国、中国公司法规定，公司订约能力须受公司章程的支配，否则属于越权行为，这种合同在法律上是无效的。

发达的市场经济国家一般允许其境内的商事组织签订非管制类国际合同，而金融、保险、会计或法律等国际服务提供合同，则只能由经特许的商事组织同接受特许服务的其他商事组织或自然人签署。中国目前仍属于转型经济的国家，国内商事组织签署国际商务合同的资格受到了不少限制，广为人知的例子便是国内的一些商事组织因没有货物进出口经营权而不能直接签署货物进出口合同。加入世贸组织后，中国的有关规定将会很快改变，越来越多的国内商事组织将具有订立越来越广的国际商务合同的权利能力和行为能力。

3. 代理人具有签订合同的能力

法人的法定代表人或负责人有权以法人的名义订立合同，即法定代表人或负责人在其职权范围内订立的合同，由此产生的权利与义务关系直接由法人承担。法定代表人可以委托代理人以法人的名义签订合同，但代理人的手续必须合法，具体表现为：①代理人必须是具有行为能力的公民或有资格的单位。②代理人必须先取得书面的委托或授权书。③代理人应在授权范围内以委托单位的名义签约，这样的代理才能对委托单位产生权利与义务关系。

三、合同的内容必须合法

各国的法律都要求当事人所订立的合同必须合法，凡是违反法律、违反善良风俗与公共秩序的合同一律无效。

1. 合同的内容不违背公共政策（公共秩序）

公共政策一般是指各国成文法所规定的政策或目标和一般公认的社会利益、公众安全、良善习惯和道德规范等。英美法国家称之为公共政策（Public Policy），大陆法国家称之为公共秩序，在我国和一些国家称之为社会公共利益（Public Interest）。由于政治的、经济的、历史的不同背景，各国的公共政策含义及其内容和解释是不完全相同的。如果一个合同的内容和目的违反上述事项，在某国将被视为违反公共政策，从

---

① 确定酗酒者是否有订立合同的能力是比较复杂的，依照美国的法律，酗酒者订立的合同，原则上应有强制执行力，但如酗酒者在代理合同时候，由于醉酒而失去行为能力，则可要求撤销合同。

而成为不合法合同（Illegal Contract）。

2. 合同的内容不能涉及违禁品问题

各国政府对违禁品的买卖都有各自的规定。凡是属于被该国列入的违禁品，对于买卖这类货物的合同，都视为不合法合同。各国以至在同一国家的不同时期，对违禁品都有不同的规定。一般地说，这类货物是由各国政府的成文法或法令直接规定的。例如：毒品、走私物品、严重破坏社会道德风尚的物品等，一般均列为违禁品。

3. 与国家禁令有关的贸易合同问题

如果一国与另一国处于战争状态，或者双方国家虽然未处于战争状态，但是由于政治的、经济的、历史的、种族的原因，一国会把另一国视为敌国，各国政府对于本国人与敌国所订立的货物买卖合同，一般均视为不合法合同；有些国家对于某些国家虽然不属于敌国，但是由于各种原因，该国政府已明文规定，不得与某国进行贸易往来。因此对于本国人与禁止贸易往来国的人所订立的合同，一般也视为不合法合同。

对于不合法合同，在当事人之间既不产生权利，也不产生义务，一旦双方当事人发生有关权利与义务的争议或纠纷，任何一方均不享受上诉权，法律对这种合同不予承认和保护。如果法律认为有必要时，还要追究当事人的刑事责任，对合同的标的物予以没收，这一点与无效合同是有重大区别的。

四、当事人的意思表示必须真实

各国法律一般都要求合同当事人的意思表示必须真实，如果意思表示不真实，可依法申请撤销或主张合同无效。[①] 法律上所指的意思表示不真实，主要有以下几种情况：

1. 错误

错误（Mistake）是指当事人在订立合同时，对已有的事实或法律所作的不正确的假设，在认识与客观存在的事实不一致的情况下，订约的意思表示有错误。

错误可能来自表示者本身，也可能来自对另一方意思发生误解，不论是属于何种情况，这些意思都不是当事人原来的意思，从这个意义上来说，这种意思表示是不真实的。但是，考虑到合同是双方的法律行为，合同的成立或撤销都会给双方当事人带来后果，因此，各国法律采取了慎重的态度，并按错误的不同性质和可能产生的后果，把错误分为：

（1）本质错误。大陆法系国家一般规定，必须是本质性的错误才能导致合同无效或得以撤销。但是，大陆法系国家关于本质性错误的限定范围很不一致，如法国限为涉及合同标的物本质的错误和主要因为对当事人个人的错误两类。意大利却规定可以是以下四种本质性的错误：涉及合同的性质或标的物；涉及交付标的物同一性或应协议确认的同一标的物的质量；涉及对方当事人身份或基本情况；涉及构成唯一或主要原因的法律错误。

---

① 中国《民法通则》第五十九条、法国《民法典》第一千一百一十条、德国《民法典》第一百一十九条均有规定。

（2）单方错误和共同错误。英美法系国家一般将错误区分为单方错误和共同错误两类。单方错误通常不能导致合同无效或得以撤销。不过，这一规则也有例外，即若对方当事人知道或应当知道发生了错误，则合同可以撤销。若各方当事人都发生了错误，并且从事实角度来看都情有可原，则任何一方当事人都可以解除合同。共同错误是指双方对基本条款有不同的理解。

对于单方错误，一般采取比较严格的态度。对于共同错误，一般采取比较宽容的态度，但对于重大事件有错误，一般可以使合同无效或可撤销。根据意大利《民法典》规定，本质错误只有为缔约另一方可识别时，才能构成合同被撤销的原因。例如：属于对标的物的基本属性的认识发生错误；属于认定合同性质方面发生错误；属于认定订约当事人或其能力方面发生错误；属于认定标的物是否存在方面发生错误。当事人以误解作为宣告国际商事合同无效的理由是受到严格限制的。

2. 欺诈

欺诈（Fraud）是指一方当事人为引诱对方当事人订立合同而对事实所做的欺诈性陈述（Fraudulent Misrepresentation）或沉默地隐瞒事实真相的行为（Misrepresentation by Silence），是一人为了从他人那里图谋利益，故意使他人产生错误的行为。

各国法律都认为，凡因受欺诈而订立的合同，蒙受欺骗的一方可以撤销合同或主张合同无效。法国《民法典》和德国《民法典》均对此作了规定。英美法把欺诈称为"欺骗性的不正确说明"，即一方在订立合同之前，为吸引对方订立合同而对重要事实所作的虚假说明，它既不同于一般商业上的吹嘘，也不同于普通的表示意见或看法，如果作出不正确说明的人并非出于诚实地相信真有其事，则属于欺骗性的不正确说明。

在处理上，英国法相当严厉，规定蒙受欺诈的一方可以要求赔偿损失，并可撤销合同或拒绝履行其合同义务。

3. 胁迫

胁迫（Duress Under Influence）是指以非法威胁的方法、以现实存在的危险或以亲友的生命健康、名誉或财产等作为威胁，使人产生恐怖，迫使对方接受苛刻条件而被迫与之订立合同的行为。在受胁迫的情况下所作的意思表示，不是自由表达的，不能产生法律上意思表示的效果。为此，各国法律均认为，凡在胁迫之下订立的合同，受胁迫的一方可以撤销合同。①

大陆法系国家认为胁迫与绝对强制不同，胁迫是使当事人产生精神压力，绝对强制则是身体上的强制，使当事人失去人身自由。两者产生的法律后果不同，前者受胁迫方可以撤销合同，后者所订的合同根本无效。英美法则不区分胁迫和绝对强制，在这两种情况下所订立的合同，当事人均可撤销。中国《合同法》规定，采取欺诈或胁迫手段订立的合同无效。

4. 施加不当影响

施加不当影响是英美合同法中一个常见的概念，是指一方当事人违背诚信原则，利用对方当事人的某种依赖关系，缺乏远见，无知，无经验或缺乏谈判技巧等弱点，

---

① 参照法国《民法典》第一千一百一十二条、意大利《民法典》第一千四百三十五条和一千四百三十六条。

诱使其签订合同的行为。如果一方当事人对另一方当事人施加了不正当影响，使签订合同的意思缺乏真实性，在另一方当事人了解真相后，即可以不当影响为由要求撤销合同。不过，《国际商事合同通则》要求，受不当影响所订立的合同只有在对另一方当事人过分有利的情况下，才可以被宣告无效。

五、合同的订立必须以对价为根据

对价（Consideration）是英美法系国家合同法中的重要概念之一。有些英美学者认为，合同有两大基础，一是意思表示一致，二即对价。对价是指当事人之间存在的"相对给付"的关系，即双方都要承担给付的责任。例如，在买卖合同中，卖方必须交货而买方必须付款，这种相对给付就是买卖合同中的对价。英美法的简式合同必须有对价，否则就没有拘束力。

根据英美法的规定，一项有效的对价必须具备下列条件：

（1）对价必须合法，凡是以法律所禁止的东西作为对价都是无效的。

（2）对价必须是将来履行的对价或已履行的对价。将来履行的对价是指双方当事人允诺在将来履行的对价。例如，买卖双方在五月份签订了一份合同，合同规定卖方于九月上旬交货，买方于九月下旬付款，其中交货和付款都属于将来履行的对价。已经履行的对价是指当事人中的一方以其作为要约或承诺的行为，表明自己付出了代价，并以此换取对方的对价。例如，买方需要卖方的货物，主动向卖方汇款，如果卖方接受汇款，合同即告成立，其中买方的汇款就是已经履行的对价。

（3）过去的对价不是对价。过去的对价是指在对方做出允诺之前一方已经履行完毕的对价，已履行的对价并不是为换取对方对价而做出的。例如，某个技术员曾为某人维修家用电器，尔后某人允诺付钱给这位技术员。但技术员的维修服务并不是针对某人的诺言（付款）而提供的对价，是在某人允诺付钱之前做出的，因此是过去的对价。英美法有一项原则："Past consideration is no consideration"，即"过去的对价不是对价"。但也有例外，如果过去的某种行为是根据允诺人的要求而做出，或者双方当事人本来打算对某种行为支付一定金额，这就不能算作过去的对价。

（4）对价必须具有某种价值[①]，但不要求等价。这种价值可以是金钱上的价值，也可以是其他东西，对价不是等价，不要求与对方的允诺相等。

（5）已经存在的义务或法律上的义务不能作为对价。凡属原来合同上已经存在的义务，不能作为一项新的允诺的对价，此外，凡属履行法律上的义务，不能作为对价。例如，某甲的亲人被绑架，他登报声明，对找回亲人者，愿付赏金 5 万英镑，某警察被指定办理此案，并找回某甲亲人，这是法律上的义务，不能作为对价。

对价在英美合同法中具有很大的作用。但是，由于法律对于对价的有效性作出种种限制性的规定和解释，结果使传统的对价原则难以适应当代社会经济活动的需要。目前，对价原则正在演变中，《美国统一商法典》第二条至第二百零九条规定，关于改变现存合同的协议，即使没有对价也具有约束力。英国某些判例在对价问题上也采取

---

① 何宝玉. 英国合同法 [M]. 北京：中国政法大学出版社，1999：139.

了比较灵活的态度。

六、合同的担保

合同担保（Guarantee）是保证合同履行的一项法律制度，是法律规定的或当事人约定的保证合同履行的措施，其目的在于促进当事人履行合同，在更大程度上使权利的利益得以实现。根据各国合同法，合同的担保主要有下述几种：

1. 保证

保证是指合同当事人以外的第三人作保证，当债务人（被保证人）不履行合同时，由保证人负责代为履行的制度。

保证的特点主要有：①保证关系是一种合同关系，保证合同一般由保证人与被保证合同的债权人订立。②保证合同是从合同，被担保的合同是主合同，保证人是保证合同的债务人。③保证人是以自己的资产和名义作担保的。保证人必须有足够的清偿能力；保证人和债权人订立保证合同时，应当明确保证的范围，保证人可以约定保证全部合同债务，也可以约定保证部分债务；如果合同中没有约定保证的范围或者约定得不明确，法律又没有规定的，应推定为保证人是保证全部债务。④保证人是从债务人，当他代被保证人履行合同或承担赔偿损失的责任后，根据代位权的原则，就成为被保证人（主债务人）的债权人，有权向被保证人追偿。

大陆法国家把保证区分为普通保证与连带保证。连带保证就是保证人与主债务人共同负担责任，债权人可以不首先向主债务人提出履行合同的请求，而是向保证人提出要求。英美法把保证分为担保与保证。保证与大陆法的普通保证含义相同，担保则类似于大陆法的连带保证。中国《合同法》规定：充当保证人的必须是法人单位，公民个人不能作为合同的保证人；除法律规定外，国家机关不能担任经济合同的保证人。又规定当债务人不履行债务时，按约定由保证人履行或承担连带责任；保证人履行债务后，有权向债务人追偿。

2. 定金

定金（Deposit）是指双方当事人订立合同时规定由一方预先付给对方一定数额的金钱或其他有价代替物。

（1）定金的担保作用是通过定金罚则体现出来的。根据大多数国家规定，支付定金后，交付方不履行合同时，即丧失定金；接受方不履行合同时，应加倍返还。但英国和法国则无须加倍。

（2）定金与预付款的区别：定金既起担保作用，又起预先支付作用。而预付款没有担保作用，给付预付款的当事人不履行合同时，有权请示返还预付款。接受预付款的当事人不履行合同时，给付方有权请求返还预付款。合同履行后，在结算的时候则多退少补。

（3）定金与违约金、赔偿金的区别：定金是担保形式；违约金是因当事人的过错而违约所承担的违约责任，赔偿金是由于违约给对方造成经济损失的一种补偿。如果一份合同采取了定金担保，履行时违约，违约行为又给对方造成经济损失时，三者可以并用，但并用之和，以不超过合同标的价款总金额为限。

3. 抵押

抵押（Mortgage）是指债务人或者第三人向债权人提供一定的财产作为抵押物，用以担保债务的履行。债务人不履行债务时，债权人有权依照法律的规定以抵押物折价或者从变卖抵押物的价款中优先受偿。在抵押关系中，债权人为抵押权人，债务人为抵押人。

抵押权具有以下的基本特征：

（1）抵押权是一种他物权。抵押权是对他人所有物有取得利益的权利。即在债务人不履行债务时，债权人（抵押权人）有权依照法律以抵押物的折价或者从变卖抵押物的价款中得到清偿。

（2）抵押权是一种从物权，即抵押权是随着债权的发生而发生，又随着债权的消灭而消灭，它不能脱离债权而独立存在，因而是一种从物权。

（3）抵押权是一种对抵押物的优先受偿权。在偿还债务时，抵押权人的受偿权优于其他债权人，这是抵押权的重要特点。

（4）抵押权具有追收力。当抵押人将抵押财产擅自转让他人时，抵押权人可通过追收抵押物而行使权利。抵押人财产在设立其他权利时，抵押权不受影响。在抵押权人行使抵押权，使受让人遭损失时，只能由非法转让抵押物的抵押人承担责任。

4. 留置

留置（Lien）是指当事人一方（债权人）在对方（债务人）不能履行合同义务时，根据法律或有关法规的规定，对事先已经占有的对方财产可以采取扣留措施，从扣留之日起一段时间内，对方仍然不能履行合同义务的，则有权将扣留的财产进行变卖，从变卖的价款当中，取得优先受偿的权利，在扣除应偿费用外，如有剩余，则以对方的名义存入银行，如还不足清偿者，有权要求对方继续补偿。在留置关系中，债权人为留置权人，债务人为留置人。

留置担保的特点主要有：

（1）采用留置形式的担保，只能适用于合同签订后，一方当事人依法占有了对方财产的情况，一旦对方不履行合同，即可采取扣留措施。

（2）只有留置期限届满对方仍不履行合同义务时，才能变卖扣留的财产。如在承揽加工中，对加工方货物的合理扣留，等支付货款后退还；未受货款的卖方，在仍占有货物的情况下可以行使留置权；如果货物已脱离卖方在运输途中，卖方可以行使停运权。

七、国际货物买卖合同的形式

在国际货物买卖中，双方当事人在要约与承诺达成协议之后，各国法律和《公约》对国际货物买卖合同的形式无特殊的要求，一般采取"不要式原则"。即无论以口头方式、书面方式或以行动等来表示都可以。中国在核准《公约》时，对其提出了保留，坚持认为国际货物买卖合同的订立、修改、撤销等均须采用书面方式方能有效。国际货物买卖合同可分为以下形式：

1. 正式合同

正式合同是指在双方达成交易后，由当事人一方根据交易的内容草拟成书面合同，然后由买卖双方共同签署的正式文件。这种合同由卖方草拟的，称为销售合同或出口合同；由买方草拟的，称为购买合同或进口合同。现在国际货物买卖合同中当事人越来越多地采用一些国际组织制定的标准格式合同。对于这种合同，买卖双方只需填上各自的名称，所买卖货物的质量、数量以及价款等，无须就合同的内容逐条起草。

2. 确认书

确认书一般用于函电成交的买卖，是指当交易成立后，由当事人一方将交易内容制成确认书并签名，以确认交易的有关内容的书面协议。确认书无须按一定的规格制定，文字也可以用得很简单，只要将主要权利、义务载明即可。它在送达对方时，接受方如果对其内容持有异议，应在一合理期限内通知发送方；否则，经过一段合理期限后即认为接受方无不同意见，确认即生效。确认书与正式合同的区别在于，正式合同应由双方共同签署方能生效，而确认书只要一方签署即可生效。

3. 订单

订单是指买主向卖方发出的要约，只有经卖方接受并签认，合同才能成立。但有些国家的商法，如德国法规定，卖方在接到订单后，在一定期限内，如不明确表示接受或拒绝，则推认他接受了该项要约，合同即告成立。

第三节　国际货物买卖合同的主要内容

案例导入

我自行车总厂从德国进口一批钢管，双方订约前，中方业务员告诉卖主（负责人），这批钢管是供轧制自行车轮头用的，卖主按合同规定交货，中方对钢管轧制后发现弯曲并出现裂痕，不能用于制造自行车轮头。该案如何处理？

正式的国际货物买卖合同或一些国际组织制定的标准格式合同通常由三个部分组成，即约首、本文和约尾。

一、约首

约首又称首部，是合同的开头部分。一般包括合同的名称、合同的编号、订立合同的日期和地点、订约双方名称（用全名）、法定地址、营业所在地以及合同的序言等。这些虽不是合同的实质性内容，但它们一般都具有一定的法律意义，一旦发生纠纷，就可能成为法院仲裁庭处理争议的某种依据。因此，在订约时应仔细、慎重。

二、本文

本文是合同的主体部分，包括众多实质性的合同条款。合同本文部分具体地规定了双方当事人的权利和义务。本文的主要条款包括基本条款和一般条款。基本条款是指一方当事人向另一方当事人发出要约表明订立合同的意思表示时，必须包含的内容条款；一般条款是指除了基本条款之外的条款，这些条款可以根据双方当事人的意思或协商来订立。

（一）国际货物买卖合同的基本条款

1. 标的物条款

商品的名称，也就是合同标的的名称。合同标的的名称必须与交出货物的名称一致。如果交出货物的名称与合同规定不符，尽管卖方解释商品名称虽不同，但质量无问题，对方仍会认为是违约行为。在国际市场上牌号、商标、产地本身就代表着质量，名称不符就会影响商品的销路。

2. 品质条款

商品的品质（Quality）就是商品内在素质和外表形态的综合，如化学成分、物理和机械性能、生物学的特征以及造型、结构、色泽、气味、图案等技术指标。商品必须符合买主所指出的特定用途，具有买主对该类商品必须达到某特定用途而规定的指标。

品质条款在买卖合同中一般被列为"品名及规格、货号"，是合同的一项主要条款。在对外贸易中表示商品品质的方法，主要是通过下列买卖来表示：

（1）凭样品买卖（Sale by Sample）。它是指买卖双方以样品作为买卖和交货品质的依据。在实际交易中，卖方为了防止所交货物与样品不能完全一致而招致严重的法律后果，在买方的同意下，往往在合同中写上"品质与样品近似"的字样。

（2）凭规格、等级或标准的买卖。商品的规格是指用以反映商品品质的一些主要指标，如成分、含量、纯度、尺寸、粗细等。商品的等级是指同一类商品按其规格上的差异，分为不同的等级。商品的标准是指政府机构或商业团体统一制定和公布的标准化品质指标，如国际标准、国家标准、部分标准、行业标准、企业标准等。在以标准成交时，应明确规定运用何种标准，以免双方各执一词，产生纠纷。

（3）凭牌号、商标买卖。它是指买卖双方在交易时采用市场上具有良好声誉的牌号、商标以表示品质的方法。在国际市场上已树立了良好信誉的商品，其牌号或商标即代表一定的规格或品质。

（4）凭说明书买卖（Sale by Description）。它是指一些机电、仪器产品或大型成套设备，其结构和性质复杂，无法用若干简单的指标表明其品质的全貌，必须凭样本或说明书具体详细地说明产品构造、性能、材料、用途、操作和维修方法等，通常还辅以图纸、照片等资料来表示品质的方法。

3. 数量条款

数量条款是指以一定的度量衡量表示商品的重量、个数、长度、面积、体积、容积的量，如吨、米、平方米、立方米、升等。它是合同的主要条款之一。商品的数量一经确定，卖方必须按合同规定的数量交货；否则，即构成违约，要承担违约的责任。

4. 价格条款

国际货物买卖合同的价格条款应包括两项基本内容：单价与总值。单价通常由计算单位、单位价格金额、计价货币和价格术语四个部分组成（价格术语参见本章第二节）。

5. 交货条款

国际货物买卖合同中的交货条款主要包括运输方式、交货时间、装运港、目的港、能否允许转船、装运通知等事项。

6. 支付条款

支付条款主要是对支付金额、支付工具、支付时间和支付方式等事项规定。它主要明确了买方承担的基本合同义务，也明确了卖方的主要权益。

（二）国际货物买卖合同的一般条款

1. 保险条款

合同中的保险条款应确定投保人、保险的种类、保险金额、理赔地点、保险公司等。

2. 包装条款

买卖合同中的包装条款，主要包括包装材料、包装方式与尺寸、包装费用以及运输标志等内容。商品的包装材料和方式应根据商品的特点和运输方式而定，并在合同中作出明确规定。包装费用一般都包括在货价之内。但如果买方提出特殊要求，卖方可另计包装费用。运输标志可由卖方提供。如由买方提供，应规定买方在货物装运期前若干天提供运输标志；否则，可由卖方根据商品性或运输要求自行决定。

3. 商品检验条款

商品检验条款主要是订明对出口交货或进口到货商品进行检验的时间、地点、方法、标准以及检验机构、检验证书等内容。目前，在国际贸易中，有关商品检验条款的规定一般有三种做法：①以离岸品质、离岸重量（数量）为准。②以到岸品质、到岸重量（数量）为准。③以装运港的检验证书作为议付货款的依据，货到达目地港后，允许买方对货物进行复验。其中：①对卖方有利而对买方不利；②对买方有利而对卖方不利；③的做法较为公平，符合国际贸易习惯和法律规则。

4. 索赔条款

索赔条款与商检条款密切相关。有时合同中不列商检条款，而列索赔条款，有时两者都列。其主要内容是订明索赔的依据和期限，或赔偿办法和金额等。

5. 不可抗力条款

不可抗力条款是指合同订立后，由于出现当事人所无法预见、人力所不能抗拒的意外事件，当事人无法履行或不能完全履行合同规定的义务，而免除或部分免除当事人责任的一种法律规定。不可抗力条款在大陆法系国家被称为"情势变迁"，在英美法系国家被称为"合同落空"。

不可抗力事故一般应具备这些要求：①它是发生在合同订立之后；②它不是由于任何一方当事人的疏忽或过失造成的；③当事人对此事故是无法控制的。只有符合这些条件，当事人才能免除或部分免除不履行合同或不能如期履行合同的责任。

不可抗力事故包括两种情况，一是由自然原因引起的，如水灾、旱灾、飓风、大雪、地震、火灾等自然灾害；二是由社会原因引起的，如战争、政府的封锁禁运等。目前，国际上对此并没有一个统一的、确切的解释，因此双方当事人可以在合同中具体列明。

不可抗力条款的内容主要包括：不可抗力事故的含义和范围；事故发生后当事人通知另一方当事人的期限；出具证明的机构及证明的内容；事故发生后合同的处置等。

不可抗力事故所引起的法律后果主要有两种：一是解除合同，二是延迟履行合同。采取何种法律后果，具体要看意外事故对合同履行的影响，也可由双方在合同中作出具体规定。如果合同中无具体规定，一般的解释为：如不可抗力事故只是暂时阻碍了合同的履行，则只能延迟履行合同。

6. 仲裁条款

合同中的仲裁条款至少应订明仲裁的地点、仲裁权构、仲裁程序、裁决的效力以及仲裁费用的负担等内容。

三、约尾

约尾是合同的结尾部分。它通常载明合同使用的文字及其效力、正本的份数、附件及其效力、双方当事人的签字等。在国际贸易中，除极少数重要的买卖合同须经国家主管部门批准才能生效者外，在通常情况下，一经双方当事人签字，合同即告成立。

上述有关国际货物买卖合同的内容，其多寡繁简一般根据货物的性质、交易量的大小、当事人国家间的关系以及订约人的法律知识、业务水平等因素而自由协商决定。

第四节 国际货物买卖合同的履行

案例导入

中国的甲公司与美国的乙公司订立了一份国际货物买卖合同。合同约定：甲公司出售一批木材给乙公司。履行方式为：甲公司于7月份将该批木材自吉林交铁路发运至大连，再由大连船运至美国纽约，乙公司支付相应的对价。但7月份，甲公司没有履行。8月3日，乙公司通知甲公司，该批木材至迟应在8月20日之前发运。8月10日，甲公司依约将该批木材交铁路运至大连，但该批木材在自大连至纽约的运输途中因海难损失80%。由于双方对货物灭失的风险约定不明确，于是发生争执。乙公司认为，甲公司未于7月份履行合同是违约在先，应承担损害赔偿责任。合同因甲公司未按时履行义务已终止，故货物损失的风险理应由甲公司承担。

问题：

（1）乙公司是否有权要求甲公司承担损害赔偿责任？

（2）乙公司认为本案合同因甲公司违约已经终止的观点是否正确？

国际货物买卖合同的履行就是买卖双方订立合同之后，有关当事人按合同规定履行各自的义务，行使和实现各自的权利。在履行合同的过程中，会出现各种各样的违约情况，还会涉及货物的风险和所有权的转移等法律问题。

一、买卖双方的义务

（一）卖方的义务

卖方的主要义务是按合同规定交货。在国际货物买卖中，存在着两种交货方式。一种为实际交货，即卖方把货物连同代表货物所有权的单证一起交付买方，完成货物所有权与占有权的转移，如按 FOB（离岸价）条件成交的合同交货；另一种为象征性交货（Symbolic Delivery），即卖方将代表货物所有权的单据或凭证以及提取货物的单据交给买方，完成货物所有权的转移，即为完成交货义务，如 CIF（成本加保险加运费）条件成交的合同就是象征性交货。

知识拓展

国际货物买卖合同是一种双务合同，合同一经成立，买卖双方都有责任履行其依据合同所应承担的义务，对此各国的买卖法和《公约》都有具体的规定。但这类规定大多是非强制性的，即《公约》及各国买卖法根据契约自由原则，允许双方当事人在合同中自由决定其权利与义务，即使合同中的某些有关规定与所选择适用的某国买卖法或《公约》的规定有所不同，但只要它与强制性的法律规定不相抵触即可。可见合同中的规定是至关重要的。因此，凡是双方在合同中已明确规定了权利、义务的，双方都必须按合同的规定执行。只有当买卖合同对某些事项没有作出规定或规定不明确时，才须援引《公约》或有关国家国内买卖法的规定来确定双方当事人的权利与义务。

卖方在履行交货义务过程中会遇到许多法律问题，须承担一系列法律义务。其中主要有以下四项：

1. 提交货物的时间、地点和方式的义务

一般情况下，卖方应按合同规定的交货时间和地点交付货物，但是，如果合同对这些事项未作出具体规定，则须按有关国家法律或《公约》规定办理。

（1）交货时间。若合同未约定交货时间，大陆法系规定应在合同成立时即时交货；英美法系规定应在合理期间内交货。

《公约》第三十三条规定：若合同订有交货日期，或通过合同可以确定一个日期，则应在该日期交货；若规定有一段时间，卖方可在这段时间内任何一天交货；在其他情况下，卖方应在订立合同后的一段合理时间内交货。

（2）交货地点。若合同未约定交货地点，各国通常即依所交货物的种类确定。大陆法系和英美法系都规定，特定物的交货地为订约时特定物所在地；种类物交货地为卖方营业地。

特定物是指具有单独特征、不能以其他物所代替的物品，既包括绝无仅有的物品，也包括当事人专门选定的物品。种类物是指不具有单独特征、可以代替、可以用度量衡确定的物。

《公约》第三十一条至三十三条规定，合同未规定交货地点的，则在下列地点交货：①若合同涉及货物运输，卖方应把货物交给第一承运人以运交买方；②若是特定物的买卖，而各方当事人在订立合同时知道这些货物是在某一特定地点，卖方应在该地点把货物交给买方支配；③在其他情况下，卖方应在订立合同的营业地把货物交给买方。

（3）提交货物的方式。各国的有关法律规定，除非合同有相反规定；否则，卖方必须将货物一次交付给买方。卖方不恰当地将货物分批交付，买方在一定情况下有权拒绝接收。但是，在有些情况下一次性交货实际上是不可能的，如买方可能无充足的仓储设施或者卖方无法获得充分的运输工具进行一次性交货，那么，交货也可分批进行。

《公约》还规定，①若卖方应将货物交给承运人，但没有在货物上加标记，或未以装运单据或其他方式清楚地注明有关合同，则卖方必须向买方发送列明货物的发货通知。②若卖方有义务安排货物的运输，则卖方必须订立必要的合同，以按照通常运输条件，用适合情况的运输工具，把货物运到指定地点。③若卖方没有义务对货物运输办理保险，则卖方必须在买方提出请求时，向买方提供一切现有的必要资料，使其能办理需要的保险。

2. 提交货物单据的义务

单据通常包括提单、保险单、商品发票、装箱单、商检证、原产地证书以及检疫书等。这些单据在国际货物买卖中，是买方提取货物、办理报关手续、转售货物以及向承运人或保险公司请求赔偿等所必不可少的文件。按照国际贸易惯例，在大多数情况下，卖方都有义务向买方提交有关货物的各种单据。而且，买卖合同也往往规定，以卖方移交装运单据作为买方支付货款的对流条件。

《公约》第三十四条规定卖方移交有关货物单据的义务主要包括：

（1）卖方移交与货物有关的单据，须根据合同规定的时间、地点和方式进行。移交单据的种类、内容应与合同相符。在以信用证方式支付时，单据应与信用证要求相符。

（2）卖方提前移交单据时，可在合同规定的提交单据时间以前纠正单据中任何不符合合同规定的情形。但卖方行使权利时，不得使买方遭受不合理的不便或承担不合理的开支。

3. 对货物的权利担保义务

权利担保是指卖方应保证对其所出售的货物享有合法的权利（Sells Right to Sell the Goods），没有侵犯任何第三人的权利，并且任何第三人都不会就该项货物向买方主张任何权利。由于各国关于卖方对货物的权利担保义务方面的规则较为接近，《公约》在考虑国际货物买卖特殊性的基础上吸收总结了这些规则，将之规定于第四十一至四十四条之中。卖方对货物的权利担保义务包括三个方面的内容：

（1）卖方必须保证对其出售的货物享有合法的权利。即卖方必须保证其对货物享有完整的所有权，没有侵犯任何第三方的权利，并且不会有任何第三方就该货物向买方提出权利主张。一般说来，第三方对卖方所出售的货物提出请求的情况有两种：①有权请求，是指第三人基于其对货物拥有合法权益而提出请求，如第三方对买方提起诉讼，主张他是货物的真正所有权人或对货物享有某种权利，结果胜诉，则卖方应对买方由此引起的损失负责。第三方胜诉在法律上表明他是货物的真正所有权人，卖方即违反了公约的权利担保义务。②无权请求，是指第三方提出的请求因没有根据而败诉，在这种情况下，卖方仍被认为违反了权利担保义务，因为第三方的请求虽然没有在法律上实现其对于货物的主张，但他的请求使买方至少遭受诉讼费用的损失，卖方对此仍应负责。卖方的责任形式表现为卖方必须参与诉讼并在诉讼中为买方的利益反驳第三方，卖方还必须承担举证责任，以支持买方反对第三方。如果卖方不能充分举证，不能阻止第三方的请求，则卖方有责任采取其他适当的行动，使买方免受第三方主张之累。

（2）卖方应保证在其出售的货物上不存在任何未曾向买方透露的担保物权，如抵押权、留置权等。

（3）卖方所交付的货物不得侵犯任何第三方的工业产权或其他知识产权，但关于工业产权或其他知识产权的担保义务是有条件的，不是绝对的。这里所谓的知识产权，是指专利权、商标权、服务标志、厂商名称、产地标志等的总称，但主要是指专利权与商标权。所谓其他知识产权，是指从事文学、艺术和科学活动而获得的著作权。

鉴于这些复杂的情况，《公约》规定卖方保证其所售货物不侵犯第三方的工业产权或其他知识产权的义务是有条件的，条件限制包括了时间限制、地域限制、卖方主观过错限制、买方客观过错限制等方面。

①时间限制。卖方订立合同时知道或应当知道第三方将对其货物提出工业产权或其他知识产权方面的权利或请求，则原则上必须对买方承担责任。换句话说，如果卖方在订立合同时不知道或不可能知道第三方请求权的存在，而是以后才知道的，则卖方不应当对侵犯工业产权或其他知识产权负责。

知识拓展

国际货物买卖涉及工业产权或其他知识产权的情况比一国范围内的工业产权或其他知识产权复杂得多。国内工业产权或其他知识产权纠纷一般只涉及本国的工业产权或其他知识产权，不牵涉外国的工业产权或其他知识产权。国际贸易中侵犯工业产权或其他知识产权经常涉及其他国家，如卖方所交付的货物没有侵犯卖方国家的工业产权，但可能侵犯买方国家的工业产权；或者虽没有侵犯买方国家的工业产权或其他知识产权，但由于买方将货物转售第三国，可能侵犯第三国的工业产权，甚至可能侵犯了卖方自己国家的工业产权，也侵犯了买方国家和第三国、第四国的工业产权。

在国际货物买卖中，侵犯工业产权或其他知识产权的情况往往发生在卖方以外的国家。从法律角度看，不能期望卖方像了解自己国家的法律那样了解其他国家的法律，特别是当货物经多次转售，其最终销售地或使用地在订立合同时卖方是不可能知道的，在这种情况下，卖方就更难以避免，甚至根本不可能避免侵犯工业产权或其他知识产权的可能性。

②地域限制。根据《公约》第四十二条的规定，卖方对买方所承担的涉及第三方的工业产权或其他知识产权的权利担保义务的地域限制表现在两个方面：第一，第三方的请求必须是根据货物特定销售地国家的法律提出的，也就是说，如果买卖双方在订立合同时，就已确定将货物销售到某一特定国家，则卖方只对根据货物在该特定国

家的法律提出的请求负责。如果买卖双方在订立合同时，没有规定货物特定销售地，则卖方不对买方负责。地域限制在法律上的含义是卖方在订立合同时知道买方预期货物将在哪一国销售，则卖方对第三方依据该国法律所提出的工业产权或其他知识产权的权利或请求，应当对买方承担责任。因为卖方在订约时既然已经知道货物将销往某一国家或某些国家，则卖方对这一国家或这些国家关于工业产权或其他知识产权的规定应当有所了解，如果卖方不作了解，则负有过失责任。第二，第三方的请求是根据买方营业地所在国的法律提出的，卖方应当负责任。这一限制是针对买卖双方的交易没有确定货物的最终销售地或使用地的情况而作出的，卖方只对那些根据买方营业地所在国的法律提出的请求向买方负责。这就是说，第三方的权利或请求根据买方营业地所在国有关工业产权或其他知识产权的法律提出，则不论卖方是否知道第三方的权利请求，卖方都应对买方承担责任。这一限制的法律含义是，卖方有责任知道买方营业地所在国的工业产权或其他知识产权的法律规定以及相关的情况，如果卖方对其货物的买方营业地所在国的工业产权或其他知识产权的法律不了解，这也是卖方的过失。显然，《公约》要求卖方无论如何对第三方就买方国家法律提出的请求负责，但对第三方依据第三国法律提出的请求是否负责，就看卖方在订约时是否知情。如果卖方在订约时并不知情，对第三方就第三国家的法律提出的请求就不负责任。

③卖方主观过错限制。买方在订立合同时，已经知道或不可能不知道第三方将对货物提出有关工业产权或其他知识产权方面的权利或请求，在这种情况下，买方若仍然同意与卖方达成协议购买货物，说明买方自愿冒侵犯第三方工业产权或其他知识产权的风险，因此，由此引起的责任应由买方自己承担。

④买方客观过错限制。第三方提出的有关工业产权或其他知识产权的权利或请求是由于卖方依据买方提供的技术资料、图案制造产品而引起的，应由买方自行负责。

4. 对货物的品质担保义务

卖方的品质担保包括明示担保和默示担保。

（1）明示担保是指卖方保证其所出售的货物具备某种质量特征、性能及用途，若货物未达到这些标准，卖方就要承担相应的法律责任。通常，若合同对货物的品质规格已有具体规定，卖方应按合同规定的品质、规格交货；若合同对货物的品质规格未做出具体规定，则卖方应按合同所适用国家的法律或《公约》的规定负责。各国的买卖法都要求货物必须与卖方的明示担保（Express Warranties）一致，否则，即构成对买方的违约。即使卖方无明示担保，包括中国在内的各国买卖法一般规定了卖方对货物所承担的默示担保（Implies Warranties）义务，不过，有些国家规定得较为简单，另一些国家规定得较为详尽，其中较为详尽的国家有美国、英国和意大利等。大陆法系把品质担保称为瑕疵担保，认为卖方应保证销售的货物品质符合合同规定，无任何瑕疵。

（2）默示担保是指商销性的默示担保，是指合同项下的货物在该行业中可以无异议地被通过，货物不但须具备该类货物一般的商销性品质，即合同品质条款的规定，还必须满足特定用途。英国《货物买卖法》规定，货物买卖中，标的物的品质不仅要符合合同的明示条件和担保，还要符合默示条件和担保。其中条件是合同的主要条款，担保是从属于合同的次要条款。

《美国统一商法典》中对默示担保的有关规定如下：

（1）商销性（Merchantability）的默示担保。根据《美国统一商法典》第二条至三百一十四条的规定，如果卖方是专门经营某种商品的商人，那么在这种商品的买卖合同中，他必须向买方承担该商品具有适合商销性的默示担保义务。所谓"适合商销性"是指合同项下的货物在该行业中可以无异议地通过；在出售的货物为种类物的情况下，该货物具有同类货物的平均良好品质；货物具有同类货物的一般用途；在合同允许的差异范围内，货物的每一单位和所有单位在品质、品种和数量方面相同；货物按合同要求，适当地装箱、包装和加上标签；货物与容器或标签上的说明相符。

（2）适合特定用途的默示担保。《美国统一商法典》第二条至第十五条规定，如果卖方在订立合同时有理由知道买方要求货物适用于特定用途，且有理由知道买方依赖卖方挑选货物的技能或判断力，卖方即默示承担货物将适用于特定用途的义务。根据这一规定，货物不但须具备该类货物一般的商销性品质，还必须满足特定用途。同时，要使卖方承担这一担保义务，买方还必须依赖卖方的判断力或技能。若买方是行家或向卖方提供了技术规格或其他选择标准等，则说明买方未依赖卖方的判断力。例如一家生产原子能发电设备的企业，向机床厂订购一台立式车床。买方订购时说明了车床用于加工原子能锅炉压力容器，但卖方提供的是一台普通的立式车床，导致买方在加工压力容器时发生事故。这一合同中，卖方即属违反默示担保。

在国际贸易中，买方通常利用卖方所交货物违反了其国内的有关法律、技术标准和检验检疫法规，不符合商销性、特殊用途以及消费习俗等为理由，认定卖方违反国内法律，要求赔偿损失。国际货物品质默示担保仅仅是"商销性"含有根据各个国内法律、技术、检验检疫法规的内容，在买卖双方履行合同过程中发生一般性纠纷，通常以双方的习惯做法解决。但这些内容又与国家管制对外贸易和贸易保护主义的限制进口的政策有关，一旦买方的这种做法对卖方的利益造成巨大的损失，甚至影响到卖方国家的实质性利益时，这种做法的性质即将转变为技术性贸易壁垒。[①]

国际货物品质默示担保责任的不确定性本质上就是一种风险。这种不确定性和风险可以通过买卖双方的合理预期来降低乃至消除。但是买卖双方预期的合理性取决于所掌握的信息，风险防范的实质是信息的取得和取得信息的成本，如果买卖双方订立合同和履行合同时，买方就为卖方提供有关自己国家一系列稳定的技术、卫生、检验和检疫标准的信息，使卖方可以更合理地预期，把不确定性和风险减少到最低限度。但是，正如前面所分析的，如果买方采取机会主义手段，那么，合同履行期越长，实施机会主义的可能性就越大，卖方承担的风险也就越大。由于国际货物品质默示担保中技术贸易壁垒的风险又具有其特殊性，所以对国际货物品质默示担保中技术贸易壁垒的防范措施，既要从买卖双方订立合同时开始防范，又要从生产源头开始防范。

与明示担保责任相比，默示担保责任在国际货物买卖中最容易引起纠纷。在《美

[①] 尽管货物买卖品质默示担保所涉及的法律问题主要为买卖法，但是由于各国对贸易壁垒的加强，使技术贸易壁垒由国家之间的贸易争端转嫁到各个商事组织以及个人。参见蔡四青：《国际贸易中国际货物品质默示担保与技术贸易壁垒风险的防范》，《经济问题探索》2004年第2期119页。

国统一商法典》中，默示担保责任可采取以下方式加以排除：

①如果卖方想要排除或限制商销性的默示担保，必须使用"商销性"这个词，并写于书面合同，字体醒目和显眼。②卖方可以使用"依现状"（as is）"带有各种残损"（with all Faults）或其他一般能引起买方注意的措辞，表示卖方不承担任何默示担保责任。③如果买方在签订合同之前，已对货物、样品或模型作过充分检验，或买方拒绝检验货物，则卖方对于买方在检验货物情况下应能发现的缺陷，就不存在任何默示担保义务。④根据双方当事人过去的交易做法，履约做法或行业惯例，也可以排除默示担保。

《公约》关于卖方对货物品质担保义务的规定主要体现于第三十五条。根据该条的规定，合同对货物的质量、规格与包装方式有规定的，卖方所交付货物必须符合合同规定。此外，卖方交付的货物还必须符合下列要求：①货物适合于同一规格货物通常使用的目的。②货物适合于订立合同时买方曾明示或默示地通知卖方的任何特定目的，除非情况表明买方并未依赖或没有理由依赖卖方的技能和判断力。③货物的质量与卖方向买方提供的样品或模型相同。④货物按此类货物的通常方式装箱或包装，或者无此种通常方式，以一种足以保护货物的方式包装。

（二）买方的义务

买方的主要义务是支付货款和受领货物。如果合同对某些事项没有做出明确的规定，则应按有关法律或《公约》办理。

1. 买方支付货款的义务

卖方交付货物与买方支付货款是对等的权利与义务。英美法系要求这两者关系为对流条件。根据《公约》第三部分第三章的规定，买方支付货款的义务主要有：

（1）履行必要的付款手续，其义务包括根据合同或其他有关法律和规章规定的步骤和手续支付价款。如买方向银行申请信用证或银行付款保函，向政府主管机构申请进口许可证及所需外汇等。如果买方未办理上述各种必要的手续，使货款难以支付，即构成违约。

（2）价格的计算。如果合同没有规定价格，则按订立合同时此种货物在有关贸易的类似情况下销售的通常价格确定；如果价格是按货物的重量规定的，如有疑问，则按净重量确定。

（3）支付价款的地点。如果买方没有义务在任何其他特定地点支付价款，则付款地点为移交货物或单据的地点。但如果因卖方营业地在订立合同以后发生变动而增加了有关方面的费用，则该费用由卖方承担。

（4）支付价款的时间，买方必须按合同和《公约》第五十八条规定的日期或从合同和《公约》第五十九条可以确定的日期支付；卖方向买方处置时，买方就必须支付价款；如果合同涉及货物运输，卖方可以在买方支付价款后把货物或控制货物处置权的单据交给买方作为发运货物的条件。

2. 买方收取货物的义务

法国《民法典》规定，对于商品及动产的买卖，如买方逾期不受领买到的货物，不经催告，买卖即当然解除。

英国《货物买卖法》把买方收到货物与接受货物区别开来。收到货物（Receipt of Goods）不等于接受货物。买方一旦接受货物（Acceptance of Goods），就丧失了拒收货物的权利；而如果仅仅是收到了货物，则日后如买方发现货物与合同不符合仍可拒收。

《公约》第六十条对于买方收取货物义务规定如下：

（1）买方为了卖方能够交付货物，应采取一切合理的行动以提供便利。在国际货物买卖中，常需由买方采取一定的行动作为卖方履行交货义务的前提。例如在 FOB（离岸价）合同中，买方就要安排货物的运送，签订必要的运输合同以便让卖方将货物交给第一承运人运送给买方。

（2）受领货物。受领货物即是买方进行交易的目的和权利，也是买方履行合同应尽的义务。买方不得借故拒绝或延迟接受货物，并且应承担为接受货物而支付的各项费用和风险。

（三）买卖双方保全货物的义务

保全货物是指合同当事人双方发生纠纷致使货物的受领或退回不能及时进行时，最适宜防止货物毁坏或遗失的一方当事人承担保证货物安全，尽量减小货物损失的义务的行为。通常，保全货物的义务并非一定是违约方，多数情况下是受损害者本人。如果是由受损害者保全货物，违约方则须负担另一方因保全货物所支出的费用。对此《公约》第八十五条、第八十六条、第八十七条和第八十八条作了明确、具体的规定。

1. 卖方保全货物的义务

《公约》第八十五条规定，如果买方推迟收取货物，或在支付价款和支付货物应同时履行时，买方没有支付价款，而卖方仍拥有这些货物或仍能控制这些货物的处置权时，卖方必须按情况采取合理措施，以保全货物。同时，他有权保有这些货物，直至买方把他所付的合理费用偿还给他为止。若由于卖方未行使该义务而导致货物损失，则由卖方承担责任。买方除履行合同义务以外，尚须承担因违约而由卖方保全货物时所耗费的一切合理费用，否则卖方有权保有合同标的物。

卖方负有保全货物义务的情况通常有两种：

（1）当买方按合同规定应在卖方营业所在地收取货物，但未在合同约定的日期收取货物时，由于卖方尚拥有合同标的物，故负有保全货物的义务。

（2）当卖方按合同规定将货物装运并取得可转让的装运单据后，卖方依约请买方付款赎单，但买方不按约支付价款时，由于此时卖方拥有装运单据仍能控制合同标的物的处置权，故负保全货物的义务。

2. 买方保全货物的义务

《公约》第八十六条规定，买方在下列情况下负有保全货物的义务：

（1）若买方已收到货物，发现货物有严重瑕疵并打算行使退货权时，买方必须按情况采取合理措施，保全货物。买方负起保全货物义务的同时也得到留住货物的权利，这一权利至卖方将其为保全货物所付出的合理费用偿还而终止。

（2）若货物已运抵目的地并置于买方处置的状态下，但买方尚未实际控制货物时，如果买方行使退货权，则买方必须代表卖方收取货物并采取合理措施保全货物。

但在这种场合下，买方一般只有在以下两个条件都得以满足时，才负有代表卖方提取货物并保全货物的义务：①买方这样做不需支付物价款并不致遭受不便或不合理的费用。②卖方或其代理人或其代表不在目的地。不过，在上述两个条件不完全满足的情况下，如果买方应卖方的要求，允诺代卖方收取货物时，则买方必须按照卖方的要求代卖方保全货物；否则，买方则需承担未按卖方的要求保全货物而造成的损失。如果买方在履行上述保全货物的义务时耗费了合理的费用，其费用由卖方负担，如果卖方拒绝支付该费用，买方有权留置合同标的物，直至卖方将买方保全货物所耗费的合理费用清偿时止。

二、违约及违约的救济方法

各国法律均明确规定，合同当事人都须受合同的约束，履行合同所规定的义务。但由于种种原因，当事人可能发生违约行为。为了维护合同法律关系的严肃性，保障当事人的合法权益，《公约》在第三部分第一、二、三章中及各国法律均对各种违约行为及其救济方法作出了具体规定。

(一) 违约及违约责任的构成

违约（Breach of Contract）是指合同的一方当事人没有履行合同或没有完全履行合同规定的义务的行为。

根据各国法律规定，除某些例外情况，违约的一方均应负违约责任。但是，在违约的构成上，大陆法系和英美法系存在着重大差异，主要表现在：

（1）关于过失（Culpa）责任原则。大陆法系规定，违约方只有存在着可以归责于他的过失才承担违约责任；英美法系则规定，违约方只要未履行合同，即使其无任何过失，也要承担违约责任。

（2）关于催告（Putting in Default）。催告是合同一方向另一方请求履行合同的一种通知。大陆法系以催告作为使违约方承担迟延履约责任的前提；而英美法系则无此项要求。

(二) 违约的形式

由于违约情况的不同，违约一方所承担的违约责任也有所区别。为此各国法律和《公约》对违约的形式作了区别。

1. 给付不能与给付延迟

大陆法系各国基本上类似地把违约分为这两种。法国法与德国法规定相类似：

给付不能（Supervening Impossibility of Performance）是指合同当事人由于种种原因不可能履行其合同义务。[①] 其中又分为自始不能和嗣后不能两种。自始不能是指合同成立时该合同即不可能履行；嗣后不能是指合同成立时，该合同是可能履行的，但合同

---

① 德国《民法典》第二百八十条、第三百〇六条、第三百二十三条规定：如属于自始不能的情况，合同在法律上是无效的。

成立后，由于出现了阻碍合同履行的情况而使合同不能履行。

给付延迟（Delay in Performance）是指合同已届履行期，而且是可能履行的，但合同当事人未按期履行其合同义务。凡合同履行期届满，经催告违约方仍不履行，则违约方自受催告时起负延迟责任。但非由于违约方的过失而未按时履行的，则不负延迟责任。

2. 违反条件（要件）和违反担保

这两种违约形式为英国《货物买卖法》的划分。

违反条件（Breach of Condition），即违反合同的重要条款；违反担保（Breach of Warranty）是指违反合同的次要条款。在一个具体违约案件中，违约究竟属于违反条件还是违反担保，由法院根据具体事实裁定。

3. 重大违约和轻微违约

这是美国法对违约的规定。重大违约是指由于一方当事人未履行合同或履行合同有缺陷，致使另一方当事人不能得到该项交易的主要利益。轻微违约是指一方当事人在履行合同中尽管存在一些缺点，但另一方当事人已得到该项交易的主要利益。例如，履约的时间略有延迟，交付货物的数量和品质与合同略有出入等都属于轻微违约的范围。

4. 根本违约和非根本违约

《公约》对违约的分类与美国法类似。根本违约（Fundamental Breach of Contract）是指，如果一方当事人违反合同的结果，使另一方当事人蒙受损害，以至于实际上剥夺了他根据合同有权期待得到的东西。非根本违约是指，违反合同的一方并不预知而且同样一个通情达理的人处于相同情况中也不能预知会发生这种结果。

根据《公约》第二十五条的规定，构成根本违约必须符合以下条件：

（1）违约的后果使受害人蒙受损害，以至于实际上剥夺了他根据合同有权期待得到的利益，这是构成根本性违约的实质条件。如果一方当事人已违约，并使另一方遭受损害，但若这种损害未达到实际上剥夺了他根据合同有权期待得到的东西的程度，仍不能构成根本违约。对于"实际剥夺"，公约未加以规定，这须根据每一个合同的具体情况确定，如根据违反合同造成其金额损失程度，或违反合同对受害方其他活动的影响程度等来确定损害是否重大，是否严重地剥夺了对方的经济利益。

（2）违约方预知，而且一个同等资格、通情达理的人处于相同情况下也预知发生根本违约的结果，这是判断是否构成根本违约的主观要件。如果违约方不能预见到违约行为的严重后果，便不构成根本违约，并对不能预见的严重后果不负责任。这是一种过失责任原则。

从法律后果上看，《公约》认为，一方构成根本性违约，对方可以解除合同，并要求损害赔偿；对非根本性违约，只能要求损害赔偿而不能解除合同。

（三）违约的救济方法

按照各国法律规定，[①] 当一方违约使对方的权利受到损害时，受损害的一方有权采取补救措施，以维护其合法的权益，这种措施在法律上称为违约救济方法（Remedies for Breach of Contract）。其目的是使受损方得到一定的经济补偿，使其获得根据合同本应获得的经济利益，并不是为了惩罚违约的责任方。

1. 卖方违约时，买方可获得的救济方法

卖方违反合同主要有以下情况：不交货；延迟交货；交付的货物与合同规定不符。《公约》从总的方面对卖方违反合同时买方可以采取的各种补救方法作出规定。

（1）卖方不交货时买方的救济方法。按合同规定交货是卖方的一项基本义务。当卖方拒绝交付买卖合同规定的货物时，根据《公约》第三部分第二章第三节规定，买方可以采取以下几种救济方法：

①要求卖方履行其合同义务。《公约》的这一规定与英美法系和大陆法系国家的卖方不交货的情况下，买方有权要求实际履行（Specific Performance）的法律规定相似。但是如果买方已采取与这一要求相抵触的某种补救方法时，就不能再要求卖方交货。例如，买方因卖方不交货已宣告撤销合同，即他就不能再要求卖方交货。

②撤销合同（Resolution）。根据《公约》只有在根本违约的情况下，受损害的一方才能要求撤销合同。

③请求损害赔偿（Damages）。损害赔偿是《公约》规定的一种主要救济方法，这与各国法律把损害赔偿作为一项基本补救方法的规定是一致的。在卖方不交货的情况下，买方有权要求损害赔偿。并且，买方要求损害赔偿的权利，并不因为他行使采取其他补救方法的权利而丧失。例如，买方因卖方不交货，已经宣告撤销合同，或已经要求卖方实际履行交货义务，他仍有因卖方不交货使他遭受的损失而要求损害赔偿的权利。《公约》对损害赔偿的基本原则是，使受损害一方的经济状况同如果合同得到履行时所应有的经济状况相等。赔偿范围应与另一方当事人因违反合同而使受损方遭受的包括利润在内的损失额相等。但这种损害赔偿不得超过违反合同一方在订立合同时，依照他在当时已经知道或理应知道的事实和情况，对违反合同预料或理应预料到的可能损失。关于计算方法，《公约》规定，买方可获得合同价格和替代物（如买方以合理方式在市场购进替代货物的话）或市价之间的差价，加上由于卖方违约所造成买方的其他损失。公约还规定，没有违反合同的一方必须按情况采取合理措施，减轻由于另一方违反合同而引起的损失，包括利润方面的损失。如果他不采取这种措施，违反合同一方可以要求从损害赔偿中扣除原可以减轻的损失数额。《公约》的上述规定，与各国对此问题的有关法律规定大同小异。

（2）卖方交货延迟时买方的救济方法。《公约》规定，只有当卖方延迟交货构成根本性违约时，买方才可要求撤销合同。如果卖方延迟交货的行为并未构成根本性违约，

---

① 美国《统一商法典》第二条~第七百〇八条、中国《合同法》第一百一十二条、法国《民法典》第一千一百四十九条都有此种规定。

则买方可以规定一段合理的额外时间，让卖方履行其交货义务。只有当卖方不在规定的额外时间内交货，或卖方已声明他将不在买方规定的额外时间内交货时，买方才能撤销合同。即使买方宣告撤销合同，他要求损害赔偿的权利仍不丧失，他有权在撤销合同的同时，要求损害赔偿。

（3）卖方所交货物与合同不符合时，买方的救济方法。卖方所交货物与合同不符是指货物的品质、规格、重量（数量）或包装等方面与合同的规定不一致。《公约》规定，如果卖方所交货物与合同不符合，买方必须在发现或理应发现不符合情况后的一段合理时间内通知卖方，说明不符合合同情形的性质，否则就丧失声称货物不符合合同的权利，但无论如何，如果买方不在实际收到货物之日起两年内将货物不符情形通知卖方，他就丧失声称货物不符合同的权利，除非这一时限与合同规定的保证期限不符。

在卖方所交货物与合同不符的情况下，买方可以采取的救济方法主要有：

①要求卖方修补不符合合同的货物，公约四十六条第三款规定，如果卖方所交货物不符合合同规定，买方可以要求卖方通过修补对不符合合同之处作出补救，除非他考虑了所有情况之后，认为这样做是不合理的。

②要求减价。《公约》第五十条规定，如果卖方所交货物与合同规定不符，不论货款是否已付，买方可以要求减价。减价应按实际交付的货物在交货时的价值与合同载明的货物在当时的价值之间的比例计算。但是如果卖方已对货物不符合合同的规定作出了补救（卖方有权这样做），或者买方拒绝卖方对此作出补救的话，则买方就无权要求减价。

③要求卖方交付替代货物。《公约》第四十六条第二款规定，如果卖方所交货物与合同不符，而此种不符情况构成了根本违反合同时，买方可以要求卖方交付替代货物，即要求卖方另外交付一批符合合同要求的货物，以替代不符合合同的货物。

④要求撤销合同。《公约》第四十九条规定受损害一方撤销合同的权利是有所限制的。同样，在卖方所交货物与合同不符的问题上，买方撤销合同的权利也是受到限制的。根据《公约》规定，只有卖方所交货物与合同不符合已构成根本违约时，买方才可以撤销合同。而如果卖方所交货物与合同不符尚未构成根本违反合同，则买方可规定一段合理的额外时间，让卖方履行其义务。如卖方未能在规定的时间内交付符合合同的货物，或未能对不符合合同的货物作出补救修理，或者卖方声明他将不在买方规定的额外时间内交付货物或作出补救措施，买方才能撤销合同。对此权利的行使，买方也应在合理的时间内作出，否则有丧失撤销合同权利的可能。

⑤请求损害赔偿。《公约》规定，受损害一方要求损害赔偿的权利是绝对的，并不因为他行使采取其他补救措施的权利而丧失。当卖方所交货物与合同要求不符，买方可以要求损害赔偿。

2. 买方违约时，卖方可获得的救济方法

在货物买卖合同中，买方的主要义务就是按合同规定支付货物价款和收取卖方交付的货物。如果买方拒绝付款、拒收货物或不履行合同规定的其他义务时，即构成违约。各国法律①以及《公约》第六十二条规定，在买方违约的情况下，卖方根据不同情况，可采取的救济方法主要有：

（1）要求买方按合同规定履行义务。《公约》规定，在买方违反合同规定的义务时，卖方可以要求买方支付货款、收取货物或履行其他义务。通常的做法是：卖方可以规定一段合理的额外时间，让买方履行其义务。在这段时间内，卖方不能对违反合同采取其他任何补救措施。但如果卖方收到买方的通知，声称他将不在所规定的时间内履行义务，则卖方有权在这段时间内采取其他的补救方法。

（2）要求损害赔偿。当买方违反合同义务时，卖方请求损害赔偿的权利也是绝对的，也不因采取其他补救措施而丧失。卖方请求赔偿的金额与他因买方违约在遭受的包括利润损失在内的损失额相等。如果买方的违约是拖延支付货款，则卖方可以要求包括货款利息在内的损害赔偿。

（3）要求撤销合同。当买方不履行合同时，《公约》第六十四条第一款也给予卖方在一定情况下可以撤销合同的权利：①当买方不履行其合同义务或公约中的义务，构成根本违约时，卖方可以撤销合同。②如果买方不履行合同义务不构成根本违反合同时，则卖方可以给买方规定一段合理的额外时间，让买方在此期间内履行其义务。如买方不在这段规定的时间内履行其支付义务，或买方声明他将不在规定的时间内履行其义务，则卖方亦可撤销合同。但是，如果买方已支付了货款，卖方原则上就不能行使撤销合同的权利。除非在买方延迟履行义务时，卖方在得知买方履行义务前就已撤销合同，或者买方还有其他的违约事项。

3. 预期违约及其救济方法

预期违约是指合同的当事人在合同规定的履行期到来之前，即明确表示届时他将不履行合同。这种表示可以用言词或文字来表达，也可以用行为来表达。《公约》规定，在订立合同之后，当事人一方鉴于对方履行合同的能力或信用严重缺陷，或者从对方准备履行或履行合同的行为中，明显看出对方显然将不履行其大部分重要义务时，当事人一方可以中止履行其义务；如果在履行合同日期之前，明显看出一方当事人将根本违约，另一方当事人可以宣告合同无效。当事人采取上述中止履行其义务或宣告合同无效都应谨慎行事。因为如果到了履行期，原来预计的对方不履行其大部分重要义务或根本违约的情况实际上并没有发生，则该当事人就要承担由此可能造成的违约责任。

三、货物所有权和风险的转移

（一）货物所有权的转移

货物所有权的转移，是指从何时起买方成为所买货物的所有人，从而对货物享有完全占有、使用、收益和处分的权利。在国际贸易中，货物所有权转移与否具有十分

---

① 美国《统一商法典》第二条～第七百〇三条、第二条～第七百〇六条，英国《货物买卖法》第四十九条都有规定。

重要的法律意义，它直接关系到买卖双方的切身利益。如对卖方来说，一旦货物所有权转移于买方后，若卖方尚未收到货款，买方即失去偿付能力，卖方就将遭受重大的损失。又如，在实行货物所有权的转移决定风险转移的国家，谁拥有货物，谁就应承担货物灭失的风险。

一般来说，各国法律对所有权的转移不作强制规定，允许买卖双方当事人在订立合同时确定转移时间。但在实际业务中，买卖双方很少对此做出具体的规定。为解决这一问题，各国法律规定一些原则，主要包括以交货时间作为所有权转移时间，以合同成立的时间作为所有权转移时间，以货物特定化作为转移所有权的前提条件。

1. 大陆法系

在大陆法系各国，一部分国家规定以合同成立时间作为所有权转移时间，如法国、意大利、葡萄牙等国就实行这一原则，另有一部分国家规定货物所有权的转移不能仅以双方当事人的意思表示加以实现，尚须由卖方实际交付货物的行为加以支持，否则无效，如德国、荷兰、西班牙等国实行这一原则。

2. 英美法系

依英国法的规定，在特定物或已特定物的货物买卖中，货物所有权的转移由双方当事人转移所有权意思表示决定；在非特定物的买卖中，把货物特定化（把处于可交货状态的货物无条件地划拨于合同项下的行为），是实现货物所有权转移的前提条件。但无论是特定物还是非特定物的买卖，卖方都可保留对货物的处分权，只有在卖方要求的条件得以满足时（通常指在买主支付货款时），货物的所有权才转移于买方。

依美国法的规定，原则上在把货物确定于合同项下以前，货物的所有权不能转移给买方。如交易双方对此有协议，可依协议处理；如无协议，则所有权须是卖方完成交货时才转移给买方。

具体表现为：①凡卖方需把货物交给买方，但未规定具体目的地点，货物的所有权于装运货物的时间和地点转移给买方；若规定了目的地，则货物的所有权于目的地交货时转移给买方。②凡不需卖方运输只须交付所有权凭证的，所有权在交付凭证的时间和地点转移；凡是合同订立时货物已特定化，卖方无须交付所有权凭证的，所有权在合同订立的时间和地点转移。

3. 《公约》

由于所有权转移涉及当事人的经济利益，各国法律规定有较大差异，难以达成一致协议，因此，《公约》未规定所有权转移的问题。

4. 国际贸易惯例

在国际贸易惯例中，只有《华沙－牛津规则》对所有权转移于买方的时间作了明确规定。依该规则，在 CIF（成本加保险加运费）合同中，货物所有权转移于买方的时间，应是卖方把装运单据交给买方的时刻。虽然《华沙－牛津规则》是针对 CIF（成本加保险加运费）合同的特点制定的，但一般认为这项原则也适用于卖方有提供提单义务的其他合同。包括 CIF（成本加运费）合同和 FOB（离岸价）合同。

（二）货物风险的转移

货物风险的转移是指货物所发生的灭失或损坏等风险从何时起由卖方转移给买方。

划分风险的目的在于确定损失的承担者，故货物风险的转移也具有十分重要的意义。各国法律对此都作了一些规定，这些规定主要有：

（1）以所有权转移的时间决定风险转移的时间。英国和法国等国的买卖法均采取这一原则，即在货物所有权转移于买方之前，货物风险由卖方承担；在货物所有权转移为买方所有时，不论货物是否交付，风险由买方承担。

（2）以交货时间决定风险转移的时间。现在，越来越多的国家包括美国、德国、奥地利、中国等国的买卖法均采取这一原则，其中以《美国统一商法典》为代表。他们认为，以抽象的不可捉摸的所有权转移问题决定现实的风险转移这一问题是不妥的，主张应把两者区别开，以交货时间来确定风险转移时间。

《公约》对风险转移时间的规定和美国法相类似，原则上以交货时间来决定风险转移时间。其主要内容是：①当合同涉及运输时，若规定卖方有义务在某一特定地点把货物交给承运人运输，则卖方在该地将货物交给承运人之后，货物的风险也随之转移到买方；若未指明交货地点，货物的风险自卖方将货物交第一承运人时起转移于买方。②当货物在运输途中出售时，则从买卖合同成立之时起，风险由卖方转移于买方。③在其他情况下，从买方收到货物时起，或由货物交与买方处置时起，风险转移给买方。

参考书

1. 赵承璧，等. 国际贸易统一法 [M]. 北京：法律出版社，1998.
2. 张圣翠，等. 国际商法 [M]. 上海：上海财经大学出版社，2002.
3. 郭瑜. 国际货物买卖法 [M]. 北京：人民法院出版社，1999.

思考题

1. 试述国际货物买卖合同成立的条件。
2. 试述国际货物买卖合同的主要条款。
3. 试述国际货物买卖合同中买卖双方的义务和共同义务。
4. 试述违反国际货物买卖合同的救济方法。

课后案例分析一

2009年8月1日，北京A公司向美国B公司发出一份传真（"8月1日传真"），要求从B公司购买美国华盛顿州2009年产苹果3 000吨，溢短装5%，单价每吨800美元，FOB西雅图，装运期2009年10月，目的地中国天津新港，与合同引起的所有争议提交中国国际经济贸易仲裁委员会在北京仲裁。B公司收到传真后，于8月10日回电并附上B公司一方强制的B公司标准合同格式文本（"8月10日回电"/"8月10日苹果合同文本"）。该文本特别提到，所有与本合同有关的争议均提交巴黎国际商会仲裁院仲裁，合同适用的法律是美国加州法律；合同文本的其他条款与 A 公司 8 月 1 日传真内容相同。A 公司收到 8 月 10 日回电后，没有答复。2009 年 10 月，B 公司在西雅图将 3 000 吨苹果装上船运往中国天津新港。2009 年 11 月 5 日货到天津新港，B 公司通知 A 公司提货（"11 月 5 日提货通知单"）。由于 A 公司经营不佳，再加上当时中国市场大量进口美国苹果，中国市场价格低迷，因此，A 公司决定不接受这批货物，于是在 11 月 8 日电传 B 公司，表示不接受货物（"11 月 8 日电传"）。

根据以上事实，回答下列问题：

（1）8 月 1 日传真是（   ）。

    A. 要约邀请   B. 要约

    C. 反要约   D. 承诺

（2）8 月 10 日苹果合同文本是（   ）。

    A. 要约邀请   B. 要约

    C. 反要约   D. 承诺

（3）11 月 5 日提货通知单是（   ）。

    A. 要约邀请   B. 要约

    C. 反要约   D. 承诺

（4）1 月 8 日电传是（   ）。

    A. 要约邀请   B. 要约

    C. 要约拒绝   D. 承诺

（5）如果 A 公司在收到 B 公司 11 月 5 日提货通知后三天，即 11 月 8 日到天津新港收取货物（"11 月 8 日收货行为"）并在 11 月 15 日在北京予以转售（"11 月 15 日转售行为"）。请问成立合同的要约是（   ）。

    A. 8 月 1 日传真   B. 8 月 10 日合同文本

    C. 11 月 8 日收货行为   D. 11 月 15 日转售行为

（6）接（5），请问成立合同的承诺是（   ）。

    A. 8 月 10 日合同文本   B. 11 月 5 日提货通知

    C. 11 月 8 日收货行为   D. 11 月 15 日转售行为

（7）接（5），A 公司应支付的合同价格是（   ）。

课后案例分析二

在下列情况下，哪些合同是无效的呢？

①某人在计算商品价格时发生错误；②某人认为一古玩价值为 10 万美元，实际上只值 1 000 美元，估计失误；③某公司同意为另外一家公司在三个月内完成一项工程，但是实际上延长四个月后才完工；④某人在阅读邮购说明书时，错误地理解了产品的用途，因此购买了他并不需要的产品；⑤某人错误地把借贷认为是捐赠；⑥某人要购买 5 号电池却错选了 6 号电池，而营业员明明知道他选错电池，却并没有明确指出；⑦某公司想要购买小麦，而合同对方则想要出售大麦；⑧某公司打算将自己的一套文

字处理设备转让给另外一家公司，但是在合同订立前不久，该文字材料设备已经被盗，双方均不知道。

课后案例分析三

某商店雇用了一个服务员，双方签订了雇佣合同，规定每小时的工资为 3.5 美元，而当时的市场价格为 4.5 美元。该合同成立吗？

第四章 国际货物运输法与保险法

教学要点和难点

1. 了解和掌握海上货物运输法的主要内容；
2. 了解和掌握海运提单的法律特征；
3. 熟悉国际货物多式联运法的主要内容；
4. 掌握和熟悉国际货物运输保险法的主要内容。

案例导入

中国甲公司与法国乙公司于 2008 年 10 月签订了购买 300 吨化肥的合同，由德国某航运公司 "NEW ORIENTATION" 号将该批货物从法国马赛港运至中国青岛港。"NEW ORIENTATION" 号在航行途中遇小雨，因货舱舱盖不严，部分货物遭受雨淋，受到损失。

问题：根据《海牙规则》的规定，承运人应否赔偿货物因遭受雨淋的损失？为什么？

第一节 国际货物运输法

案例导入

2010 年 3 月，中国某市南方公司与美国中国某进出口公司与加拿大商人签订一份出口大米合同，由中方负责货物运输和保险事宜。为此，中方与上海某轮船公司 A 签订运输合同租用 "远达" 号班轮的一个舱位。2010 年 6 月 15 日，中方将货物在上海港装箱。随后，中方向中国某保险公司 B 投保海上运输货物保险。货轮在海上航行途中遭遇风险，使货物受损，作为卖方公司的顾问律师，请就货物运输的有关事宜向当事人提供法律咨询。

问题：

（1）如果卖方公司向 B 投保的是平安险，而货物遭受部分损失是由于轮船在海上遭遇台风，那么卖方公司是否可从 B 处取得赔偿？为什么？

（2）如果卖方公司投保的是一切险，而货物受损是由于货轮船员罢工，货轮滞留中途港，致使大米变质，那么卖方能否从 B 处取得赔偿？为什么？

（3）如果发生的风险是由承运人的过错引起的，并且属于承保范围的风险，B 赔偿了损失后，卖方公司能否再向 A 公司索赔？为什么？

一、国际海上货物运输法的主要内容

（一）海上货物运输合同

海上货物运输合同是指海运承运人与货主（托运人）之间订立的，海运承运人以船舶将货主的货物经海道从一港运至另一港，而货主为此支付运费的协议。国际海上货物运输合同主要有班轮运输合同和租船运输合同。

知识拓展

海上货物运输是众多货物运输方式中最重要的，这是因为国际贸易总量的 1/3 至 3/4 是通过海上运输方式进行的，又由于长期以来的航海贸易形成了比较统一的海上运输的法律和惯例，具有很强的国际性，各国有关海上运输的法律较接近，因此这种运输方式容易被贸易双方所接受。

（二）班轮运输合同

班轮运输是指轮船公司在预先公告的确定的航线上航行，沿线停靠若干固定的港口，按固定的航期和规定的运费率组织的运输。班轮运输合同的表现形式通常采用提单方式，承运人的责任以提单为限，所以班轮运输又称提单运输。在英美法国家，班轮运输的承运人称为公共承运人，其权利与义务适用有关公共承运人以及有关提单运输的法律和有关国际公约的规定。

1. 班轮运输合同当事人的权利和义务

班轮运输合同的当事人是指承运人和托运人，有时还会出现第三人——运输合同中的收货人。承运人一般是指船舶的所有人或其他有权经营海上航运的人。托运人一般是指国际货物买卖合同的买方和卖方。收货人一般不是运输合同的独立当事人（除非合同的托运人就是收货人自己），但在运输合同中他和托运人的利益是一致的，通常将他们称为货方。但收货人运输合同的履行一般不负任何责任，当承运人违反合同时，他有权提出索赔，甚至拒收货物。

2. 班轮运输合同承运人的权利和义务

根据《海牙规则》的规定，班轮运输合同承运人的基本权利是收取运费。

班轮运输合同承运人的义务主要有：①提供适航的船舶。承运人在船舶开航前与开航时必须谨慎处理，以便使船舶具有适航性；适当地配备船员、设备和船舶供应品；使货舱、冷藏舱和该船其他运载货物的部位适宜，并能安全地收受、运送和保管货物。②承运人应适当、谨慎地装载、搬运、积载、运送、保管、照料和卸下所承运的货物，即承运人要负责安全运送货物。

3. 班轮运输合同托运人的权利和义务

托运人收货人的基本权利是在目的港提取货物。

托运人的基本义务：①供托运的货物。托运人应把约定的托运货物及时运到承运人指定的地点，以便装船；同时应在提单上将货物的品名、标志、号码、件数、重量、装运港、目的港的名称以及收货人的名称写清楚。此外托运人还须按有关港口规定，办妥货物出港的所有手续。②支付运费。支付运费是托运人的一项主要义务，运费支付方式由双方当事人在运输合同中加以规定。③托运人或收货人还有义务在目的港收受货物。

（三）提单

提单是班轮运输中最重要的单据。它是由承运人在收到承运的货物后签发给托运人，证明双方已订立运输合同，并保证在目的港按照提单所载明的条件交付货物的一种书面凭证。

1. 提单的作用

从法律上讲，提单主要有四个作用：

（1）提单是海上货物运输合同存在的凭证。承运人签发提单证明该承运人与托运人之间存在着运输合同的关系。提单就是这种合同关系的书面表现形式。提单虽只由承运人一方签发，但他是应托运人托运货物的要求而签发的，所以提单对双方都有约束力，实际上起着合同的作用。

（2）提单是承运人收到货物后出具的收据。承运人收到托运人交来的货物后，核对托运人在提单上提供的货物标志、数量、重量、包装数目或件数以及货物表面状况以后才签发提单，所以提单起着货物收据的作用。对托运人来说，也是他向承运人交货的凭证。提单签发之日就是承运人对货物的保管、运送和承担相应的法律责任之时。

（3）提单是代表货物所有权的凭证。提单的主要目的是使提单的持有人通过处理提单来处理提单项下的货物，即使货物在运输途中也是如此。当托运人将提单寄交收货人或收货人指定的代理人时，货物的所有权也随之转移。谁占有提单，谁就有权要求承运人交付提单项下的货物。因此提单就是货物的象征，是一种物权凭证。提单的这一职能使提单在国际贸易中起到有价证券的作用，它可以买卖或转让（不可转让的提单除外）。但拉美一些国家（如委内瑞拉）认为，收货人可以不用提交提单而取得货物，只要他有足够的证据证明他确是该批货物的收货人。

（4）提单是不同的合同当事人通过银行进行结算的重要单据。

2. 提单的格式

提单一般无统一格式，由航运公司按照自己的提单格式事先印刷好。提单的正面印有：承运人、托运人和收货人的名称、地点；船舶的名称、国籍；装运地和目的地；货物的名称、标志、包装、件数、重量或体积等；运费和其他费用；提单签发的日期、地点、份数和号码；承运人签字等项。这些项目，凡属托运人填写的，托运人应如实填写。如因托运人填写不清或不正确而导致货物的灭失或损失，由托运人负责。如承运人发现问题，可以在提单上添加批注，添加批注是承运人保护其自身利益的一种方法。

提单的反面主要是规定承运人和托运人权利和义务的各种条款。这些条款由各轮船公司自行拟订，内容繁简不一。不少航运公司的提单条款运用 1924 的《海牙规则》

的内容。

3. 提单的种类

提单的种类繁多，根据不同的角度可将它分成以下几类：

（1）按是否装船，分为已装船提单和备运提单。装船提单是承运人在货物装上船后签发的提单。单上必须载明装货船名和装船日期。买卖合同一般都规定卖方必须向买方提供已装船提单，因为这种提单对收货人按时收货保障大。备运提单是指承运人仅收到货物但尚未将货物装上船签发的提单，所以，也称收货待运提单。这种提单由于具有较多的不确定因素（如何时装运，装上什么船等），所以买方一般都不愿接受这种提单。但这种做法在集装箱运输中却很普遍，因为集装箱内陆收货站一般不易确定船名和装船日期。

（2）按提单有无批注，可以分为清洁提单与不清洁提单。清洁提单是指承运人对货物的表面状况未加任何批注的提单，在国际货物买卖合同中，一般都规定卖方必须提供已装船的清洁提单。不清洁提单是指承运人对货物的表面状况添加批注的提单，如添加"包装破损""沾有油污"等，这是承运人为免除其责任而运用的一种方法。在国际贸易中，买方一般都不愿意接受不清洁提单，银行也不接受不清洁提单作为议付货款的单据。

（3）按收货人抬头方式的不同，可分为记名提单、不记名提单和指示提单。记名提单是指在提单上具体填明收货人名称的提单。这种提单只能由指定的收货人提货，不能背书转让他人，因而又称为不可流通的提单。这种提单在国际贸易中很少使用，一般只用于运输贵重物品或有特殊用途的货物。不记名提单是指在提单收货人一栏内不填写具体收货人名称而留空白的提单，又称空白提单是或持票人提单。不记名提单转让无须背书，仅凭交付第三者即可。由于这种提单风险较大，国际贸易中使用也不多。指示提单是指在提单收货人一栏内只填凭指示或凭某人指示字样的提单。前者叫空白指示提单，后者叫记名指示提单。这种提单只要经过背书就能提货或转让给第三者，是一种可以流通的有价证券。这种提单在国际贸易中使用较为普遍。我国在出口业务中也大多使用这种提单。

（4）按运输方式的不同，可分为直达提单、转船提单、联运提单和联合运输提单。直达提单是指货物从装运港装船后直接运到目的港卸货的提单。在国际贸易中，信用证如规定货物不准转船时，卖方需用此提单才能向银行议付货款。转船提单是指货物需经中途转船才能到达目的港，而由承运人在装运港签发的全程提单。转船提单上注有"在某港转船"的字样。联运提单是指海运与其他运输相结合而由第一承运人收取全程运费后，在起运地签发到目的港的全程运输提单。签发提单的承运人只负责自己运输的一段航程中所发生的货损。联合运输提单或多式联运提单又称集装箱运输提单，它是由集装箱联运经营人签发给托运人的提单，该经营人对联合运输的全程运输负责。联合运输提单与联运提单是不同的。

4. 提单运输的法律适用

目前在世界上调整提单的法律形式有国内法和国际公约。

从国内法来讲，随着海上货物运输业的发展，许多国家都制定了有关海上货物运输的法律规范。其中，有些国家将调整提单的法律归在海商法中，如法国；另有些国家则专门制定了调整提单的单行法，如英国 1924 年制定的《海上货物运输法》和美国 1936 年制定的《海上货物运输法》等。

从国际公约来讲，由于提单使用的广泛性及其在法律上的重要性，1921 年在国际法协会的主持下，当时一些主要的海运国家为保护船主在国际海上货物运输中的利益，在海牙召开会议，终于签订了《统一提单的若干法律规则的国际公约》，即《海牙规则》。目前在国际上基本以《海牙规则》为主，只有少数国家之间适用《维斯比规则》和《汉堡规则》。我国至今未参加上述三个公约，但我国在实践中是采用《海牙规则》来确定双方当事人权利与义务关系的。如在中国远洋运输公司和中国对外贸易运输总公司制定的提出单格式中都明确规定，有关承运人的义务、责任、权利和豁免适用《海牙规则》。

知识拓展

《海牙规则》于 1931 年生效，到目前为止，已被 80 多个国家和地区采用，从而成为国际海上货物运输中最重要的国际公约之一。但由于《海牙规则》为船主规定了多项免责条款，在使用中一直受到代表货方利益和船运业较不发达国家的反对。因此，某些海运国家于 1968 年在布鲁塞尔签订了《修改海牙规则议定书》，由于议定书的准备工作在维斯比完成，故又简称《维斯比规则》。此规则在 1977 年生效，目前已有 20 多个国家加入。《维斯比规则》只是对《海牙规则》进行非本质修补，而不是有关提单中权利与义务关系的基本改变。为此，广大发展中国家要求对《海牙规则》作全面修改，使其比较合理地规定了承运人、托运人双方对货物运输所承担的责任与义务。

（四）租船运输合同

1. 租船运输合同

租船运输合同是指船舶所有人（或船方）与租船人（或租方）之间关于租赁船舶所签订的一种海上运输合同。船舶所有人或船方为出租人，其主要义务为提供海上运输的船舶；租船人（或租方）为承租人，其主要义务是支付租船费用。

在国际贸易中，当出口进口大宗货物时（如煤、油、粮、矿砂、木材等），一般都采用租船合同的方式进行运输，这种运输较灵活，费用也较低。目前，世界租船市场的业务极其复杂，在实际业务活动中，租船人通常委托租船代理人代其签订租船合同，出租人也通常通过租船经纪人办理签订租船合同的业务。

租船运输合同可不受《海牙规则》的限制，其内容可由出租人与承租人双方自行商定。但对于《海牙规则》的参加国来说，当租船人将承运人根据租船合同签发给他的提单背书转让给第三者时，《海牙规则》的有关规定则是适用的。

2. 租船运输合同的种类

租船运输合同按船舶出租的方式，可分为两种：

（1）航次租船合同，是指出租人按约定的一个或几个航次，将船舶租给承租人，由承租人支付约定运费的运输合同。按此合同，出租人保留船舶所有权和占有权，并由其谨慎地雇佣出租船舶的船长和船员，船舶的经营仍由船东负责。

（2）定期租船合同，是指出租人按照一定的期限将船舶租给承租人，由承租人按照约定的用途和区域进行运输，并由其支付约定运费的运输合同。根据运输合同，出租人仍保留船舶的所有权和占有权，支付出租船舶的船长和船员的工资和给养。与航次租船合同所不同的是，船舶的经营管理及费用由承租人负责。

定期租船在还有一种"光船租船"方式，它是指承租人租的船舶只是光船一条，没有任何人员、给养、燃料、物料等的配备。这种情况下的承租人实际上在租期内成了临时船主。从法律性质上来说，光船租船合同不是货物运输合同，而是财产（船舶）租赁合同。但由于这种合同也是以从事海上货物运输为目的，所以一般仍把它看作租船运输合同的一种，但是，在海运业务中，采用光船租赁的情况并不多见。

3. 标准租船合同格式

在世界租船市场上，有些国家与地区的航运组织或商务为了节省洽谈业务的时间，加速交易的迅速进行，制定了不少标准租船合同格式。这些标准合同格式的条款一般是维护船东利益的。因此，在洽谈租船时，租船人为了维护自身利益，往往是通过谈判斗争，对标准租船合同格式加以修改或补充。

在程租租船合同方式方面，使用得最普遍的格式合同是"标准杂货租船合同"，简称"多金康合同"。它适用于一般杂货的租船合同运输。其他较通用的还有"澳大利亚谷物租船合同""太平洋沿岸谷物租船合同""古巴食糖租船合同"等。

在定期租船合同方面，国际航运中应用最广泛的标准合同格式是波罗海国际航运公司制定的"统一定期租船合同"，简称"波尔太姆合同"。此外，还有纽约土产交易所的"定期租船合同"。英国航运公会制定的"定期租船合同"等。

我国海上货物运输中也使用标准租船合同格式。在程租方面，我国进出口杂货多采用或参照"金康合同"的格式，在期租方面，使用我国租船公司1976年制定的"定期租船合同标准格式"。

二、国际航空货物运输法主要内容

航空运输是一种现代化的运输方式，尽管国际海上货物运输至今仍占绝对优势，但空运所占的份额正在迅速扩大，并在某些货物运输中，如易腐商品、鲜活商品、急需物资和贵重商品等，成为货主优先选择的货运方式。

航空运输中有班机运输和包机运输两种方式。班机运输是指经由客、货班机，定时、定点、定线进行运输，适用于载运数量较少的货物。包机运输是指包租整架飞机运输货物，适用于载运数量较大、有急需或特殊要求的货物。

（一）有关国际航空货物运输的国际公约

各国关于航空货物运输的国内立法都比较简单。国际关于航空货物运输的法律关系，主要受有关国际航空运输的国际公约调整。

目前有三个较为重要的国际公约：

（1）1929年《华沙公约》（全称是《关于统一国际航空运输某些规则的公约》），该公约于1933年正式生效。该公约主要规定了以航空运输承运人为一方和以旅客和货物托运人与收货人为另一方的法律义务的相互关系。该公约适用于运输合同中规定的启运地和目的地都在一个成员国境内，但飞机停留在其他国家的航空运输。全世界有100多个国家和地区参加了该公约。我国于1958年正式加入该公约。

（2）1955年《海牙议定书》（全称是《修改1929年10月12日在华沙签订的统一国际航空运输某些规则的公约的议定书》），于1963年正式生效，我国于1975年加入该议定书。《海牙议定书》对《华沙公约》的修订，主要是简化了运输凭证的内容，提高了责任限额，删去了航行过失负责条款。《海牙议定书》的适用范围比《华沙公约》更为广泛。它规范无论是连续运输还是非连续运输，无论有无转运，只要启运地和目的地在两个成员国的领域内，或虽在一个成员国领域内而在另一个成员国或非成员国的领域内有一定的经停地点的任何运输。

（3）1961年《瓜达拉哈拉公约》（全称为《统一非缔约承运人所办国际航空运输某些规则以补充华沙公约的公约》），于1964年生效。该公约把《华沙公约》中的有关承运人的各项规定扩及非合同承运人，即根据与托运人订立航空运输合同的承运人的授权来办理全部或部分国际航空运输的实际承运人。中国没有参加该公约。现在中国和华沙公约成员国之间的航空运输，适用1929年《华沙公约》的规定；中国和海牙议定书参加国之间的运输，则适用《海牙议定书》的规定。

（二）国际航空货物运输单据（航空货运单）

航空货物运输的运输凭证是由华沙公约参加国签发的 Air Consignment Note（空运托运单），简称 ACN，由海牙议定书参加国签发的 Air Way Bill，简称 AWB，中国民航总局所译的名称是"航空货运单"。

航空货运单是订立合同、接受货物和承运条件的证明，是国际空运货物最重要的单证。货物承运人有权要求托运人填写航空货运单，托运人有权要求承运人接受这项凭证，但它与海运提单不同，它不是物权凭证，也不是提货凭证，单证不符、不全或遗失，并不影响运输合同的存在和有效。

根据《华沙公约》第十一条第一款的规定，航空货运单的法律性质是，在没有相反的证据时，航空货运单是订立合同、接受货物和承运条件的证明。同海运提单不同之处在于，航空货运单并不是一种可以自由流通、转让物权的凭证，托运人将航空货运单第二份正本交付收货人时，并不意味着物权的转移。因为根据《华沙公约》第十二条第一款的规定，托运人在履行运输合同所规定的一切义务条件下，有权在启运地航空站或目的地航空站将货物提回，或在途中停留时中止运输，或在目的地或运输途中交给非航空货运单上所指定的收货人，或要求将货物退回起运地航空站，但不得因为行使这种权利而使承运人或其他托运人遭受损失，并且应该偿付由此产生的一切费用。如果一批空运货物是凭信用证议付货款的，则除了以航空货运单代替海运提单（铁路运单）外，其余单据都按照跟单信用证上的各项规定办理，与海陆运输相同。

（三）国际航空货物运输承运人的法律责任

（1）承运人对于在其保管下的货物因毁灭、遗失或损坏而产生的损害负赔偿责任。承运人的保管包括货物在航空器上或地面上，也包括为了履行空运承运合同而发生的货物的地面或水面运输或转运。

《华沙公约》规定的承运人免责或减轻责任的条款有：①如果承运人证明自己和他的代理人为了避免损失的发生，已经采取了必要的措施，或不能采取这种措施时，就不负责任。②如果承运人证明损失的发生是由于驾驶上、航空器的操作上或领航的过失，而在其他一切方面承运人和他的代理人已采取一切必要的措施以避免损失时，就不负责任。③如果承运人证明损失的发生是由于受害人的过失所引起或助成的，法院可以按照法律规定，免除或减轻承运人的责任；但损失的发生是由于承运人的不良行为引起者不在此限。

在《海牙议定书》中，鉴于货主对承运人因驾驶、操作等过失得以免责这一条款反应强烈，已将这一条款予以取消，而对其余条免责和减轻责任的条款则仍予保留。

（2）承运人对赔偿货物责任的限额。《华沙公约》和《海牙议定书》都规定以每千克250法国法郎为限，如果证明损失系出于承运人、受雇人或其代理人故意造成的或者明知可能损失而漠不关心的，则承运人就不得享受上述责任限额的保护。

（3）托运人（收货人）收到货物时发现破损，应立即向承运人提出异议，如果未及时提出异议则认为货物已按运输凭证上的规定完好地交付。货主不能当场发现的破损，最迟应于7天内向承运人提出异议（《海牙议定书》中分别延长为14天和21天）。

（4）诉讼应在航空器到达或者应该到达之日起，或在停止运输之日起两年内提出，否则就丧失了要求赔偿的权利。有关赔偿损失的诉讼，应按原告的意愿，在一个缔约国的领土内，向承运人住所地或其总管理处所在地或签订合同的机构所在地的法院提出，或向目的地法院提出。诉讼程序应根据受理法院的法律决定。

（5）如果一批货物是由几个承运人连续承运的，托运人得（但并不限于）向第一承运人索赔。同样的，收货人得（但并不限于）向最后一个承运人索赔。全程中各承运人对货主负连带责任。

三、国际陆上货物运输法的主要内容

（一）国际铁路联运

国际铁路联运是指使用一份统一的国际联运票据，由铁路负责经过两国或两国以上的铁路完成货物的全程运送，并由一国铁路向另一国铁路移交货物，不需发、收货人参加的一种运输方式。国际铁路联运时简化货物运输手续、加速货物流转、降低运输成本与杂项费用，对保障运输的顺利进行都起到了积极的作用。

（二）国际铁路联运协定

国家间通过协商，可签订双边或多边的铁路联运协定（如《国际铁路货物运送公约》等），规定铁路联运的各种规章制度。

知识拓展

单纯从铁路业务角度来看，国际铁路货物运输同国内铁路货物运输相似。托运人（发货人）将出口货物交给国内任何一个能办理国际联运业务的车站，办理出口联运业务，填写运单，支付运费等，基本上同国内铁路运输一样。但国际联运也有其本身的特点，如承运人不是一个国家的铁路部门，而是几个国家的铁路部门，中转站和到运站在国外，还有各国的国境检验、关税、不同货币的运费等。而所有这一切，包括承运人和托运人之间的运输合同关系和相互权利与责任，都受到始发、到达、中转和过境各个国家的不同法律和规章制度的管辖。只能根据《国际货协》或《国际货约》的有关规定将其统一起来。

调整国际铁路货物运输的国际公约主要有：①《国际铁路货物运输公约》，简称《国际货约》。它由总部设在伯尔尼的国际铁路运输中央执行局制定，1961年由法国、西德、比利时等西欧国家代表签字通过。目前使用的是1970年通过、1975年1月1日生效的公约文本。我国未参加这一公约。②《国际铁路货联运协定》，简称《国际货协》，1951年在波兰的华沙签订。主要成员国是阿尔巴尼亚、保加利亚、匈牙利、罗马尼亚、波兰等，随后中国、朝鲜等国也先后加入。目前生效的是1974年7月1日修订和补充的新条文。

1. 国际联运的运单

根据《国际货协》的规定，国际联运运输合同的形式是铁路始发站签发的运单。签发国际铁路运输的运单时，虽可使用本国文字，但以俄文或德文的译文为准。运单中一部分是发货人填写的，发货人对运单中填写部分的正确性负责。运单还必须附上有关税单（或其免征税收证明）及出口单证。如果由于单据不齐、填写不实或错误，造成货车在边境站滞留时，发货人除应立即设法补救时，并应赔偿铁路因此而遭受的损失。

货物发出后（一般是在装车完毕取得车站填有车号并盖有日戳的运单后），发货人便可持运单及外贸合同向银行议付货款。铁路运单同海运提单的法律性质基本相同，但它不能如海运提单那样背书转让，铁路只对运单上注明的收货人交货。收货人只能在货车尚未从"到达路国"（到达站所属的那条铁路所在的国家）的国境站发出时，才能请求到达国铁路部门变更收货人，即指定站或异站的另一个收货人。但这种变更请求，到达路国的铁路部门只受理一次。

2. 国际联运的运费支付

国际联运的运费支付较海运复杂，海运在一次航程中往往只在启运港（如为"运费到付"）结算一次运费。即使中途要换装第二程船，其运费也由第一程船统一计收。国际铁路货物运输则不然，运费需分段支付。

《国际货协》规定，发送路（始发站到本国边境站的一段铁路）的运费由发货人向始站以本国货币起算。到达路（指到达站国境内那一段路程的铁路）的运费由到达站向收货人核收。如果要通过几个国家的铁路时，可由发货人和收货人在贸易合同的交货条件中规定由谁支付过境铁路的运费。可以根据"统一运价"的条款，由发货人支付一段或几段的运费（以外币支付），必须由发货人一次付清的，发货人不得将过境铁路运费转向收货人收取。此外，如果货物到达时，因货物损坏或霉烂变质以致收货人拒绝收领部分或全部货物时，发货人应支付该批货物的一切运费及罚款。

3. 国际联运承运人的责任

国际联运人的责任是按照运单如期、安全、迅速、准确地将货物运交目的地收货人。如果货物发生灭失、损坏、逾期不到等情况，承运人应负赔偿责任。

但由于国际铁路联运往往要经过许多国家，一旦发生责任事故，如果有关国家的铁路部门彼此推诿，托运人（收货人）势必难以确定责任属于谁，更无力同铁路区段去一一打交道。为此《国际货协》规定：按《国际货协》运单承运货物的铁路部门应对托运人（收货人）负连带责任。托运人可以检查有关证件及单据向始发站提出索赔，收货人也同样可以向到达站提出赔偿，即使责任事故可以被证明发生在中途某一个国家的铁路区段内。货物全部灭失或多收运费由发货人提出索赔，货物部分灭失、毁损、腐坏或逾期到达由收货人提出索赔（在一定情况下，也可以由发货人提出索赔）。铁路部门如部分或全部拒绝理赔，或在规定的 180 天内不作答复，依照《国际货协》规定，提出索赔的人可以向受理（或拒绝）赔偿请求的铁路（一般为发送路或到达路）所属国家有管辖权的法院提出诉讼。

以下原因造成损失，承运人可免除责任：①由于不可抗力原因；②由于货物或自然性质引起的变质、缺斤、锈损、挥发而引起的损失；③由于发货人或收货人自身的过失或疏忽而引起的损失，如包装不固、刷唛不清，笨重货物或其他应在特定条件下进行作业，而发货人未作必要的声明，鲜活货未及时提走等。

以下原因铁路部门对逾期交货可免除责任：①铁路通过路段发生塌方、雪（沙）灾、水灾或其他自然灾害，按照铁路区段所在国铁路中央机关的命令停止运行在 15 天内的。②发生其他情况致使有关国家指示铁路中断或限制运营的。

《国际货协》规定关于铁路及货主之间根据运输合同相互提起索赔或诉讼的时效：铁路及货主关于货物逾期到达的索赔和诉讼应在两个月内提出，丢失时效后，索赔请求或诉讼不受理。

四、国际货物多式联运法主要内容

国际货物多式联运是指按多式联运合同，以至少两种不同的运输方式，由多式联运经营人将货物从一国境内接管货物的地点运至另一国境内指定交付货物的地点。

《联合国国际货物多式联运公约》有以下主要内容：

1. 多式联运合同双方当事人的法律地位

多式联运合同的订约一方称为发货人，另一方称为多式联运经营人。联运人是以本人的身份同发货人订立多式联运合同的当事人。他不是发货人的代理人或代表，也不是参与多式联运的承运人的代理人或代表。他有履行整个联运合同的责任，并以本人身份对联运的全程负责。在联运人接管货物之后，不论货物在哪一个运输阶段发生灭失或损害，联运人都要直接承担赔偿责任，而不能借口已把全程的某一运输阶段委托给其他运输分包人而不负责任。

2. 多式联运单据

联运人在接管货物时，应向发货人签发一项多式联运单据，证明多式联运合同和多式联运人接受货物并负责按合同条款交付货物。在多数情况下，多式联运单据就是多式联运合同，有作为货物收据和提货凭证的作用。它依据交货人的选择，可做成可转让单据，也可做成不可转让单据。

知识拓展

由于国际多式联运把海、陆、空运输联结在一起，涉及两个或两个以上的主权国家，因而联运业务的发展迫切要求制定一项国际通用的多式联运公约，以明确各方当事人的权利、义务，保护合法权益，促进联运和国际贸易的发展。为适应这一要求，1980 年 5 月 24 日通过了《联合国国际货物多式联运公约》，简称《多式联运公约》。该公约成为国际货物运输法的重要组成部分。我国也是 67 个签字国之一。

---

3. 联运人的赔偿责任

联运人在赔偿责任期间，依公约规定，从其接管货物之时起到交付货物时为止，并在整个期间内承担统一的责任。

公约采用完全的过失责任原则作为货物赔偿责任的基础。联运经营人要对他本人的行为、不行为，或其受雇人、代理人在受雇范围内行事时的行为、不行为而造成的货物灭失、损害和延迟交付所引起的损失负赔偿责任。除非多式联运经营中能证明本人、受雇人或代理人为避免事故的发生及其后果，已采取一切合理要求的措施。

《公约》对联运人的赔偿责任限额作出下述规定：①若联运包括海运在内，按每件货物 920 记账单位（即特别提款权），或毛重每千克 2.75 记账单位，并以较高者为准。②若联运不包括海运或内河运输，按毛重每千克 8.33 记账单位计算。③若确知货物发生的具体阶段，而该阶段所适用的国际公约或国内法所规定的赔偿额高于上述赔偿额，则按后者较高的赔偿额偿付。

4. 索赔和诉讼

无论是收货人向联运人索赔，还是联运人向发货人索赔，都必须在规定的时间内向对方发出有关货物的书面通知。

根据《公约》规定，收货人对货物的一般性灭失或损害，应在不迟于接到货物的次一个月内提出书面通知；对于不明显的货物灭失或损害，收货人应在接到货物后 6 天内发出书面通知；对于延迟交货的索赔，收货人应在交货后 60 天内向联运人提交书面通知。超过期限，即丧失追诉权。若因发货人或其代理人或雇佣人的过失或疏忽给联运人造成损失，联运人应在货损事故发生后 90 天内书面通知发货人，否则发货人不予赔偿。有关国际多式联运的任何诉讼，其诉讼时效为 2 年，自货物交付之日起算。若在货物交付之日起 6 个月内，未提出书面索赔通知，则诉讼在此期限届满后即失去时效。有关多式联运合同的争议，也可由双方当事人协议以仲裁的方式解决。

第二节　国际货物运输保险法

案例导入

我国新华公司与新加坡 ABC 公司于 2010 年 10 月 20 日签订购买 55 500 吨饲料的 CFR 合同，新华公司开出信用证，装船期限为 2011 年 1 月 1 日至 1 月 10 日。由于 ABC 公司租来运货的"亨利号"在开往某外国港口运货途中遇到飓风，结果装货至 2011 年 1 月 20 日才完成。承运人在取得 ABC 公司出具的保函的情况下，签发了与信用证条款一致的提单。"亨利号"途经某海峡时起火，造成部分饲料被烧毁。船长在指挥救火过程中又造成部分饲料湿毁。由于船在装货港口的迟延，使该船到达目的地时赶上了饲料价格下跌，新华公司在出售余下的饲料时不得不大幅度降价，给新华公司造成很大的损失。

问题：

（1）途中烧毁的饲料损失属什么损失？应由谁承担？为什么？

（2）途中湿毁的饲料损失属什么损失？应由谁承担？为什么？

（3）新华公司可否向承运人追偿由于饲料价格下跌造成的损失？为什么？

（4）承运人可否向托运人 ABC 公司追偿责任？为什么？

一、国际货物运输保险概念

1. 国际货物运输保险

国际货物运输保险是指一方当事人以预先支付一定费用为条件，要求另一方当事人对在国际运输的货物可能发生的某种损失承担约定的赔偿责任。支付一定费用的一方称为被保险人，其支付的费用叫保险费，承担约定赔偿责任的一方当事人称为保险人。

国际货物运输保险是国际贸易中不可少的一环，在货物的装卸、运送、存储的过程中可能遇到各种意外损失，保险作为一种通过法律形式来实现的金融手段，可以及时地对被保险人进行经济补偿，以保证国际贸易的正常进行。

2. 国际货物运输保险合同

国际货物运输保险是通过保险人和被保险人之间的合同关系来设立和实现的。与此有关的立法和惯例都是以合同的订立、履行、争议的解决为主要内容的。因此，从法律上讲，国际货物运输保险合同是实现这种保险的中心环节。

根据保险合同的条款，保险人的主要权利有以下几项：①签发保险单；②收取保险费；③进行再保险；④出险赔偿后取得代位求偿权；⑤推定全损并赔偿后，通过委付取得残余物的所有权；⑥出险时有权参与对损失和事故的勘察、检验；⑦按合同规定免除赔偿责任。保险人的主要义务有两项：①接受投保单后，签发保险单；②在保险责任期间内，对已发生的承保险别项下的损失，按保险金额与损失大小的比例给予赔偿。

二、国际货物运输保险的主要险别

国际货物运输保险可根据各种保险单的条款中载明的承包范围来区别。

(一) 海上货物运输保险的主要险别

1. 平安险

平安险，英文原意是"不负单独海损责任"，即被保险标的所遭受的单独海损，保险人原则上不负赔偿责任。在平安险项下，保险人负责的赔偿为：被保险货物在运输途中由于遭受恶劣气候、雷电、海啸、地震、洪水等自然灾害，或由于运输工具搁浅、触礁、沉没、碰撞、失火和爆炸等意外事故造成的全部损失、共同海损的牺牲、分摊和援助费用等。

2. 水渍险

水渍险，英方原意是"负单独海损责任"。该险别项下保险人的责任范围除了上述平安险的各项责任外，还负责被保险的货物由于恶劣气候、雷电、海啸、地震、洪水等自然灾害所造成的部分损失。

3. 一切险

一切险又称"综合险"，是三种主要险别中保险人责任范围最广的一种。除了上述两种险别的各种责任外，保险人还负责被保险货物在运输途中由于外来原因所致的全部或部分损失。

(二) 航空货物运输保险的主要险别

1. 航空运输险

航空运输险项下保险人有责任对下列原因引起的被保险货物的全部或部分损失进行赔偿：①航空器被电击、失火、爆炸、翻滚、失航、坠毁以及其他意外事故。②在航空运输中遇到无法预见的恶劣天气及危险，货物因而被抛弃。

2. 航空运输综合险

航空运输综合险项下保险人的责任为：①保险人承担在航空运输险中应负的全部责任。②保险人承担因被保险货物被偷窃或由于短少以及其他外来原因造成的货物全部或部分损失。

(三) 陆地货物运输保险的主要险别

1. 陆地运输险

陆地货物运输险项下保险人对因风暴、雷击、地震、洪水等自然灾害及运输中因工具碰撞、翻车、出轨、抛锚、塌方、失火、爆炸等意外事故而造成的货物全部或部分损失，承担赔偿责任。

2. 陆地运输综合险

在陆地运输综合险中，保险人承担陆地险中的全部责任，以及因偷窃、短少、发霉等外来原因所造成的货物全部或部分损失。

三、国际货物运输保险的法律问题

（一）国际货物运输保险单的法律作用

在国际货物运输保险中，保险单简称"保单"，一般由保险人签发给被保险人，在保险单上应详尽地列明保险合同的全部内容。一张有效的保险单具有下列法律作用：

1. 保险单是保险双方订立保险合同的书面凭证

被保险人提出保险申请后，只要保险人确认了这一要求，保险合同即告成立。在这里，被保险人的要约和保险人的承诺都可以是书面的或口头的。保险人随即根据被保险人的请求签发保险单，使之成为双方订立保险合同的书面凭证。

2. 保险单是被保险人提出索赔的主要依据

保险单是保险人接受保险的正式凭证，一旦保险标的因保险事故而受损时，被保险人可以凭保险单向保险人提出赔偿请求。与此同时，保险单也是保险人向被保险人索赔的主要依据。

3. 保险单具有有价证券的性质

保险单经被保险人背书后可以随保险标的物同时转让给受让人，被保险人的权利、义务也随同保险单一起转移。在 CIF 条件下，卖方取得保险单与提单以后，通常以背书方式将其转让给买方，以完成交货义务。

（二）保险标的损失的赔偿及其除外责任

在国际货物运输保险方面，保险人的基本义务就是在标的物出险后，以保险单及法律规定向被保险人支付保险金。保险人对保险标的因意外事故遭受损失时是否应予以赔偿，关键在于导致保险标的物损失的意外事故是否在保险人的承保范围内。只有该意外事故在保险人承保范围内，保险人才对保险标的的损失承担赔偿责任。因此，保险人对于保险标的的损失是否予以赔偿取决于保险人的责任范围，即保险人承保的保险险别。从原则上讲，只要保险单上没有相反的规定，保险人对于责任范围内的损失必须承担赔偿责任。但是，不少国家的货物保险条款都规定了保险人的"除外责任"。在除外责任范围内，保险人可以不负赔偿责任。

1981 年 1 月 1 日修订的《中国人民保险公司海洋运输险条款》明确规定，保险人对下列原因造成的损失可不负赔偿责任：①被保险人的故意行为或过失所造成的损失；②属于发货人责任所引起的损失；③在保险责任开始前，被保险货物已存在品质不良或数量短差所造成的损失；④被保险货物的自然损耗、本质缺陷以及市价跌落、运输延迟所引起的损失或费用；⑤中国人民保险公司海洋运输货物战争险条款和货物运输罢工险条例规定的除外责任。

根据 1981 年 1 月 1 日修订的《中国人民保险公司海洋运输物战争险条款》的规定，保险人对下列两项损失不负赔偿责任：①由于敌对行为使用原子或热核制造的武器所致的损失和费用；②因执政者、当权者或其他武装集团的扣押、拘留引起的承保航程的丧失和挫折而提出的任何索赔。

（三）国际货物运输保险的索赔

在货物发生了已投保的险别项目下的损失时，具有被保险人权利的人有权要求保险人按规定给予保险赔偿。赔偿范围除了以投保的险别与保险金额为根据外，还取决于货物受损的程度和性质，被保险人发现货物受损时，应及时向保险单指定的检验机构或理赔代理人申请检验，或向承运人或海关、港口当局索取货损差证明。

被保险人向保险人索赔时应提交索赔申请书，并附有各种能证明可取得赔偿的单证，如检验报告或其他证明损失的文件、保险单正本、货物发票、运输提单、装箱单、磅码单、货损货差证明以及索赔清单。

如因保险人拒赔而发生争议，无法协商解决时，可以通过诉讼或仲裁来解决。按照我国的实践，解决这一争议的法院或仲裁机构应在被告住所地国。按照"中国保险条款"的规定，海上货物运输保险的索赔时效为两年，从被保险货物在最后卸载港全部卸离海轮之日起算；航空和陆地货物运输保险的索赔时效为一年，从被保险货物在最后目的地机场或车站全部卸离飞机或车辆之日起算。

参考书

1. 沈木珠. 海商法比较研究 [M]. 北京：中国政法大学出版社，1998.
2. 赵承璧，等. 国际贸易统一法 [M]. 北京：法律出版社，1998.

思考题

1. 试述海运提单的法律特征。
2. 试述海运提单与航空运输提单的差别。
3. 简述海上货物运输保险的主要险别。

第五章　国际产品责任法

教学要点和难点

1. 了解和掌握产品责任及产品责任法的特征；
2. 了解和掌握美国产品责任法的诉讼依据和抗辩理由；
3. 了解产品责任国际立法的主要内容；
4. 了解中国产品质量法的主要内容。

案例导入

一宗向中国政府索赔 5 000 万美元的烟花爆炸案，历经 6 年诉讼，最终于 1999 年 9 月 13 日由美国南卡罗来纳州哥伦比亚地区联邦法院审结。

本案案情如下：

原告：美国烟花爆炸事故中伤亡者及其遗产代理人。

被告一：中国广东省土产进出口总公司及其两家香港分销商。

被告二：中华人民共和国。

1996 年 6 月，一份美国哥伦比亚联邦法院委托送达的诉状通过美国驻中国大使馆送交中国外交部。

诉状称：1993 年 6 月，数名美国人在装卸一批烟花时，因产品质量问题，部分烟花突然爆炸，致使两名装卸人员当场死亡，另有一人重伤一人轻伤。经查，该批烟花标明广东省土产进出口总公司注册的中国马牌（Chinese Horse Brand）商标，由两家香港分销商分销至美国。原告诉请被告承担 5 000 万美元的赔偿。因广东省土产进出口总公司是一家国有企业，故将中国政府也列为被告。

外交部接到该诉状后，会同当时的外经贸部和司法部商讨对策。司法部致函美国国务院，阐明根据国际法，主权国家享有国家豁免权，不受域外法院的管辖，美国法院不应将中国政府列为被告。另外，中国的国有企业都是独立法人，能够独立承担民事责任，政府不应对其债务负责。同时，致函广东省土产进出口公司，让其尽快拿出应对方案。广东省土产进出口总公司的律师认为若不应诉，败诉的可能性很大，美国法院极有可能查封中国政府在美国的所有国家财产，后果将会非常严重，遂决定赴美应诉。

应诉后，中方利用原告确定诉讼主体以及法院送达诉讼文书的失误，成功地说服哥伦比亚联邦法院将广东省土产进出口总公司列为被告，以取得在法庭上辩驳的机会。

在庭审中，原告出示了美国烟花协会专家关于爆炸事故是由于产品质量引起的鉴定结论，中方要求该专家向法庭提供直接证据。结果该专家向法庭作证：由于当初取样不当，自己原来所做的鉴定结论是不全面的，没有科学依据。与此同时，中方提出了原告疏忽的抗辩。依据美国法，厂商必须雇用18周岁以上的成年人，否则被视为非法雇用童工；而且从事烟花等危险品的搬运，须经专门培训取得上岗资格证书后方可进行，否则也被视为非法。而本案中，厂商所雇用的搬运工是利用暑期打工的大学生，未经过任何培训，且其中有两位还是未满18周岁的童工。据此，中方提出不承担任何责任。原告律师见此情形，提出和解，并最终撤回了起诉。

1999年9月，法院判决中国政府不承担任何责任。中方支付了道义性质的20 000美元慰问金。

这是我国成功地以胜诉收场的一个国际产品责任诉讼。此案虽然胜诉，但该案的经验与教训却值得我们思索及总结。

第一节　产品责任法概述

案例导入

瓦克维尔工程有限公司诉 BDH 化学制品有限公司案

该案是警示缺陷的经典案例。案情经过是：被告向瓦克维尔工程有限公司提供了一种装在玻璃安瓿里的瓶上标有"有害蒸气"的化学药剂。供应商并不知道该化学药剂遇水后会发生强烈反应。一位科学家在做实验时意外地将安瓿掉在水池里引起爆炸，导致该科学家死亡，并给原告的工厂造成了巨大损失。

法院裁决制造商负有过失责任，因为他未能提供该化学药剂的危险性的充分的警告。

一、产品责任法的概念和特征

（一）产品责任法的含义

产品责任，是指产品的生产者或销售者因制造或经销有缺陷的产品，造成消费者或使用者的人身伤亡或财产损害时所应承担的赔偿责任。

产品责任法是调整产品的制造者、销售者因制造、销售缺陷产品造成产品消费者、使用者人身伤害或财产损害所引起的赔偿关系的法律规范的总称。

（二）产品责任法的特征

1. 产品责任法的立法目的在于保护消费者利益

产品责任法调整的对象是产品缺陷引起的人身伤害和财产损害，不包括单纯的产品本身的损害，即在货物买卖中的品质或质量问题。在产品责任诉讼中，凡是遭到该产品伤害的人，均有可能作为原告向法院起诉。在欧美各国，依据产品责任法，原告的当事人可以是直接使用该产品而受伤害的消费者或使用者，也可以是其亲属，或其家中的任何人，甚至还可扩大到旁观者或过路人。

在产品责任法中，承担责任的被告不局限于产品的生产者，还包括销售者，而销售者包括产品的进口商、批发商、经销商、零售商、代理商等。据此，凡是产品的设计、生产、包装、运输标签、使用说明等项中任何一项有缺陷而致使消费者、使用者受到损害的，上述所有与产品生产或销售有关的人员都应承担损害赔偿责任。

产品责任的最终承担者是生产者与销售者，他们之间存在损害赔偿的连带责任。受害人向产品的销售者索赔后，可向生产者要求补偿。产品责任的赔偿金额一般比买卖法索赔的赔偿金额要大得多。

知识拓展

在货物买卖的索赔中，赔偿金额一般不会超过合同的总金额。但在产品责任案件中，赔偿金额的根据不是合同，而是根据产品责任制度所确立的赔偿原则，补偿受伤害者的全部损失，包括：受害者过去财产（即受损失的部分）的损失，受害者将来的效益（即若不受损失可能获得的利益），受害者的实际开支（如医疗费），受害者痛苦的代价（如精神损失）。赔偿金额必须一次性支付，不得扣除原告可能从其他方面取得的任何补偿或津贴（如保险赔偿或社会救济金）。

2. 产品责任法实行侵权责任原则，突破了传统的契约原则

从传统的合同法原则看，产品责任法与合同法有一定的联系。在合同法中有关卖方对货物担保责任的规定与产品责任法的某些要求是共通的。但合同法属于私法的范畴，其调整的是买卖双方基于合同所产生的权利与义务关系，它的规范大多是任意性的，双方当事人可以在合同中排除或更改。而产品责任法则主要调整产品的生产者、销售者与消费者之间基于侵权行为所引起的人身伤亡和财产损害的责任，它的各项规定与原则都是强制性的，双方当事人不能在订立合同时事先加以排除和变更。合同法对双方当事人的保护是平等的，而产品责任法明显倾向于保护消费者的利益，加强生产者的责任。

产品责任法与侵权法的联系非常紧密。最初的产品责任是建立在生产者和消费者之间签订了买卖合同中的担保责任上，在存在合同关系的前提下，消费者或使用者只能以买方的身份向卖方提起违反明示担保或者存在过错或欺诈的民事责任。在没有合同关系的情况下，消费者无权利向生产者、销售者提起损害赔偿之诉。但是产品责任事故的不断发生，而消费者或使用者往往与生产者之间几乎没有合同关系，常常遭到不公平的赔偿。为了保护消费者、使用者的合法权益，美国、西欧等发达国家的法院首先对由于产品引起的典型案例作了突破归责原则的判决，采用了侵权责任原则。从严格意义上讲，由于产品责任是一种特殊的侵权责任，因此，产品责任法调整的也就是一种特殊的侵权行为，是民事责任发展的新领域。

将产品责任从一般侵权责任中单独分离出来，使其具有相对独立性，是考虑到保护消费者权益和救济消费者的弱者地位的政策因素。产品责任在举证责任和因果关系证明上与一般侵权责任不同，采用的是举证责任倒置或无过错责任，以弥补消费者对产品信息缺乏的弱势，使消费者更容易得到法律的救济。如在合同制度下，出卖人如

果明知标的物有瑕疵而不告知买方时，他除了应返还已收取的价款外，并应赔偿买受人的全部损失。但在严格侵权责任制度下，生产者应对产品的缺陷所引起的损害负责，不论他是否知道此项缺陷。这就使产品责任法由传统的"有合同，有责任；无合同，无责任"的合同关系向"无合同，有责任"侵权责任关系转变。

3. 产品责任法多是强制性的法律规范

产品责任法是随着现代工业的发展，许多新产品投入市场造成消费者受到伤害的案件不断增多的情况而形成和发展起来的。就法律性质而言，产品责任法属于社会经济立法的范畴，属于国家经济立法，具有公法的性质，它的绝大多数规定具有强制性。产品责任法是为保护社会经济生活的安全，为保护广大消费者的利益，作为国家干预社会经济生活的一项重要内容而制定的一系列产品责任法律规范，必须由社会各类人员严格予以遵守，不允许有关当事人通过合同或其他任何方式加以排除或变更。发生了产品责任法所规定的产品责任事故时，受害者可要求损失赔偿。除法律另有规定外，有关当事人应切实承担起其依法所应承担的法律责任，不得有任何形式的例外。

综上所述，产品责任法律规范的目的可归纳为：①补偿被害人身体、生命及财产上的损害。②借产品责任有关的法律和行政规章，预防损害的发生，进一步排除市场上的危险商品。③惩罚不法的生产者，起到威慑和预防的作用。④确保消费者使用商品享有安全或卫生的保障。⑤要求生产者和销售者公开提供使用商品应注意的事项及各种保护消费者权益的信息。

（三）产品责任法产生和发展

产品责任法的产生和发展与"消费者主权"运动紧密相连。随着科学技术与生产力的高速发展，产品责任问题不断增多，据美国产品安全全国委员会1990年最终报告统计，每年有2 000万美国人因使用消费产品而受伤，其中11万人终生致残，3万人丧生。美国1992年上半年在各法院收到了产品责任诉讼案8 944件。如原联邦德国销售的镇静剂，孕妇服用后婴儿中毒畸形，其赔偿达1.1亿马克。由于不断产生的产品责任对消费者或使用者造成的损害也越发严重，专业化和高技术使得消费者不仅对许多商品失去了识别、检查、防范的能力，缔约能力的不平等也使得消费者不可避免地接受各种免责条款，因而保护消费者权益成为一项重大的社会问题。第二次世界大战以后，产品责任受到了越来越多的重视，各国对有关产品责任和消费者权益保护的立法大量出现，产品责任法得到了长足的发展，产品责任法律制度成为消费者保护的核心法律制度之一。与此时代要求相一致，20世纪60年代产品责任领域法律制度确立了严格的产品责任理论。1963年，美国加州最高法院首次在判例中使用了产品制造商承担无过失责任原则。1968年，德国最高法院也确立了可以举证责任倒置原理推定商品制造商的产品责任。20世纪七八十年代是发达国家产品责任制度不断发展与完善的年代，其间，各国制定了大量的成文法，如这一时期美国有关产品责任的法案有《统一消费者买卖实务法案》《消费者产品安全法案》《联邦食品、药品和化妆品法案》《公平标签与包装法案》和《侵权法重述》和《统一商法典》等。英国最具代表性的是1987年的《消费者保护法》。此外，英国、美国等判例法国家也诞生了大量由判例形成的产品责任原则。中国 1993 年也颁布并正式了《中华人民共和国产品质量法》（以下简称《产品质量法》），日本 1995 年正式实施《产品责任法》。

二、产品责任法涉及的基本概念

（一）产品

关于产品（Products）责任法适用的产品范围，各国规定不尽相同。

美国《产品责任法》中的产品是指任何经过工业处理用于销售的物品，包括可移动的和不可移动的，各种有形物和无形物及天然产品。无论此种物品是适合工业用途还是农业用途，只要因使用它而引起伤害就可视为责任的"产品"。

欧洲理事会 1976 年制定的《斯特拉堡公约》把产品解释为一切可移动的物品。该公约第二条规定："产品这个词系指所有动产，不论是否加工过、天然的或工业的，甚至组合到另一可移动或者不可移动的物体中的物品。"根据 1982 年前欧共体《产品责任指令》的规定，"产品"一词系指工业生产的可移动的物品。

中国的《产品质量法》规定："本法所称的产品是经过加工、制造、用于销售的产品。"必须强调的是，这里的产品必须经过加工，就排除了未经加工的天然品，如原矿、原油、原煤以及初级农产品，狩猎产品。再次是必须用于销售，虽然经过加工制作，但非因销售而交付的产品，如援助品、赠予品以及试用品等就不是产品责任法意义上的产品。

从上述来看，各国产品责任法对产品的理解基本相同，但也存在着一些差异。如，欧盟的"动产"概念较为清晰，美国的"产品"概念较为宽泛（只要用于销售的任何物品都可能被法院视为产品），而中国的"产品"概念兼明确了"加工、制作"和"用于销售"两个要件。

（二）产品存在缺陷

缺陷（Defects）是承担产品责任的前提条件。产品缺陷一般是指产品具有不合理的危险性。

1. 产品缺陷

产品缺陷主要包括：①产品设计时的缺陷。即对产品的科学性、安全性和可靠性考虑不周，缺少必要的安全保护装置等。②生产产品时的缺陷。即在产品原材料的选择上或产品的制造装配方面存在疏忽而缺乏必要工艺流程的考虑。③使用产品的指示缺陷。即对于一些具有特殊性质或必须采用特殊的使用方法的产品未作必要的说明或指示，或作了不真实或不充分的说明或指示等，这些都可视为有关产品存在缺陷。

产品责任法中所指的产品缺陷与货物买卖法中的产品缺陷并非同一概念，买卖法中的产品缺陷泛指一切货物、产品不符合合同规定的各种情形。

2. 产品具有不合理的危险性

产品是否具有不合理的危险性，一般考虑以下几个因素：

（1）生产者制造产品的预期用途是否合理，即如果制造商知悉产品存在瑕疵，可能造成消费者或使用者的人身伤害或财产损害，而仍将该商品投放市场，此种商品就具有不合理的危险性。

（2）普通消费者或使用者购买产品的合理期望，即一件产品应该具备普通消费者或使用者在可预见使用范围内认为的安全性。如果消费者知道该产品不具备此种安全性而使用，就不构成不合理的危险性。如剪刀是有危险性的，但消费者愿意购买并承担这种危险，就不能认为剪刀具有不合理的危险性。

（3）当时的认识和技术水平。如果因生产产品时的技术水平认识不到产品的危险，就不能认定产品有缺陷。

总的来说，"不合理的危险性"作为认定产品缺陷的标准具有较大的弹性，需依具体情况而定。

（三）生产者和销售者

产品责任法中的"生产者"即产品责任的被告是指造成产品缺陷并由此引发人身和财产损害的责任主体，它不仅是指产品的制造者，而且包括生产过程中任何一个环节的经营者，如原材料或零部件的制造人或供应人、加工者、装配者、修理者、运输者、仓储者，在产品上标明其名称、商号及商标的人等。产品责任法中的"销售者"是指销售缺陷产品并由此引起他人人身和财产损害的责任主体。它包括销售过程中的批发商、零售商、进口商、出口商等任何经销产品的人。

（四）缺陷产品的受害人

产品责任的原告是缺陷产品的受害者。受害者首先是缺陷产品的购买者（Buyer），但由于各国产品责任法早已不要求原、被告之间具有直接的合同关系，因此购买者概念不能概括产品责任的所有原告。其次是消费者（Consumers），消费者概念不仅包括购买者，而且包括合理预见范围内缺陷产品的实际使用者。再次是缺陷产品的其他受害者，如旁观者（by Standers）等。所有因缺陷产品遭受了损害的人，都可以原告身份向缺陷产品的生产者、销售者提起产品责任之诉。

（五）产品责任

产品责任（Product Liability）是指产品的生产者、销售者因产品存在缺陷致消费者或使用者人身或财产损害而应承担损害赔偿的责任。承担产品责任的归责理论多种多样，其中占主导地位的法律制度是严格产品责任制度。

生产者和销售者在此承担的是一种连带赔偿责任，即每个人都得以其全部资产对有关缺陷产品所造成的损害承担全部的损害赔偿责任。作为受害者的消费者或使用者或其他第三者得单独向众多的生产者和销售者中的某人或某几个人请求损害赔偿，也可以同时向所有的生产者和销售者提出赔偿要求。

（六）产品责任构成的要件

产品责任构成要件包括：①产品存在缺陷。②使用产品的消费者或使用者或其他第三人遭受到人身伤害或财产损失。③损害事实与产品缺陷存在直接的因果关系。这是承担产品责任的内在条件。若发生损害是由于使用者未按要求正常合理使用产品，则不存在产品责任问题。若发生损害是由于第三人的原因，则生产者不承担赔偿责任。

若发生损害是由于产品缺陷、受害人过错等多方原因，而产品缺陷是其中的主要原因，则生产者应承担产品责任，但应减轻其赔偿责任。

上述构成产品责任的三个要件缺一不可。

第二节　美国的产品责任法

案例导入

原告埃斯克拉是一位餐馆女服务员，当她将可口可乐放进冰箱时，其中的一瓶发生了爆炸，致使原告严重受伤。虽然原告并没有提供被告可口可乐瓶装公司过失的证据，而且被告也提供了其瓶子的制造、检验以及装气的适当性证明，但是，加利福尼亚州最高法院仍判决原告胜诉。理由是：当制造商将其产品投放市场时，明知其产品将不经检验就会被使用，如果这种产品被证明具有致人伤害的缺陷，那么制造商就应承担赔偿责任。

随后，美国法院在判例中不断扩大对疏忽责任的解释，如责任人不限于制造商，因设计人的疏忽造成的损害也要承担责任等。

美国产品责任法是目前世界上发展最迅速、最完备、最具有代表性的产品责任法。所以本节将着重介绍美国产品责任法的主要内容。

美国产品责任法是从传统的侵权行为法和合同法发展起来的一种特殊的侵权行为法，为美国各州的产品责任诉讼提供了灵活的基础。美国产品责任法主要是州法，各州都有自己的产品责任法，而且各有差异。美国商务部在 1979 年 1 月提出了《统一产品责任法（草案）》供各州采用。

一、美国产品责任法的归责原则

产品责任的归责原则是指产品责任承担人承担该责任的依据。美国在司法实践中所形成的有关产品责任的四个归责原则反映了产品责任法的发展演变过程，非常具有代表性。目前美国的法院还逐步实行了"市场份额"裁决原则，进一步完善了美国产品责任法。

（一）疏忽责任原则（过失责任原则）

疏忽原则（Doctrine of Negligence）是指由于产品的生产者或销售者的疏忽造成产品缺陷，致使消费者或使用者的人身或财产遭受损害，对此该产品的生产者和销售者应对其疏忽承担责任，赔偿消费者的损失。

所谓"疏忽"，是指生产者或销售者没有做到合理的注意，违反了合理的注意义务（Duty of Care）。衡量行为人是否违反疏忽义务的标准主要有法律和行政规章以及司法判决确定的行为标准。在没有上述标准的情况下，依据每个个案具体的行为人情况，采用合理人（Reasonable Person）客观判断标准衡量行为人是否能够合理地预见到对消费者所造成的损害。因疏忽而产生的产品责任起初仅适用于产品的制造商，即因产品制造商在制造过程中未尽到合理的注意，使产品产生不合理的危险，而对该产品可预见的消费者或使用人所受到的损害或损失承担赔偿责任，后来其适用范围逐渐扩大，如包括了设计上的疏忽或警示上的疏忽。

知识拓展

疏忽责任原则是美国法院在1916年审理"麦克弗逊诉别克汽车公司"判案中创立的。1916年美国别克汽车公司通过销售商卖给买主的汽车车胎爆炸，使买主麦克弗逊受伤。法庭审判中，被告声称汽车不是从他处购买的，而是从别人处购买来的，该公司与买主之间没有任何合同关系，因此不存在承担责任的义务。但法官认为，任何产品依其本质如果会危害人的生命健康，均属于危险品，则不论当事人之间有无合同关系，制造人对该产品应负有"注意"的义务。对消费者或使用者要求有直接的合同关系是不公平的，因为在大部分情况下，制造者与他们产品的消费者或使用者是没有合同关系的。最后，法官判决被告应负疏忽责任，给予原告赔偿。这一原则一经提出，立即为其他各州法院所采纳，成为当时美国法院确定产品责任的主要依据。

当原告以疏忽为理由提起诉讼时，原告和被告之间不需有直接的合同关系。但是原告负有举证的责任，即要证明：①被告确有疏忽，没有做到合理的注意。如在设计生产方面没有做到"合理注意"；对产品的危险未做出适当的警惕；产品中的缺陷对原告来说是未知的；生产者没有对产品的危险性做出充分说明，以提醒消费者或使用者注意，从而构成疏忽。②由于被告的这种疏忽，直接造成原告的损失。

但实际上，在现代化生产条件下，产品越来越复杂，产品从生产到制造始终控制在生产者手中，原告对此过程不熟悉，要举证是很困难的，于是原告以疏忽为理由诉生产者或销售者时就遇到了难题。

（二）担保责任原则

担保责任原则（Doctrine of Breaching Warranty）是指产品存在某种缺陷，生产者或销售者违反了对货物的明示担保或法律规定的默示担保，致使消费者或使用者遭受损害，买方可以以违反担保为理由提起诉讼，要求被告赔偿其损失。对此，生产者或销售者应承担责任。

由于这种产品责任是基于间接的合同关系，因此，原告无须证明被告确有疏忽致使产品有缺陷。但是原告必须证明：①被告违反了对产品的明示或默示的担保；②产品存在缺陷；③原告的损失是由于产品有缺陷导致的。

担保责任分为违反明示担保和违反默示担保两种。

1. 明示担保

明示担保是指产品的生产者或销售者对产品的性能、质量、用途等做出保证性的声明或陈述。如产品广告、标签、说明书中列入的事项；广告中所记载的产品的特殊功能或效用；食品类产品标志上所载明的成分、标准、日期等。原告以被告违反明示担保为依据起诉而要求赔偿时，只需证明：被告所作的说明；原告相信该说明；伤害是由于产品不符合被告所作的说明而引起的。

知识拓展

在某一案件中，被告（福特汽车公司）以书面形式保证"福特牌"汽车的挡风玻璃是防碎玻璃，即使遭受强大的冲击也不致破裂。原告从汽车销售商处买来的该品牌的汽车在驾驶时被飞石打碎了挡风玻璃，致使原告左眼受伤失明。原告遂以违反明示担保为理由，控告福特汽车公司要求赔偿损失，法院即判决福特公司承担明示担保责任。

2. 默示担保

默示担保是指生产者或销售者在生产或出售商品时，应默示担保消费者使用该商品时是安全可靠的，不会伤害消费者。默示担保又分为商销性的默示担保和适合特定用途的默示担保。其中若被告因违反商销性的默示担保要求赔偿时，原告须证明：产品在出厂时即有缺陷；缺陷与损害之间存在因果关系。若因被告违反适合特定用途的默示担保要求赔偿时，原告须证明：被告知道或有理由知道产品的使用意图；原告信赖被告在选择产品方面的技能和技术及专业知识；损害是由于产品未能符合特殊用途而引起的。

可见，在以违反担保为理由提起诉讼时，对原告的有利之处在于他无须证明被告有疏忽。当然，担保责任具有合同法的性质。根据合同法原则，只有双方当事人有直接的合同关系时才能以违反担保为由提起诉讼。而现代商业社会中，受损害的消费者与生产者之间往往没有直接的合同关系，所以若在产品责任诉讼中固守双方当事人必须要有直接的合同关系这一原则，就不可能达到保护消费者的目的。有鉴于此，有些州法院在审判实践中，对以违反担保为理由提起的产品责任的诉讼，逐步放宽和取消了对双方当事人要有直接合同关系的要求。

（三）误示责任原则

误示责任原则（Doctrine of Misrepresentation）是指销售者通过广告、报纸、杂志、电视、电台或其他方式向公众宣传其产品时，对其产品的特征和性质做出不正确的表示，以致消费者产生错误判断购买、使用该产品而受到损害时，销售者应承担侵权责任。美国《侵权法重述》第四百〇二条对此有明确的表述：从事商品的经营者，如通过广告、标签或其他方式对由其销售的产品的性能和质量方面的主要事实向社会公众做出错误的说明，该制造商就必须对合理依赖这种说明而受到损害的消费者承担赔偿责任。即使这种误示并非故意或者过失所致，或者该消费者并未向销售者购买该产品或与之发生任何其他合同关系，制造商也应承担赔偿责任。

误示说是以侵权行为之诉为特征，因此，原、被告之间不需要存在合同关系。但是，原告需要证明销售者通过宣传媒介向公众做出不符合实际情况的表示是使其信以为真，购买、使用了与其表示不符的产品以致造成损害的直接原因。例如原告怀特在使用一种高尔夫球训练器具击球时被该器具击伤。为此，原告以误示说向法院起诉，诉称之所以购买该器具，是因为相信了被告卡拉所作出的"绝对安全，绝不会伤害球员"的说明。最后，加利福尼亚州最高法院认为，被告的上述说明构成对该产品主要事实的误示，因此判原告胜诉。

误示说与违反担保说不同，前者是基于被告在出售某种产品以前就该产品所作的错误说明，后者则是基于被告违反了根据合同所应当承担的明示或默示义务。误示说与指示上的疏忽也有所不同。前者通常是被告在出售某种产品以前就该产品所作的错误性积极行为；后者则是被告对已知晓或应知晓产品存在着对消费者不合理的危险，未做出适当的指示或说明的消极行为。由于误示说不要求原、被告之间存在合同关系，也不要求原告证明被告做出的不切实表示是出于欺骗或者疏忽，因此在被告存在误示时，适用该原则对保护消费者权益比较有利。

（四）严格责任原则（无过失责任）

严格责任原则（Strict Liability）是指无论生产者有无过失，只要产品有缺陷，对消费者或使用者具有不合理的危险性而使他们人身遭受伤害或财产遭受损失，该产品的生产者和销售者都要对此承担责任。严格责任原则是以侵权行为诉讼为特征，不要求原告与被告之间存在直接的合同关系，而原告无须证明被告存在疏忽，因此，严格责任原则对保护消费者权益是最有利的。

对原告来说，以严格责任原则为依据对被告起诉是最为有利的，它消除了以违反担保或以疏忽为理由提出损害赔偿时所遇到的困难。因为：①严格责任是一种侵权行为之诉，它不要求双方当事人之间有直接的合同关系。②从产品的生产者来说，不管他有无过失，只要其产品有缺陷，对消费者、使用者造成人身伤害或财产损失均负责任，所以严格责任又是一种无过失责任。③在以严格责任为理由起诉时，原告没有证明被告有疏忽的举证责任，因为它要求卖方承担无过失责任。在这种情况下，原告的举证责任仅限于：①证明产品确实存在缺陷或不合理的危险性；②正是由于产品的缺陷给消费者或使用者造成了损害；③产品所存在的缺陷是在生产者或销售者把该产品投入市场时就有的。只要原告能证明以上三点，被告就要承担赔偿损失的责任。

但是，若使用者或消费者在拿到产品之后，擅自改变了产品的性能而造成了人身伤害和财产上的损害，则不能要求生产者或销售者赔偿损失。美国各州目前所采用的诉讼依据并不一致，疏忽、担保和严格责任在各州独立并存，其中严格责任已为大多数州所采用，并成为产品责任法的共同基本制度。

知识拓展

在一案件中，原告格林曼在按说明书使用尤巴电器公司生产的多用电器削木机机床时，一块木头从机器中飞出来，撞击到格林曼的头部致成重伤。经检查，该多用电器机床属于有缺陷的产品，它与事件有直接关系。法院在该案的判决中明确表示：一旦制造者将其产品投入市场，而明知消费者或使用者对产品不经检查就使用，只要能证明该产品的缺陷对人造成伤害，生产者即负赔偿责任。

（五）市场份额原则

这一原则是法官判决时采用的原则。市场份额原则是指，原告在以严格责任原则为依据向被告起诉，当不易证明哪一位被告应承担赔偿责任时，法官可以按每个被告的产品在市场上的销售份额来确定他们各自应承担的赔偿金，除非被告中有人能证明自己不曾生产或销售过使原告受到伤害的产品。

这一原则对原告或被告都有利。对原告的有利之处在于解除了原告必须证明是哪一位制造商、销售商应承担产品责任的举证责任，从而使其获得赔偿的机会大大增加。对被告的有利之处在于，被告可以援引该原则向法院提出如此抗辩，在赔偿金一定的情况下，责任人的范围越大，各自按份额承担的责任就越小。

知识拓展

美国有一位甲状腺癌患者 A，在她出生前，其母亲服用了当时广为采用的防止流产的药品乙烯雌粉（DES）。后经医学证明，DES 与腺癌有很大关系，A 就是 DES 的受害者。但 A 无法知道她的母亲究竟服用了哪个制药厂的药品，于是便向她出生时 15 家生产该药的制造商提起损害赔偿之诉，由于其中有 4 家制药商证明自己的产品销往国外，最后美国加州法院裁定其中的 11 家制药商对原告的损害负连带赔偿责任。这一判决就是采用市场份额原则。

二、被告可以提出的抗辩理由

根据美国产品责任法，因使用某种产品而受到伤害的使用者或消费者在向该产品的生产者或销售者提起诉讼时，被告可以提出某些抗辩，要求减轻或免除其责任。被告可以提出的抗辩依随原告起诉的原因不同而有所不同。被告抗辩的理由主要有以下几种。

（一）担保的排除或限制（Disclaimer or Limitation of Warranties）

在产品责任诉讼中，若原告以被告"违反担保"为理由对其起诉，被告如果已在合同中排除了各种明示或默示担保，他就可以提出担保已被排除作为抗辩理由。但是，按照美国 1974 年《马格纳森莫斯保证法案》（Maguson - Moss Warranty Act）的法律规定，为了保护消费者的利益，在消费交易中，卖方如有书面担保就不得排除各种默示担保。此外，这项抗辩仅能对抗以"违反担保"为理由起诉的原告，而不能用来对抗以"疏忽"为理由起诉的原告，因为后者属于侵权之诉，不受合同中关于排除明示或默示担保义务的制约。

（二）原告自己的疏忽行为（Negligence）

原告自己的疏忽行为，又称为原告的过失分担，指原告由于自己的过失而未能发现产品中的明显缺陷，或对于缺陷可能引起的损害没有采取适当预防措施，原告对此也应负担一部分甚至全部的责任的行为。这就是说，原告负有保护自己安全的义务，若因疏忽大意未能发现或阻止本应能避免的危害，就应对此承担一定的责任。由于原告自己一旦有过失行为，就会丧失获取任何赔偿的权利，故美国法院为了避免这一原则可能产生极不公平的后果，又以"比较过失"取而代之。根据这一理论，当原告与被告都有过失行为时，法院并不在无赔偿和全部赔偿两者之间做出选择，而是根据原告与疏忽行为在受伤害因素中所占的比例，减少判给原告的赔偿额，这又称为"相对疏忽"（Comparative Negligence）。

（三）自担风险（Assumption of the Risks）

自担风险是指原告已知产品有缺陷或带有危险性，仍甘愿将自己置于这种危险或风险的境地，由于原告的甘愿冒风险而使自己受到损害时，应由其自己承担责任。按照美国法，无论原告是以被告违反担保为由起诉、以疏忽为由起诉或以严格责任为由起诉，被告都可以提出"原告自担风险"作为抗辩。

（四）非正常使用产品（Abnormal or Abuse of Product）

在产品责任诉讼中，若原告由于非正常地使用产品或误用、滥用产品，使自己受到损害，被告可以此为由提出抗辩，要求免除责任。但是，当被告提出原告非正常使用产品或误用、滥用产品的抗辩时，法院往往对此加以某种限制，即要求被告证明原告对产品的误用或滥用已超出了被告可能合理预见的范围。若这种对产品的误用或滥用是在被告可能合理预见的范围之内，被告就必须采取措施予以防范，否则就不能免除责任。

（五）擅自改动产品（Subsequent Alteration）

若原告对产品或其中部分零件擅自加以变动或改装，从而改变了该产品的状态或条件，因而使自己遭受损害，被告就可以以原告擅自改变产品的状态或条件为理由提出抗辩，要求免除责任。

（六）带有不可避免的不安全因素的产品

若某种产品即使正常使用也难以完全保证安全，但权衡利弊，该产品对社会公众是有益的，是利大于弊的，则制造或销售这种产品的被告可以要求免除责任。其中，以药物最为典型。因为有些药物不可避免地含有某种对人体有副作用的物质，但它又确能治疗某些疾病，在这种情况下，制造和销售这种产品的卖方只要能证明该产品是适当加工和销售的，而且其已提醒使用者注意该产品的危险性（如药物的副作用），他就可以要求免责。即使严格责任之诉中，被告也可提出这一抗辩。

三、产品责任诉讼中损害赔偿的范围

按美国法院的判例，在产品责任诉讼中，原告可以提出的损害赔偿的请求范围相当广泛，判决的金额往往也相当可观。具体来说，原告可提出的损害赔偿主要有下列几种。

（一）人身伤害

如果原告由于产品的缺陷遭受人身伤害，他可向被告要求如下赔偿：①因肢体伤残所遭受的痛苦。②精神上遭受痛苦的代价。③生活收入的损失及失去谋生能力的补偿。④过去和将来必要合理的医疗费用开支。

美国法律不仅允许受害者要求被告赔偿其医疗费用，还允许他索赔肉体上和精神上的痛苦的赔偿，而且后者的金额在全部赔偿额中占有很大的比重。而且，赔偿金额必须一次性支付，不得扣除原告可能从其他方面获得的任何补偿或津贴（如保险赔偿或社会救济金等）。这是美国产品责任法的一个重要特点。

（二）财产损失

财产损失的赔偿通常包括替换受损坏的财产或修复受损财产所支出的合理费用，在个别案例中，也有把修理时因财产损失而不能使用该财产所产生的损失也计算在内。这在商业案件中有特殊意义。

（三）惩罚性赔偿

根据美国商业部起草制定的《统一产品责任法范本》规定，若原告通过明朗的、令人信服的证据证明，其所受的伤害是由于被告的粗心大意，根本不顾产品的使用者或消费者或其他可能受到产品伤害的人的安全所致，法院就可判决给予惩罚性赔偿。惩罚性赔偿的金额一般比较高，其目的是对有过错一方恶意的、不负责任的行为施加惩罚，以遏止其他人重犯类似过错。

通常情况下，法院根据以下几个因素来决定是否判处惩罚性的损害赔偿及其金额的大小：①在相关的时间内，由被告的不当行为而产生严重伤害的可能性。②被告认识到这种可能性的程度。③不当行为对被告的有利性。④不当行为的持续时间以及被告对此的隐瞒。⑤被告不当行为被发现后的态度及其行为，以及不当行为是否停止。⑥被告的经济条件。⑦作为不当行为的结果，施于或可能施于被告其他的惩罚的总的效果，包括判给情形和原告相似的人的惩罚性损害赔偿，以及被告已经或可能受到的刑事处罚的严厉性。⑧原告所受的伤害是否也是自己粗心大意，不顾个人安全的结果。

四、美国产品责任法的诉讼管辖和法律适用

1. 有关诉讼管辖

在美国，产品责任法属于各州的立法权限范围。因此，产品责任的诉讼案件一般由各州的法院审理，而且一个州的法院只对本州居民有管辖权。但随着美国州际贸易的发展，各州之间经济、政治联系日益密切，美国的法院逐步采取了本州法院对另州的居民也享有管辖权的态度，这就是"长臂司法管辖"原则。该原则承认法院有对外的管辖权，使本州受害者可在州所在地法院控告他州加害者。

虽然各州依"长臂司法管辖"（Long-arm Statute）原则对管辖权的标准规定并不完全一致，但一般而言，各州都要求：凡是非居民的被告，都必须与该州有某种"最低限度的接触关系"（Minimum Contact），该州法院才能对该被告有管辖权。根据美国1962年《统一州际和国际诉讼法》规定，只要有下列接触之一而提出的诉讼，即可予以管辖：①在该州经营商业的。②签订合同在该州供应劳务或货物的。③在该州的作为或不作为造成侵权伤害，而他在该州经常从事商业或招揽商业，或从事任何其他连续性的行为，或从在该州所使用或消费的商品或提供的劳务中获得相当收入的。

美国产品责任法虽然是国内法，但它在某些情况下也适用于涉及产品责任的对外贸易争议案件。当外国的产品输入到美国时，只要该产品在美国使用并造成损害，就可构成美国司法管辖所要求的"最低限度的接触关系"，美国法院即可取得对被告的管

辖权。

2. 有关法律适用按照美国的冲突法原则

产品责任诉讼通常是适用损害发生地法来确定当事人责任的，即产品在哪个地方对消费者或使用者造成了损害，就适用那个地方的法律来确定产品生产者和销售者的责任。但近二十年来，这项原则受到了批评，特别是在涉及汽车事故的产品责任案件中，由于汽车到处行驶，经常跨州越国，如果完全以出事地点的法律来确定汽车的生产者或销售者的产品责任，有时可能对受害者不利。因此，近年来，美国一些有影响的州如纽约州和加利福尼亚州已经不再坚持适用损害发生地法，而转为适用对原告最为有利的地方的法律，以保护美国原告的利益。

第三节　其他各主要国家的产品责任法

案例导入

有个日本消费者看电视时，在电视机上放了一盆花，看到一半时，给花浇水。可想而知，电视机发生了爆炸。消费者受伤。而这个用户居然向电视机制造商要求损害赔偿。他说："我买电视机的时候，电视广告介绍图片中电视机上放了一盆花，给我一个错觉，以为电视机上可以放花，可以浇水。"法院认为消费者有道理，这个产品指示上有缺陷，造成了消费者的损害。

除美国外，其他各主要西方国家的产品责任立法远不如美国的完善。以下仅介绍这些国家的产品责任法的主要内容。

一、英国的产品责任法

英国是世界上最早出现产品责任判例的国家，1842 年英国法院就确立了"无合同，无责任"的产品责任原则。这一原则在英国统治了近百年的时间，直到 1932 年，英国才以判例承认超越合同关系的产品责任。总的来说，在 1987 年以前，英国的产品责任制度采取的是过失责任原则，即疏忽责任原则，要求受缺陷产品损害的消费者向生产者或销售者追偿时，必须证明受诉方有过失或疏忽。

英国直至 1987 年才制定了消费者保护法，将《关于对有缺陷产品责任的指令》纳入国内法，实行严格责任原则。按照英国消费者保护法的规定，原告无须证明被告有疏忽，任何由于产品的缺陷而受到损害的消费者，都可以对责任方起诉。承担产品责任的对象包括：制造商、加工者、原材料供应者、进口商以及商标牌号的所有人。但是，商品的批发商和零售商对产品的缺陷原则上不承担责任，除非其说不出该有缺陷的产品是由谁向其提供的。该法未将初级农产品和游戏工具包括在内，也未规定生产者对同一产品、同一缺陷所引起的人身伤亡责任的最高赔偿额。

二、德国的产品责任法

德国于 1989 年 12 月 15 日通过了一项产品责任法，将欧共体的《产品责任指令》

纳入本国国内法。该法于 1990 年 1 月 1 日生效。

德国产品责任法放弃了传统的过失责任原则，而采用无过失责任原则，即严格责任原则。该法不要求生产者对发展风险负责，发展风险是指由于运用新技术、开发新产品而产生的产品责任风险。新产品的生产者可把发展风险作为抗辩理由，该法所指的产品也不包括初级农产品和天然产品。按照该法的规定，生产者对同一产品、同一缺陷的最高赔偿责任限于 1.6 亿马克。

该法适用于对一切人身伤害的赔偿责任。至于对财产的损害赔偿，则仅限于供私人使用或消费的财产造成的伤害。若有缺陷的产品对工商业中使用的财产造成损害，则不能适用该法，而只能按传统的侵权法来处理。

此外，非物质性的赔偿，特别是对受害者遭受痛苦的赔偿，亦不包括在该法的责任范围之内。

三、日本的产品责任法

在日本，有关产品责任的诉讼依据主要是日本《民法典》中有关侵权行为法的规定和日本法院的司法判例。日本法院在 20 世纪五六十年代根据日本《民法典》第七百零九条的规定确定了产品问题上的过失原则，规定产品的生产者和销售者所承担的产品责任必须以其对产品缺陷的存在具有过失为前提。而且，要求受害者在有关产品责任的诉讼中，对产品缺陷的存在和产品缺陷与其所受害之间的因果关系，以及生产者和销售者在生产、制造和销售缺陷产品时所存在的过失承担举证责任。后来由于受专业技术和经济势力等方面的限制，消费者根本无法举证证明生产者和销售者的过失时，才转为适用推定过失责任原则，规定由生产者和销售者来承担其无过失的举证责任。如果生产者和销售者不能就其产品缺陷的存在提出相反的证据，就推定其有过失，并由其依法对受害者承担损害赔偿责任。

进入 20 世纪 90 年代，日本开始讨论制定产品责任法，1992 年审议该法的可行性，1994 年国会正式通过《产品责任法》，并于 1995 年 7 月 1 日开始实施该法。该法已确立以严格责任原则为原告诉讼的依据。

第四节　产品责任的国际立法

案例导入

我国某玩具进出口公司向美国某玩具公司出口塑料弹弓。出口后不久，美国方面就反映有质量问题。美国方面称，该国儿童使用弹弓时弓柄断裂，并已发生多起伤害案件，有的甚至眼睛致残。经法院审理，美方提出证据表明，我方出口的弹弓所使用的材料不安全，仅经受 9 磅拉力弓柄就断裂，香港同类弹弓弓柄能经受 60 磅的拉力。

问题：

（1）该弹弓产品属于质量不合格产品还是缺陷产品，为什么？

（2）我国出口商是否应承担产品责任，应对谁承担产品责任，为什么？

一、产品责任国际立法概述

如前所述，随着产品责任事故的频繁发生，世界各国都在进入 20 世纪以后，特别是在进入 20 世纪五六十年代以后，加快和完善了有关产品责任方面的立法和司法实践。由于受各自社会、政治、经济发展水平的影响和限制，各国产品责任立法和司法实践对产品、产品责任、消费者、生产者和销售者等基本概念和问题又作了各不相同的规定，并确立了各不相同的产品责任原则。而随着国际经济贸易交往的飞速发展，国际性的产品责任事故也不断发生，产品责任问题已超出了国家的界限而成为国际性的问题，这一问题的解决也就需要各有关国家的共同合作。国际社会为消除世界各国在产品责任问题上的立法冲突，为妥善解决存在这种法律冲突的情况下所发生的各种国际性的产品责任纠纷，做出了积极不懈的努力，签订了一系列有关产品责任的国际条约，逐渐形成了国际产品责任法。本节主要介绍目前国际社会最具有代表性的三个国际公约。

二、《关于产品责任的法律适用公约》

该公约简称《产品责任海牙公约》（以下简称《公约》），已于 1978 年 10 月 1 日生效。到 1989 年为止，欧洲主要国家先后批准签署该公约。公约共有 22 条，除对产品责任的法律适用规则做出规定外，还对"产品""损害"和"责任主体"作了明确规定。

（一）《公约》对产品、损害及责任主体的规定

《公约》规定，"产品"一词应包括天然产品和工业产品，无论是未加工的还是经过加工的，也无论是动产还是不动产。这里对"产品"所下的定义，比欧共体《产品责任指令》所下的产品定义更为广泛。

《公约》对"损害"也作了广义的解释。按照公约的规定，"损害"是对人身的伤害或财产的损害以及经济损失，但是，除非与其他损害有关，产品本身的损害以及由此而引起的经济损失不应包括在内。

《公约》规定，对产品责任的主体应当包括：①成品或部件的制造商；②天然产品的生产者；③产品的供应者；④在产品准备或销售等整个商业环节中的有关人员，包括修理人和全体管理员。上述人员的代理人或雇员的责任亦适用该公约。

（二）《公约》对产品责任的法律适用规则的规定

《公约》对产品的责任法律适用采取了颇有特色的重叠连用原则，即规定某种国家的国内法为基本的适用法律，同时又规定几个连接因素时，该国内法只有同时具备其中至少一个连接因素，才能被作为准据法适用。《公约》确定了以下四项法律适用规则：

（1）若以损害地所在国的国内法为基本的法律适用，则在该国同时符合下列情况之一时，才能适用损害地所在国的国内法：①直接遭受损害的人惯常居所所在的国家；②被请求承担责任的人的主要营业地；③直接遭受损害人取得产品的所在地。

（2）若以直接受害人的惯常居所国家的国内法为基本的适用法律，则在该国同时符合下列情况之一时，才适用直接受害人惯常居所国家的国内法，即被请求承担责任的人的主营业地、直接受害人取得产品的所在地。

（3）若上述两条法律适用的规则所指定的法律都无法适用时，除非请求人根据伤害地所在国的法律提起诉讼，否则适用的法律应是被请求承担责任人的主营业地国家的国内法。

（4）若被请求承担责任人证明他不能合理预见该产品或他自己的同类产品经由商业渠道在伤害地所在国或直接受害人经常居住国出售时，则这两国的法律都不能适用，能适用的是被请求承担责任的人的主要营业地所在国的法律。这一规则显然考虑到了应避免过分损害被告的利益，限制了原告选择的法律。

《公约》规定，适用的法律应确定下列基本内容：①责任的依据和范围。②免除、限制和划分责任的依据。③损害赔偿的种类。④赔偿的形式及其范围。⑤损害赔偿的权利可否转让或继承的问题。⑥可依自己的权利要求损害赔偿的人。⑦委托人对其代理人或雇主对其雇员行为所承担的责任。⑧举证责任。⑨时效规则，包括有关时效的开始、中断和中止的规则。

三、《斯特拉斯堡公约》

该公约的全称是《关于人身伤害和死亡方面的产品责任之欧洲公约》。目前该公约已经生效，成员国有法国、比利时、卢森堡和奥地利。

该公约采取了严格责任原则。生产者所承担的责任范围以缺陷产品给消费者造成死亡或人身伤害的赔偿责任为限，不包括对财产所造成的损失。

依公约规定，承担责任的主体包括制造商以及原材料供应商。公约所规定的产品不包括农产品。

依公约规定，各缔约国在签字或交存其批准书时，可保留赔偿限额的权利，但对于每一个死者或受到人身伤害的赔偿限额不得少于 20 万德国马克；对于具有相同缺陷的同类产品所造成的一切损害，赔偿限额不得少于或相当于 3 000 万德国马克，或等值的其他货币。

四、《产品责任指令》

该指令是欧共体理事会从 1973 年开始组织起草，经过长达 12 年之久的反复讨论后，于 1985 年 7 月 25 日正式通过的，全称为《关于对有缺陷产品责任的指令》（以下简称《指令》）。《指令》对欧盟各成员国的产品责任法有较大的影响，主要内容如下：

1. 采用严格责任原则，使得消费者能获得更充分的保护

《指令》规定，对有缺陷产品承担责任的人，限于生产者。被《指令》列入生产者范围的有四种人：①任何成品和原材料或零配件的生产者。②任何将其姓名、商标或其他识别特征用于产品上，表明自己是该产品的生产者的人。③若不能查明产品的生产者，应视产品的每一个提供者为该产品的生产者，除非他在合理时间内将生产者或其他提供产品者的身份通知受害者。④任何为转售或类似目的将产品输入欧共体者，

应视为该产品的生产者。

《指令》还规定，若两个或两个以上的人对同一损害负有责任，则应负连带责任。

《指令》规定，所谓"产品"是指可以移动的物品，但不包括初级农产品和戏博用品。对于核产品，如果出现核意外事故，则只要求该事故已为各成员国批准的国际条约所包括，亦被排除在"产品"的定义范围之外。

2. 对缺陷的定义采用客观标准

按照这种标准，如果产品不能提供一般消费者有权期待得到的安全，该产品就被认为是有缺陷的产品。在确定产品是否有缺陷时，要考虑到各种情况，包括产品的状况、对产品的合理预期的使用和把产品投入流通的时间。不能因为后来有更好的产品投入市场，就认为先前的产品有缺陷。

3. 规定了损害赔偿范围

（1）关于人身伤害和死亡的损害赔偿。①对受害人死亡的损害赔偿应包括对受害人从事故造成其伤害至死亡时的赔偿费；②对死者有权利人的救济费，如对其配偶和近亲属的赡养费。对受害人伤害的损害赔偿，主要包括由于人身伤害而造成的治疗费用以及恢复健康和损害谋生能力的费用。但《指令》对精神痛苦和损失费用的补偿有所保留，规定按有关国家的国内法来处理。

（2）关于财产的损害赔偿。《指令》所规定的财产，是指具有缺陷的产品以外的财产。

（3）时效。在产品责任诉讼中，时效已过也是重要的抗辩理由。《指令》对时效作了以下规定：①受损害者的权利自生产者将引起损害的产品投入市场之日起 10 年届满即告消灭，除非受害者已在此期间对生产者起诉；②各成员国必须在其立法中规定提起损害赔偿诉讼的时效，该诉讼时效为 3 年，从原告知道或理因知道受到损害、产品有缺陷及谁是生产者之日起计算。

（4）赔偿的最高额。生产者的责任原则上应当是没有限制的。但《指令》允许成员国在立法中规定，生产者对由于同一产品、同一缺陷引起的人身伤害或死亡的总赔偿责任不得少于 7 000 万欧洲货币单位。

4. 规定抗辩理由

《指令》规定，在产品责任诉讼中，被告可以提出以下抗辩：①无罪责。若生产者能证明他没有罪责，就可以不承担责任。如：该生产者未把该产品投入市场。②引起损害的缺陷在生产者把产品投入市场时并不存在，或证明这种缺陷是后来才出现的。③生产者制造该产品并非用于经济目的的销售或经销，亦非在其营业中制造或经销。④该缺陷是由于遵守公共当局发布的有关产品的强制性规章引起的。⑤按生产者将产品投放市场时的科技水平或工艺水平，缺陷不可能被发展。⑥零件的制造者能证明该缺陷是由于该产品的设计所致，而不是零件本身缺陷，亦可不承担责任。

第五节　中国的产品责任法

案例导入

原告陆某为装修新买的房屋，先后向恒成装饰材料门市部购买了 138.27 平方米的水曲柳实木地板，购买价为人民币 8 711 元。装修竣工后不久，其发现室内飞虫不断，越来越多，影响了正常生活。原告称，飞虫系地板中长出，显然是因为地板质量不合格，故要求将已铺设使用的地板退货，并由被告承担赔偿责任。

在本案的审理过程中，有两种意见：一种意见认为，地板铺设后出现飞虫是质量瑕疵，属于没有按照合同约定交付合格的货物，是违约行为；另一种意见认为，地板出现飞虫，不仅是质量瑕疵，而且是产品缺陷，属于产品责任，原告可以选择诉讼。

一、关于产品的定义

我国的《产品质量法》所称的产品是指经过加工、制作、用于销售的产品。产品必须符合以下三个条件：①产品必须经过生产者加工、制作，即通过生产者的手工制作或工业加工而成的实物物品。②产品必须以销售为目的，虽然经过加工、制作，但不投入流通领域，不为出售的商业目的，则此种物品不是《产品质量法》所指的产品。③产品必须是可移动的，不包括土地、房屋、建设工程等不动产。另外《产品质量法》规定，军工产品不适用该法的规定。

知识拓展

1993 年以前，我国没有专门的有关产品责任方面的立法。1993 年 2 月中国颁布了《产品质量法》，并于 2000 年 7 月进行了修改。此次修改除了强化产品质量的行政管理和行政责任之外，还增加了残疾赔偿金和死亡赔偿金等精神赔偿的内容，扩大了人身伤害赔偿责任的范围。此外，《中华人民共和国食品卫生法》《中华人民共和国药品管理法》《中华人民共和国民事诉讼法》（以下简称《民事诉讼法》）以及《合同法》等法律在各自的调整范围内也对产品质量作了相应的规定。尤其是 1994 年 1 月 1 日生效的《中华人民共和国消费者权益保护法》，明确规定了经营者承担的各项产品质量的义务和责任。其中将经营者向消费者承担的保证产品安全义务作为首要义务，并规定了因经营者产品缺陷造成消费者人身和财产损害的产品责任。由此我们可以看出中国产品质量法律制度在不断健全和完善。

二、关于缺陷的定义

根据我国《产品质量法》规定，产品缺陷是指产品存在危及人身及他人财产安全的不合理的危险；产品不符合有关保障人体健康、人身、财产安全的国家标准、行业标准。

三、产品责任的主体

《产品质量法》规定，任何由于合理使用产品而受到伤害的人员，都可以向产品的生产者或销售者要求赔偿，即生产者、销售者是承担产品责任的主体，但其范围仅限于在中国国内的生产者或销售者。

由此可见《产品质量法》规定的产品责任主体范围较窄，国外产品对中国消费者造成人身伤害或财产损失的涉外产品责任诉讼难以适用该法的有关规定，该法对责任主体的限制也与中国法院依法对涉外案件行使管辖权规则及冲突法规则不协调。

四、责任原则

《产品质量法》采取根据不同情况分别适用严格的无过错责任原则与过错责任原则或两者相结合的原则。该法规定，因产品存在缺陷造成人身以及缺陷产品以外的其他财产损害的，生产者应承担赔偿责任，即生产者承担的是严格责任；销售者只对因自己的过错造成的产品缺陷负责。

该法还规定，因产品缺陷造成人身、他人财产损害的，受害人可向产品的生产者要求赔偿，也可向产品的销售者要求赔偿，即销售者和生产者对有缺陷产品造成的损害承担连带的赔偿责任。

五、对产品责任的抗辩

根据《产品质量法》的规定，在产品责任诉讼中，被告方可以为自己提出辩护。若被告是产品的生产者，则依该法规定，能证明有下列情形之一的，即可不承担赔偿责任：①未将产品投入流通领域。②产品投入流通时引起损害的缺陷尚不存在。③将产品投入流通时的科学技术水平尚不能发现缺陷的存在。若被告是产品的销售者，只要他能证明自己没有过错就可不承担责任。

六、损害赔偿的范围

根据《产品质量法》的规定，侵害人承担的损害赔偿的范围应包括：①造成人身伤害的，应赔偿有关的医疗费、因误工减少的收入、残疾费与生活补助费等费用。②造成受害人死亡的，应赔偿丧葬费、抚恤费、死者生前抚养的人的必要的生活费等费用。③造成财产损害的，应对财产进行修理使其恢复原状，折价赔偿，受害人还有权对因财产损失而带来的重大间接经济损失向有关责任方追偿。

七、关于时效的规定

《产品质量法》规定：①受害者的权利自产品最初出售起经过 10 年即告消灭，但尚未超过明示的安全使用期的情况除外，即产品的生产者如明示地担保某产品的安全使用期在 10 年以上的，应以这一担保的期限为受害者可依法受到保护的期限。②提起损害赔偿诉讼的时效为 2 年，从受害者知道或应知道其权益受到损害时起计算。

参考书

1. 曹建民，等．国际经济法概论［M］．北京：法律出版社，1999.
2. 张圣翠，等．国际商法［M］．上海：上海财经大学出版社，2002.

思考题

1. 试述产品责任法的主要特征及其发展。
2. 试述美国产品责任法中的归责原则。
3. 中国《产品质量法》与发达国家的产品责任法有何区别。

课后案例分析

N公司向汽车生产厂商H公司订购载重车4辆，合同总价近400万美元。由于采用信用证付款方式等原因，交易方式变为由N公司与H公司产品的经销商J公司签订买卖合同，N公司将远期信用证开给J公司，J公司转开即期信用证给H公司，并由H公司按N与J所签合同向N公司交货。合同货物运抵目的港投入使用后，N公司向H公司提出该批车辆存在一系列质量缺陷，几十种零部件损坏，十余台发动机出现故障，并称经专家鉴定，认为车辆除部分零部件质量不合载重标准，主要是设计不符合载重要求，如继续按合同要求的形式载重使用，将会造成严重后果。于是N公司自称只得降级使用该批车辆，给N公司造成巨大损失。N公司进行起诉，以J公司与H公司为共同被告，提出索赔降级使用的差价，总额达200多万美元。但N公司提出索赔的法律依据不是《中华人民共和国合同法》，而是《中华人民共和国产品质量法》。N公司强调：产品的生产者（此处指H公司）应对其生产的产品质量负责，生产的产品必须具备应当具备的使用性能，而生产者在制造车辆的设计上存在严重缺陷，达不到设计载重量，不具备其应当具备的使用性能，不能满足用户对车辆的基本要求；销售者（此处指J公司）也应保证其所售产品的质量，在销售的车辆上也存在严重缺陷，因此特根据《中华人民共和国产品质量法》的有关规定，提出诉讼，要求赔偿。

问题：该案是什么性质的责任纠纷？

第六章　国际贸易中的代理法

教学要点和难点

1. 了解和掌握国际贸易代理的基本关系；
2. 了解国际贸易代理的种类；
3. 了解和掌握调整国际贸易代理关系的主要法律规范。

案例导入

李某受单位委派到某国考察，王某听说后委托李某代买一种该国产的名贵药材。李某考察归来后将所买的价值1 500元的药材送至王某家中。但王某的儿子告诉李某，其父已于不久前去世，这药材本来就是给他治病的，现在父亲已去世，药材也就不要了，请李某自己处理。李某非常生气，认为不管王某是否活着，这药材王家都应该收下。

问题：

（1）李某行为的法律后果到底应由谁来承担？

（2）药是否应由王家出钱买下？为什么？

第一节　代理法概述

案例导入

德国某一商人根据当地市场销售情况，建议德国JT公司生产一种玩具，条件是要求作为销售该货物的独家代理人，JT公司同意并签订合同。后来，JT公司与当地某一公司直接签订订货合同，没有经过代理人。该商人向JT公司索要佣金，JT公司以合同没有通过代理人为由，拒不支付佣金。

问题：

（1）JT公司是否要给代理商佣金？

（2）为什么？

答：

（1）JT公司应该向代理商支付佣金。

（2）因为大陆法规定，凡在指定地区享有独家代理权的独家代理人，对于本人同指定地区的第三者所达成的一切交易，不论该代理人是否参与其事，该代理人都有权要求佣金。德国商法典还有一个强制性的规定，即商业代理人一经设定，他就有权取得佣金，即使本人不履行订单或者履行的方式同约定有所不同，代理人都有权取得佣金。

目前，无论是在国内贸易还是在国际贸易中，代理制度都有了很大的发展，而且得到广泛的应用。在国际贸易中，许多业务工作都是通过各种代理人进行的。其中包括普通代理人、经纪人、运输代理人、保险代理人、广告代理人以及银行等。现代社会经济生活如果离开了这些代理人，国际贸易就无法顺利进行。因此我们有必要了解有关国家的代理制度以及我国的外贸代理制度，并在对外贸易业务中灵活使用这些制度。

一、代理的概念

(一) 代理的含义及代理关系

1. 代理的含义

代理（Agency）是指代理人（Agent）按照本人（Principal）的授权（Authorization），代表本人同第三人订立合同或实施其他的法律行为，由此而产生的权利与义务直接对本人发生效力。

这里所说的本人就是委托人，代理人就是受本人的委托替本人办事的人，第三人则是泛指一切与代理人打交道的人。根据各国有关代理法律的规定，如果代理人是在本人的授权范围内行事，他的行为就对本人具有拘束力，本人既可取得由此产生的权利，也须承担由此产生的义务，而代理人则一般不对此承担个人责任。代理人的行为之所以能够约束本人，是由于他得到了本人的授权，因此只要他的行为没有越出授权的范围，本人就要对此负责。代理人不能代表本人或第三人与自己实施法律行为，也不能既代表本人又代表第三人实施法律行为。

2. 代理关系

代理关系一般分为内部关系（Internal Relationship）和外部关系（External Relationship）。本人与代理人之间的关系称为内部关系，这种关系是由他们之间的合同来决定的。在这种合同中，一般都规定了本人与代理人双方的权利与义务以及代理人的权限范围。本人与代理人对第三人的关系称为外部关系。在这种外部关系中，代理人是以本人的名义同第三人订立合同或实施法律行为，合同一经订立，其权利与义务都归属本人，由本人对第三人负责，代理人一般不承担责任。但在一些复杂的情况下，对于第三人究竟同谁订立合同这样的问题，大陆法系与英美法系国家又有不同的规定。

(二) 代理的分类

代理商与委托人之间的关系不是货物买卖关系，而是委托代理关系。国际贸易的代理可概括为以下几类：

（1）独家代理。独家代理是指委托人在一定时期、一定地区给予代理人推销指定商品的专营权利。委托人有义务向该代理人支付佣金，负担经营风险，并保证只通过他指定的代理商向该地区销售指定的商品。独家代理商享有产品专卖权。

（2）一般代理。一般代理是指不享有专卖权的代理。

（3）特别代理。特别代理是指经本人授权进行某种特定的行为，或者经本人授权从事某项交易活动中的一件或一些事情。特别代理人在某种交易活动中的权力是有限制的。

（4）总代理。总代理是指在特定地区内，不仅有权独家代理委托人签订买卖合同、处理货物，还有权代表委托人办理其他非商业事务。

知识拓展

　　委托代理与对外贸易中的包销、定销及寄售有区别：①包销是指由出口商通过签订包销协议给国外包销商在一定时间、一定地区内经营某种或某几种商品的专营权。在包销关系中，出口商与包销商之间不是委托代理关系，而是买卖关系。包销人从出口商那里购买货物后，自负盈亏，自己承担经营上的风险。根据包销协议，包销人享有专卖权和专营权，出口商不能在同一时间、同一期限内向同一地区的其他客户出售同类商品。②定销是指定销商不享有商品的专营权，只是当出口商出售商品给定销商时，在价格、支付条件等方面给予定销商一定优惠。③寄售是出口商先把商品运交给国外约定的代售人，由其根据寄售协议代为出售商品，货款由代售人在商品出售后，扣除佣金和其他合理费用，然后通过银行汇给寄售人。在买卖成交前货物虽存放在代售人仓库中，但货物所有权仍属于寄售人。

（三）代理行为的法律特征

1. 代理人以本人的名义进行代理活动

代理行为的法律后果由本人承担。如果代理人以自己的名义进行民事活动，就不是代理活动，而是自己的行为，其法律后果由行为人自己承担。

2. 代理人应按本人的指示办理代理事务，不能自作主张

代理人应按本人的指示办理代理事务，不能自作主张，代理人对第三人不享有任何权利与义务。代理人确定为了本人的利益，在事先来不及征求本人同意的情况下，可以变更本人的指示，但必须立刻通知委托人。如果代理人无故违反本人指示而给其造成损失的，代理人应当承担赔偿责任。

3. 代理可以是有偿的，也可以是无偿的

一般经济活动中的代理都是有偿的。本人应向代理人支付报酬及代理事务所必需的费用。

4. 代理行为必须是具有法律意义的行为

即代理行为能在本人与第三人之间确立、变更或终止某种民事权利和义务关系，如代理签订合同，履行债务等，因此代理人完成代理活动一定要涉及第三人。如果仅仅只是应他人的委托而办理某些具体事务性工作，如代为修理、清理账目、整理资料等，都不能成立代理关系。因为这些行为都不是法律行为，不能产生直接的法律后果。

5. 代理人在本人授权范围内有独立的意思表示

本人之所以授权给代理人，是基于对代理人的了解和信任。所以代理人虽然是以本人的名义从事代理活动，但表现的是代理人的意志，而不是本人的意志。因为代理

人在授权范围内，有权自行决定如何向第三者进行意思表示，或者是否接受第三人的意思表示，而不仅仅是在本人与第三人之间起媒介作用。

（四）调整国际贸易代理关系的法律规范

1. 国际公约

（1）《关于协调成员国自营商业代理人法指令》（以下简称欧盟《指令》）。调整国际贸易代理关系的法律规范已经生效的、具有统一代理法性质的国际公约是原欧共体1986年制定的《关于协调成员国自营商业代理人法指令》（以下简称欧盟《指令》）。欧盟《指令》规定欧盟所有成员方适用于自营商业代理人与本人之间的关系的法律规则自1994年1月1日始，都必须符合欧盟《指令》。

知识拓展

调整代理方面的公约还有《代理统一法公约》《代理合同统一法公约》《国际货物销售代理公约》三大公约，虽然它们并未生效，但是因归纳了很多国家的共同规定而受到国际商法学界的重视。这三大公约都是由国际统一私法协会制定的，其中制定于1983年的《国际货物销售代理公约》比前两个公约更具代表性，可适用直接或间接的销售代理关系。它不仅得到智利和瑞士等国的签署，而且已被意大利、法国、南非和摩洛哥等国核准或加入。根据该公约的第三十三条，在第十个国家核准或加入1年后该公约生效，可以预见，该公约是有希望最终生效的。

特别值得一提的是《代理法律适用公约》。海牙国际私法会议一直致力于统一国际代理法律适用规则，并于1978年订立了《代理法律适用公约》，它是迄今为止国际上仅有的一个全面规范代理法律适用的国际公约。

（2）《代理法律适用公约》。该公约共分五章二十八条，规定了公约的适用范围、本人与代理人之间内部关系的法律适用、本人与第三人和代理人与第三人之间外部关系的法律适用、一般性条款和最后条款等方面的内容。

《代理法律适用公约》的适用范围。《代理法律适用公约》只涉及支配代理关系的法律，而不包括代理中有关法院管辖权或判决的承认与执行方面的规则。《代理法律适用公约》第一条第一款规定："公约适用于由一方（代理人）有权代表他人（本人）行为、代表他人行为或意在代表他人行为而与第三人进行交易所产生的具有国际性质的关系的准据法的确定。"这指明了该公约所称的代理的特定含义。第二款规定："本公约应扩大适用于代理人的作用是代表他人接收和转达提议或进行谈判的场合。"这里对代理的扩大解释是各国代理法通常未包括的，是该公约所特有的。第三款规定："无论代理人以自己的名义还是以本人的名义进行活动，也无论其行为是经常的还是临时的，本公约均应适用。"这一款对前两款进行了说明，而且不难看出，在公约代理的含义上，既包括直接代理，也包括了间接代理。也就是说，既适用于大陆法系国家的代理制度也适用于英美法国家的代理制度，这就扩大了该公约的适用范围，使其能够为更多的国家所接受。

《公约》第二条明确列举了不适用于该公约的事项：①当事人的能力；②形式方面的要求；③家庭法、夫妻财产法或继承法上的法定代理；④根据司法或准司法机关的决定，或由这些机关直接控制下的代理；⑤与司法性质的程序有关的代理；⑥船长执行其职务时的代理。此外，该《公约》第三条还规定，公司、社团、合伙或其他不论是否具有法人资格的实体的内部机关或内部人员所谓的职务性"代理"以及信托关系，也不属于公约的适用范围。而该《公约》第四条则规定，凡《公约》所规定的法律，无论其是否缔约国的法律，均应予以适用。这些规定显然是想扩大公约的适用范围，使其具有普遍性。

本人与代理人之间关系的法律适用。该《公约》第八条规定，本人与代理人之间关系是指：其一，代理人代理权的存在和范围、代理权的变更或终止、代理人超越或滥用代理权的后果，代理人指示替补代理人、分代理人或增设代理人的权利；其二，在代理人和本人之间存在潜在利益冲突的场合代理人代表本人订立合同的权利；其三，非竞争性条款和信用担保条款，在顾客中树立的信誉的补偿；其四，可以获得赔偿的损害的种类。由此可见，该公约适用于代理内部关系的几乎所有实质性问题。

本人或代理人与第三人的关系。《公约》第十一条第一款规定："在本人和第三人之间，代理权的存在、范围和代理人行使或打算行使代理权的效力，应适用代理人实施有关行为时的营业地所在国的国内法。"但是，《公约》第十一条第二款规定，如果存在以下情况，应依行为人行为地国家的国内法进行调整：其一，本人在该国境内设有营业所，或虽无营业所但设有惯常居所，而且代理人以本人的名义进行活动；其二，第三人在代理人行为地国设有营业所，或虽无营业所但设有惯常居所；其三，代理人在交易所或拍卖行进行代理活动；其四，代理人无营业所，而且在当事人一方有数个营业所时，则应以其中与代理人的有关行为有最密切联系的营业所为准。

该《公约》在一般条款和最后条款部分规定了强制性规则的适用，公共政策，对适用公约的保留以及公约的签字、批准、加入、退出等事项。

综上所述，《公约》为世界范围内国际代理法律适用问题提供了一套统一的规则，并且尽可能地考虑到不同法系、不同国家代理制度所存在的差异，易于被各主权国家接受。《公约》已于 1992 年 5 月 1 日生效，并将在国际代理领域发挥越来越重要的作用。

2. 国际惯例

国际商会 1960 年曾拟定了一份《商业代理合同起草指南》。该指南为促进国际商事活动中本人与代理人间内部关系提供一些建议，该指南并不像《国际贸易术语解释通则》或《统一跟单信用证惯例》那样明确有关当事人之间的权利和义务，而且其适用范围也仅仅局限于直接代理关系。因此，目前国际社会尚不存在规范化的、专门适用于国际商事代理关系的国际惯例。但是，由于《国际商事合同通则》可以适用于各类国际商事合同，因此国际商事代理关系中的当事人可以援引该通则作为确定他们相互间合同权利和义务的框架规则。

3. 国内法规范

由于调整国际商事代理关系的国际法规范的局限性，国内法规范在调整国际商事代理关系中依然扮演着重要角色。

英国的商事代理业早已十分发达，英国很早就出台了将判例成文化的制定法，如1889 年《商业代理人法》。英国早期的其他商事制定法中也含有调整特定代理关系的规范，如 1906 年的《海上保险法》。英国在 20 世纪 70 年代开始更加注重制定法工作，先后制定了《不动产及商业代理人法》（1970 年）、《代理权利法》（1971 年）、《不动产代理人法》（1979 年）等单行法。但是，在英美法系国家，判例仍是调整国内和国际商事代理关系的法律规范的重要渊源。

在美国，调整国内和国际商事代理关系的制定法至今也不及英国全面、完善，但由美国法律协会主编的《代理法重述》（第二次）经常成为美国法官判案援引的根据。因此，该重述可视为美国代理法重要的辅助渊源。此外，美国各州的公司法等单行法中也含有一些代理法性质的规则。

大陆法系国家适用于国际商事代理关系的法律规范仍然主要体现于民商法典之中。不过，大陆法系国家中也有一些国家制定了专门调整商事代理关系的单行法，如德国 1953 年的《商业代理法》等。

中国调整国际商事代理关系的法律规范主要体现于《民法通则》《合同法》等民事法律之中。此外，还包括有关代理制度的行政规章，如《关于外贸代理制的暂行规定》以及最高人民法院的司法解释《最高人民法院关于贯彻执行〈民法通则〉若干问题的意见（试行）》等。

二、代理权的产生

代理权可以根据多种原因产生，大陆法系和英美法系各有不同。

（一）法定代理和意定代理

大陆法系把代理权产生的原因分为如下两种：

1. 法定代理

凡不是由本人的意思表示而产生的代理权称为法定代理权（Statutory），具有这种代理权的人称为法定代理人。法定代理权的产生主要有以下几种情况：①根据法律的规定而享有的代理权；②根据法院的选任而取得的代理权；③因私人的选任而取得的代理权。

2. 意定代理

意定代理（Voluntary）是由本人的意思表示产生的代理权。这种意思表示可以采用口头方式，也可以采用书面方式；可以向与代理人表示，也可以向与代理人打交道的第三人表示。

（二）明示指定、默示授权、客观必需的代理和追认代理

英美法系认为代理权可以由这些原因产生。

1. 明示指定

明示指定就是由本人以明示的方式指定某人为其代理人。这种明示的方式即代理协议，代理协议既可以采用口头方式，也可以采取书面方式。

2. 默示授权

默示授权（Implies Authority）是指一个人以他的言词或行动使另一个人有权以他的名义签订合同，他就要受该合同的拘束，就像他明示地指定了代理人一样。这在英

美法上又称为"不容否认的代理"。

3. 客观必需的代理

客观必需的代理（The Agency of Necessity）是在一个人受委托照管另一个人的财产，为了保存这种财产而必须采取某种行动时产生的。在这种情况下，虽然受委托管理财产的人并没有得到采取此种行动的明示的授权，但由于客观情况的需要得视为具有此种授权。这种情况在国际贸易中时有发生。

行使这种代理权必须具备三个条件：①行使这种代理权是实际上和商业上所必需的。②代理人在行使这种权力前，无法同本人取得联系以得到本人的指示。③代理人所采取的措施必须是善意的，并且必须考虑到所有有关各方当事人的利益。

4. 追认代理

追认代理（Ratification）是指如果代理人未经授权或者超出了授权的范围而以本人的名义同第三人订立了合同，这个合同对本人是没有拘束力的。但是本人可以在事后批准或承认这个合同，这种行为就叫作追认。追认的效果就是使该合同对本人具有拘束力，如同本人授权代理人替他订立了该合同一样。追认具有溯及力，即自该合同成立时起就对本人生效。

追认必须具备以下条件：①代理人在与第三人订立合同时必须声明他是以代理人的身份订立合同，否则就不可能在事后由本人予以追认。②合同只能由订立该合同时已经指出姓名的本人或可以确定姓名的本人来追认。③追认该合同的本人必须是在代理人订立合同时已经取得法律人格的人。根据英美法，如果代理人替尚未成立的公司订立合同，日后即使该公司经过注册成为法人，但该公司不能追认这个合同。④本人在追认该合同时必须了解主要内容。

三、无权代理

无权代理是指欠缺代理权的人所作的代理行为。

无权代理的产生主要有以下情况：①不具备默示授权条件的代理。②授权行为无效的代理。③越出授权范围行事的代理。④代理权消灭后的代理。

根据各国法律规定，无权代理所作的代理行为，如与第三人订立合同或处分财产等，非经本人的追认，对本人没有拘束力。如果"善意"的第三人由于无权代理人的行为而遭受损失，该无权代理人应对"善意"的第三人负责。"善意"是指第三人不知道该代理人是无权代理的。如果第三人明知代理人没有代理权而与之订立合同，则属于咎由自取，法律上不予以保护。

四、代理关系的终止

（一）代理关系的终止

代理关系可以根据双方当事人的行为或者法律终止。代理人的授权一旦终止，代理人即丧失为本人代理从事各种行为的全部权力。

1. 根据双方当事人的行为终止代理关系

（1）根据代理合同而终止。如果双方当事人在代理合同中订有期限，则代理关系于合同规定的期限届满时终止。如果合同中没有具体期限的规定，代理关系将延续到一个合理的时间，但它可以根据双方任何一方的意思终止。

（2）根据双方当事人的同意而终止。由于代理关系是建立在双方同意的基础上，所以当事人可以通过双方的同意终止代理关系。

（3）根据被代理人的撤回而终止。本人解除代理人时，代理关系即告终止，即使代理人被指明为不可撤回者。如果代理关系没有确定特定的时间，而且仅仅是根据双方的意愿或者如果代理人因错误的行为而导致犯罪，本人可以解除代理人并且不承担义务。

（4）根据代理人的放弃而终止。如果代理关系是建立在意愿的基础上，代理人在任何时候都有权放弃代理权。如果代理人拒绝继续作为代理人而行为，代理关系即告终止。如果本人因进行错误的要求或其错误的行为而导致犯罪，代理人在任何情况下对于代理关系都有撤销的权力。但是如果代理关系在合同中载明一个确定的时间段，只要被代理人没有错误的行为而导致犯罪，直到期限届满以前，代理人都没有撤回的权力。如果代理人的撤回是错误的，代理人对本人应承担义务。

2. 根据法律终止代理关系

在下列情况下，代理关系即告终止：

（1）死亡。无论是本人还是代理人的死亡都将自动地终止代理关系，即使是一方不知道另一方死亡的情况下也是如此。

（2）精神错乱。无论是本人还是代理人，如果发生精神错乱，代理授权即告终止。但如果本人的无行为能力只是暂时的，代理人的授权可以中止，到本人的行为能力恢复后继续行使。

（3）破产。本人或代理人的破产通常要终止代理关系。但是代理人破产并不能终止代理人处理他所管理的被代理人的财产、货物的权力。同宣告破产不同，无清偿债务能力者，通常不终止代理关系。

（4）不可能。当代理人无论如何都不可能履行代理行为时，代理关系即告终止。如代理的客观事物的毁坏，同代理人订立合同的第三人行为能力的丧失或者死亡，或者法律的变更而使代理人无法依法行使代理权。

（5）战争。如果本人所在国家与代理人所在国家处在战争中，代理授权通常要终止，或者至少中止直到恢复和平。一般情况下，当战争影响并使得代理行为无法进行时，代理关系即告终止。

（6）偶然事件与环境变化。偶然事件的发生或者代理货物的价值和商业条件的变化往往导致代理关系的终止。如一个代理人授权在特定价格上出卖土地，当由于在这些土地上发现油田而使土地价格大幅度上涨时，代理授权即告终止。

（二）代理关系终止的效果

如果代理权被本人撤回，为本人而进行行为的代理人的授权直到代理人收到撤回通知时才告终止。一旦代理人的授权终止，约束被代理人的代理权对第三人也失去效力。这种代理权的终止是有效的，并且不必通知第三人。但如果由于本人的行为导致代理关系终止，则必须通知第三人，在通知前代理人同第三人签订的合同仍然对本人有约束力。

当法律要求在结束代理关系必须通知有关当事人时，个人的通知必须向与代理人和本人对某项法律行为有关的一切人发出。对于公众的通知可以通过报纸发表声明，声明某种代理关系已告终止。一旦有关当事人确定收到了本人的通知，无论通知的方法是否适当，终止代理关系就是有效的。相反地，如果本人的通知是适当的，至于被通知的当事人是否对此引起了重视则是不重要的。如本人已通过报纸发表了终止代理人的代理权的声明，而第三人没有看到报纸，此时就不能因第三人没有看到报纸而使本人仍受代理关系的约束。

第二节　本人与代理人的关系

案例导入

原告雇了被告从事废旧钢铁的买卖交易。当生意兴隆时，被告与公司另一名职员准备也创立一个类似的钢铁公司，并在业余时间积极准备。后两人辞职并于一年后正式成立了一家钢铁公司。原告认为被告在任职期间不忠实，所以应赔偿损失，并要求法院禁止被告开业。法院认为，被告在任职期内并未开办类似的公司与被代理人竞争，业余时间的准备是合理的，辞职一年后才开业，也不违反商业信誉原则，故不涉及不忠实问题，原告败诉。

本人与代理人之间的关系属于代理关系中的内部关系，在通常情况下，本人与代理人都是通过订立代理合同或代理协议来确立他们之间的代理关系，这种关系又通过双方的权利与义务关系体现出来。各国对于本人与代理人的权利和义务的法律基本上是一致的。

一、代理人的义务

1. 代理人应勤勉地履行其代理职责

如果代理人不履行其义务，或者在替本人处理事务时有过失，致使本人遭受损失，代理人应对本人负赔偿责任。

2. 代理人对本人应诚信、忠实（Good Faith and Loyalty）

代理人必须向本人公开他所掌握的有关客户的一切必要的情况，以供本人考虑决定是否同该客户订立合同；代理人不得以本人的名义同代理人自己订立合同，除非事先征得本人的同意；代理人不得受贿或密谋私刑，或与第三人串通损害本人利益。根据英国法规定，若代理人受贿、密谋私刑或与第三人串通损害本人利益的，要追究受贿的代理人和行贿的第三人的刑事责任。

3. 代理人不得泄露本人的商业秘密

代理人在代理期间和代理关系终止后，都不得向任何第三人泄露他在代理业务中所获得的本人的保密情报和资料。

4. 代理人须向本人申报账目

代理人为本人收取的一切款项须全部交给本人。但是如果本人欠付代理人的佣金或其他费用时，代理人对于本人交给他占有的货物享有留置权，或以在他手中掌握的属于本人所有的金钱，抵销本人欠他的款项。

5. 代理人不得把他的代理权委托给他人

如果客观情况有此需要，或贸易习惯上允许这样做，或经征得本人的同意者，可不在此限。

二、本人的义务

1. 支付佣金

本人必须按照代理合同的规定，付给代理人佣金或其他约定的报酬，这是本人的一项最主要的义务。在贸易代理合同中，对佣金问题必须特别注意以下两点：①本人不经代理人的介绍，直接从代理人代理的地区收到订货单，直接同第三人订立买卖合同时，是否仍须对代理人付佣金。②代理人所介绍的买主日后连续订货时，是否仍须支付佣金。由于有些国家在法律上并无详细规定，故这些问题如何处理完全取决于代理合同的规定。

2. 偿还代理人因履行代理义务而产生的费用

除合同确定外，代理人履行代理任务时所开支的费用是不能向本人要求偿还的，因为这是属于代理人的正常业务支出。但是如果代理人因执行本人指示的任务而支出了费用或遭到损失时，则有权要求本人予以赔偿。例如，代理人根据本人的指示在当地法院对违约的客户进行诉讼所遭受的损失或支出的费用，本人必须负责予以补偿。

3. 本人有义务让代理人检查核对账册

这主要是大陆法国家的规定。有些大陆法国家在法律中明确规定，代理人有权查对本人的账目，以便核对本人付给他的佣金是否准确无误。这是一项强制性的法律，双方当事人不得在代理合同中作出相反的规定。

4. 与代理人合作以便利其履行义务

很多情况下，离开本人的合作，代理人无法完成代理任务。国际货物销售代理是一种重要类型的国际贸易代理，这种代理关系中的代理人特别需要本人在某些方面给予合作。当事人不得以约定的方式排除本人对代理人的下列合作义务：①向代理人提供所涉及货物的有关必要文件。②为代理人提供履行代理合同所必需的信息，特别是在预见到商业交易量实质性地低于代理人通常所期望的交易量时即在合理的时间内通知代理人。③在合理的时间内就其接受、拒绝或不执行代理人已议定的交易通知代理人。在其他的国际贸易代理关系中，本人也应根据具体情况与代理人合作，否则，因本人不予合作而导致代理人不能完成代理任务的，代理人无须承担任何违约责任。代理人因本人不予合作而遭受其他损失的，代理人还有权向本人索赔。

5. 为代理人提供安全的工作条件

根据约定或惯例，国际贸易代理人的工作场所、设备和用品等工作条件是由本人提供的，本人有义务按代理事务所在国的安全法规提供安全的工作条件。代理人因本人提供的工作条件不安全而遭受损害的，本人有义务予以赔偿。

第三节　本人及代理人同第三人的关系

案例导入

甲长期担任 A 公司的业务主管，在 A 公司有很大的代理权限。在甲的努力下，A 公司生意兴隆，新老客户遍及世界。由于 A 公司的董事长嫉妒甲的才能，无理解雇了甲。甲怀恨在心，于是在遭解雇一个月后，继续假冒 A 公司的名义从老客户 B 公司处骗得货物，并逃之夭夭。B 公司要求 A 公司付款，A 公司则以甲假冒公司名义为由拒绝付款。B 公司坚持认为在其与甲做生意期间，并不知甲已被 A 公司解雇，并且也未收到关于 A 公司已解雇甲的任何通知。

问题：甲的行为属于什么行为？A 公司是否要为甲的无权代理行为负责？

本人及代理人同第三人的关系往往是错综复杂的，在这个三角关系中，最重要的问题是弄清第三人究竟是同谁订立了合同。这个问题在国际贸易业务中是时常发生的，因此有必要弄清。对于这个问题，大陆法和英美法有不同的处理方法。

一、以代理人代表的身份标准确定代理关系

在确定第三人究竟是同代理人还是同本人订立了合同的问题时，大陆法所采取的标准是看代理人是以代表的身份还是以他自己的身份同第三人订立合同。基于这种标准，大陆法把代理分为两种。

1. 直接代理

如果代理人在代理权限内以代表的身份，以本人的名义同第三人订立合同，其效力直接及于本人，称为直接代理。在这种情况下，代理人在同第三人订立合同时，可以指明本人的姓名，也可以不指明本人的姓名而仅声明是受他人的委托进行交易，但无论如何必须表示是作为代理人的身份订约的，否则就将认为是代理人自己同第三人订立合同，代理人应对该合同负责。

2. 间接代理

如果代理人以他自己的名义，但是为了本人的利益而与第三人订立合同，日后再将其权利与义务通过另外一个合同转移于本人的称为间接代理。另外的合同是指权利转让合同，即代理人与本人签订另外的代理与委托合同，授权代理人的代理权，接受已签订合同的权利与义务。

在大陆法国家，直接代理称为商业代理人，间接代理称为行纪人。行纪人虽然是受本人的委托并为本人的利益而与第三人订立合同的，但他在订约时不是以本人的名

义同第三人订约，而是以自己的名义订约。因此这个合同的双方当事人是代理人与第三人，而不是本人与第三人，本人不能仅凭这份合同直接对第三人主张权利。只有当代理人把他从这个合同中所取得的权利转让给本人之后，本人才能对第三人主张权利。

二、以承担合同义务的标准确定代理关系

对于第三人究竟是同代理人还是同本人订立合同的问题，英美法的标准是，对第三人来说，究竟是谁应当对该合同承担义务则是同谁订立了合同，即采取义务标准。这个标准一般区分为三种情况。

1. 代理人在订约时已指出本人的姓名

在这种情况下，这个合同就是本人与第三人之间的合同，本人应对合同负责，代理人不承担个人责任，即退居合同之外，既不能从合同中取得权利，也不承担合同义务。

但是有下列情况者除外：①如果代理人以自己的名字在签字蜡封式合同上签了名，他就要对此负责。②如果代理人以自己的名字在汇票上签了名，也应对此负责。③如按行业惯例认为代理人应承担责任者，代理人也须负责。如按运输行业的惯例，运输代理人替本人预订舱位时须对轮船公司负责交纳运费及空舱费（当然这笔费用在本人义务的第二条中得到偿还）。

2. 代理人在订约时表示有代理关系存在但没有指出本人的姓名

在这种情况下，这个合同仍被认为是本人与第三人之间的合同，应由本人对合同负责，代理人对该合同不承担个人责任。如果只在信封抬头或在签名之后加列"经纪人"或"经理人"的字样并不能排除个人责任，必须以清楚的方式表明他是代理人，如写明"买方"或"卖方"代理人，至于代理的本人姓名或公司名称可不在合同中载明。

3. 代理人在订约时根本不披露有代理关系的存在

在这种情况下，谁应当对该合同负责是一个较复杂的问题。一般来讲，代理人应对合同负责。

英美法认为，未被披露的本人原则上可以直接取得这个合同的权利并承担其义务。具体有两种情况：①未被披露的本人有权介入合同并直接对第三人行使请求权，或在必要时对第三人起诉，如果介入了，她就使自己对第三人承担个人义务。②第三人在发现了本人之后，就享有选择权，他可以要求本人或代理人承担合同义务，也可以向本人或代理人起诉。第三人一旦选定了要求本人或代理人承担义务之后，一般不能改变主意，除非这种情况被推翻。如果法院作出了判决，就不能再改变。

这一点也就是英美法与大陆法的不同特点。因为前两种情况与直接代理类似，第三种情况类似间接代表。大陆法中间接代理需有转让合同，方可改变法律关系；而英美法中，第三人发现了本人，可以直接对本人起诉，不再需要转让合同。

第四节　承担特别责任的代理人

案例导入

A银行代B银行开证，并对信用证加具保兑。证中指定议付行为国内W银行，且规定单据到保兑行付款。而W银行接到出口商单据，经过认真审核确认单证相符后，却未按信用证规定将单据寄给保兑行A银行，而是误寄给了开证行B银行。B银行长时间无反应，使W银行意识到自己的失误，并转而向保兑行A银行索款，却遭拒付。然后W银行重新向开证行B银行索取款项，结果该行以已过有效期和单据提示期为由拒付。

在国际商事交往中承担特别责任的代理人起着越来越重要的作用。承担特别责任的代理人是指由代理人和第三人或本人进行特别约定或按某行业的商业惯例，对第三人或本人承担特别责任的代理方式。

知识拓展

根据各国代理法，代理人在授权范围内代表本人同第三人签订合同，在本人违反该合同时，代理人对第三人不承担个人责任。同样，代理人只要履行了勤勉、服从和诚信等一般代理人的义务之后，在第三人不履行合同时，他对被代理人也不承担其他任何责任。但是，由于国际贸易的当事人身处两地，难于掌握较多的商业信息以防范交易风险，便要求非常熟悉本国和外国客户的资信和经营等事项的代理人为交易合同承担特别责任。为扩大客源，代理人也乐于承担特别责任，于是国际贸易代理业务中出现了承担特别责任的代理人。这些承担特别责任的代理人的出现，不仅促进了国际贸易的发展，而且也突破了传统的代理法理论。目前，大多数国家的法律也允许代理人和第三人或本人进行特别约定或按某行业的商业惯例，对第三人或本人承担特别责任。承担特别责任的代理人可分为对第三人承担特别责任的代理人和对被代理人承担特别责任的代理人两类。这些承担特别责任的代理人在国际贸易中起着十分重要的作用。

一、对本人承担特别责任的代理人

对本人承担特别责任的代理人是出口保理人。在国际经济与贸易活动中，传统的对本人承担特别责任的代理人主要是信用担保代理人。信用担保代理人的责任是在他所介绍的买方（第三人）不付款时，由他赔偿本人因此而遭受的损失。信用担保代理人在过去西方国家的出口贸易中曾起到过积极作用，现代承担特别责任的代理人是出口保理人。

对本人承担特别责任的出口保理人的业务比信用担保代理人的业务范围广泛，这种保理人向出口商（本人）提供一套包括对买方（第三人）的资信调查、全额的风险担保、催讨货款、进行财务管理及融通资金等综合性的代理服务。为安全收取货款而选择此种代理的出口商，在与外国进口商订立买卖合同前，必须先与保理人联系，将准备与之订约的进口商名称和地址告之代理人，在得到保理人认可并签订了保理协议后，方可在协议规定的限度内与进口商订立正式的买卖合同。买卖合同签订后，出口商应按合同规定提交货物，并向保理人提交发票、汇票及提单等有关凭证，再由保理人通过其在进口地的分支机构或代理人向进口商收取货款。如果进口商不按时付款或拒付，那么保理人应负责追偿和索赔，并负责按保理协议规定的时间向出口商支付赔款。但是，作为本人的出口商因自己违反买卖合同而遭受进口商的拒付或延迟支付，保理人对出口商是不负责的。

出口保理人作为一种新的代理概念，是随着国际贸易发展而产生的，这种新的代理关系也将会得到进一步发展。

二、对第三人承担特别责任的代理人

在国际商务活动中，有些代理人根据法律、惯例或合同规定，须对第三人承担特别责任。通常主要有以下几种：

1. 保付代理人

保付代理人（Confirming Agent）在一些发达的市场经济国家很常见，主要是由出口协会的出口商设立的，专门从事无追索权的对外贸易资金融通的商业机构。其主要业务是：接受国外买方的委托，向本国的卖方订货；在国外买方的订单上加上自己的保证，在该被代理的买方违约不付款时，由其向本国的卖方支付货款。通过保付代理行订立的货物进出口合同中的卖方必须注意严格按合同规定交付货物和有关单据，否则，因卖方违反合同而使买方有合理的理由延迟或拒付货款时，保付行即解除其对卖方的保付责任。此外，保付行也只承担保付协议中规定的信用额度风险，超过该额度的发货部分，保付行也无保证付款责任。

2. 保兑银行

保兑银行（Confirming Bank）是应开证行的请求，对开证行开出的不可撤销信用证再加保兑的银行。在这种法律关系中，开证银行是委托人（本人），保兑银行是代理人，卖方是受益人（第三人）。由于保兑银行在开证银行的不可撤销信用证上加上了自己的保证，他就必须据此对第三人承担责任。

在国际贸易中，当事人经常采用开立信用证的方式支付货款，但其中的一些卖方当事人对国外的某些开立信用证的中小银行也不大放心，于是便通过买方，要求该开证行对其开立的信用证取得其他银行的保兑。该信用证一经保兑，出口商便获得了开证行和保兑行议付或付款的双重保证，从而大大地加强了自己的收汇安全。在实践中，保兑行通常是通知行，但有时也可能是出口地其他银行或第三国银行。通知行负责保兑责任时，一般在信用证通知书上加注保兑文句，其他银行的保兑文句则一般直接加于信用证上。

根据国际商会1993年跟单信用证"500统一惯例"的解释，不可撤销的信用证一经保兑，即构成保兑行在开证行承诺之外的一项确定的承诺，保兑行对受益的第三人承担必须付款或议付的责任。且这种责任是第一位的，即受益的第三人不必先向开证行要求付款，等开证行拒付后再找保兑行，而是可以首先向保兑行要求付款或议付。保兑行做出议付后，即使开证行无理拒付或倒闭，它也不能向受益的第三人追索。可

见，保兑行对受益的第三人的责任相当于其本身单独开立信用证，其后不论开证行发生什么变化，它都不能单方面撤回其保兑的责任。

3. 货物运输代理人

货物运输代理人（Forwarding Agent）在国际贸易中很受欢迎。货物运输代理人对海陆空运具有专门知识，对国内外的海关手续、运费、折扣、港口、路站及机场的习惯与惯例、运输货物的包装和安置等都非常精通。有时他们还承担代验商品和催收债款的业务。

国际上的运输代理人经常参照英国的运输代理机构制定的标准交易条件，同本人和从事实际运输的承运人即第三人签订合同。这类合同主要包括如下内容：①运输代理人必须留置本人的商品，直至本人对实际承运人和自己的债务均已付清。②运输代理人有权接受所有经纪费用、佣金、津贴及其他报酬。③本人可委托运输代理人投保，但运输的代理人不能自行决定投保。④运输代理人若同意对已经仓储的货物投保，则其仓储费用必须包含于保险单中，否则运输代理人得对有关损失负赔偿责任。⑤运输代理人对因本人未及时指示而使有关商品在关税提高之日以前未能报关所造成的损失概不负责。⑥运输代理人根据本人请求代订舱位，若本人未能装货而使船舶空舱航行，则运输代理人得向承运人即第三人支付空船费。当然，运输代理人事后可就该费用向本人追偿。

4. 保险代理人

在国际贸易中，进口商或出口商投保货物运输保险时，一般不能直接与保险人或保险公司订立保险合同，而必须委托保险经纪人代为办理，这是保险行业的惯例。根据有些国家如《英国1906年海上保险法》《中华人民共和国保险法》（以下简称《保险法》）的规定，保险经纪人（Insurance Broker）是基于投保人的利益，为投保人与被保险人订立保险合同提供中介服务，并依法收取佣金的单位。这一定义与其他国家的保险经纪人的概念基本相同，只是很多国家并未限定只有单位才能为经纪人。不过，实践中，很多国家的经纪人都已组成为经纪人公司或合伙企业。

保险经纪人的具体业务是代投保人向保险人洽谈、订立保险合同、办理投保手续、代交保险费或代为索赔等。中国《保险法》第一百三十六条还明文规定：保险经纪人办理保险业务时，不得利用行政权力、职务或职业便利以及其他不正当手段强迫、引诱或限制投保人订立保险合同。

根据国际保险界的习惯，保险经纪人接受投保人的委托后，其佣金并不是由被代理的投保人而是由保险人即第三人支付的。与此习惯相对等的是，保险经纪人对保险人即第三人也承担不同于一般代理人的特别责任，即当投保人不支付保险费时，保险经纪人必须向保险人缴纳该保险费，这是与一般代理不同的。

第五节 中国的外贸代理制

案例导入

A 公司是专门从事外贸代理进出口的一家企业。2015 年 8 月 1 日，新西兰 C 公司向 A 公司以电子邮件的形式发出要约，其中有关于数量的描述是："up to 200ts, buyer's Option"（最多 200 吨，数量由买方决定）。2015 年 8 月 3 日，A 公司回复："We confirm the offer, please change the quantity to 250 ts."（我们接受该要约，但请将数量改为 250 吨）随后，A 公司确认了糕点生产企业 B 公司的 200 吨奶粉的订单，并要求 C 公司于 2016 年 1 月按照 B 公司的指示发货。

2015 年 8 月中旬，奶粉国际市场价格普遍上涨了一倍。A 公司接到新西兰 C 公司的电话，表示 250 吨的奶粉买卖合同没有成立，C 公司不会按照原要约发货。2015 年 12 月底，A 公司相继接到糕点生产企业 B 公司的发货通知。一方面是新西兰 C 公司明确拒绝按照原要约发货，另一方面糕点生产企业 B 公司不愿意在价格上做出让步，坚决要求 A 公司按照订单发货，而奶粉国际市场价格居高不下，A 公司遭受"双面夹击"，面临向 B 公司承担违约赔偿责任的风险。

问题：从上述案例中可以得出什么教训呢？

推行外贸代理制是我国外贸体制改革的主要任务之一。本节将对外贸代理制的主要内容进行介绍。

知识拓展

由于国际代理中介入了国际因素，因此从某一具体国家来看，这种介入了外国因素的代理为涉外代理。在中国的对外经济交往中，对外代理的发生主要有以下几种情形：一是最常见的具有进出口经营权的公司代理国内企业从事进出口贸易；二是经批准成立的国际货物运输代理企业接受进出口货物收货人、发货人的委托，以委托人或者自己的名义，为委托人办理国际货物运输及相关业务；三是对外商标代理组织代理外国人和外国企业在中国申请商标注册和办理其他商标事宜；四是进出口公司的境外分支机构从事代购、代销或代理其他行为。此外，最近几年逐渐有国外公司、企业等在中国设立代理机构或选任代理人从事商事方面的代理活动。随着中国对外经济交往的不断增多，对外代理越来越显示出其旺盛的生命力，而外贸代理在中国的对外贸易中更是起着巨大的作用。

一、外贸代理制的法律性质及特点

1. 外贸代理制的法律性质

我国的外贸代理制多数情况下属于间接代理，即外贸代理人在代理权限内以自己的名义实施法律行为，在外部关系中直接对第三人享有权利、承担义务和责任，待转入内部关系后，代理行为的这种法律后果才最终归本人承受。

知识拓展

　　行纪是大陆法系国家典型的商事制度，它是指以自己之名义，为他人之计算，为动产之买卖或其他商业上之交易，而受报酬之营业。其中，以自己的名义为他人（委托人）购买或销售货物从事商事行为的人称为行纪人（受托人），委托行纪人为自己从事商事行为的人称为委托人。行纪制度是在十五十六世纪伴随着国际商贸交易的兴起而发展起来的。行纪制度产生之前，商人常派遣贸易代理人到国外从事商事贸易，但代理人常滥用其信用给被代理人（商人）造成极大的损害，而且不论国际贸易业务繁简，常设国外代理人，也导致了交易成本的增加。为了解决这一问题，行纪制度便应运而生。一方面，商人在国外经商，委托当地行纪人以行纪人名义为商人（委托人）从事买进卖出业务，商人向其支付相应报酬，大大降低了交易成本；另一方面，行纪人准确、全面地了解和掌握当地贸易情况和商业信息，并基于自己所熟知的信息为委托人提供服务，避免了外地商人因异地贸易情况和商业信息不熟悉而可能发生的交易风险，这是行纪制度在进出口贸易中得到广泛采用的主要原因。近年来，行纪业已超出了外贸进出口的范围，服务领域日益扩大。

　　我国的外贸代理制借鉴于大陆法国家的行纪制度。在借鉴行纪制度的过程中，我国也创新了自己的思路，我国外贸代理的普遍做法是：国内购货或供货单位（多为无外贸经营权的生产企业）凭订货或供货卡，经批准进口或出口某种货物或技术后，委托有该类货物外贸经营权的外贸公司代为办理进出口业务。外贸公司以自己的名义对外签约、履约以及进行其他各种必要交涉。

　　2. 外贸代理的特点

　　（1）在外贸代理制下，代理人是对外贸易交易的直接当事人。他以自己的名义对外签约，并对外承担义务、享有权利。

　　（2）在外贸代理制下，委托人是对外贸易交易的间接当事人。他不直接对外商承担义务和责任，也不直接主张权利，一切须经过外贸代理人来完成；反之，外商对委托人也是如此。

　　（3）在外贸代理制下，委托人必须承受代理人代为进出口业务的法律后果，除非他能证明代理人实施代理行为过程中存在过失，如未按代理协议行事、未恪尽代理职责等。

　　（4）在外贸代理制下，代理人未能按约定的条件实施代理行为，或者对外履约，属于委托人的过错，由委托人承担责任；属于代理人的过错，代理人自行承担责任；双方均有过错的，各自承担相应的责任。

　　（5）在外贸代理制下，代理行为实施过程中的各种风险，如市场价格风险，进出口货物运输途中的损毁、短量、灭失风险，利率及汇率风险，信用风险等，原则上均由委托人承担，除非他能证明代理人存在过失或未尽代理责任。但代理人同时有义务独立决定采取一切可能的措施防范上述风险，如代委托人投保、在进出口合同中安排保值条款或采取其他保值措施以及调查客户资信等。

　　（6）代理人为了委托人的利益采取各种风险防范措施而发生的费用由委托人承担。

二、外贸代理制的法律适用

　　外贸代理的运作涉及三方关系人，即外贸公司（代理人，又称受托人）、生产企业（又称委托人，本人）以及外商（第三人）。这三方面的关系人又结成了两种关系，即外贸公司与生产企业之间的委托代理关系和外贸公司与外商之间的货物买卖关系。

外贸公司与外商之间的货物买卖关系属于涉外经济关系，一般适用我国《涉外经济合同法》《联合国国际货物销售合同公约》以及有关国际贸易惯例等；外贸公司与生产企业之间的委托代理关系则适用我国有关外贸代理的专门立法，如1991年8月29日经贸部颁布的《关于对外贸易代理制的暂行规定》（以下简称《暂行规定》）以及有关间接代表的一般法理。在委托协议中的交易条款适用国内《经济合同法》，委托人为具有外贸经营权的公司或企业，属于间接代理性质的，即代理人以自己的名义对外签订合同的，双方权利与义务适用《暂行规定》；属于直接代理性质的，即代理人以被代理人名义对外签订合同的，双方权利与义务则适用《民法通则》的有关规定。自1999年10月1日正式实行的《合同法》，也为外贸代理制的法律适用。

三、外贸代理协议的主要内容

在外贸代理制下，委托人与代理人之间的权利与义务关系的具体内容是由双方订立的委托代理协议所确定的。外贸代理协议的主要内容由以下几个部分组成：

1. 委托进口或出口的标的物及交易条件

这一部分主要包括国际货物买卖合同的条款，即商品或标的物的名称、范围、内容、品质、数量、价格幅度、支付方式、交货方式、计价货币以及其他需要明确的对外贸易条件，如检验、保险、包装、索赔、仲裁等。这部分内容在法律上被视为委托人给予代理人的指示，构成日后代理人对外商签订进出口合同（如国际货物买卖合同）的依据及基础。因而凡是需要在进出口合同中明确的交易条件，首先应该在委托代理协议中予以明确。

2. 委托方对受托方的授权范围

这部分内容主要载明委托的事项和代理人的权限：①委托事项包括委托全程代理和部分代理。全程代理是指由代理人代为完成进出口交易各个环节的业务和工作，在委托方不具有外贸经营权的场合，多适用全程代理。以出口代理为例，全程代理就是：外贸公司为委托人寻找市场、联系客户、磋商交易、成交签约到催证、备货、制单、订舱、领证、商检、投保、报关、出运直至最后结汇、收汇全部代为办理。部分代理是指代理人只代理受托环节的业务，其他环节的业务仍由委托人自己完成。②代理权限是指代理人进行能够设立、更变或消灭最终由委托人承受的权利和义务的法律行为，如与外商约定成交价格及其他各项成立条件，修改、变更或解除进出口合同，对外提取仲裁或诉讼等时具有的权限范围。代理人必须在委托人授予的代理权限范围内行事，越权代理行为，如未经委托人追认，其法律后果由代理人自行承受。

3. 承托双方的权利、义务和责任

这部分内容是委托协议的核心，当事人双方须根据法律确立的原则和框架协商订立。

根据《暂行规定》的规定，委托人的主要义务是：①负责办理进出口报批手续。即依国家有关法律、法规和规章的规定，办理委托进口或出口商品的有关报批手续。②尊重代理人独立进行意思表示的权利。为了更好地安排进出口合同，完成代理事项，代理人在代理权限内应该具有独立进行意思表示的权利，即在谈判签约过程中应该能够根据实际情况，自行决定如何向外进行意思表示，或者是否接受外商的意思表示。为此，委托人不得自行对外询价或进行商务谈判，不得自行就合同条款对外作任何形式的承诺，亦不得自行与外商协商变更或修改进出口合同。③严格履行委托协议规定的义务。如及时按约定条件向代理人提供进口所需要的资金或委托出口的商品，否则要对因自身违约所造成、引发的一切后果负责。如因委托人违约致使代理人对外违约的，委托人应向代理人照付各项有关费用，并承担代理人因此对外承担的一切责任。④承担各项有关费用。代理行为全部完成后，委托人有义务按照委托协议的规定，向代理人支付约定的手续费，并偿付代理人为其垫付的费用、税金及利息。

根据《暂行规定》的规定，代理人的义务主要是：①对外承担权利和义务。代理人应根据委托协议和有关规定，以自己的名义与外商签订进出口合同，并对外承担合同义务，享有合同权利。②恪尽代理责任。在代理进出口业务过程中，代理人应能从委托人的利益出发，以高度负责的态度，权衡利弊得失，自觉采取适当的措施或实施适当的行为，最大限度地维护委托人的利益。如代理人有义务保证进出口合同条款符合我国有关法律、法规及规章的规定，符合国际惯例，不损害委托人的利益。③严格履行委托协议规定的义务。因代理人不按委托协议履行其义务而导致对外违约的，代理人应赔偿委托人因此而受到的损失，并自行承担一切对外责任。④通报有关信息。代理人应向委托人提供代理商品的国际市场行情，并应及时通报对外开展业务的进度及履行代理人义务的情况。在发生对外索赔或理赔的情况下，还应及时向委托人通报有关索赔或理赔的情况。⑤负责对外实施违约救济。遇有外商违约情况时，代理人应按照进出口合同的有关规定及时对外索赔，且在依法允许同时或单独采取其他救济方法的情况下，征得委托人同意后，亦应负责对外实施其他救济。

四、外贸代理纠纷

外贸代理项上可能出现的纠纷可分为两种：一种是外贸公司与外商之间的纠纷，属于涉外经济纠纷，其处理与一般国际货物买卖纠纷并无二致。另一种是外贸公司与生产企业之间的纠纷，属于国内经济纠纷。由于有关外贸代理制的立法尚不健全，目前这种纠纷的处理具有一定的难度，但是只是双方本着平等互利的原则，采取我国法律尚无规定的有关间接代理的一般法理和国际上的惯例这样一种做法，发生在委托人与代理人之间的各种纠纷是能够得到妥善解决的。

随着外贸代理实践的发展，我国有关代理的一般立法和外贸代理专门立法的丰富和完善，以及外贸代理制法律问题研究的深入进行，外贸代理法必将日臻完善。

参考书

1. 冯大同. 国际商法 [M]. 北京：对外经济贸易大学出版社，1997.

2. 赵威. 国际代理法理论与实务 [M]. 北京：中国政法大学出版社，1995.

思考题

1. 简述代理行为的法律特征。
2. 简述代理权产生的原因。
3. 试述代理人与本人之间相互承担的基本义务。
4. 试述中国外贸代理制的主要内容。

第七章　与贸易有关的知识产权法

教学要点和难点

1. 了解和掌握知识产品财产权的特点；
2. 了解和掌握知识产权的法律特征；
3. 了解和掌握知识产权中各种专有权及法律制度的主要内容；
4. 了解和掌握世界贸易组织《与贸易有关的知识产权协议》的主要内容。

案例导入

2015 年 10 月，搜狗公司以 8 项输入法专利权被侵犯为由，将百度公司起诉至法院，并索赔 8 000 万元。11 月，搜狗公司又就 9 项专利向法院提起诉讼，指控百度公司的百度输入法侵犯其专利权，并提出 1.8 亿元的赔偿请求。总计 2.6 亿元的索赔额刷新了我国专利诉讼索赔数额的记录。

作为输入法软件市场的先行者，2006 年，搜狐公司正式发布搜狗输入法产品。2010 年，百度公司推出百度输入法，正式进军输入法市场。

"此次诉讼涉及的专利，都是输入法中比较重要的。正是根据这些专利的重要性，我们权衡之后提出了这样的索赔金额。在搜狗输入法产品研发方面，搜狗公司也在近 10 年间投入了大量的人力、物力来对它进行不断创新和完善，这也是我们索赔的重要依据。"搜狗公司相关负责人表示。

面对搜狗公司的专利攻势，百度公司已就相关专利向国家知识产权局专利复审委员会提起了专利权无效宣告请求。2016 年 4 月 5 日，国家知识产权局专利复审委员会对其中一个无效宣告请求案进行了公开口头审理。

业内有观点认为，搜狗公司和百度公司的输入法之争其实是为了抢占互联网入口。输入法是人机交互的主要手段，也是进入互联网的第一入口，互联网企业通过分析用户输入的字符，可以收集用户信息和个性化需求。这为企业向用户定向推送产品和服务提供了准确依据。

点评：搜狗公司与百度公司此次在输入法市场上的短兵相接，背后是输入法软件巨大的市场潜力。近年来，输入法软件已经成为除浏览器和即时通信软件外，我国网民使用最频繁的软件之一。越来越多的互联网企业试图通过打进输入法市场，来增加用户黏性，争夺用户流量。互联网行业作为知识密集型行业的典型代表，知识产权也成为互联网企业在市场竞争中最重要的武器之一。

第一节 知识产权法概述

案例导入

2000 年 8 月 11 日，浙江省某进口公司向深圳海关申报出口滑雪夹克，指运地为香港。经深圳海关查验，发现实际出口的滑雪夹克标有 Nike 商标，涉嫌侵犯权利人 Nike 国际有限公司在海关总署备案的 Nike 商标专用权。

美国耐克公司的"Nike"商标在世界大多数国家都进行了注册，但是西班牙 CIDESPORT 在耐克公司之前就在西班牙先注册了该商标，因此在西班牙，Nike 是属于 CIDESPORT 公司的。此外，美国耐克公司在中国对"Nike"商标申请了注册并获得了商标权。

该进口公司主张，第一，出口商品使用的 Nike 商标是由西班牙的 CIDESPORT 公司在西班牙合法注册的，其公司是受委托生产该批产品，与美国耐克公司无关；第二，这批货生产后，并不在国内销售，而是经香港转向西班牙，同时并没有向任何第三国出口。

【法院裁决】

深圳中院做出判决：原告是在美国注册登记的法人，在中国是"Nike"商标的专用权人，"Nike"商标一经被核准注册，就在国家商标局核定适用的商品范围内受到保护。据此，对于具有地域性的知识产权，在中国法院拥有司法权的范围内，被告在未经原告许可的情况下，不得以任何方式侵害原告的注册专用权。原告在中国取得的耐克商标的专用权应得到保护，遂依据商标法相关规定，判决原告胜诉。

在当今的国际贸易中，与贸易有关的知识产权交易越来越多，这突破了传统的有形货物买卖的界限。要在国际贸易中顺利地进行与贸易有关的知识产权交易（有关的交易规则见第九章），首先必须了解和掌握知识产权法的有关规则。

一、知识产权的概念

知识产权是指法律赋予人类创造性智力活动成果或知识产品所拥有的财产权。根据《保护工业产权巴黎公约》《成立世界知识产权组织公约》以及目前大多数国家的有关法律规定，知识产权主要包括下列两大部分：由发明专利权、工业品外观设计专利权、商标专用权、服务标记专用权、原产地专用权以及制止不正当竞争权等方面组成的工业产权；由自然科学、社会科学以及文学艺术等方面的权利组成的版权，以及与版权相关的邻接权。随着科学技术的不断发展，一些比较发达国家的知识产权范围也在不断扩大。如动植物新品种、半导体芯片等也受到保护。

从法律的角度讲，知识产权与一般的民事权利有所区别，它既包括了财产权，即使用权和获得报酬权，又包含了精神权利，即作者的作品发表权和署名权、作品不可侵犯权、作品修改权和对已发表作品的收回权、发明人和设计人在专利文件上标明自己是发明人和设计人的权利。知识产权的某一权利一经授予，便与特定人身不可分离，除依法规定外，不得以任何方式转让。

知识拓展

知识产权是知识产品财产权的简称，知识产品是人类创造性智力活动成果的表现形式，知识产品之所以能作为知识财产权出现的基本原因主要是：①知识产品的有用性。由于科学技术、作品以及商标和服务标志等能够创造财富，在市场经济中构成了一定的有用性价值，如创新技术发明可以转化为生产力，减少生产成本；作品和设计等能够满足人们的生产和生活需要；商标和服务标志的作用在于减少市场中的搜寻成本。②知识产品要素的稀缺性。能够有所发明创造的人是稀缺人才，如果创新的激励机制不健全，知识产品的供给就不足。③个人收益与社会收益差距太远，创新收益不能内化。在大多数情况下，知识或信息的使用者一旦得到知识或信息，就很容易不付费用而使用它。因为知识或信息的发明或发现虽然成本极高，但复制成本却极低。这种情况使发明者为发明而付出的成本得不到补偿，更谈不上取得高额回报了。这样就导致了在一个相当长的时期内，发明被看作发明者个人的事业，发明者依靠的是个人对科学发明的兴趣，而不存在或很少有经济方面的激励。

正是知识产品的上述特征，知识产权法律制度的确立在很大程度上激发了知识产品生产者创新的积极性，保护了知识产品权利人的合法权益。

二、知识产权的法律特征

知识产权作为一种特殊的财产权利，具有不同于普通物质财产的显著的法律特征：

1. 无形性

知识产权的无形性是指权利与体现权利的载体可以分离，而不是指知识产权不需要任何有形的物体来体现。就一般财产而言，财产权随财产的转移而消失。但知识产权可以与体现其权利的载体分离。如一个作者的著作权可以有成千上万本书作为载体，任何一本书的出售或赠送都不会影响作者的著作权。

2. 垄断性

知识产权的垄断性即该项权利的拥有者对其权利有独占或专有的权利。他的这项权利受到法律的严格保护，不受他人的侵犯。任何人未得到该项权利拥有者的同意，不得享有或使用该项权利，否则，就构成侵权。

3. 地域性

知识产权的地域性即在通常情况下，经一国法律保护的某项权利，只在该国范围内发生法律效力，在他国不发生法律效力，即他国法律对该项权利不承担保护的义务，除非该国与其订有双边互惠协定或同为有国际公约的缔约国。

4. 时间性

知识产权的时间性即各国法律对知识产权各项权利的保护都规定有一定的有效期限，超过这个期限，法律一般不再给予保护。各国法律对保护期限的长短有可能一致，也可能不一致。

5. 可复制性

知识产权之所以能成为某种财产权，是因为这些权利被利用后，能够体现在一定产品、作品或其他物品的复制活动上，即知识产权的客体可由一定的有形物去固定，去复制，如专利权人的专利必须体现在可复制的产品上，或是制造某种产品的新方法，或是新产品本身。没有这些有形物，专利权人也无从判断何为侵权。

知识产权的特点是以上五个方面的综合，如果仅仅抓住其中的某一方面，那么其某一特点在其他产权中也能反映出，从而不仅是知识产权特有的。经常把握住这五个特点，有助于避免人们经常发生的进入知识产品公有领域与未进入知识产品公有领域相混淆，把知识产权的权利与权利载体相混淆。

三、知识产权发展的状况

知识产权的概念起源于欧洲。1474 年威尼斯第一次以法律形式授予某些机器和技术的发明人 10 年的特权；1709 年在英国下议院通过了世界上第一部版权法；17 世纪英国出现了保护商标权的判例；1804 年法国《拿破仑法典》第一次确认了商标权作为一种财产应受到保护的规则。

从 17 世纪初到 19 世纪后期，欧洲国家率先在世界上建立了知识产权保护制度。目前世界上大多数国家都有了自己的保护专利、商标和版权的法律体系。在知识产权制度刚开始建立时，它只是各国的国内法，大多数只保护本国国民的知识产权。当时不仅各国之间缺少法律的协调，各国的法律规定本身差别也很大。

随着世界各国之间经济贸易来往日益增多，技术和文化交流也日益频繁。由于这些活动带来的知识交往和纠纷也增多了，就产生了协调各国知识产权制度的需要。从 19 世纪后期开始，世界出现了保护知识产权的国际公约。如 1883 年的《保护工业产权巴黎公约》、1886 年《保护文学艺术作品伯尔尼公约》等。100 多年来，大多数有关知识产权的国际公约的内容几乎没有与国家之间的贸易相联系。1993 年关贸总协定乌拉圭回合协议的最后文件中《与贸易有关的知识产权协议》（以下简称"TRIPS"）是对近两个世纪以来知识产权国际保护制度的总结和发展。它第一次把知识产权与国际贸易问题联系在一起，同时又规定了一些强制措施，这个协议标志着知识产权国际保护向前迈进了一大步。

第二节 专利法

案例导入

2003 年 3 月，荷兰皇家菲利浦电子有限公司（以下简称菲利浦公司）请求佛山市知识产权局对顺德区大良镇某电器制品有限公司（简称电器制品公司）侵犯其名称为"蒸汽喷雾熨斗"（专利号 ZL98327068.6）外观设计专利的行为进行处理。

佛山市知识产权局经过勘验发现，该电器制品公司确有生产同类产品的侵权行为。该公司是外向型企业，也拥有不少专利，公司表示并非有意侵权。在市知识产权局主持下，双方达成和解协议，电器制品公司赔偿菲利浦公司损失 3 万元，销毁侵权产品 1 600

只、半成品300只、包装盒1 000个、宣传彩页300本，销毁价值6万元的模具3套。

一、专利与专利法概述

专利通常有三层含义：①获得专门机构批准，被授予专利的发明创造，即指技术内容。②记载这些发明创造技术内容的文件，如专利申请书、专利说明书等。③法律授予的专利权。在本书中主要阐述的是专利权。

专利权是指一国政府主管部门根据该国的法律规定，授予一项技术创造的发明人或者其合法继承人、受让人在一定时期内对该项发明创造的独占性权利。

专利法是指由各国立法机构制定并颁布的调整因发明而产生的各种社会关系的法律规范的总称。它的核心内容是解决发明的归属和利用问题，目前世界上绝大多数国家都制定了专利法。尽管各国专利法在内容和形式上都不尽相同，但其基本结构和主要内容都大体相近或相似，一般都涉及专利的主体和客体、专利条件、专利申请与审批程序、专利权人和权利与义务、专利的法律保护等方面的规定。

二、专利权的主体与客体

（一）专利权的主体

专利权的主体是指能够申请并取得专利权以及承担相应义务的本国和外国的发明人或其合法受让人，包括自然人或法人。

关于对外国发明人的专利申请权，目前不同国家主要有两种不同的规定：①无条件地承认外国发明人的专利申请权，如美国。②有条件地承认外国发明人的专利申请权，"条件"包括该外国发明人在本国有住所或营业所，该外国与本国为同一国际公约的参加国，以及该外国与本国有双边条约等。我国与大多数国家的专利法对外国发明人主体资格都作了有条件承认的规定。

（二）专利权的客体

专利权的客体是指发明、实用新型和外观设计。《中华人民共和国专利法》（以下简称《专利法》）也是这样规定的。

1. 发明

发明是指对产品、方法或对其改进所提出的新技术方案。发明可分为产品的发明和方法的发明两种。产品的发明是指以有形形式出现的发明，它可以是一件独立的产品，也可以是其他产品的一部分。方法的发明是用于制造一种产品的包含有一系列步骤的技术方案，还包括通信、测量以及栽培方法等。

科学发现不能申请并取得专利权，因为它是对迄今为止人类没有认识的客观现象、客观规律的揭示，它不是创造出前所未有的东西，而只是揭示了已经存在但尚未被人们所认识的客观事物。又由于它本身只是一种理论活动，不像技术发明那样是利用自然规律做出的可以在生产活动中加以实施的成果，因而不能获得专利。

2. 实用新型

实用新型是指对产品的形状、构造或者两者结合所提出的实用的、新的技术方案。

实用新型专利又称为"小发明",它与发明专利的主要区别在于:发明专利的创造水平比较高,而实用新型专利的创造性水平则比较低;实用新型专利只适于产品的形状、构成或者其结合的新的技术方案,而发明专利不受这种限制;实用新型专利申请的审查程序较发明专利简单;实用新型专利的保护期限较发明专利短。

3. 外观设计

外观设计是指对产品的形状、图案、色彩或者其结合所做出的富有美感并应用于工业上的新设计。外观设计包括立体的(如产品的形状)方面,也包括平面的(如线条、图案以及色彩)部分。

世界上有一部分国家的专利法还对动物、植物品种加以保护,凡是以非自然方法繁殖的动、植物品种,在这些国家都可以成为专利法的客体。

三、取得专利的条件

各国法律都规定,授予专利必须具备以下三个实质性条件:

1. 新颖性

新颖性是指一项发明在申请专利时,必须是从未以任何形式公开发表和使用过,也不为公众所知的。即该项发明必须是社会公众所不知道的新东西才具有新颖性。公开发表除出版社正式出版外,还包括对公开范围不加限制的、以其他有形的形式公开的情况,如报告会分发的论文材料、电脑软盘记载的材料、录音、录像等。

各国专利法对新颖性的判定大致有两种标准:

(1)判定新颖性的时间标准。判定一项发明是否具有新颖性,可以有三个不同的时间标准:①以申请专利的时间为标准;②以发明的时间为标准;③以发明公开的时间为标准。目前,我国和大多数国家的专利法都以提出专利申请之日作为判定新颖性的时间标准。因此,专利申请日就成为确定发明新颖性的"相关日"。

(2)判定新颖性的地域标准。判定一项发明是否具有新颖性,各国的地域标准有所不同。①世界标准,即要求该项发明在提出专利申请时,必须是在世界上任何国家和地区都未曾公开发表和公开使用过,才授予专利权。这又称为绝对新颖性标准。目前世界上多数发达国家采用这种标准,如法国、德国、荷兰、瑞典、卢森堡等;②一国标准,即某项发明在提出专利申请时,只要在申请国未曾公开发表和公开使用,即使在国外已有同样的发明,并已被公开和使用,但仍可以在该国取得专利权,又称为相对新颖性标准。目前我国专利法采用这一标准。

各国专利法和某些国际公约对新颖性的要求都有一些例外规定。如有以下三种情况之一的发明,不丧失新颖性:①在政府主办或承认的国际性展览会上首次展出的。②在规定的学术会议或技术会议上首次发表的。③他人未经申请人同意而泄露其内容的。以上情况发生之日起3~6个月内提出专利申请的,该发明不丧失新颖性。

2. 创造性(非显而易见性)

创造性是指同专利申请日之前已有的技术相比,该发明突出的实质性特点和显著的进步是对所属技术领域的普遍专业人员非显而易见的。

目前,由于各国的技术水平差异很大,即便是同一个国家,其审查人员的水平也各有不同。因此，对创造性很难有统一的标准，主要靠各国专利机关掌握。

3. 实用性

实用性是指该发明能够实际应用于产业部门，并能产生积极的效果。

根据上述"三性"标准，大多数国家专利法都明确规定，有些发明即使具有这三性，但也不能获得专利，包括：①用于危害公共秩序、社会公共利益的发明。②智力活动的规则和方法。③疾病的诊断和治疗方法。④动物和植物品种。⑤用原子核变换方法获得的物质。一般情况下，发达国家的专利法给予专利保护的发明范围较宽，如包括动、植物品种、半导体芯片等，而发展中国家给予保护的范围较窄，这在国际技术贸易中需要引起注意。

四、专利申请与审查程序

1. 专利申请

根据各国专利法的规定，一项发明要取得专利权，发明人或其合法受让人必须向政府专利机构提出专利申请，经该机构依照法定程序审查批准后，才能取得专利权。

发明人或合法受让人在提出专利申请时，应对发明的内容加以说明，具体指明要求专利保护的范围，包括说明书和权利要求书两份主要书面文件，必要时还要附加说明图纸。

2. 专请专利的原则

（1）先申请原则。如果两个或两个以上的申请人分别就同样的发明申请专利，专利权授予最先向专利机关提交申请的人。目前大多数国家采用这个原则。

采用"先申请原则"的关键是确定申请日。按照中国《专利法》的规定，应区别不同情况来确定申请日：①如果申请人通过邮局向专利局寄送申请文件，以寄出的邮戳日为申请日；②如果申请人直接向专利局提交申请文件，以专利局收到申请文件之日为申请日；③无论是通过邮局邮寄还是直接递交，如果专利机关收到的申请文件有欠缺，以文件补齐之日为申请日。

（2）一项发明一件专利原则。即每一项专利权只保护某一具体的发明创造，不能把两项或两项以上的发明放在一起申请一件专利。但是如果两项或两项以上的发明之间存在着某种密切联系，则可以把它们合并在一起，通过一件专利申请请求取得专利取。

（3）优先权原则（见本章第五节的《保护工业产权巴黎公约》）。

（4）独立性原则（同上）。

3. 专利申请审查

各国对专利申请的审查有不同的要求，目前基本上实行三种审查制度。

（1）形式审查制度。它是指只审查专利申请书的形式是否符合法律的要求，而不审查该项发明是否符合新颖性等实质性条件，只要申请手续完备、申请书的内容符合法律的要求，就授予专利权。

（2）实质审查制度。它是指不仅审查申请书的形式，而且还要对发明是否具备新颖性、先进性和实用性等条件进行审查，只有具备"三性"条件，才能授予专利权。

一般地说，采用形式审查制度比较省事，但其核准的专利质量往往不高；采用实质审查制度虽然工作量大，但对专利的质量比较有保证。目前只有少数国家采用形式审查制度。

（3）早期公开，延迟审查制度。即专利局在收到专利申请后先进行形式审查，经审查合格，自申请人提出申请之日起，经过一定期限之后（一般为 18 个月），将申请内容在官方的专门刊物上予以公布。公布后，即对申请人给予临时性保护。在早期公开后，申请人可在法定时间内（一般为 2 ~ 7 年，我国为 3 年）自行酌定是否要求进行实质性审查。专利机构根据这一申请，再作实质性审查。若审查合格，即可授予专利权。如申请人在规定期间内不申请实质性审查，则视为申请人撤回专利申请。这一制度对专利机构和专利申请人都有好处。目前，这一制度已为不少国家所采用，我国也实行这种制度。

五、专利权人的权利和义务

（一）专利权人的权利

专利权人的权利包括：①有依法律规定转让专利的权利。②有实施该项专利发明，制造、使用、销售专利产品或利用专利方法制造、使用、销售产品的各项权利。③有在专利产品或其包装上附以专利标记和专利号的权利；发明人或设计人有在专利文件上写明自己名字的权利。④有按比例和条件获得科学技术发明奖的权利。⑤专利权受到侵害时，有请求司法机关保护并要求侵害人停止侵害和赔偿损失的权利。

（二）专利权人的义务

专利权人的义务包括：①负有自己实施或许可他人实施其专利的义务。如果专利权人在一定时期内不实施，并在合理条件下不许可别人利用其权利，专利局可根据有关人员的申请，颁发实施该专利发明的强制许可。此时，被许可人仍应向专利权人缴纳使用费。②有按规定每年缴纳专利权维持费的义务。③专利权人有在专利物品上或其包装上注明专利标记的义务，即注明"××国××号专利"的字样。④在转让专利时，转让和受让双方必须订立书面合同，并且要向专利局登记。⑤有按规定对某些发明的内容保密的义务。

六、专利权的行使与保护

（一）专利权的行使

专利权人依法行使专利权有以下几种方式：

1. 专利权人行使专利权

专利权人在有条件的情况下会通过亲自使用其取得专利的发明创造来行使专利权。

2. 专利权人许可使用专利权

专利权人基于技术生产设备及生产力量的限制和有关专利产品市场的要求，或基于其经济利益的考虑，一般都会通过许可他人使用其专利发明创造的形式来行使利用专利权,以发挥其最大的经济效益。

从各国专利法和专利许可实务来看,有如下几种专利许可形式:

(1) 独占许可。独占许可即许可人和被许可人通过签订独占许可合同,允许被许可人在一定的区域范围内对有关的专利发明创造享有完全独占的使用权,包括专利许可人在内的其他任何人都不得在该区域内生产制造、使用或销售该项专利产品,不得在该区域内使用该有关的专利方法。

(2) 排他许可。许可人通过与被许可人签订排他许可合同,允许被许可人在一定的区域范围内对有关的专利发明创造享有排他的使用权,即许可人承担不再将该项专利的使用权转让给该区域内的其他第三人的义务,其他任何第三人都不得在该区域内使用该项发明创造专利。

(3) 一般许可。许可人通过与被许可人签订一般的专利许可合同,允许被许可人在一定范围内生产制造、使用和销售专利产品或利用专利方法,但不影响许可人在该区域范围内正常使用该项专利发明创造的权力。即专利许可人除自己可以亲自使用该项专利发明创造外,还可以将该项专利的使用权转让给同一区域内的任何第三人。

(4) 转让许可。许可人通过许可合同允许被许可人在一定范围内亲自使用有关发明创造专利的同时,还允许被许可人将该项专利的使用权再通过签订许可合同的方式而转让给该区域范围内的第三人。

3. 专利权人转让专利权

专利权人在专利的有效期内将专利权转让给受让人,原专利权人即丧失其专利权,受让人成为新的专利权人。

4. 专利权的强制许可

在下列情况下,专利行政部门可给予强制许可:①具备实施条件的单位以合理条件请求专利权人许可实施其专利,而未能在合理时间内获得许可的。②在国家出现紧急状态或者非常情况时,或者为了公共利益的目的。③关联专利,即一项取得专利权的发明或实用新型比以前的专利发明或实用新型更具有重大的技术进步,其实施又依赖于前一发明或实用新型的,专利行政部门可根据后一发明人的申请,给予其实施前一发明或实用新型的强制许可。

(二) 专利权的保护

1. 专利权的保护期限

专利权是一种时间性的专有权,与一般财产权有别,法律规定的专利保护期届满,专利权就自动消失,原先享有独占权的技术就进入公共领域。进入公共领域的技术,任何人都可以无偿使用。各国专利法对专利权的保护都有一定的期限,但期限的长短和计算期限的方法各有不同。专利保护期一般是 10~20 年,个别国家在 10 年以内。如中国、英国、法国、瑞士、比利时等国规定发明专利保护期为 20 年,自提出申请日起算,但美国为申请批准之日起算 20 年。中国《专利法》规定,实用新型、外观设计专利权的保护期为 10 年。

2. 专利权的保护范围

各国专利法都规定，对发明或实用新型专利权的保护，以其权利要求书的内容为准，说明书及附图可用于解释权利要求书；对外观设计专利权的保护范围以表示在图片或照片中的该外观设计专利产品为准。

3. 侵犯专利权的行为

根据各国专利法的规定，专利权人依法取得其对有关发明创造的专利权以后，即受到国家法律的严格保护，其他任何人都不得非法侵犯专利权人对该有关发明所享有的专有权利，否则就构成民法上的民事侵权行为或刑法上的刑事犯罪行为。

根据中国《专利法》的规定，属于侵犯专利权的行为有：①假冒他人专利的行为。即非法利用专利发明创造或非法妨碍利用专利发明创造，如未经专利权人许可，为生产经营目的制造、使用或销售专利产品或使用专利方法等行为。②冒充专利产品或专利方法。即制造或销售有专利标志的非专利产品；或生产或销售专利权宣告无效后的非专利产品；伪造或变造专利证书或文件等行为。③非法授予专利实施许可或非法宣告有关专利无效等行为。

为了维护国家和社会的共同利益，保护善意第三人的合法权益，各国的专利法都明确规定了不属于侵犯专利权的几种情况：①使用或销售专利权人制造或许可制造的专利产品的行为；②使用或销售不知道是未经专利权人许可而制造并出售的专利产品的行为；③在专利申请日前就已经开始制造相同产品、使用相同方法或者已经作好制造、使用的必要准备，而在专利主管机关授予有关专利权以后，只是在原有范围和规模上所进行的制造或使用行为；④根据《保护工业产权巴黎公约》规定，一成员国的陆海空运输工具临时通过另一成员国的领土，为运输工具需要在其装置和设备中使用了该另一成员国批准的专利发明的；⑤专为科学研究和实验、非营利目的而利用专利发明创造等。

4. 专利权的保护方法

专利权受到侵害时，专利权人可以依法请求国家专利主管机关通过行政程序责令侵权人停止其侵权行为并负责赔偿因该项侵权行为所引起的经济损失，也可以直接向有管辖权的人民法院提起诉讼，通过民事诉讼求得司法救济，或通过行政诉讼程序撤销有关专利主管机关的错误决定，以恢复其对有关发明创造的宣传的专有权利。在侵权行为人故意侵犯其专利权情节严重，触犯刑律时，可以依法向人民法院提起刑事诉讼，请求人民法院依法追究其刑事责任，以维护国家的社会经济秩序和保护其个人的合法权益。

5. 专利权的消灭

（1）专利权因期满而消灭。各国专利法均规定，专利保护期满后，专利权因此而消灭，其他任何人都可以随意无偿地利用该有关发明创造。

（2）专利权因放弃而消灭。专利权可以由权利人基于其处分行为而放弃。但专利权作为一项特殊财产权，专利权人的处分行为是依法定方式进行，即得由专利权人向国家专利机关提出书面声明，并由国家专利机关依法予以登记和公告。专利权依法完全归于消灭后，任何人都可以随意利用。

（3）专利权因法定原因而消灭。各国专利法都严格规定专利权人如不按规定交纳其应交的年费，专利权就因此而自动消灭。

第三节　商标法

案例导入

某工商执法人员根据举报依法对某公司进行检查。在检查现场，执法人员发现该公司堆放的 MP3 播放器成品、半成品及包装盒上均标有与苹果图形近似的图形标志。经查证，苹果图形为美国苹果电脑公司在第九类商品上注册的商标，而该公司使用的标志与苹果公司的注册商标极为近似，且未经过注册人的许可。

问题：本案中的苹果图形属于哪一类型商标？该公司是否构成商标侵权？

一、商标法概述

（一）商标及其作用

1. 商标的概念

商标是生产者或销售者用以识别其所生产或销售的商品的一种标志，这种标志最主要是要区别不同生产者或销售者所生产或经营的同类商品。这种标志可以由一个或多个具有特色的单词、字母、数字、图样、图片等组成。

商标的种类很多，基于不同的标准可以分为以下几种：①根据商标构成要素的不同，可以分为文字商标、图形商标和组合商标三种。②根据商标使用者的不同，可以分为制造商标、商业商标和服务商标三种。制造商在其制造的产品上所使用的商标即制造商标；商业经营者在其经销的商品上使用的商标即为商业商标；服务商标是服务性行业使用的标记，如运输业、酒店旅馆业、银行保险业等行业使用的显著标志。

2. 商标的作用

商标的作用主要表现在：①商标能区别同类商品的不同生产者或经营者，能标示商品的来源。②商标能够表示和保证商品的质量。商标一旦被用于某种商品，经营长期使用，对社会来讲就成了商品一定质量的象征。而且商品生产者使用某个商标以后，就必须要努力提高产品质量，维护商标的信誉，使贴有同一商标的商品经常保持某种稳定的质量。③商标能引导消费者选购商品，使消费能认牌购货或选牌购货，以选购到自己称心如意的商品。④商标还起到广告作用。贴有某种商标的商品如果质量上乘，深受消费者欢迎，这种商品的商标就会给消费者留下深刻的印象，就会在市场上产生一定的影响，吸引更多的消费者选购，从而扩大这种商品的销路。

知识拓展

在国际技术贸易中，商标除了具有一般商标的作用外，还具有以下作用：一是商标标志着各类技术产品、服务产品来源于不同的国家、不同的厂商。二是商标体现了各类产品的技术含量、生产厂商在国际市场上的份额、营销理念、技术的质量标准以及商标的价值。三是商标可以引导国际市场的中间商、消费者采购和消费可信赖的产品或服务。四是商标还体现着其专有人在国际市场上的竞争实力、广告实力以及消费者对商标的信赖程度。

（二）商标法及商标注册

1. 商标法的概念

商标法是规定商标的组成、注册、管理和商标专有权的保护等法律规范的总称。目前，世界大多数国家已广泛地把商标作为一种财产，把商标权作为一种特殊的财产权，通过立法的形式加以确认和保护，而且各国也形成了一种极为严密的商标法律制度。

2. 商标注册的作用

（1）对商标的法律保护。商标所有人必须把其商标向国家商标管理部门登记注册，一经批准注册，取得商标权后，就受到国家有关法律的承认和保护。

（2）对商标权利人的保护。凡依法批准注册的商标，该商标的所有人就取得了在一定期限内对该商标的专有权，除了该商标的所有人以外，任何人都不得使用这个商标，也不得使用与其相类似的以至会在公众中混淆视听的商标，否则就构成仿冒他人商标的侵权行为。被仿冒的商标所有人有权向法院或商标主管机关提出申诉，请求依法对仿冒者追究法律责任。

（3）对商标的地域性保护。在一个国家注册的商标，只在它注册国的国境内受到保护。商标所有人如果要使其商标在其他国家获得法律上的保护，就必须向有关国家的商标主管部门另行办理商标注册手续，否则任何国家对外国的商标都没有保护的义务。

（4）对商标的时间性保护。在商标注册的有效期限内，没有商标权利人的许可，任何人不得擅自使用其商标。在法定保护期限届满后，如果商标的注册人没有按规定办理续展手续，该项注册商标就不再受到法律上的保护。

二、商标权的取得

目前，世界上大多数国家取得商标权的制度大致可分为三种：

1. 使用在先原则

使用在先原则是指商标的首先使用人有权取得商标所有权，受到有关商标法律的保护，而不论其是否办理了商标注册手续。即使办理了注册手续，也仅具有声明的性质，而不能确定商标所有权的归属。由于注册商标不能起到确认商标权的作用，商标首先使用人随时可以对已注册商标提出异议，要求予以撤销。因此这种做法使商标权人的权利处于不确定状态，绝大多数国家都不采用此原则。

２．注册在先原则

注册在先原则是指商标权属于该商标的首先注册人，受到有关商标法律的保护。首先注册人的权利优于任何其他人，包括首先使用人的权利。因此根据这一原则，首先使用人如没有首先注册，而被别人将该商标抢先注册，他也无法再取得商标权。目前大多数国家都采用这种制度。《中华人民共和国商标法》（以下简称《商标法》）也规定注册是取得商标专有权的必备条件，申请商标注册不得损害他人的在先权利，也不得以不正当手段"抢注"，即抢先注册他人已经使用并有一定影响的商标。

３．无异议注册原则

无异议注册原则是指在以法律规定期间内无人对已注册的商标提出指控来决定商标的所有权。根据这种制度，商标权原则上属首先注册人，但无使用人可在一定期限内（２～７年不等）对此提出异议，请求予以撤销。如在法定期限内无人提出异议或异议不成立，则首先注册人就可取得无可辩驳的商标权。这种原则实际上是前面两种原则的折中。

三、商标注册的审查程序

各国商标法对申请商标注册手续都作了具体规定。

１．商标注册的申请

商标注册申请人要以书面形式提出申请，申请书中包括申请人的名称、国籍、住所地、申请商标的商品名称和类别，还要提供商标首次使用日期、商标图样和印版一式数份，并要交纳一定的申请费用等。

２．商标注册申请的审查

商标机构对商品注册申请的审查一般分为两种：①形式审查，即只审查文件和手续是否完备。②实质审查，即不仅对申请文件和手续进行审查，还要对商标是否具有注册条件及是否符合法律规定进行审查，经审查合格，则将该申请予以公告，让公众进行审查，时间一般为三个月。若无人在此期间提出异议或异议不成立，即可准予注册。注册后，由商标主管部门签发注册证书。如申请案被驳回，申请人可就此向有关部门或者管辖权的法院提起上诉，但上诉必须在规定的期限内提出。

３．对商标的实质审查

对商标的实质审查即审查商标本身是否具备注册的条件，是否符合商标法的规定。商标注册必须具备的条件：

（１）必须具备法定的构成要素，即由符合国家法律规定的文字、图形或文字与图形的组合构成。

（２）必须具备显著特征，即指商标的构成具有独特性或可识别性，和其他同类商品的商标有明显区别。商标越显著，其功能就越能发挥。

（３）必须不与他人注册商标混同，包括相同或近似。商标相同是指使用在同一种商品或类似商品上的两个商标在文字、图形上完全相同；商标近似是指使用在同一种商品或类似商品上的文字、图形大体相同。商标混同，其功能就难以发挥，所以不能注册。

（4）各国商标法对于禁用和商标事项都有详细规定，如果申请注册的商标与其相抵触，就不能获准注册。其中主要有以下几项：①本国或外国的国旗、国徽、军旗、军徽、勋章以及其他官方标志、名称或图形；②红十字标志或"红新月"以及日内瓦"红十字"的字样；③违反公共秩序或道德的文字、图形或标记；带有民族歧视性的文字或图形；夸大宣传并带有欺骗性的文字或图形；④通用名称、文字、图形、数目、记号或图案，除非它们与识别商品有关，并且具有显著特征；⑤用来表示类别、品种、原料、用途价值、质量的通用名称和图形；⑥含有他人商号、姓名、艺名或肖像的商标，未经本人或其合法继承人的书面同意，不得使用；⑦与已经注册的商标相同或类似的商标；⑧县级以上行政区划的姓名或者公众知晓的外国地名，不得作为商标。

四、驰名商标的认定

驰名商标是指经国家主管当局批准或国家认可的权威机构认定的，使用较久、公众知晓、销售量大、质量稳定、享有社会信誉而且在一定范围具有社会普遍影响的商标。

1. 驰名商标的特征

驰名商标除了具有一般商标具有的特征外，还具有这样的特征：①它是一项使用商标，是经过一定期限使用而享有社会信誉的。②具有广大的影响，享有较高的知名度，在一定范围内为消费者普遍知晓。③所代表的产品质量较优且稳定，销量大，有社会影响。

2. 驰名商标与名牌的区别

驰名商标与品牌的区别在于：驰名商标是一个法律概念，名牌是消费者心目中的品牌；驰名商标是国家对某一商标的认定，名牌是消费者对某种商品的客观评价；名牌不一定是驰名商标，而驰名商标必定是名牌。

3. 驰名商标的认定

对于驰名商标的认定，各国在实践中有这样一些标准：美国以在国际市场上是否为驰名为标准；法国在商标发生侵权诉讼，需要认定是否为驰名商标时，由法院决定；中国以被动确认或主动确认为标准。

4. 驰名商标的保护

根据《保护工业产权巴黎公约》的规定，对驰名商标的保护，可遵循以下原则：①在实行"申请在先"原则的国家，驰名商标可以不适用该原则，而适用"使用在先"原则；②商标不可以使用直接表示商品的质量、主要原料、用途等内在特点的规定，可不适用于驰名商标；③驰名商标可取得防御性商标注册；④驰名商标可以驳回在同一类或类似商品上或非类似商品上注册与驰名商标相同或相近似的商标；⑤驰名商标注册后，享有绝对的排他权。他人不得以驰名商标作为厂商名称或者作为厂商部分名称使用。如果有伪造、模仿他人驰名商标注册的，权利人可在注册之日起至少5年内提出撤销该商标的请求。

五、商标权人的权利和义务

1. 商标权人的权利

商标权人就其注册商标及核定使用该注册商标的商品享有专有权，受国家法律保护，并可依法转让其注册商标，或通过签订商标使用许可协议，允许他人使用其商标，商标权人有权收取费用。

2. 商标权人的义务

商标权人须承担使用商标和缴纳商标注册费的义务。大多数国家的商标法规定，商标权人在商标获准注册后，必须使用其商标，如无正当理由在一定期限内不使用，商标管理机关可撤销其注册。中国《商标法》也有同样的规定。

六、商标权的转让和使用许可

各国商标法一般都允许商标权人依法转让或许可他人使用其商标权利。

商标权的转让是指商标所有人将其商标权全部转让给他人（如联合商标或防御性商标），而不保留任何权利。对此各国商标法规定有所不同，有些国家的法律允许将商标单独转让，有些国家的法律则要求将商标连同企业的业务一起转让。转让一般都要求以书面协议的形式，且需要向商标机关登记或请求核准，受让人必须保证产品质量等。

商标的使用许可是指所有人在有限的范围内转让其商标使用权，允许受让人在支付一定的使用费之后使用其商标，而商标所有人仍保留其所有权。商标的使用许可包括独占使用许可、排他使用许可、一般使用许可和可转让使用许可等。商标的使用许可一般通过签订商标使用许可合同进行。商标许可方和被许可方都负有保证产品质量的责任，许可方应监督产品质量，使使用同一商标的产品具有同样的质量。我国的《商标法》也有此规定。

七、商标的保护

1. 侵犯注册商标的行为

根据大多数国家《商标法》的规定，以下行为均属侵犯注册商标专用权：①未经商标注册人的许可，在同一种商品或者类似商品上使用与其注册商标相同或者近似的商标的。②销售侵犯注册商标专用权的商品的。③伪造、擅自制造他人注册商标标识或者销售伪造、擅自制造的注册商标标识的。④未经商标注册人同意，更换其注册商标并将该更换商标的商品又投入市场的。⑤给他人的注册商标专用权造成其他损害的。

凡是以上行为都属侵权行为，商标权人有权要求司法机关制裁侵权人。

2. 商标的保护期限

各国商标法对商标注册的有效期都作了规定。有的国家规定期限较长，有的国家规定期限较短，一般为10～15年，最长的为20年，如美国、瑞士等。我国《商标法》规定为10年。商标的保护期限与专利的保护期限有所不同。专利期满后一般都不能延长；商标期满后，一般可以要求续展，而且续展的次数不限，续展期限一般与原保护期限相同。

商标机关可撤销注册商标，其条件是：第三人异议成立；有效期届满；未按时办理续展手续；在一定期限内无理由不使用该商标及其他违反《商标法》规定等。

第四节　版权法

案例导入

5 岁的甲用极为原始、朴拙的手法画了一幅水彩画，张贴在自己房间内，后乙将该水彩画用于水彩笔的包装封面。甲父要求乙支付著作权使用费，乙则认为，甲仅 5 岁，没有受过任何美术训练，所作水彩画仅是随意涂鸦，偶然巧合，并不能保护创作的连续性，因此该水彩画不构成作品。

知识拓展

在 1986—1989 年这段时间，是内地从我国港澳台地区引进流行歌曲的一个时期。对于配器的人而言，也不知道有哪些乐器，于是一边听一边想办法，甚至故意将吉他弄坏去寻找那种失真的声音。而对于歌手而言，那时的内地歌手也没有知识产权保护的意识，不断地翻唱我国港澳台地区的歌曲。那时候像刘欢、李玲玉这些歌手，在录音棚里唱首歌可以得到 100～150 元。李玲玉说，那时候录歌很快的，而且不走调，只要拿着谱子，从未唱过的也不会走调。有一次一盒录音带中的十多首歌，只花了四个小时就完成了。对于唱片公司来讲，当时也是利润最大的时候。只要把几个歌手召集来，将歌单拿给他们，看谁适合唱什么就唱什么。十多首歌录完后，一盒磁带一旦售出，至少可以赚二到三元钱。那时候的发行量之大，利润之大，是现在无法想象的。经过了这样一个时期的过渡，到了 1990 年，中国颁布了著作权法，这样的混乱才受到了遏制。

一、版权概述

（一）版权的概念

版权（Copy Rights）是作者或合法继承人、接受人依法对科学研究、文学艺术等方面的作品所享有的专有权利。版权在某些国家又称为著作权，如中国有关保护版权的法律的标题为《中华人民共和国著作权法》（以下简称《著作权法》）。

版权与知识产权的其他领域一样，既包括了财产权利，也包含了人身权利，而且在版权中人身权利的特点最显著。版权中的人身权利指作者的发表权、署名权、修改权、保护作品完整权四项权利；财产权主要是指版权所有人对作品的所有权和获得报酬的权利。

（二）获得版权的条件

1. 独创性

独创性是获得版权的条件之一。独创性指作品由作者独立创作完成，而不是抄袭来的。这一条件要求，只要是作者独立完成的作品，即使两件作品看上去完全相同，也不影响这两件作品分别获得版权。

2. 有一定的表现形式

有一定的表现形式是获得版权的第二个条件。任何作品，只有以一定的形式表现出来，使人们能够感知，并能以某种形式被复制，才能够受到版权法的保护。没有物质形式的思想、观念、方法是不能受到版权法保护的。

(三) 版权的取得与保护期

1. 版权的取得

版权的取得与专利权和商标权的取得不同。在大多数建立了版权制度的国家，作品一经完成即自动获得版权，或者（对外国人或对非同一公约成员国的国民）作品一出版或以其他形式发表就获得版权，无须经过任何手续。

部分国家的法律规定，版权依据在作品上加注版权标记而获得。版权标记包括三项内容："不许复版""版权所有"的声明，或英文字母 C 外面加一圆圈即©；版权人姓名或名称；作品出版年份。如果已出版的作品没有加版权标记，就丧失了版权。

2. 版权的保护期

对版权的保护期分为精神权利保护期和经济权利保护期两种。

对版权中精神权利的保护期主要有以下五种：①精神权利保护无限期。②精神权利中的一部分与经济权利的保护期相同，其他部分（如署名权）则无限期。③精神权利的保护期理论上无限期，但只能在经济权利有效期内由作者或其继承人（或指定人）行使。④精神权利与经济权利保护期相同。⑤对精神权利的保护期没有明确规定，只是一般承认作者死后仍然存在。

对版权中经济权利的保护期，各国的规定大致可以分成对一般作品的保护期和对特殊作品的保护期两种情况。从前者看，在所有建立了版权保护制度的国家，对大多数作品的保护期是以"作者有生之年加若干年"来计算的。各国版权法对作者死后的保护期限的规定很不一致，最短的为 20 年，最长的为 80 年，但大多数国家规定为 50 年。从后者看，对特殊作品，如摄影作品、实用美术作品、电影作品、电脑软件等，各国法律规定了不同的保护期，通常短于对一般作品的保护期。

二、中国著作权（版权）法的主要内容

(一) 著作权法的保护范围

根据中国《著作权法》第三条规定，该法律保护文学、艺术和自然科学、社会科学、工程技术等作品，包括文字作品、音乐、戏剧、曲艺、舞蹈作品、美术、摄影作品、电影、电视、录像作品、工程设计、产品设计图纸及其说明、地图、示意图等图形作品、计算机软件。中国《著作权法》不保护法律、法规，国家机关的决议、决定、命令和其他具有立法、行政、司法性质的文件及其官方正式译文，时事新闻，历法，数表，通用表格和公式。

(二) 著作权的归属

著作权的归属主要包括以下内容：

（1）著作权属于作者。①公民创作的作品著作权属于其个人。②由法人或非法人单位主持，代表其意志的创作，并由法人或非法人单位承担责任的作品，著作权属于法人或非法人单位作者。

（2）合作作品。合作作品可以分割使用的，作者对各自创作的部分以单独享有著作权，但行使时不得侵犯合作作品的整体著作权。

（3）编辑作品。编辑作品由编辑人享有著作权，但行使时不得侵犯收编作品各自的著作权。

（4）委托作品著作权。委托作品著作权的归属由委托人和受托人通过合同进行约定，合同没有约定的，著作权属于受托人。

（5）改编、注释、翻译、整理的作品。改编、注释、翻译、整理已有的作品而产生的派生作品，其著作权属派生作者享有，但行使时不得侵犯原作品的权利。

（6）影视声像剧等制品。电影、电视、录像制品的导演、编剧、作词、作曲、摄影等作者享有署名权，其他权利由制作上述作品的人或法人享有。

（7）职务作品。职务作品原则上归作者享有著作权，但法人或非法人单位在单位业务范围内有权优先使用；主要利用单位物质技术条件创作，并由单位承担责任的工程设计、产品设计图纸及其说明、计算机软件、地图等职务作品，法律规定或合同约定著作权归单位享有的，作者仅享有署名权，著作权中的其他权利归单位享有。

（三）著作权的保护期限

①作者的署名权、修改权、保护作品完整权没有期限。②公民的作品发表权、使用权和获得报酬的权利期限为作者终生加死亡后 50 年。③单位的作品或单位享有的职务作品保护期为作品首次发表后 50 年，作品完成后 50 年没有发表的不再予以保护。④电影、电视、录像和摄影作品的保护期是作品首次发表后 50 年，作品完成后 50 年没有发表的不再予以保护。

（四）邻接权

随着科学技术的发展，在版权领域内新技术的采用产生了对版权新的使用形式，特别是对传播版权作品的传播者的邻接权，为版权保护提出了新的问题。

邻接权是国际上对作品传播者所享有的权利的统称，我国法律规定的邻接权有出版权、表演者权、录音录像权和广播电台及电视台的播放权。

根据 1964 年 5 月生效的《保护表演者、录音制品与广播组织公约》即《罗马公约》的规定，表演者权包括：防止他人未经许可播放、传播或录制其表演，复制载有其表演内容的录制品。录制者权包括：许可或禁止他人直接或间接复制其录音制品。广播组织权包括：许可或禁止同时转播其广播节目，或将其广播固定在物质形式上。根据 1974 年的《播送由人造卫星传播载有节目信号公约》（以下简称《布鲁塞尔公约》）的规定，邻接权保护包括防止成员国的本国广播组织或个人非法转播通过卫星发出但不是供该组织或个人作转播的节目信号。

邻接权是依据著作权而产生的，因此在行使时必须得到著作权人的同意，并按著作权法的规定向著作权人支付报酬。

三、中国著作权保护体系

（1）根据中国《著作权法》规定，国务院设立的国家版权局是国家一级的著作权行政管理部门，地方政府的著作权行政管理部门主管本行政区域的著作权管理工作。

（2）国家版权司负责制定著作权行政管理的各种办法，查处在全国有重大影响的著作权侵权案件，负责著作权的涉外管理，负责国家享有的著作权的管理，指导地方著作权管理部门的工作。

（3）中国对著作权的保护主要有行政保护、司法保护和著作权管理团体的保护。著作权人可以通过合同来维护自己的权益，对于侵犯著作权的行为，著作权人可以通过调解、仲裁、行政处罚或诉讼来解决。

（4）在发生侵犯《著作权法》第四十六条所列的行为时，著作权管理机关可以给予以下行政处罚：警告、责令停止制作和发行侵权复制品、没收非法所得、没收侵权复制品及制作设备、罚款等。

四、计算机软件的保护

（一）计算机软件的概念

计算机软件是相对计算机的主机和外部设施而言的计算机程序和文档的统称。计算机程序是为了追求某种结果而由计算机执行的一系列代码化指令，或可以被自动转化为代码化指令的一系列符号化指令或符号化语言。计算机文档是用普通语言编写的，描述程序的内容、组成、设计上的考虑、性能、测试方法、测试数据和使用方法等文字资料和图表。

计算机文档一般以文字作品或图形作品受到著作权法的保护；计算机程序则是著作权中受到保护的计算机软件。计算机程序可分为两大类：一类是计算机系统程序，另一类是应用程序。

（二）计算机软件著作权

1. 计算机软件著作权的归属

通常情况下，软件著作权属于软件开发者。软件开发者是指实际组织进行开发工作，提供工作条件以完成软件开发，并对软件承担责任的法人或非法人单位，也可以是依靠自己具有的条件完成软件开发，并对软件承担责任的公民。

2. 计算机软件著作权人及其权利

根据中国《计算机软件保护条例》的规定，计算机软件著作权人是指对软件享有著作权的单位和公民，包括软件开发者和通过继承或转让获得软件著作权的人。

中国公民和单位对其所开发的软件，不论是否发表，不论在何地发表，均依法享有著作权。但为了在发生权利纠纷时便于判断权利的归属，我国也建立了软件著作权的登记制度，并把软件著作权的登记行为视为提出软件纠纷行政处理和诉讼的前提。

外国人的软件首先在中国境内发表的，依法享有著作权。外国人在中国境外发表的软件，依照其所属国同中国签订的协议或者共同参加的国际条约享有的著作权，也依法受到保护。

根据《计算机软件条例》第九条的规定，软件著作权人可以享有以下权利：①发表权，即决定软件是否公之于众的权利。②开发者身份权，即表明开展者身份的权利以及在其软件上署名的权利。③使用权，即在不损害社会公共利益的前提下，以复制、展示、发行、修改、翻译、注释等方式使用其软件的权利，这是著作权人最重要的权利。④使用许可权和获得报酬权，即许可他人以复制、展示、发行、修改、翻译、注释等方式全部或者部分使用其软件的权利和由此而获得报酬的权利。⑤转让权，即向他人转让软件权人所享有的使用权和使用许可的权利，随着转让的发生，原软件著作人丧失该软件的使用权和使用许可权，受让人获得该软件的使用权和使用许可权，成为新的软件著作权人。

（三）计算机软件著作权的保护

1. 计算机软件著作权的保护期限

《计算机软件保护条例》第十五条规定，除开发者的身份权外，软件著作权人的其余各项权利的保护期为25年，截止于软件首次发表后第25年的12月31日。保护期满前，软件著作权人可以向软件登记管理机关申请续展25年，但保护期最长为50年。在软件著作权的保护期内，符合法律规定的继承活动、使用许可活动和转让活动的发生，均不改变该软件著作的保护期。

软件著作权保护期满后，除开发者的身份权外，该软件的其他各项权利即行终止。但发生下列情况之一的，软件的各项权利在保护期满之前进入公有领域：①拥有该软件著作权的单位终止而无合法继承者。②拥有该软件著作权的公民死亡而无合法继承者。

2. 侵犯软件著作权的法律责任

（1）根据《计算机软件保护条例》的规定，凡有下列侵权行为之一的，行为人应当承担停止侵害、消除影响、公开赔礼道歉、赔偿损失等民事责任，并可以由国家软件著作权行政管理部门给予没收非法所得、罚款等行政处罚：①未经软件著作权人同意发表其软件作品；②将他人开发的软件当作自己的作品发表；③未经合作者同意，将与他人合作开发的软件当作自己独立完成的作品发表；④在他人开发的软件上署名或涂改他人开发的软件上的署名；⑤未经软件著作权人或者其合法受让者的同意，修改、翻译、注释其软件作品；⑥未经软件著作权人或者合法受让者的同意复制或者部分复制其软件作品；⑦未经软件著作权人或者其合法受让者的同意向公众发行、展示其软件的复制品；⑧未经软件著作权人或者其合法受让者的同意向任意第三方办理其软件的许可使用或者转让事宜。

（2）以下行为不构成侵权：①合理使用和强制许可使用计算机软件行为；②由于必须执行国家有关政策、法律、法规和规章而有可能开发出相似的软件；③由于必须执行国家技术标准而导致不同开发者开发出相似的软件；④由于可供选用的表现形式种类有限可能引起相似的软件。

（3）软件持有者不知道或者没有合理的依据知道该软件侵权，其侵权责任由该侵权软件的提供者承担。但若所持有的侵权软件不销毁不足以保护软件著作权人的权益时，持有者有义务销毁所持有的侵权软件，为此遭受的损失可以向侵权软件的提供者追偿。侵权软件的提供者包括明知是侵犯软件却向他人提供该侵权软件者。

（4）从事软件登记的工作人员，在软件著作权的保护期内，利用或者向他人透露申请者登记时提交的存档及有关情况的，由软件登记管理机关或者上级主管部门给予行政处分；情节严重构成犯罪的，由司法机关依法追究刑事责任。

（5）当事人如对国家软件著作权行政管理部门的行政处罚不服的，可在收到通知之日起3个月内向人民法院起诉。期满不履行也不起诉的，国家软件著作权行政管理部门可以申请人民法院强制执行。

第五节　保护知识产权的国际公约

案例导入

1994年，香格里拉国际饭店管理有限公司（以下简称香格里拉公司）总经理孔丞丞，向国家工商行政管理局投诉，反映广东省东莞市二轻联盛工业公司开办了一家酒店。该酒店于1992年12月27日注册了"东莞市香格里拉大酒店"企业名称，并已经建成开业，其行为侵犯了香格里拉公司"香格里拉"注册商标专用权。

香格里拉公司在商品商标上享有"香格里拉"专用权，而此案当事人在酒店服务经营中会涉及香格里拉公司受《中华人民共和国商标法》保护的注册商标核定使用的商品，因此，即使香格里拉公司无服务商标专用权，也可追究其侵犯商标权行为。同时，我国在1985年加入了《保护工业产权巴黎公约》，承担着保护驰名商标的国际义务。在履行我国加入的国际公约应尽的义务时，扩大了"香格里拉"商品和服务商标专用权的保护范围，这为地方工商行政管理机关在企业名称上保护注册商标专用权奠定了基础。

知识产权国际保护公约是指各国为了确保本国的知识产权在国外获得法律保护而签订的双边互惠协定和多边保护知识产权的国际公约。随着知识产权国际保护的双边或多边协定以及国际公约的不断签订，现已形成了一系列知识产权保护的法律依据，本节将进行一些介绍。

一、《保护工业产权巴黎公约》

《保护工业产权巴黎公约》（以下简称《巴黎公约》）于1883年3月在巴黎制订，1884年7月生效，至今已作了7次修改。它是一个以保护工业产权为目的的综合性国际公约，其宗旨是在保护成员国工业产权独立性的基础上制定出一些基本原则，协调各国工业产权法，使工业产权能在各成员国得到充分的平等的保护。中国于1985年3月成为该公约成员国。

在《巴黎公约》中，工业产权获得充分平等的原则主要有：

1. 国民待遇原则

国民待遇原则是指在工业产权方面，各成员国在法律上给予其他成员国国民相同于本国国民的待遇，非成员国的国民如果在一成员国内有永久住所或营业处所的，也享有同成员国国民相同的待遇。根据这个原则，某一成员国国民按照本国法律申请工业产权保护的权利或程序，另一成员国的国民在该国同样享受，而不受到国籍的限制。

2. 优先权原则

优先权原则是指各成员国国民享有按照首先申请日起算的优先权。即一个享有国民待遇的专有权人以一项专利或商标首先在一成员国提出申请，从提出申请之日起一定时期内（专利申请为 12 个月，商标注册申请为 6 个月），如果他又在另一成员国提出同样的申请，则该成员国都应该以该申请人在第一国家的第一个申请日的申请为优先。

3. 独立性原则

独立性原则即各成员国授予的工业产权是相对独立的。如同一项工业产权在不同国家取得的专有权彼此独立，各成员国可以独立地按照本国法律的规定授予、拒绝、撤销或终止某一项工业产权，而不受该项工业产权在其他成员国情况的影响。

4. 强制许可和撤销原则

即各成员国有权通过立法规定如果权利人在一定期限内无合法正当的理由未实施或未充分实施其专利，或不使用已注册的商标，可以撤销其权利。但《公约》要求对专利须经强制许可措施，对商标须经过一个"合理的期限"才可提出撤销工业产权的程序。

5. 关于临时性保护措施的规定

即各成员国依本国法律，对在任何一个成员国国境内举办的官方或经官方认可的国际展览会上展出的展品中，可以对申请工业产权的发明、实用新型、外观设计和商标给予临时性保护。在临时保护期内，不允许任何第三者以展品申请对该工业产权的保护，展品也不会因公开展出丧失新颖性或注册在先的条件而不能取得工业产权，但这种临时性保护不能延展优先权的期限。

二、《专利合作条约》

《专利合作条约》于 1970 年 6 月在华盛顿签订，1978 年起生效。我国于 1993 年正式成为该条约的成员国。该条约的宗旨是，简化缔约国的专利申请，促进各国在审批程序、检索专利文献和初步审查新颖性等工作方面的合作。

该条约的主要内容是，缔约国国民或居民均可进行国际申请，以便一项发明通过国际申请使申请人同时在选定的几个或全部成员国获得批准。实际的程序分为两个阶段，一是申请人向本国专利局提出国际申请，经形式审查合格转递世界知识产权组织的国际局，由该局将其申请公布，并检索其新颖性；二是由国际局审查其"三性"条件，提出审查报告，交申请人选定的各国专利局决定是否批准。

根据《专利合作条约》的规定，国际局的主要任务是对专利的申请进行统一的调查和审查，衡量和检验该项专利是否具备新颖性、创造性和实用性等条件，至于是否授予专利专有权，仍由各国根据国内法以及该国是否有该专利自行决定。所以该条约仅仅只是为专利专有权人申请国际保护提供了方便并减少了繁杂的程序，并没有减少专利权人到选定国办理必要的申请登记手续的程序。

三、《商标国际注册马德里协定》

《商标国际注册马德里协定》（以下简称《马德里协定》）于 1891 年在马德里签订。此后作过多次修改，最近一次是在 1979 年。我国于 1989 年 10 月加入该协定。

该协定是根据《巴黎公约》第十九条的规定制定的，参加国必须是《巴黎公约》成员国。《马德里协定》规定，成员国的国民在本国办理商标注册后，可以通过本国的商标局向设在日内瓦的世界知识产权组织的国际局申请注册。经批准，国际局予以公布，并通知申请人选定的要求给予注册的有关成员国，各成员国在接到通知后一年内未作否定声明的，即认为同意，而不必另行申请注册和支付注册费用。国际注册商标的有效期限为 20 年，到期可以续展，优先期为 6 个月。非成员的国民，则必须在该国内有住所或实际营业处，才能申请商标的国际注册。成员国国民或非成员国国民注册的国际商标，从国际局生效的注册日期开始，便在所选定的缔约国受到保护，效力与直接在选定国注册一样。

四、《保护文学艺术作品的伯尔尼公约》

《保护文学艺术作品的伯尔尼公约》（以下简称《伯尔尼公约》）于 1886 年在瑞士伯尔尼的世界版权会议上通过，先后修改过 5 次，目前公约的多数成员国批准和参加的是巴黎文本。中国于 1993 年 7 月加入了《伯尔尼公约》。

《伯尔尼公约》的主要内容是三个原则和对公约成员国国内立法的最低要求。

1. 国民待遇原则

国民待遇原则是指各国在版权保护方面给予公约其他成员国国民的待遇不低于本国国民的待遇。这个原则还适用于作品首先在成员国发表的非成员国的国民，以及在成员国有惯常居所的人。

2. 自动保护原则

公约成员国的国民和在成员国有居所的人在作品完成时就自动享有版权，无须履行任何手续；在成员国无居所的非成员国国民的作品首先在成员国出版的，也自动享有版权。根据这一原则，版权的地域性并没有被突破，虽然获得版权不用经过任何手续，但各国版权保护的时间、范围是由各国版权法决定的。

3. 版权独立原则

享有国民待遇的作者在任何成员国受到的保护不因其作品来源不同而不同，对作者权利的保护、行政或司法救济的方式等，都只能按照提供保护的国家的法律。

4. 最低保护限度

最低保护限度包括作者的署名权、修改权、翻译权、复制权、公演权、广播权、朗诵权、改编权、录制权、制片权。

《伯尔尼公约》将发表权和收回作品权作为各国可以选择是否提供保护的权利。公约规定一般作品的保护期不得少于作者有生之年加死后 50 年，电影作品不少于公开放映起 50 年，匿名作品不少于作品发表后 50 年，摄影和实用美术作品不少于完成后 25 年。

五、《世界版权公约》

《世界版权公约》是1952年由联合国教科文组织主持通过的，这一公约比《伯尔尼公约》的保护程度低，那些希望保持较高保护程度的国家仍然留在《伯尔尼公约》内，于是就形成了两个公约并存的局面。到1993年1月底，《世界版权公约》已有89个成员国。中国于1993年7月同时加入了《伯尔尼公约》和《世界版权公约》。

《世界版权公约》的主要内容同样有三个原则和一些最低要求。《世界版权公约》的国民待遇原则和版权独立原则的规定与伯尔尼公约的原则是相同的。

非自动保护原则的规定恰好与《伯尔尼公约》相反，在给予版权保护的形式要求上，该公约在原《美洲国家间版权公约》要求以登记获得版权的基础上，向《伯尔尼公约》靠近了一步。它不要求登记，但要求作品在首次出版时标上"版权标记"，遗漏版权标记的作品丧失版权保护。对未发表的作品，各国仍应给予保护。

《世界版权公约》规定的最低保护中不包括精神权利，对经济权利也只笼统地规定应提供"充分、有效的保护"，经济权利的保护期短于《伯尔尼公约》的规定。在一般情况下不应少于作者有生之年加25年，在特殊情况下，可以自出版日起保护25年。

六、《集成电路知识产权条约》（《华盛顿条约》）

1989年5月世界知识产权组织在华盛顿召开的会议上缔结此条约，这是一个开放性的条约，但条约目前尚未生效。

条约的目的是保护半导体芯片的电路设计（美国《芯片法》所称的"掩膜作品"），其具体内容要求各成员国建立"注册保护制"，这种注册申请不要求新颖性，只要求"作品"具有独创性和一定的技术先进性。"作品"所有人在产品投入市场两年内提出申请的，可以根据各国的法律给予保护。

条约规定的权利包括：禁止他人未经许可复制"作品"，但单纯为评价、分析、研究或教学为目的而复制除外；禁止他人未经许可以盈利为目的进口或销售"作品"或含有"作品"的芯片。"作品"保护期不得短于8年。

七、《世界贸易组织知识产权协议》

签于1994年4月15日的《关贸总协定知识产权协议》（以下简称《关贸总协定》）在次年1月1日正式生效，其现称为《世界贸易组织知识产权协议》，简称《TRIPS协议》，该协议要求成员国确认知识产权为私权，保护与贸易（包括假冒商品贸易在内）有关的知识产权，并统一了知识产权执法的基本原则，引入了关贸总协定的争端解决机制。该协议有以下主要规定：

（一）国民待遇、最惠国待遇和透明度原则

1. 国民待遇

国民待遇是指在知识产权保护方面，各缔约国应遵照关贸总协定第三条的规定，给予其他缔约方国民与本国国民相同的待遇，但关贸总协定的例外事项除外。

2. 最惠国待遇

最惠国待遇是指在知识产权保护方面，任何缔约方对另一国国民所给予的优惠、特权及豁免应立即无条件地给予其他缔约方的国民。缔约方对知识产权的保护不得在其他缔约方的国民之间实施不正当的歧视，也不应在国际贸易中造成限制而损害他们正常和平等的市场竞争。

3. 透明度

透明度是指缔约方有关知识产权保护方面的法律和政策规定的公开性和国内的统一性。

（二）知识产权的范围

知识产权的范围包括：①版权及相关权利；②商标权；③地理标志权；④工业品外观设计权；⑤专利权；⑥集成电路布图设计（拓扑图）权；⑦未泄露信息专有权；⑧对许可合同中限制性商业条款的控制。

（三）关于知识产权执行的规定

该协议详细规定了实施知识产权保护的具体措施，如海关对侵权进出口货物的合理扣留或销毁；协议规定适用《关贸总协定》的争端解决机制，解决争议可采用交叉报复措施，即如果发展中国家侵犯发达国家的知识产权而得不到妥善解决，发达国家可以对与之没有联系的货币进行报复和制裁，如采用停止关税减征义务和提高关税等办法。此外，协议规定对知识产权进行追溯保护，包括工业产权和著作权。

该协议是第一个对知识产权保护的具体行政与司法程序加以规定的国际协议，该协议对知识产权保护的行政与司法规定包括：防止侵权的有效的救济与防止进一步侵权的救济。

由于知识产权保护的复杂性和特殊性，除了一般民事与刑事救济外，它还包括某些临时性措施和边境措施，在履行知识产权保护的行政与司法程序时，还需要下列一些原则加以管束。①对知识产权的保护不能以阻碍正当竞争与合法贸易为代价。②实施知识产权保护必须公平合理。③一项行政或司法裁决必须建立在有关各方都有机会了解的证据的基础之上。④充分利用司法复审权利。⑤强调知识产权保护在一般司法体系中的融合。

（四）发展中国家享有过渡期

协议规定，所有缔约国应在协议生效一年后实施本协议，并使国内法与协议规定相一致。但考虑到发展中国家一时还难以实施协议，又规定发展中国家及最不发达国家可以享受一定时期的宽限，发展中国家或处于计划经济向市场经济转变的国家可推迟4年，最不发达国家可推迟10年，经申请批准此期间还可延长。但在过渡期间，享受宽限期的发展中国家对尚未实施专利保护的医药、化工产品、食品等，应给予专利权人或享有该专利销售许可权人5年的独占销售权；过渡期满后，还应依本国专利法对这些产品的专利剩余期给予保护。

参考书

1. 郑成思. 知识产权法 [M]. 北京：法律出版社, 1997.
2. 曹建民. 国际经济法概论 [M]. 北京：法律出版社, 1999.

思考题

1. 简述知识产权的法律特征。
2. 试述《专利法》对技术创新的作用。
3. 试述《商标法》对国际贸易发展的积极作用。
4. 试述《世界贸易组织知识产权协议》对知识产权国际保护的推动作用。

课后案例分析一

某画家创作了一幅美术作品，画家将美术作品原件出售给了甲某。

问：

1. 该画的著作权是属于画家，还是属于甲某？
2. 该美术作品出版后，原件不慎毁坏，画家是否还享有该美术作品的著作权？
3. 如果画家将该美术作品的著作权（经济权利）转让给了某画院，是否需要将原件一并移交给画院？如果不移交，是否意味着著作权（经济权利）未转让？

课后案例分析二

2005 年 8 月 24 日，深圳海关根据美国 A 公司的申请，扣留了 B 公司报关出口的 NOVA 商标的男士衬衫。A 公司认为，NOVA 是该公司在中国注册的商标，B 公司侵犯了其涉案商标专用权。

问题：本案如何解决？

第八章 票据法与国际贸易支付

教学要点与难点

1. 了解和掌握票据的法律原理；
2. 了解和掌握票据转让与流通的条件和方式；
3. 了解和掌握调整票据法律规范的主要内容。

案例导入

日本某银行应当地客户的要求开立了一份不可撤销的自由议付 L/C，出口地为上海，证中规定单证相符后，议付行可向日本银行的纽约分行索偿。上海一家银行议付了该笔单据，并在 L/C 有效期内将单据交开证行，同时向其纽约分行索汇，顺利收回款项。第二天开证行提出单据有不符点，要求退款。议付行经落实，确定不符点成立，但此时从受益人处得知，开证申请人已通过其他途径（未用提单）将货提走。议付行可否以此为理由拒绝退款？

第一节 票据法概述

案例导入

甲交给乙一张经付款银行承兑的远期汇票，作为向乙订货的预付款，乙在票据上背书后转让给丙以偿还原先欠丙的借款，丙于到期日向承兑银行提示取款，恰遇当地法院公告该行于当天起进行破产清理，因而被退票。丙随即向甲追索，甲以乙所交货物质次为由予以拒绝，并称 10 天前通知银行止付，止付通知及止付理由也同时通知了乙。在此情况下丙再向乙追索，乙以汇票系甲开立为由推诿不理。丙遂向法院起诉，被告为甲、乙与银行三方。

问题：你认为法院将如何依法判决？理由何在？

一、票据的基本概念及种类

（一）票据的基本概念

票据是出票人依法签发的，由自己无条件支付或委托他人无条件支付一定金额给受款人或持票人的有价证券。票据以支付一定的金额为目的，是权利财产的一种，其全部权利将依票据法的交付或背书而合法转让。善意的受让人得享有票据上的全部权利，不受其前手权利瑕疵的影响。

（二）票据流通的特点

1. 它可以经交付或经背书迅速而简便地进行转移，不必通知原债务人

在这一点上，同民法上的债权让与不同。票据的转让比民法上的债权让与简单、方便。一张票据，尽管经过多次转让，数易其主，但最后的执票人仍有权要求票据上的债务人向其清偿，票据债务人不得以没有接到转让通知为理由拒绝。

2. 票据本身与其基础关系相分离

票据关系是指基于票据行为所产生的债权债务关系（出票人、受款人、背书人、受背书人、执票人、承受人），即根据票据享有权利的人与承担义务的人之间的关系，这是票据本身所固有的法律关系。基础关系是指尽管与票据有某种关联，但却是处于票据之外的关系。基础关系一般包括原因关系和资金关系两种。

（1）票据原因关系是指当事人之间发行票据或转让票据的依据或缘由（如支付价金、借款、提供担保、赠与等）。任何人一般不会无缘无故地开出一张票据，或者将票据转让给别人，他们之间通常有一定的原因关系或对价关系。如可能是为了支付买卖合同的价金，可能是借款，可能是提供担保，也可能是赠与。各国法律认为，票据上的权利和义务关系一经成立，即与原因关系相脱离，不论其原因关系是否有效、是否存在，都不影响票据的效力。票据上的债权人在行使其权利时，不必证明票据的原因，仅凭票据上的文字记载，即可要求票据上的债务人支付票据规定的金额。因此大陆法系的学者都把票据称为不要因证券。

（2）票据的资金关系是指票据（汇票与支票）的付款人与出票人之间的资金补偿关系。

票据的付款人之所以同意接受出票人的委托为其付款，其理由可能是出票人曾向付款人提供了资金。如：客户在银行有存款，所以银行同意支付该客户开出的支票；付款人曾对出票人负有债务，或愿为出票人提供信用等。这些补偿关系的原因也就构成了票据的资金关系。目前，除少数国家（如法国）以外，大多数国家的票据法都认为，票据的资金关系与票据关系相分离，即不论出票人是否向付款人提供了资金，票据的效力都不受影响。

3. 强调保护善意的第三人

善意并支付了对价的票据受让人，可以取得优于其前手的权利，不受其前手的权利瑕疵的影响。这是票据流通转让与民法上的债权让与的重大区别。

知识拓展

　　票据流通转让与民法上的债权让与有重大区别。按民法原则，让与人只能把自己所享有的权利转让给受让人，而不能把自己本来没有的权利转让给受让人。例如：如果甲盗窃或拾到一件属于乙的财物，并把它转卖给丙，一旦日后被乙发现，乙有权要求丙把财物返还给他。因为甲对该财物并无任何合法权利，所以从甲手中买受该财物的丙也无权取得该财物的合法权利。这就是说，作为受让人丙的权利并不比出让人甲的权利更为优越。又例如：在货物买卖中，卖方的权利担保义务之一是其所交付的货物必须是第三方不能提出任何权利或请示的货物，如果所交货物侵犯物权，不仅卖方要承担责任，买方甚至也要承担责任。因此，让与人与受让人的地位是一样的，受让人不能取得优于让与人的权利。但是，如果乙遗失的是一张无记名的汇票，被甲拾得并把它转让给丙，情况就不一样了。只要丙是善意的、支付了对价的票据受让人，他就有权得到票据的全部权利，乙不能要求丙把票据返还给他。因为这是票据流通转让，票据法保护善意受让人的利益，他享有优于其前手（甲）的权利，不受其前手（甲）权利瑕疵的影响。这是为促进票据流通，保障票据交易安全所必需的。受让人在取得流通证券后即取得它的全部权利，他有权用自己的名义对票据上的所有当事人起诉而不依靠其前手参加。

（三）票据的种类

　　关于票据的种类，按照各国法律的规定通常分为汇票、本票和支票。

　　（1）汇票是出票人向付款人签发的，要求付款人即期或在一定期限内，向持票人无条件支付一定金额的票据。汇票有三个基本的当事人：出票人，又称为发票人，是签发汇票、委托他人付款的当事人；持票人，又称受款人，是收取汇票上规定金额的当事人；付款人，又称受票人，是汇票上记载的承担付款义务的当事人。

　　（2）本票是出票人签发的，在指定的到期日由自己向受款人或执票人无条件支付一定金额的票据。本票属于自付凭证，只有出票人和受款人两个当事人。因此，本票的持票人无需向出票人承兑。

　　（3）支票是出票人签发的，委托银行在见票时向受款人无条件支付一定金额的票据。支票也有三个当事人，即出票人、受票人和付款人。支票与汇票的主要区别在于，支票必须以银行为付款人，而汇票的付款人则不以银行为限，既可以是银行，也可以不是银行。

二、票据的法律特征

　　1. 票据是完全的有价证券

　　票据是一种完全的有价证券，其权利与证券有着密不可分的关系。即发生权利，必须制作证券；转移权利，必须交付证券；行使权利，必须提示证券。

　　2. 票据是金钱证券

　　票据上表明的权利，是一种债权。这种债权的标的是应付给一定金额的金钱。所以票据是金钱证券，或称金钱债权证券。

　　3. 票据是流通证券

　　票据的流通性比一般有价证券的流通性强，因为，作为票据权利的债权，可以不按民法上一般债权转让方式转让，即票据的债权让与，不必由转让人通知债务人或经债务人承诺，票据的权利人可以依背书或交付而实行转让。

4. 票据是委式证券

票据必须严格按照法定方式制成。票据上所载事项，都是法律明确规定的。票据上如欠缺某种法定事项，除法律另有规定外，该票据是无效的。

5. 票据是文义证券

票据上的权利与义务，均依票据所载文义为准。票据当事人不得以票据外的立证方法来变更或补充票据文义。在票据上签名者，也仅依票据上文义负责。

6. 票据是无因证券

票据是无因证券，或称不委因证券。票据的基本关系（包括出票人与付款人之间的资金关系和出票人与受款人以及票据的背书人与被背书人之间的对价关系）与票据上的权利与义务关系是严格区分开来的，当事人的权利与义务关系完全以票据上的文字记载为准，不受其基本关系的影响。这样人们在接受票据时就不必调查票据的基本关系，从而使票据能广泛地流通。

7. 票据是提示证券、缴回证券

票据债权人行使权利，以占有票据为要件。要证明其占有，必须出示票据（提示），所以票据被称为提示证券。票据债权人行使其权利，受领金钱给付后，应将票据缴回于给付人，使票据关系归于消灭。如果票据债权人不缴回票据，票据债务人可以拒付票据金额而不负票据责任。

8. 票据是一种要式的证券

票据的做成必须符合法定的形式要求，如果不符合法定的形式，就不能产生票据的效力。各国法律对于票据所必须具备的形式条件都作了具体的规定，这些规定都是必须遵守的，当事人不能随意加以更改。这是因为票据是一种流通证券，其权利与义务关系完全根据票据上的文义来确定，如果票据上记载事项不统一或者对其中某些重要事项记载不明确，则当事人之间的权利与义务就无法确定，票据的流通性也会受到影响。

三、调整票据的法律规范

票据法自 17 世纪中叶进入成文法时期以后，因各国法律文化的特点及政治、经济条件的差异，在 19 世纪末逐渐形成了法国法系、英国法系和德国法系等三大法系。由于这三个法系票据法的某些具体规定有差异，对票据在国际上的流通使用以及国际贸易的发展都是不利的。鉴于此，一战后，在国际联盟的主持下，先后于 1930 年和 1931 年在日内瓦举行了两次关于统一票据法的国际会议，通过了四项关于统一票据法的《日内瓦公约》。这就是：①1930 年关于统一票据和本票的《日内瓦公约》；②1930 年关于解决汇票与本票的若干法律冲突的公约；③1931 年关于统一支票法的《日内瓦公约》；④1931 年关于解决支票的若干法律冲突的公约。

此外，还通过了关于统一汇票、本票以及支票印花税法公约。现在，大多数欧洲国家和日本以及某些拉丁美洲国家已采用了上述各项《日内瓦公约》。有些国家还以上述公约为基础，对本国的票据法进行了修订。此后，大陆法系各国的票据法逐步趋于统一，法国法系与英国法系之间的分歧也逐步消灭。但由于英美等国认为《日内瓦公约》与英美法的传统和实践有矛盾，一直拒绝接受《日内瓦公约》。历史上存在的票据法的三大法系，现已演变成为日内瓦统一法系与英美法系并存的局面。

第二节 汇票

案例导入

甲公司向某工商银行申请一张银行承兑汇票，该银行作了必要的审查后受理了这份申请，并依法在票据上签章。甲公司得到这张票据后没有在票据上签章便将该票据直接交付给乙公司作为购货款。乙公司又将此票据背书转让给丙公司以偿债。到了票据上记载的付款日期，丙公司持票向承兑银行请求付款时，该银行以票据无效为理由拒绝付款。

问题：

（1）从上述案例显示的情况看，这张汇票有效吗？

（2）根据《中华人民共和国票据法》关于汇票出票行为的规定，记载了哪些事项的汇票才为有效票据？

（3）银行既然在票据上依法签章，它可以拒绝付款吗？为什么？

一、汇票的概念

汇票是由出票人签名出具的，要求受票人于见票时或于规定的日期或于将来可以确定的时间内，向特定人或凭特定人的指示或向持票人支付一定数额金钱的条件的书面支付命令。所以可以把汇票概括为：汇票是一种委托他人付款的证券；汇票是一种无条件的书面支付命令；汇票的金额必须确定；汇票须于见票时或规定的到期日付款。

汇票原始当事人的法律关系可以简单概括为：汇票的出票人对付款人来说是债权人，而对受款人来说则是债务人。汇票上的付款人之所以成为债务人，并不是由于出票人对他开立了汇票，而是取决于他本人是否在汇票上签了名。只有当付款人在汇票上签名（承兑），承担了付款义务之后，他才成为汇票的债务人。而且一旦付款人在汇票签名，他就成为该汇票的主债务人，而出票人则居于次要地位成为从债务人。但在付款人在汇票上签名承认付款责任之前，汇票的债务人仍然是出票人而不是付款人。在对外贸易业务中，通常是由卖方作为出票人开立以买方为付款人的汇票，指定与其有往来关系的银行为受款人来结算货款。

二、汇票的出票及形式

（一）汇票出票的法律效力

出票是指首次将格式完备的汇票交付给受款人的行为。这是产生票据关系的一种基本票据行为。它包括两个环节：由出票人制作汇票，并在其上签名和将票据交付给受款人。仅有汇票制成，而未将其交付于受款人，还不能称为出票也不会产生出票效力。

出票是创设票据关系的行为，是以后票据关系发展的基础。出票的法律效力有：①基本效力。由于出票行为的完成，票据权利即由出票人移转于受款人，也就是出票人将票据与票据权利一起让与受款人。就移转权利而言，出票与背书有同一效力。②服从效力。出票人完成出票行为后，票据权利即移转于受款人，与此效力相关，票据法规定出票人必须负担保责任。这种担保责任分为两种；一是承兑担保责任，即如果受款人向付款人提示汇票请求承兑而遭拒绝，则该受款人可以依法定程序，对出票人行使追索权；二是付款担保责任，即如果受款人于到期日后，向付款人提示汇票，请求付款而遭拒绝，该受款人可以依法定程度向出票人行使追索权。

(二) 记载事项

汇票的形式是通过汇票记载事项体现的。记载事项按其效力不同，可分为必须记载事项与任意记载事项。

1. 必须记载的事项

必须记载的事项包括：①票据文句。票据上应记载其为汇票字样，记载这类文字是为了让接受票据者容易识别，对文句用字，法律并无限制，但票据文句所用语言与票据上所用文字应该是统一的。②支付一定金额的单纯委托。这是汇票性质所决定的。汇票付款人与出票人不是同一人，所以汇票上应载明上述字样，一是金额应确定，必须有确定的数字和单位，两者均不确定或其中一项不确定，都会构成要件欠缺。二是票据权利要确定，即付款委托应为单纯委托，而不是附有任何条件的。③付款人名称。④到期日。⑤付款地。付款地为票据金额履行地。付款地记载方法应以独立的、最小的行政区域为准。⑥受款人或其指定人。⑦出票日及出票地。出票日应记交付日，出票地应记交付地。⑧出票人的签名。

以上八项为必要记载事项，欠缺任何一项的汇票都没有效力。

但《日内瓦公约》规定在下列情况下，不影响汇票的效力：①如果未记载到期日，则将该票据视为见票即付汇票；②如果不记载付款地，而于付款人名称下附记有地址且无另外特殊表示的，则将该地视为付款地；③如果未记载出票地，而于出票人名称下附记有地址，则将该地视为出票地。此外允许票据当事人重叠，即三个票据当事人实际上为两个当事人。这时，不视为票据要件欠缺，该票据仍有效。

2. 任意记载事项

出票人可以将任意记载事项记载于票据上，也可以不记载于票据上。一经记载，该事项即产生法律效力，在当事人间有约束力。如不记载，也不影响票据的效力。

任意记载事项可分为两类，第一类事项主要有：①预备付款人。预备付款人为第二承兑人或付款人。《日内瓦公约》规定，汇票如载有预备付款人，则付款人拒绝承兑或付款时，受款人应请求预备付款人承兑或付款。②担当付款人。《日内瓦公约》规定，担当付款人是代付款人的实际付款者，实际上是付款人的代理人。其一般由付款人指定，但付款人允许出票人指定时，出票人也可以指定并记载于票据上。③利息约定。《日内瓦公约》规定，利息约定必须记载利率，未载利率者，利息约定也为无效。如果未特别记载日期，则利息以到期日起算。第二类事项主要是对价文句、表示出票人和受领人之间的对价关系，这种记载并无实际意义。

票据法还规定了禁止记载的事项，这些事项与必须记载事项相反，是不得载于票据的，如载于票据则其记载视为未记载，这些事项包括无担保文句、附加条件文句等。

（三）空白汇票

《日内瓦公约》规定，如果出票人发出某些甚至全部必要记载事项未予以记载的汇票，而授权某执票人予以补充的空白汇票或未完全汇票是有效的，票据法也予以认许。但是，如果这种补充违反当事人约定，则不得以其违反对抗另外执票人。

三、汇票的背书

1. 背书的概念与种类

汇票的背书是指持票人在汇票背面或粘单上签名和注明背书日期后，把该汇票权利转让给受让人的票据行为，在背书的行为中，签名背书的人称为背书人，接受经过背书的汇票的人称为被背书人。除无记名式汇票外，记名式和指示汇票都必须以背书交付的方式进行转让。汇票一经持票人有效背书后，被背书人就取得了该票据上的全部权利。

汇票的背书按不同标准可分为几类：①以目的为标准，背书可分为转让背书、委托取款背书、设质背书。②以形式为标准，背书可分为记名式背书、空白背书、付来人式背书。③以时期为标准，背书可分为前背书、后背书。

2. 转让背书

转让背书是指以转让汇票上的权利为目的所作的背书，其受让人（受背书人）可取得该汇票的所有权。除持票人在背书时另有记载外，通常的背书多属于此类。

转让背书一般有两种，即记名背书和空白背书。记名背书又称为正式背书或完全背书，是由背书人于票据背面或粘单上记载被背书人名称，然后由背书人签名的背书。空白背书又称无记名背书、略式背书、不完全背书，是仅有背书人签名，而不记载被背书人名称的背书。

《中华人民共和国票据法》（以下简称《票据法》）规定，空白背书的持票人有以下权利：①可以以自己或他人名称补充空白，从而使空白背书变为记名背书。②可以以记名式背书或空白转让票据。③既不补充也不背书，仅依交付而转让该票据。比较起来，空白背书使执票人的权利更加灵活。

3. 转让背书的记载事项

转让背书的记载事项包括：①记名背书应记载被背书人名称，背书人应签名；空白背书应有背书人签名。②背书日期、背书人住所。③其他如禁止再转让记载，免除持票人通知的记载，免作拒绝证书的记载等任意记载事项。

除了必要记载事项和任意记载事项外，我国《票据法》还规定了背书的有害记载事项和无益记载事项。

4. 转让背书的效力

（1）移转的效力。背书人于票据上背书后，票据上的一切权利（票据权利）即因此而转移于背书人。《日内瓦公约》规定这种权利移转效力是背书的最本质的效力。"一切权利"，既指取得票面金额的权利，也指取得有关利息等的权利。

（2）担保的效力。背书人背书后，应据票据文义，担保承兑及付款。汇票如遇承兑拒绝或付款拒绝时，背书人对被背书人及其后手负偿还义务。但是，《日内瓦公约》规定，如果背书人禁止再为背书时，该背书人对以后被背书人就不再负担保责任。

（3）资格授予的效力，又称为权利证明效力。我国《票据法》规定，汇票占有人依背书连续证明其权利时，就被视为合法持票人。这时持票人可以行使票据权利，而无须证明其实质权利，而票据债务人除非能证明执票人无此权利，不得拒绝履行票据义务。

四、汇票的承兑

1. 承兑的性质及效力

承兑是指汇票付款人表示承诺支付委托，负担支付汇票金额债务，而于票据上所为附属的票据行为。

依承兑方式，承兑可分为正式承兑与略式承兑两种。正式承兑是指付款人在汇票正面记载承兑文句并且进行签名的行为。略式承兑是指如果付款人仅在汇票正面签名，不记任何文句的行为。这两种承兑方式的法律效力是一样的。

依承兑有无限制，承兑可分为单纯承兑和不单纯承兑。单纯承兑是指付款人完全依票据文义而作的承兑，不单纯承兑则是付款人就票据文义加以变更或限制而作的承兑。

承兑的基本效力表现为承兑人由于承兑而成为主债务人。由于承兑使得付款人因出票人的委托当然地成为票据的债务人，承兑才得以发展到完全状态。因为只有付款人加入票据关系，成为票据的主债务人，才能具备实现票据权利的基础。由于承兑以出票行为为前提，所以承兑是一种附属的票据行为，付款人作了承兑行为后，就成为承兑人。承兑人应依照票据文义，负付款义务。

2. 承兑提示

承兑提示，是指持票人向付款人出示票据，请求承兑的不要式行为。一般来说，持票人并无为承兑提示的义务，但执票人一般都愿意为承兑提示。因为这样做，可以及时知悉付款人可否加入票据关系。万一付款人拒绝承兑，持票人于到期日前也可以行使追索权。另外，付款人，特别是有信誉的付款人承兑后，可以提高该票据的信誉，加强其流通性。

但是，承兑提示也分为以下不同情况：

（1）如果汇票是见票即付票据，持票人不必做承兑提示。

（2）在下列情况下，持票人可不做承兑提示：①出票人在汇票上记载了定有期间或不定期间而禁止为承兑提示的文义时；②背书人在汇票上记载了定有期间或不定期间而禁止为承兑提示的文义时；③出票人在汇票上记载了在一定期日前不得为承兑提示文义时。

（3）在下列情况下，持票人必须做承兑提示：①出票人在汇票上记载了定有期间或不定期间而必须承兑提示的文义时；②见票后定期付款汇票的持票人，有做承兑提示的义务；③他所付款汇票的执票人，必须做承兑提示。

3. 承兑的方式

持票人做承兑提示时，付款人应作出承兑或拒绝承兑的表示。付款人作承兑时，应在汇票上记载"承兑"字样，不得以口头、电话、电报等方式作承兑，也不得以汇票以外的书面方式作承兑。付款人应签名，付款人在汇票正面不记载"承兑"字样而单纯签名时，该签名视为承兑。

五、汇票的付款

1. 到期日

汇票的到期日是指票据债务履行期。《票据法》规定到期日有四种：①见票即付，又称即期汇票，即提示付款之日即为到期日。何时提示付款是持票人的自由，但《日内瓦公约》对其期限也有规定，即持票人应于出票日后一年内提示付款，否则即丧失对前手的追索权。②见票后定期付款，又称远期汇票（或注期汇票）以提示承兑日后一定期限为到期日。③出票日后定期付款，又称计期汇票。④定日付款，又称定期付款。

2. 付款提示

付款提示是指持票人或其代理人向付款人出示票据，请求付款的行为。在一般债权关系中，到期是否请求债务人履行其债务，是债权人的自由。但在票据关系中，《票据法》规定了债权人行使权利的期限，如前几种到期日的规定，持票人违反了这些规定时，则丧失对其前手的追索权。《票据法》的这种规定，是为了维护票据的流通性，不致使票据关系人蒙受不测损失。

3. 付款

（1）付款日期。付款人于票据到期后，持票人提示票据请求，应即付款。

（2）付款标的。付款标的以金钱为限，这是由票据的性质决定的。对于汇票在国际交易双方使用而发生的金额换算问题，《票据法》规定如下：①票据上载有以非付款地货币支付意旨的，原则上应换算为付款地通用货币支付。换算以付款地到期日的汇率为准。②如果以发票地与付款地的同名异价货币定票面金额时，推定为以付款地货币定其金额。③关于外国货币，如果票上载有"以某国货币现实支付"文句，则付款人应以该国货币支付。

4. 付款人的权利和义务

（1）付款人的主要权利：①部分付款的权利。付款人可依协议及有关规定部分付款，这时受款人（持票人）不得拒绝。②收回票据或收据的权利。付款人在完全付款后，票据债务即告消灭。付款人可以请示受款人在票据上记载实收数额并交付收据。③票据提存权。持票人在法定期限到期前应作付款提示而不提示时，付款人可以将票据金额提存，提存费用归持票人负担。

（2）付款人的主要义务：①审查义务。付款人在付款时，有审查背书是否连续的义务。②负期前付款危险责任义务。付款人于到期开始负付款责任，这是法律赋予付款人的期限利益。票据为流通证券，期前付款实际等于削弱票据的流通性。因此，法律虽未明文禁止付款人期前付款，但规定持票人有拒受期前付款的权利，还规定付款人为期前付款时，应自负其危险。

六、汇票的追索

追索是指汇票持票人到期不获付款时，期前不获承兑或有其他法定原因时，向其前手请求偿还票据金额及其他法定金额的行为。《票据法》规定，追索权人可以实行选择追索或超越追索；受追索人的人数是没有限制的，追索权人可以向追索义务人中之一人、数人或全体行使追索权；法律赋予追索权人的变更权，即追索权人对其追索义务人行使追索权时，并不因此而丧失对其他追索义务人的请求权，即使对受请求人的后手亦同。

（一）追索条件

追索可分为两类，即期前追索和期后追索。

1. 期前追索

《票据法》规定，持票人于到期日前行使追索权，应具备下列条件：

（1）实质要件：①付款人拒绝承兑。持票人于法定期限到期前作承兑提示，而付款人就票据金额全部或部分拒绝承兑。对拒绝承兑应作这样的理解，即不仅包括付款人现实地拒绝全部或部分承兑，也包括付款人所在地不明、拒绝会见或死亡而继承人不明等。②付款人（包括已为承兑的付款人及未为承兑的付款人）受破产宣告，有支付停止或对其财产的强制执行未奏效。③禁止承兑提示汇票的出票人破产，由于这种票据的信用取决于发票人的信用，发票人受破产宣告，使得该票难以获得付款。

若有以上三种情况之一，说明付款人难以或根本不能或部分不能代出票人成为票据的主债务人，票据权利难以或不可能部分实现或全部实现，执票人可以不必等到期届至而行使追索权。

（2）形式要件：①应做成拒绝证书。②应提出破产裁决书。票据付款人受破产宣告时，破产宣告裁定书具有强有力的证据力，此时，不必提示承兑，不必做成拒绝证书。

具备上述实质要件及形式要件之一时，执票人于到期日来临前，也可行使追索权。

2. 期后追索

执票人于到期日后行使追索权，应具备下列要件：

（1）实质要件：持票人于到期日或其后二个营业日未获付款，是期后行使追索权的实质要件。未获付款，不仅包括付款人的现实拒付，也包括付款人所在地不明、拒绝会见或死亡而继承人不明等情形。如果只获部分付款，持票人可以就其余额行使追索权。

（2）形式要件：应做成付款拒绝书。

（二）拒绝证书

制作拒绝证书是行使追索权的一个重要的形式要件。《票据法》规定，拒绝证书是一种公证证书，应由公证人制作。拒绝证书有两种，一种为承兑拒绝证书，一种为付款拒绝证书。如果追索权人要行使追索，只要有其中一种即可。

拒绝证书应有公证人签名并记载下列事项：①拒绝人及被拒绝人的名称；②拒绝证书做成地及年月日；③对拒绝人有请求而拒绝人不应其请求，或无法会见拒绝人情况等。

制作拒绝证书的费用计入追索金额，由被追索人负担。承兑拒绝证书应在承兑提示期间内做成。付款拒绝证书的制作期间因汇票的种类而异，定日付款汇票、出票日后定期付款汇票及见票后定期付款汇票应于应付款日或期后二营业日内做成，见票即付款汇票应按承兑拒绝证书的要求做成。

《票据法》规定，可以在票据上记载"免除制作拒绝证书""无须制作拒绝证书"等免除文句。载有这种文句的票据执票人就不必再制作拒绝证书，而直接行使其追索权。

（三）追索金额

追索权人首先是持票人，持票人对其背书人行使追索权，该背书人清偿了行使追索权的持票人的追索金额后，可以对其前手请求再追索金额。

1. 追索金额

追索金额包括下列各项：①未获承兑或付款的汇票金额，如有约定利息，并其利息；②以年利6厘（6%）计算而得的到期日以后的利息（法定利息）；③追索费用，包括制作拒绝证书的费用、发出通知的费用等。但是，于期前行使追索权者，不得请求票据金额之金额，而应按比例扣减票据金额，其比例依持票人所在地的、于追索日的银行官定贴现率计算。

2. 再追索金额

受追索的背书人清偿了前述金额后，即取得该汇票和对其前手的追索权（再追索）。再追索金额包括下列各项：①再追索人已支付的总金额；②该金额的依年利六厘计算而得的支付日后的利息；③支出的费用。受追索人清偿了追索金额或再追索金额后，可以请求追索人交付拒绝证书、收据及汇票。如部分承兑进行追索，可以请求将支付金额载于汇票并交付收据。

七、汇票的保证

票据的保证是指票据的保证人为保证票据债务的履行而实施的附属票据行为。保证是一种委式法律行为，必须遵循票据法规定的方式。我国《票据法》规定，保证应于汇票或粘单上表示，而在此之外表示的保证，只有民法效力，不能作为票据保证。

票据保证的要件有：①保证意旨。保证应以"保证"或其他有同一意义的文字加"担保"表示；②保证人签名，这是绝对要件，无论何处所做的票据保证，都必须签名，否则，这种保证不发生票据保证的效力；③被保证人的姓名或名称；④保证金额。

除上述要件之外，保证人也可以记载保证年月日、"免作拒绝证书"的文句、预备付款人等有益记载事项，这些事项是相对要件，记载于汇票或不记载于汇票都不影响票据保证的效力。

八、汇票的参加

汇票参加是指在发生拒绝承兑、拒绝付款或其他法定追索原因时，第三人为阻止持票人行使追索权而介入票据关系的行为。介入票据关系的第三人称为参加人，参加人可分为预先指定参加人（预定参加人）及临时决定的参加人（临时参加人）两种。参加可分为参加承兑和参加付款两种。

（一）参加承兑

参加承兑是指参加人为阻止前期追索而实行的承兑行为。参加人实行参加承兑的目的在于维持票据信用，所以在可以行使期前追索的一切场合，都可以实行参加承兑。但是如果票据上载有"禁止承兑提示"文句时，即使发生期前追索的实质要件，也不能实行参加承兑。

中国《票据法》规定，参加承兑人应于票据正面记载"参加承兑"的字样，且要记载被参加人并签名盖章。如果未记载被参加人，则将出票人视为被参加人。参加承兑人在参加承兑后，对于执票人及被参加人以后的背书人与被参加人负同一责任。持票人于到期日向付款人请求付款而遭到拒绝时，可以向参加承兑人请求付款，也可以以参加承兑人为被追索人行使其追索权，追索金额与追索被参加人或其后手时的追索金额相同。

参加承兑是一种附带偿还义务的承兑，与一般承兑相比，法律性质上存在差异。参加承兑人的义务不是绝对义务，只是在付款人拒绝付款时才负有付款义务。而付款人在承兑后，即负绝对付款义务，而不允许再就付款附加条件。参加承兑人付款，是为了免除被参加人及其后手的票据责任，只在为出票人参加承兑时，才免除全体承兑债务人的责任，而付款人承兑是为了免除全体票据债务人的责任而实行的承兑。参加承兑人破产并不构成期前追索的要件，而承兑人破产，持票人即可行使追索权。承兑的作用在于确定主债务人、确定付款责任，而参加承兑的作用在于阻止追索权进行。

（二）参加付款

参加付款是指参加人为了阻止追索权的行使而实行的付款行为。参加付款和付款都是支付票据金额的行为。但它们也有差异：付款的主体为付款人或担当付款人，而参加付款的主体为参加付款人或其指定的担当付款人；付款行为完成后，票据关系完全归于消灭，参加付款行为完成后，票据关系并未完全消灭，被参加人及其前手并不能免除票据责任。

中国《票据法》规定参加付款人实行参加付款时，应于汇票上记载被参加人的姓名和名称，未记载时，视为出票人参加付款。参加付款的人参加付款行为可以在追索人可行使追索权的一切情形，不管是在到期日前还是在到期日后，都可以实行。我国《票据法》还规定，持票人拒绝参加付款时，对因参加付款可免除义务者丧失追索权。

有数人申请参加付款时，以能免除最多数债务人的义务者为优先。

九、汇票的复本和誊本

（一）复本

复本是指就同一票据关系而发行的数份票据。复本是就一种票据关系存在的、具有同一法律效力的票据，所以其内容也应同一。复本内容不同一时，善意票据关系人可以将其视为独立票据。发行复本的目的在于作为丧失票据时的备用证券和促进票据的流通。

中国《票据法》规定：票据的复本必须有标志，复本上必须记载"复本"字样及编号，如无此记载，各份复本视为独立票据，复本发行人为出票人，在出票人发行票据时，受票人可以以自己的费用请求出票人发行数份复本。汇票发行并进入流通后，持票人可以请求发行复本。但是执票人不能直接向发票人提出请求，而只能向自己的直接背书人提出请求，直接背书人再向自己的直接背书人提出请求，逐次及于出票人。如果出票人不愿发行复本，可以在汇票上记载"禁止发行复本"的文句，载有此文句汇票的受票人或持票人就不能再请求发行复本。

中国《票据法》规定：付款人就复本付款时，如未经承兑，就一份复本付款，其他复本即为失效票据。如果付款人就一份或数份复本曾为承兑，则在付款时必须收回经其承兑的全部复本，否则对于未收回的经其承兑的复本仍负付款责任。

（二）誊本

誊本是指持票人依汇票原本制作的誊写证券。誊本制作权在于持票人，持票人无须请求他人而可以自行做成誊本；誊本不能行使票据权利，仅可作为背书及保证。

中国《票据法》规定，誊本应正确誊写原本所载一切事项，在誊写事项之后应记载"以上誊自原本"的字样（界限文句），以标明誊写的内容。此外，在誊本上应记载原本持有人的名称或姓名及住所，以便誊本持有人请求返回原本。

汇票制成誊本后，为防止誊本、原本分别转让于不同人，造成誊本持有人有不测损失。中国《票据法》规定，在誊本制成前，原本出票人或原本最后背书人可以在原本上记载"此后仅于誊本上制作的背书有效"文句。在这种情况下，其后在原本制作的背书是无效的。并且，原本也不能实行民法上的一般转让。

第三节　本票和支票

案例导入

甲公司在银行的支票存款共有100万元，该公司签发了一张面额为200万元的转账支票给乙公司。之后甲公司再没有向开户银行存款。

问题：

（1）乙公司所持的支票是否为空头支票？如何判断空头支票？

（2）空头支票的付款人是否为票据债务人？为什么？

（3）甲公司对空头支票的持票人应负什么责任？

一、本票

（一）本票的概念

本票又称期票，是指出票人经约定由自己向受款人或指定人支付一定金额的票据。

本票与汇票在法律上的差异主要表现为以下几个方面：

（1）原始当事人人数。汇票的原始当事人有三个，即出票人、受票人及付款人。本票的原始当事人有两个，即出票人及受款人。

（2）主债务人。在汇票关系中，付款人承兑前，出票人为主债务人，付款人承兑后，付款人则充任票据主债务人，在本票关系中，出票人因出票行为而成为主债务人，应负支付票据金额的责任。

（3）承兑制度。汇票是出票人委托第三人付款的行为，为了提高票据信用，中国《票据法》规定了汇票承兑制度。本票是出票人向受款人支付一定金额的票据，出票人的出票行为，就表明其愿意担任票据主债务人，无须设承兑制度，要求出票人再次表态。

（4）期前追索。汇票持票人向付款人提示汇票请求承兑而遭拒绝时，可以以此为理由，实行期前追索。本票无承兑制度，所以也不会发生持票人因承兑拒绝而实行期前追索情形。至于汇期期前追索的其他原因，如付款人破产等，则准用于本票，即当本票出票人破产时或其他法定原因时，本票持票人也可以实行期前追索。

（5）复本。汇票可以发行复本，本票无承兑制度，所以不能发行复本。至于誊本，汇票和本票均可以发行。

（6）参加。汇票可以实行参加承兑，也可以实行参加付款。本票只能实行参加付款。

（二）本票的出票及款式

本票的出票行为是负担债务的委式单独行为，相当于汇票的承兑行为。当出票人将本票开出并支付于受票人时，受票人就取得了对出票人的票据权利，出票人也就成为票据主债务人，负有于到期日支付本票金额的义务。

本票必须记载事项的内容与汇票基本相同，即：①票据文句，以制成该证券的语言，标明"本票"字样。②支付一定金额的单纯约定。③到期日。④付款地。⑤受款人或其指定人的名称。⑥出票日及出票地。⑦出票人签名。

二、支票

（一）支票的出票与款式

1. 支票及其与汇票的区别

支票是指出票人委托银行向受款人或执票人支付一定金额的有价证券。支票与汇票一样，也是完全的有价证券、金一证券、流通证券、要式证券、文义证券、抽象证券及提示缴回证券。从法律性质上讲，两者基本上相同，但其间也有不同的特点，主要表现为：

（1）资金关系。支票出票时，法律要求出票人与付款人之间必须有资金关系。汇票出票时，在出票人与付款人之间不必有资金关系。

（2）付款人身份。法律对支票付款人身份有限制性规定，即付款人必须是银行或其他金融机关。汇票、本票的付款人无身份限制。

（3）受款人。汇票、本票应记载特定的受款人。支票除了记载特定受款人外，还可记载不特定受款人。

（4）转让方式。转让汇票或本票，应做成转让背书，仅依交付转让是例外情况。转让支票，一般采取交付方式，用背书实行转让是例外情况。

（5）承兑。汇票有承兑制度，支票与本票一样无承兑制度，但支票有担保制度。

（6）拒绝证明。汇票与本票的持票人行使追索权，必要时应做成拒绝证明书。支票持票人行使追索权，除可用拒绝证书外，还可用付款人的拒付声明等证明。

（7）参加。汇票有参加承兑、参加付款制度；本票只有参加付款制度；支票既无参加承兑制度，又无参加付款制度。

2. 支票的款式

支票以其受款人记载方式为标准，可以区分为：指示式；记名式或记名且载有"禁止指示"一类文字；无记名式，即付来人式；选择无记名式，即记名但又载有"或付来人"字样。

支票以其票据当事人重叠情形为标准，可分为两种，即指己支票（出票人以自己为受款人）；对己支票（出票人以自己为付款人）。

3. 支票的出票

支票的出票与汇票大体相同。不同之处在于：①汇票出票人担保承兑及付款，支票出票人只担保付款。②开出支票时，除对己支票外，出票人应在付款银行有支票资金，并有用支票处分该资金的权限；否则，其所开出的支票即为不能兑现的"空头支票"。

4. 支票记载事项

中国《票据法》规定，支票必须记载的事项为：①支票文句。②支票一定金额的单纯委托。③付款人名称。④付款地。⑤出票日和出票地。⑥出票人签名。

（二）支票的转让及付款

1. 转让

在支票的转让中，支票与汇票和本票的不同之处是，支票除记名式或指示式外，还有无记名式及选择无记名式，因此，除背书情形外，支票转让可以因单纯交付而成立。

2. 付款

（1）提示期间

中国《票据法》按支票出票地与付款地间距离不同规定了以下几种付款提示期间：①在国内出票并付款的支票，付款提示期间为 10 天。②由一国出票，在另一国付款的支票，如两地同在一洲，付款提示期间为 20 天；如两地不在一洲，则付款提示期间为

70 天。③上述期间自出票日起算。

支票持票人违反上述规定，未于法定期间内提示付款时，即丧失对其前手的追索权。但是，如果出票人未撤销支付委托，虽在上述期间过后，付款人也可以付款。

（2）支付委托的撤销

支付委托撤销是指支票出票人撤回对付款人的付款指示。如果这种撤销有效，则付款人不得再为付款。付款人不顾有所撤销而仍付款时，应自负其责，不得以其付款来与出票人结算。中国《票据法》规定，支付委托的撤销只能在提示期间过后撤销支付委托，在提示期内撤销支付委托是无效的。

第四节　国际贸易支付方式

案例导入

有三笔业务，付款方式为：

（1）D/P 见票 30 天。（2）D/A 见票 30 天。（3）D/P 见票 30 天，凭信托收据借取单据。

以上三笔业务，国外客户均于 8 月 1 日办理了除付款以外的各项手续，问针对这三笔业务，客户分别可在何日取得货运单据？

一、国际贸易支付概念

国际支付是指通过某种支付工具，按某种方式清算、了结不同国家有关当事人之间政治、经济与文化等交往中发生的债权与债务的活动。

国际贸易支付是指货物、技术及服务进出口贸易所发生的国际债权与债务结算。国际贸易支付在国际支付中所占比重最大，所涉及的支付方式多样。国际贸易中最常用的支付方式主要有信用证、汇款与银行托收等。

二、调整国际支付结算关系的法律规范

目前调整国际支付结算关系的法律规范主要体现为有关国家的国内法，包括合同法和资金转移法等。托收和凭信用证支付的关系则主要由很多国家广泛接受的国际惯例予以规范。

就调整信用证支付关系的国际惯例来看，国际商会于 1929 年就制定出《跟单信用证统一惯例》（Uniform Custom and Practice for Commercial for Documentary Credits），后经数次修改，最新修订本于 2007 年在第 600 号出版物上公布，因而又称《600 统一惯例》（UCP600）。此惯例也受到各国的广泛承认，美国纽约等州甚至特别规定《统一商法典》对 UCP（《600 统一惯例》）下的信用证不适用。

由于汇付在国际贸易结算中较少使用，本章以下只根据 URC522（《托收统一规则》）和 UCP600 及具有代表性国家的判决实例分别介绍托收和凭信用证结算关系中当

事人之间的权利与义务。

就托收关系而言，为了确定各当事方之间的权利和义务关系，国际商会于1967年制定了《商业单据托收统一规则》，该规则于1978年被修订并更名为《托收统一规则》，1995年国际商会在其第522号出版物公布了最新的修订本，这一新版本的《托收统一规则》（Uniform Rules for Collection，简称 URC522）已得到世界各国银行的广泛采纳。

三、信用证支付方式

（一）信用证的概念

信用证是对外贸易中常用的一种以银行信用保证的、凭规定单据承兑、付款或议付的保证文件，开证银行负第一位付款责任。信用证是以销售合同为基础，但又不依附于销售合同的一项独立契约。它只凭单据而不凭货物来支付有关款项。

知识拓展

在国际经济交易中，当事人分处于不同的国家或地区，彼此很难信任，唯恐上当受骗、钱货两空。作为"万能中介人"的银行便应按实际需要，提供这种交易的担保服务，这种中介对交易各方和银行都是有利的。凭信用证支付的上述各项优点使之成为国际贸易中最常用的支付方式。

根据国际商会1993年《500统一惯例》第二条的规定，信用证（Letter of Credit，L/C）为一项约定，根据此约定，银行（开证行）受其客户（申请人）的要求和指示，或为开证行自身行事，凭符合信用证条款规定的单据，支付相应金额给第三者（受益人）或其指定人，或承兑并支付受益人出具的汇票，或授权另一银行进行支付或承兑并支付受益人出具的汇票，或授权另一银行议付。信用证就是允诺按规定单据付款的凭证。

（二）信用证种类

信用证根据不同的运用方式和不同条款，可以分成多种形式。常用的有以下几种：

（1）光票信用证，是指凭不附货物运输单据等的汇票付款的信用证。

（2）预支信用证，是指允许出口商在装货交单前可以先支取全部或部分货款的信用证。由于允许预支条款是用红字打印的，因此俗称红条款信用证。

（3）可转让信用证，是指凡开证银行授权给通知信用证银行，在受益人的申请下，如果通知银行同意，可将信用证的全部或一部分转让给一个第三人，或同时转让给两个或两个以上的第三人的信用证；反之，即为不可转让信用证。信用证转让只限一次。

（4）可分割信用证，是指信用证金额可转让给两个或两个以上的第三人的信用证。可分割的信用证必须也是可转让信用证。

（5）背对背信用证，是指中间商开来的信用证是凭他向另一国家或地区商人成交后，将他的客户开给他的信用证作为保证，转请当地开证银行重新开发新的信用证。

（6）对开信用证，是指以一种出口货物向对方交换进口货物或原料，把出口和进口联系起来，双方约定对开信用证，并在信用证内订有互开才能生效的条款。

（7）循环信用证，是指信用证被全部或部分使用后仍可恢复到原金额并继续使用的一种信用证。

（8）备有信用证，是指以信用证作为未来发生特定情况时受益人使用信用证的条件。如该情况不发生，则备而不用。加拿大、美国、日本等国不准银行代客户开发保证书，因此他们的银行开立备用信用证。这种信用证与银行保函相类似，一般使用于国际招标或者金额大、周期长的国际劳务、石油勘探等业务中。

另外，信用证在议付以前不经过受益人同意或甚至不必事先通知受益人，开证行可以随时修改或撤销的，就是可撤销的信用证；反之，就是不可撤销的信用证。可撤销的信用证对受益人（出口商）毫无保障，因此在国际贸易中极少采用。

此外还有保兑信用证和不保兑信用证。保兑信用证是指一家银行开出的信用证请另一家银行（主要是通知行）加以保证承兑。

（三）信用证支付法律关系中的当事人

信用证支付关系中的当事人主要有以下几种：

（1）开证申请人（Applicant），是向银行申请开立信用证的人，一般是国际货物买卖合同中的买方；同时，其也是支付关系中最终承担付款责任的债务人。

（2）开证行（Issuing Bank），即接受开证申请人的委托或为其自身（即开证行自己主动要求做信用证业务）开立信用证的银行，一般是买方所在地的银行。

（3）通知行（Advising Bank），即接受开证行的委托，负责将信用证通知受益人（卖方）的银行，一般是卖方所在地的银行，是开证行的代理行或有业务往来的关联行。

（4）受益人（Beneficiary），指有权享受信用证上的利益的人，一般为国际货物买卖合同中的卖方或中间商，他是支付关系中的债权人。

（5）议付行（Negotiating Bank），指愿意买进或贴现的受益人按信用证开出汇票的银行。议付行可以是指定的，也可以是非指定的；可以是通知行，也可以是其他银行，不受任何限制。

（6）保兑行（Confirming Bank），即在开出的信用证上加上自己保兑责任的银行。所谓保兑责任是指承担根据信用证开出的汇票保证会被兑现的责任。保兑行在信用证上加保兑后，即对信用证独立负责，承担必须付款或承兑的责任。

（四）信用证格式

各银行开出的信用证并无统一的格式要求，但是信用证的内容却大致相同。信用证一般包括以下内容：

（1）信用证的当事人，主要包括开证申请人、开证行、通知行和受益人的名称和地址，有的信用证还包括保兑行、指定的议付行或付款行。

（2）对信用证本身的说明，如开证时间、信用证的种类和号码、汇票最高金额、有效期和到期地点等。

（3）关于货物情况的说明，如货物名称、品种、规格、数量、品质、包装、价格、生产国别和制造厂商等。

（4）装运条款，规定装运港（地）、目的港（地）、运输方式、装船日期（最后期限）以及是否分批装船和中途转运等。

（5）单据条款，主要规定应提交哪些单据。信用证规定的单据包括三类：①货运单据，如各种发票、装箱单、重量证书、质量证书、产地证书等；②运输单据，主要是提单；③保险单据，即保险单或其他保险凭证。除此之外，还要在信用证中规定一个交单付款、承兑或议付的日期。

（6）开证行保证条款，规定开证行要对受益人、议付行或汇票持有人保证，开证行在收到符合信用证要求的单据后，即对根据信用证开出的汇票承担付款责任。

（7）特殊条款，在信用证中视每一笔交易的不同情况做出不同的规定。信用证的内容由开证申请人根据买卖合同的要求向开证行提出，即信用证的规定应与买卖合同的规定相一致。

知识拓展

如何防范信用证欺诈。在信用证支付方式下，卖方可能利用"严格相符原则"和"信用证独立原则"的漏洞来进行信用证欺诈。所谓严格相符原则，是指卖方在向银行提交各种单据要求付款时，这些单据必须在表面上完全符合信用证的要求，银行才予以付款。所谓信用证独立原则，是指信用证以买卖双方的合同为依据开出，但是银行须严格遵守信用证的规定向信用证受益人支付货款，而不受买卖双方交易合同履行情况的约束。

根据上述两个原则，只要受益人提供的单据符合信用证要求，银行就要按照信用证的规定履行付款义务而不管受益人是否真的履行了合同义务、受益人取得单据的途径是否合法等，这些原则的存在产生了可以被卖方用来进行信用证欺诈的空间和可能。

买方和银行也有可能利用信用证欺诈，这主要来自信用证中的某些"软条款"。信用证的"软条款"是指在信用证中规定了一些对卖方取得付款的限制性条款，或信用证的条款不清、责任不明，使得卖方事实上很难获得银行的付款。对于买方和（或）银行开出的信用证，卖方拿到信用证后应及时审查，如果发现有"软条款"或与买卖合同不符的条款，应立即与买方协商，让其修改信用证。同时，卖方还可注意买方可能获得的利益，如果买方对履约金、佣金或质保金等的要求非常强烈，则其可能有欺诈的意图，卖方更应加强对信用证的审查。

（五）信用证交易的一般流程

（1）约定。买卖双方在合同中约定以信用证的方式付款，合同的规定构成信用证支付的前提。

（2）申请开证。开证申请人（买方）向其所在地银行申请开证。申请开证时，应填写开证申请书。如果银行认为有必要，通常会要求买方缴纳一定的开证押金或提供其他担保。

（3）开证。开证行接受买方申请的，按照规定内容用信函、电报或电传的方式向卖方（信用证的受益人）开立信用证，并寄发给卖方所在地的开证行的代理行或关联行（通知行），请其通知受益人。

（4）通知。通知行接受开证行的委托后，将收到的信用证审核后通知受益人。

（5）装货、备单和申请议付。受益人收到信用证，经审核与合同无误后，按信用证规定装运货物，并备齐货运单据，开立以买方为付款人的汇票，在信用证有效期内，递交当地银行（议付行），请求议付。

（6）议付。议付行按信用证条款审核信用证和单据无误，接受受益人的议付申请后，将汇票金额扣除自付款日起到估计收到票款（获得偿付）日为止的利息和手续费后，将议付货款支付给受益人。议付完货款后，将卖方所提交的货运单据寄交开证行或其指定的银行，向后者索偿。

（7）付款并通知买方付款赎单。开证行或其指定的付款行审核单据是否与信用证条款相符，如无误，即偿还议付行垫付的货款，同时通知买方付款赎单。

（8）买方付款赎单。买方经审核无误，付款赎单，信用证交易即告结束，开证行与买方之间因开立信用证而产生的权利与义务关系也告结束。

四、汇付方式

汇付（Remittance）是汇款人通过银行将款项汇交收款人的支付方式。在实践中，汇付的方法又有以下四种：

1. 信汇

信汇（Mail Transfer，M/T）是汇出行应汇款人的申请，将信汇委托书寄给汇入行，授权该汇入行解付一定金额给收款人的一种结算方法。信汇的具体程序是：汇款人填写汇款申请书，连同汇款、汇资交汇出行，以此取得汇出行的信汇回执；汇出行开具信汇委托书邮往汇入行，委托该汇入行向收款人付款；汇入行收到该委托书后即通知收款人取款；汇入行收到收款人签名或盖章的收据后即向其付款，然后将付讫借记通知寄给汇出行。

2. 电汇

电汇（Telegraphic Transfer，T/ T）是汇出行应汇款人的申请，拍发加押电报或电传给其在收款人所在地的分行或代理行，委托其向收款人付款的结算方法。电汇程序与信汇很相似，所不同的是：在电汇方法下，汇款人申请书的内容是要求电汇；汇出行委托汇入行付款所使用的工具为加密押的电报或电传。电汇速度快捷，但费用很高。

3. 票汇

票汇（Demand Draft，D/D）是汇出行应汇款人的申请，开出以其分行或代理行为付款银行的即期汇票，指令该付款行支付一定金额给付款人的一种结算方法。对票汇方式下的汇票，收款人在不违反汇票票面上限制性规定的前提下可将其流通转让。

4. 电子系统汇付

随着计算机技术的发展，国际银行之间越来越广泛地采用了环球银行间财务电信（Society for Worldwide Interbank Financial Telecommunication，SWIFT）系统进行高速度电子资金转移，即电子系统（SWIFT System）汇付。国际贸易关系中的当事人也可以利用这一系统进行结算。具体办法为：汇出行应汇款人的申请，向其分行或代理行发出付款指示，后者按该指示照办后，即通过计算机借记于汇出行在 SWIry 系统的电子账户上。

五、银行托收

（一）银行托收的方式

托收（Collection）是国际交易中的债权人开出的以债务人为付款人的汇票，委托银行向债务人收取交易款项的一种支付方式。

根据托收过程中的票据等金融单据是否有发票、装运单据、装箱单、商检单等商业单据，托收可被分为光票托收和跟单托收两种。

1. 光票托收

光票托收（Clean Collection）是指债权人仅开出汇票而不附带任何商业单据的托收。在国际经济交往中，光票托收通常只限于收取价款的尾数、样品费、佣金和代垫杂费等。

2. 跟单托收

跟单托收（Document Collection）是指债权人将汇票与商业单据一起交银行委托收款的支付方式。

根据商业单据转移的时间，跟单托收又可以分成付款交单和承兑交单两种。

（1）付款交单（Document against Payment，D/P），即代收银行必须在债务人付清票款后才能将商业单据交给债务人。根据付款时间的差异，付款交单可分成即期付款交单和远期付款交单两种。前者是指代收行向债务人提示汇票和装运单据，债务人经审核无误后就须付款赎单；后者则是指债务人见到汇票和商业单据并经审核无误后先承兑汇票，等汇票到期时再付款赎单。

（2）承兑交单（Document against Acceptance，D／A）是指债权人将远期汇票和商业单据交给托收行，由托收行委托代收行向债务人提示承兑，债务人承兑汇票后即可得到商业单据，待汇票到期时，债务人再履行付款义务。承兑交单是先提货，后付款。对出口方来说，后付款的风险是相当大的，如果对方资信不好，货物已经脱手，货款有可能完全落空。除非出口方确认对方是资信很好的老客户，或者为了要以某种新商品到新地区开创新局面，否则一般不轻易接受这种支付条件。

（二）托收的法律关系

1. 托收结算法律关系中的当事人

根据《托收统一规则》（URC522）的规定，一笔托收业务涉及的当事人有：①委托人，又称本人，是指委托银行向债务人收款的债权人。②托收行，是接受本人的委托代向债务人收款的银行。③代收行，是指受托收行委托向债务人收款的银行。④付款人是代收行向其提示委托人的汇票，要求其支付票款的人。

2. 委托人和托收行之间的法律关系

（1）委托人对托收行的义务。委托人和托收行之间属于委托代理关系，根据《托收统一规则》的规定，委托人对托收行的义务表现在三个方面。①对托收行就以下事项作出明确指示：代收行的选定；交单条件的确定；向付款人应收取的银行费用；收到付款后的付款方法和通知付款的方式；遇到买方拒付时是否做成拒付书及对货物的处理方式。如果委托人就上述各事项未向托收行作出明确指示，那么托收行对由此造成委托人的任何损失概不负责。②向托收行支付办理托收所需的手续费和代垫的各项费用。③在接到托收行有关拒付或发生意外情况的通知时，应及时指示银行对有关单据进行处理。

（2）托收行对委托人的义务。①执行委托人的指示。②审查所收单据的种类和份数与托收申请书所列者是否相符。若有不待或遗漏，托收行则应毫不延迟地通知委托人。但是，托收行对任何通知、信件或单据在寄送中的延迟和（或）遗失及其他无法控制的原因造成的一切后果免责，未经托收行的同意，托收行没有提货的义务，即使托收行主动处理货物，托收行对货物状况和受委托处理货物的第三人任何行为或疏忽也概不负责。③对委托人未加明确指示的事项按《托收统一规则》（URC522）予以处理。例如，委托人未指定代收行时，托收行可自行选择代收行。④向代收行寄送托收指示书，注明按《托收统一规则》（URC522）办理，并列明完整明确的指示，同时附寄有关托收单据。⑤将收到托收款项毫不延迟地交付委托人。⑥对因过错造成委托人的损害负赔偿责任。

3. 托收行和代收行之间的法律关系

托收行和代收行之间也是委托代理关系。

（1）托收行对代收行的义务。托收行对代收行的主要义务是：偿付因执行其代收指示而发生的所有开支及损失，但已由付款人偿付的部分除外。

（2）代收行对托收行的义务。代收行对托收行的主要义务是：①代理托收行执行托收指示。②审查、确定所收到的单据表面上与托收指示书是否相符，且在付款人承兑或付款前必须保管好单据。③应按托收指示书规定的方式向托收银行通知代收情况，并无延误地向托收行寄送付款通知、承兑通知及对货物采取行动的通知。④对其过错造成托收行的损失予以赔偿。但托收行对委托人义务关系中的免责事项同样适用代收行对托收行的义务关系。

4. 委托人与代收行之间的法律关系

委托人与代收行之间并无直接的合同关系，但是，根据《托收统一规则》的规定，代收行在代收过程中发生的开支或费用在付款人或托收行拒绝承担时，代收行可以从代收的款项中予以扣除或留置有关单据。

5. 付款人与代收行之间的法律关系

付款人与代收行之间也无直接的合同关系。但是，《托收统一规则》规定：付款人拒付时应向代收行说明原因。

六、非传统方式贸易下的支付方式

（一）"三项贸易"支付方式

"三项贸易"包括来料加工、来件装配、补偿贸易。来料加工由国外客户提供原材料、辅助材料，由国内加工成品出口；来件装配由国外进口商提供部分原部件，由国内组装出口；补偿贸易一般是由一方引进机器设备和操作技术，另一方进行生产，以产品偿还引进机器的价值，原则上以进口机器所生产的商品直接补偿。这些贸易采用的支付方式视情况而定，有的用信用证形式，有的用无证出口托收方式，有的两者相结合。

（二）分期付款延期付款方式

对于加工周期长、金额较大商品的进出口，如船舶、大型机械或成套设备等，也可以按国际上的习惯做法，采用分期付款或延期付款的支付方式。

在分期付款方式中，买方在签订合同时先付一部分货款作为保证金，然后按工程进度分若干期付清。每期付款时可采用信用证或托收等方式。

延期付款往往也由买方先付一小部分货款作为保证金，其余采用信用证或银行信用保证书等方式分期付款。两者不同之处在于前者往往要付清货款或者至少付了大部分货款才能提货，而后者则往往是先提了货后再分期付款。另外，在一般情况下，分期付款的货物所有权在交货后即由卖方转移给买方，而延期付款的货物所有权在交货后货款全部付清前并不转移。

参考书

1. 赵承璧，等. 国际贸易统一法 [M]. 北京：法律出版社，1998.
2. 张圣翠，等. 国际商法 [M]. 上海：复旦大学出版社，2002.

思考题

1. 简述票据流通的特点。
2. 简述票据的法律特征。
3. 试述国际支付的主要形式。

课后案例分析一

出票人甲将票据交付给受款人乙，乙通过背书将票据转让给丙，丙又将票据转让给丁，丁又将票据转让给戊，戊为最后持票人。

问题：在这一系列当事人之间，谁是票据上的前手和后手？这样的区分有何意义？

课后案例分析二

有一笔出口业务，买卖双方已经签订了合同，问题：

（1）在合同规定的装运期内在船、货物已经齐备的情况下，当付款方式为托收时，是否可以装运货物出口？

（2）在合同规定的装运期内在船、货物已经齐备的情况下，当付款方式为信用证，但尚未收到国外来证时，是否可以装运货物出口？

第九章　国际贸易中的电子商务法

教学要点与难点

1. 了解国际贸易中电子商务的主要法律问题；
2. 了解和掌握电子商务合同成立的主要内容；
3. 了解《电子商务示范法》和《电子签名示范法》的主要内容；
4. 了解电子商务中域名及其与商标的关系。

案例导入

数据显示，截至 2015 年 9 月底，问题平台涉及的投资人数约为 13.3 万人，涉及贷款余额为 77.1 亿元。9 月份跑路平台占比高达 64%，其中有 9 家平台上线时间不足一个月即跑路，属于比较明显的恶意诈骗平台。

第一节　电子商务概述

随着互联网的发展，电子商务对人类的社会生活产生着越来越大的影响。国际贸易中众多公司纷纷在其贸易中采用电子商务，极大地促进了国际贸易的发展。接着，越来越多的国家、地区或商家，都主动看中了电子商务带来的无限商机，积极参与到争夺 21 世纪经济持续发展制高点的竞争中。

一、电子商务的概念

电子商务作为一种新形式的商务活动，已开始在国际贸易中被广泛地运用。它通过采用现代信息技术手段，以数字化通信网络和计算机装置替代传统交易过程中纸质信息载体的存储、传递等环节，采取广告和搜索、订货和付款以及送货三个主要阶段，达到国际贸易高效率、低成本、数字化、网络化和全球化等目的。

（一）电子商务的概念

从电子商务（Electronic Commerce）活动的基本内容来看，电子商务一般是指通过电子手段对货物或服务的跨境分销、营销、销售或交货。截至目前，国际上对其定义比较多，尚无能使各国及国际组织普遍接受的关于电子商务（Electronic Commerce）的定义，但其基本特征是一致的：电子商务是企业、商家及公民等商务主体通过计算机互联网络进行的各种商务活动的总称。

知识拓展

在国际贸易中，由于使用电子数据交换（EDI）方式比较复杂、费用高，而且需要专门的增值网络，所以这种方式除了在具有长远利益的高价值供货伙伴关系的大企业之间被应用外，尚未真正得到普及。由于电子商务是通过传真、电报、电传、电子支付及货币转账系统、电子数据交换和互联网的方式进行，而且电子商务是以互联网以及其他以网络为基础的商务，即电子商务是指利用任何信息和通信技术进行任何形式的商务活动，主要是通过网络进行的商业活动。因此，电子商务可达到国际贸易高效率、低成本、数字化、网络化和全球化等目的。

（二）电子商务的分类

（1）企业与企业之间的电子商务。企业与企业之间的电子商务是指企业之间采取电子化手段进行交易的商务活动。电子商务活动除了须遵守国际贸易规则之外，还须遵守国际惯例及行业惯例。

（2）企业与消费者之间的电子商务。企业与消费者之间的电子商务是指商业企业通过互联网等与消费者进行即时交易的商务活动。由于它是商业企业与消费者之间的商务行为，因此涉及消费者保护问题，其适用的规则和企业与企业之间的电子商务有所不同。

（3）货物销售电子商务。货物销售电子商务是指通过向网上虚拟化的商店进行订货和支付，而送货则在网下进行。其中网上订货和支付活动须适用电子商务法律规则。

（4）无形物销售电子商务。无形物销售电子商务是指货物之外的其他作品等的智力成果、服务和其他信息的销售。这类标的具有知识产权或者经济价值的性质，其交易和履行往往涉及著作权等知识产权法律保护，或者适用不同于货物销售的各种交易规则，且这类电子合同完全可以在网上交易并履行。

（5）电子支付。电子支付是指电子交易的当事人通过网络，使用数字化方式进行电子货币数据交换和资金结算。电子支付有现金支付、信用卡支付、电子支票支付（包括电子钱包）等方式。

二、EDI 的概念及与电子商务的关系

尽管目前还不能确切地定义电子商务与 EDI（电子数据交换），但它们之间却存在一种相互交叉的关系。如果仅从商务活动的角度来看，EDI 只不过是电子商务的一种工具，是将商业文件如货单、发票、货运单、报关单和进出口许可证等，按统一的标准编制成计算机能识别和处理的数据格式，在计算机之间进行传输。而电子商务则指所有的通过电子手段进行的商务活动，其含义无疑要比电子数据交换广得多。

EDI 模式的商务活动仅仅是整个电子商务活动的一个组成部分，电子商务除了包含以 EDI 方式进行的商务活动外，还涉及其他类型的电子商务活动，如通过电传、传真、电子邮件、中介交换等方式展开的商务活动。

对于电子商务与 EDI 模式的商务之间的关系，联合国国际贸易法委员会的《电子

商务示范法》予以了清楚的界定。《电子商务示范法》第一条明文规定："本法适用于在商业活动方面使用的、以数据电文为形式的任何种类的信息。"该法第二条规定："数据电文系指由电子手段、光学手段或类似手段生成、发送、接收或储存的信息，这些手段包括但不限于电子数据交换（EDI）、电子邮件、电报、电传或传真。"尽管 EDI 模式的商务活动只是电子商务的一个部分，但是由于它出现的时间最早，而且至今仍在整个电子商务中占据着最大的比例，因此，目前电子商务基本上可以说是以 EDI 为主要载体的。

三、电子商务涉及的法律问题

电子商务的虚拟性、无国界性、无纸化等特征向现有的法律规则提出了诸多问题。主要有以下内容：

1. 电子商务合同

电子商务合同与传统合同有着较大的不同，因此，需要明确电子商务合同的要约、承诺和签名的效力，合同成立的时间、地点以及合同的有效性和可执行性等，以保证电子合同具有与传统合同同等的法律效力。

2. 知识产权的保护

电子商务的虚拟性使得知识产权的保护出现新的困难。大量的电子文件、CD、软件以及报刊新闻等被任意地下载，构成对他人著作权的侵犯，域名抢注现象严重，且域名无地域性使得这一问题的解决难度增大。

3. 电子商务的税收

电子商务的无国界性产生了诸如对通过互联网提供电子出版物、软件数字化产品和网上各种服务等电子商务是否应当纳税以及如何纳税等问题。又由于电子商务是无纸化交易，税收凭证也是税收征收的一大困难，这对海关统计以及税收征收来说也是一大难题。再如如何规范跨国税收规则、避免双重征税以及如何确定税收管辖权等都是一些棘手的问题。

4. 电子商务的支付

电子商务需要通过电子方式进行支付和结算。明确电子支付命令的签发和接受，有关银行对发送方命令的执行，有关当事人的权利、义务以及网上支付中的电子货币、电子现金、电子钱包等问题，是保障电子支付和发行安全性的前提条件。所有这些问题都需要相关的法律加以规范。

5. 电子证据

电子商务合同以及其他单证主要是以电磁记录物等电子形式表现出来的，由于使用磁性介质，记录的内容容易遭到篡改。并且由于计算机程序或者操作人员的过失合同内容也会出现差错，进而影响电子商务的真实性和安全性，因此需要明确电子证据的可用性、有效性以及审查规则。

6. 电子商务的管辖权

国际电子商务的虚拟性对传统的管辖权理论与实践提出了新的问题。例如，确定合同签订地、（网上履行）合同履行地、（网上侵权）侵权行为发生地；网址构成新的管辖依据；网上消费者合同管辖权的确定，其根本问题是原有的管辖权理论能否套用于电子商务。也就是说，需要确定新的电子商务管辖权规则。

7. 电子商务的隐私权

远程交易、联机购买、网上俱乐部或免费电子邮件都需要提供购买者的个人资料，电子商业企业可能由此在其网络数据库中建立客户资料档案，收集有用的客户信息，商业企业可依此有的放矢地推销其产品或服务，而可能会使用户或消费者深受电子垃圾的侵扰。更令人担忧的是个人账号、消费者爱好等个人的隐私，也可能被某些人泄露或利用。因此，需要解决在网络公开性的情况下，如何有效地保护个人隐私权的问题。

8. 网络的安全问题

电子商务的安全性要求有效地保障通信网络、信息系统的安全，保证信息的真实性、完整性、保密性和不可抵赖性，防止他人非法侵入使用、盗用、篡改和破坏。它涉及立法、社会环境、操作人员素质和安全防范技术水平。需要解决的技术有：防火墙技术、密钥加密技术、数字签名技术、身份认证技术等。

四、电子商务法的概念和原则

(一) 电子商务法的概念

国际电子商务法是调整国际商务过程中数据通信交易方式的法律规范的总称。电子商务法主要是调整国际商务活动中数据通信的手段与方式，而不是国际贸易本身，其目的是保证数据通信的安全性和可靠性。电子商务的内容大致分为数据通信、电子签名和电子商务认证三个方面。电子商务的发展除了需要有技术的支持外，还需有法律规则的保障，因为这类交易可能会遇到复杂的税收问题（包括关税）、支付问题、法律适用及管辖等问题。

但是目前，电子商务立法及其法律规则仍处于国内立法为主的阶段，因此，协调各国之间电子商务法律制度，对电子商务的发展具有十分重要的意义。

(二) 国际电子商务法的基本原则

各国电子商务法的基本原则主要有：①技术中性原则。技术中性原则是指对电子交易的技术手段一视同仁，法律上不得厚此薄彼。②媒体中性原则。媒体中性原则是指无论采用何种媒体形式和通信手段进行商务活动都给予相同的地位和待遇。也就是说，无论是采用有线通信、无线通信，还是电视、广播及增值网络，都一视同仁地对待。③作用等同原则。作用等同原则是指符合法定要求的数据通信与传统纸质文件具有同等的法律地位和作用，应享有同等的待遇，不应对使用数据通信用户施加更加严格的安全标准。④自治原则。自治原则是指电子交易的当事人有选择交易方式和交易规则的自由。⑤安全原则。安全原则是指电子交易的工具、手段、形式和技术方案都必须符合安全性要求，以消除各种不确定性。

五、调整电子商务的法律规范

调整电子商务的法律规范可分为国内法和国际法。目前，调整电子商务的法律呈现国内立法和国际立法并举的局面。电子商务的国际立法以示范法为主，而各国国内电子商务立法则方兴未艾。

1. 国际立法

国际立法又可分为国际组织和区域性组织两个方面。

（1）国际组织立法。①联合国贸易发展委员会（UNCITRAI）制定的《电子商务示范法》，这是国际组织立法中最具代表性的。该法不仅为电子商务提供了一套框架性规则，而且为各国的电子商务立法提供了示范性规则文本。②联合国贸易发展委员会《电子签名示范法》，在电子商务的数字签名和身份确认等安全方面提供了一套规则。③世界知识产权组织（WIPO）早在1996年12月在日内瓦召开的关于版权与邻接权若干问题会议上就缔结了《版权条约》和《表演和录音制品条约》草案，其内容涉及在电子商务的环境下对版权等知识产权的保护。④世界贸易组织（WTO）早对电子商务已有了工作计划，内容涉及电子商务的分类、司法管辖权和协议的签署、关税和国民待遇等问题。WTO在1997年达成的《全球基础电信协议》《信息技术协议》和《开放全球金融服务市场协议》为电子商务和信息技术的发展确立了法律基础。⑤国际商会（ICC）于1997年通过了《国际数字签署贸易通则》，目前正在制定《电子贸易和结算规则》。

（2）区域性组织的立法。主要包括欧盟和经济合作与发展等组织的欧盟1997年《远程销售指令》、1998年《电子签名法律框架指令》《隐私保护指令》、1999年《数字签名统一规则草案》和2000年《协调信息社会的版权和相关权利有关方面的指令》、经济合作与发展组织1998年《电子商务行动计划》等。

2. 国内立法

美国是世界上电子立法最发达的国家。1995年，美国犹他州制定了世界上第一部《数字签名法》，美国的电子立法发展迅速，最具代表性的是1997年的《全球电子商务政策框架》和1999年的《统一电子商务法》。

其他引人注目的电子立法为：2000年法国的《信息技术法》、菲律宾的《电子商务法》；1999年加拿大的《统一电子商务法》、韩国的《电子商务基本法》、澳大利亚的《电子交易法》、哥伦比亚的《电子商务法》和1998年新加坡的《电子商务法》等。

第二节　电子商务合同的成立

案例导入

张先生在网站上看到一则关于投资"香港VS基金"赚钱的广告，称"投资该基金，确认后第二天返利，每天按投资数额的5%～10%返利"。高额的回报让其心动不已。随后，他便和对方联系，先汇款1万余元。几天后，张先生果真收到对方承诺的每天850元的汇款。然而就在张先生准备将第二笔款汇给对方时，他发现这家网站已经关闭，随即报案。据警方通报，该网站共诈骗全国10多个省份1 200余人共600余万元。

一、电子商务合同概述

（一）电子商务合同概念

电子商务合同是指，以电子形式将合同的内容存储于计算机磁性介质上的一组数据通过网络实现订立、确认、修改等，从而明确合同双方的权利、义务关系的合同。电子商务主要以电子合同的形式体现交易活动，这使用计算机控制通信的电子商务与以纸质文件为基础的传统商业活动有着根本区别，因此，电子合同是否具有法律效力是电子商务的前提。

电子商务合同的主体主要是各国的商业企业，但由于电子商务的法律规则对跨国网上消费和政府采购也同样适用，因此国际电子商务合同（以下简称电子合同），也可适用这两类合同的所有主体。

电子合同的标的与一般合同的标的大致相同，不同之处在于电子合同存在大量的数字化标的。主要有：数字化的货币及其衍生物、数字化有价证券、数字化软件以及其他有价值的信息等。

（二）电子商务合同的特点

1. 电子商务合同采用数据电文形式

根据联合国《电子商务示范法》的规定，数据电文是指以电子、光学或者类似形式生成、发送、接受并保存的信息，包括电子数据交换、电子邮件、电报、电传或传真等所有无纸形式。数据电文是电子商务合同的最本质特征，其他特征都是由这一特征派生出来的。

2. 电子商务合同采用超文本性的数据电文

数据电文的超文本性是指，只是提及大量较短的数据电文内容而不完整地记录于合同，或对其他的数据电文的内容多采用提及或引证的方式。如果规定电子商务合同必须将所有的信息复制在同一个电子文本上，那么与效率、交易成本和习惯都不符，并且在使用公共密钥证书的电子签名认证系统等情况下，往往难以做到。因此，各国法律都承认电子商务合同的超文本性。

3. 电子商务合同的技术性

电子商务合同的技术性是指保证电子商务合同与纸质媒体合同具有同等的功能和作用，必须采用的数字签名和密钥技术等各种技术手段。

4. 电子商务合同采用数据电文自主性

交易的当事人是否同意采用数据电文的合同形式，主要通过明示的方式确定，在特定的场合或情况下，也可以通过推定的方式确定。但应当注意两点：一是在有交易习惯时，应当依据交易惯例；二是应当注意保护消费者的权利。

（三）电子商务合同的法律基础

尽管电子商务合同表现为无纸化，但是合同双方的权利、义务关系并不因为没有纸张这一事实而受到实质性的影响。一方面，电子商务合同以数据电文形式出现，承认电子商务合同的有效性，就是对当事人采用数据电文形式有效性和合法性的确认；另一方面，由于数据电文具有超文本性、技术性等特点，法律需要对电子商务合同作出特殊规定。所以电子商务只是改变了市场交易所使用的交易手段，没有改变以合同为核心的市场交易的本质属性。

二、电子商务合同的成立

（一）电子合同当事人

1. 电子合同当事人的确认

电子合同双方当事人一般通过约定的电子密码确认数据电文的发件人与实际生成并发送该电文的人是同一主体。目前确认电子合同当事人的主要方法是数字签名。

2. 电子合同主体缔约能力的确定

目前主要是采用数字签名的方式。而对数字签名本身真实性的辨认主要由权威的认证机构予以认证。这一方式对确保国际电子合同效力及其交易安全十分有利。

3. 电子合同代理人

电子合同代理人是指不需要人的审查或操作，而能独立地发出、回应电子记录，以及部分或全部地履行合同义务的计算机程序。电子代理人并不是传统民商法的独立的主体概念，它只是执行合同主体设定的程序，并能智能化运作的交易工具，因此，电子合同代理人不具有法律主体资格。电子合同的代理人完成的订立合同行为的后果由被代理人（预先设定该程序的人）承担。

（二）电子合同的订立

电子合同与纸质合同一样，其订立也包括要约和承诺两个阶段，所不同的是要约与承诺的电子手段及其法律对这种手段的承认。

1. 电子合同的要约

（1）电子商务合同要约成立的要件与纸质合同基本相同。要约一般是向特定的受要约人发出；要约的意思表示应内容具体、明确；表明经受要约人承诺，要约人即受该意思表示的约束。

（2）电子合同的要约也存在要约与邀请要约的区别。区别的主要标准仍是合同法有关要约与邀请要约的原理。但是，电子商务是一种在虚拟的网络中从事的现实交易，考虑到商务电子技术的进步，并根据要约的构成要件（尤其是商家明显的定约意图），认定上述电子广告构成一项要约更符合合同法原理。但是，由此会产生这样的问题：根据合同法原理，只要购买方键击"购买"，就是对要约的承诺，也就意味着合同的成立，不应当产生再对"购买"这一承诺行为进行"确认"的问题。因此，有必要对商务电子合同的要约与承诺的特殊性做出某些新的解释或规定，如对这类即时交易形式的要约，规定其效力以事先确认的销售数量为限，只能采用与要约形式相同的方式做出承诺，否则视为一项要约；如果商家无货销售，就不得以要约形式发布广告等。这也是认定上述广告为邀请要约的一个重要理由。解决这类问题的一个基本原则应当是：法律规范应当适应电子商务的发展趋势。

（3）各国（或地区）在电子合同要约的生效问题上基本都采取"到达主义"原则，即到达收件人指定的系统或者收件人的任何系统。与纸质合同不同，采取数据电文形式的要约一般不存在要约的撤回问题，因为数据电文传送得非常迅速，难以做到在要约到达之前撤回该要约。但是，电子商务合同的要约撤回是可能的，最典型的例子是通过电子邮件的方式发出的要约，只要在受要约方做出承诺之前，在符合合同法规定的前提下，要约人可以撤销其要约。只是对采用 EDI 形式的要约，由于通常都是按照事先设定的程序进行交易，受要约方的计算机收到要约后，整个交易过程自动迅速完成，无须人员介入，因此一般不存在要约的撤销问题。

2. 电子合同的承诺

（1）电子商务合同的承诺方式一般应当与要约的形式相适应。电子商务合同一般也应当通过网络做出承诺，或采取电子信件，或采取键击即时交易，或采取 EDI 方式。在采取电子邮件的情况下，存在着承诺送达问题。《电子商务示范法》和各国的电子商务法都采取到达主义原则，即达到收件人指定的系统或收件人的任何系统。我国《合同法》第二十六条也采取了此原则。

（2）以收件人检索到该数据电文的时间为收到时间。《电子商务示范法》第十五条规定，在收件人指定某一系统，而数据电文送达收件人的其他信息系统时，"以收件人检索到该数据电文的时间为收到时间"。在采用键击即时交易的情况下，可能存在着对承诺确认的问题（见上述要约部分）和承诺撤销的问题。一般而言，在瞬间完成交易的键击式承诺时，不存在撤销承诺问题。但是，考虑到承诺人可能没有得到充分审查合同的机会，或者会发生误击等纸质合同不易发生的各种意思表示不真实的情况，有些法律规定可以在承诺后的一段时间内撤销该承诺，这尤其有助于对消费者的保护。

（3）在采取 EDI 方式的情况下，要约与承诺可能没有明确的界限，有时呈现互换性。为明确电子合同的确定性，《电子商务示范法》和一些国家的国内法都规定了确认数据电文收讫的程序，尽管这些规定都属任意性规范，但它有利于保证合同的确定性。但是，这种确认本身并不能证明发送的数据电文内容与收到的数据电文内容相一致，要做到两者内容一致，达到权威的确认程度，还需采用在线公证等方式。

3. 电子签名

（1）电子签名需要通过网络识别系统进行。所谓"电子签名"是指在数据电文中，以电子形式所包含、所附加或在逻辑上与电子商务有联系的、用以证明数据电文签名人的身份并表明该签名人确认数据电文所含信息的数据。当事人在合同上签名是保证交易真实的必要手段。电子签名是一种数据，一般需要通过网络识别系统进行。

广义上的电子签名包括个人口令、密钥、非对称加密、生物计量法、使用个人识别码、手写签名的数码版本等，而且根据技术中性原则，电子签名技术仍处于发展之中，现有的或将来的任何一种技术，在符合法定要求的情况下都可能被用作电子签名。

狭义的电子签名通常是指数字签名，它是一种用以确定有关签名人和表明该签名人认可的数据电文所涵盖的信息。

在广义与狭义的电子签名之间存在一种增强式电子签名，也称安全电子签名，它是指经过一定的安全应用程序，能够达到同样效果的电子签名技术。与广义电子签名相比，它更具安全性。

（2）签名的真实性须通过认证机构认证。虽然使用数字签名能够帮助确认签名者身份，但是为了确认其签名本身的真实性，往往还须通过认证机构等中介服务的认证。认证机构是专门提供网络交易人信息服务的第三方，认证机关也称证书服务提供者，它可以是官方机构或私营服务商。为保证证书来源和内容的真实性，应以数字签名签发证书。数字证书是各类终端实体和最终用户在网上进行信息交流及商务活动的身份证明。它是一段包含用户身份信息、用户公钥信息以及身份验证机构数字签名的数据。证书服务机构的数字签名可以保证证书信息的真实性，用户公钥信息可以保证数字信息传送的完整性，用户的数字签名可以保证数字信息的不可否定性。

三、中国《合同法》中有关电子商务合同的规定

中国《合同法》顺应电子商务发展的趋势，明确规定数据电文是合同法定形式之一。例如：

在第十一条采用了联合国《电子商务示范法》"数据电文"一词的内涵及其外延，明确列举了电报、电传、传真、电子数据交换和电子邮件五种形式均属数据电文，并将数据电文归入书面形式之中。

在第十六条对合同到达的时间所作的规定，即采取数据电文形式订立的合同，收件人制定特定系统接收数据电文的，该数据电文进入该特定系统的时间，视为到达时间，未指定特定系统的，该数据电文进入收件人的任何系统的首次时间，视为到达时间。

在第三十四条对合同的成立地点所作的规定，即采取数据电文形式订立合同的，收件人的主营业地为合同成立的地点；没有主营业地的，其经常居住地为合同的主营业地。

此外，由于中国《合同法》对大量有关数据电文形式的合同内容均未作明确规定，为解决电子签名效力等敏感问题，《合同法》第三十三条便规定：当事人采用信件、数据电文等形式订立合同的，可以在合同成立之前要求签订确认书，签订确认书时合同成立。但对电子合同的当事人而言，这一规定更像是一项建议。显然，在电子签名技术和认证制度不断趋于完善的情况下，这一规定已滞后于国际通行的承认电子签名效力的惯例或趋势，并可能对电子签名的可靠性和有效性带来不确定性。当事人在签订国际电子商务合同时，可以参照联合国国际贸易法委员会《电子签名示范法》的有关规定。

由于各种因素的限制，中国《合同法》调整有关数据电文形式订立合同的条款非常有限，但它仍处于不断完善之中。

第三节　电子商务示范法的主要内容

案例导入

消费者受骗真实案例："'双十一'当天支付成功后接到假淘宝客服电话，称支付系统出了问题，需要退款给买家。"此类诈骗主要有以下几个步骤：

（1）拨打用户电话谎称消费者所购买的物品缺货要退款或交易平台出现故障，有退款需要核实；

（2）以退款为由向消费者索要银行卡号、密码和有效期等信息；

（3）发手机链接给消费者操作，并要求客户回复手机收到的验证码；

（4）凭借消费者给出的信息划走其银行资金。

公安部门提醒，订单冻结办理退款只是骗子的幌子，真正的官方客服不会向客户询问账户、密码等信息，也不会要求客户转账。收到类似的电话请立即挂断，并查询自己的淘宝订单物流情况进行核实，不要轻信。

信息泄露原因：由于电商行业领域涉及上下游供应链的多个环节，第一种情况是电商平台自身存在安全漏洞或内部管理上的漏洞导致信息泄露；第二种情况是下游的物流快递相关平台存在技术和管理方面的问题导致信息泄露；第三种情况是用户自己不经意泄露了自身的隐私信息，例如手机终端刷机导致恶意软件植入窃取信息。

维权：被骗后应第一时间报警。接到"客服"电话，应到官网查询电话回拨，或者通过其他途径来验证核实；凡自称"公检法"工作人员要求汇款或进行"资产验证"，一律是骗子；接到"退款"信息，应立即联系店主，不要轻易点击"客服"发送的链接或扫描二维码；"轻松又挣钱"往往只是幌子，网店刷信誉没有任何安全保障，切勿参与；网络聊天涉及钱款，一定要核实对方身份，切忌轻易汇款。

防范和整治电信诈骗，需要用户提高安全防范意识和判断能力。从企业层面讲，需要加强网络安全建设，与第三方建立合作伙伴关系时，应对其提出数据安全方面的要求；而从国家监管层面来讲，需要不断完善相关制度规范，将信息安全与企业业务挂钩。

近年来，不少国际组织在电子商务法律的国际协调方面也做出了卓越的贡献。其中影响最大的是联合国国际贸易法委员会的电子商务工作。《电子商务示范法》和《电子签名示范法》是联合国大会国际贸易法委员会向各国推荐的有关调整电子商务法律关系的示范性法律文本，其目的是向各国立法者提供一套国际公认的规则，消除电子商务的法律障碍，为电子商务创造较为可靠的法律环境。

一、《电子商务示范法》

1996 年 12 月，联合国国际贸易法委员会在联合国大会上，以大会 51/162 号决议的形式通过了《电子商务示范法》，该法律对涉及电子商务有关手段的法律问题作了规定。这是世界上第一个世界性电子商务的正式立法。《电子商务示范法》分为"电子商务一般规则"和"特殊领域中的电子商务"两大部分，共四章十七条。

1. 适用范围和有关术语

（1）适用范围。该法适用于商业活动中采用数据电文形式的任何种类的信息。所谓的"商业"应作广义的解释，即包括一切契约性或非契约性的商业性质的事项，包括但不限于以下交易：以提供或交换货物或服务为内容的任何贸易交易；经销协议、商业代表或代理；经营管理；租赁；工厂建造；咨询；工程设计；许可贸易；投资；融资；银行业务；保险；开发协议或特许；合营或其他形式的工业或商业合作；航空、海上、铁路或公路货物或旅客的运输。虽然在该法制定时未特别考虑需要保护消费者而引起的问题，但该法并不妨碍任何旨在保护消费者利益的法律的适用。

（2）术语。该法规对下列六个主要术语作了定义，以避免人们在理解该法时产生歧义：①数据电文。数据电文是指经由电子、光学或类似的手段生成、储存或传递的信息，这些手段包括但不限于电子数据交换（EDI）、电子邮件、电报、电传或传真等。②电子数据交换。电子数据交换是指在电子计算机之间采用某种商定标准来规定信息结构的信息电子传输。③数据电文的发端人。数据电文的发端人是指可认定是由其或代表其发送或生成该数据电文的人，也包括生成这种数据电文、没有传递而加以储存的人，但不包括与该数据电文有关的中介人。④数据电文的收件人。数据电文的收件人是指数据电文的发端人意欲其接受该数据电文的人，但不包括与该电子数据有关的中间人。⑤中间人。中间人是指就某一特定数据电文而言，代表他人发送、接受或储存该数据电文或就该数据电文提供其他服务的人。⑥信息系统。信息系统是指生成、发送、接受或者以其他方式处理数据电文的系统。

2. 对数据电文适用的法律要求

（1）数据电文的法律确认。该法第五条规定了不应对数据电文加以歧视的原则，即不得仅仅以某种信息采用数据电文形式为由而否定其法律效力、有效性或可执行性。

（2）书面形式。该法第六条规定，如果法律要求信息需采取书面形式，只要一项数据电文所含信息可以调取以备日后查阅就符合了书面形式的要求，而不论法律规定书面形式是否为强制性的，也不论法律是否仅仅规定了信息未采取书面形式的法律后果。

（3）签名。该法第七条规定，如果满足了以下两个条件，一项数据电文就符合了法律的签名要求：①采用一种方法确定了签名人的身份，并且表明该签名人认可了数据电文内容的信息。②就所有情况而言，根据任何相关协议所用的方法是可靠的，数据电文的生成和传输的目的也是适当的。显然，该规定侧重于签名的两大功能，即确定一份数据电文的作者；证实该作者同意了该电文的内容。

（4）原件。该法第八条规定，如果符合以下两个条件，一项数据电文就符合了法律对正本提交会保存信息的要求：①有办法可靠地保证，自信息首次以其最终形式生成，并作为一项数据电文或充当其他用途之时起，该信息保持了完整性。需要注意的是，对原始信息作必要的添加，如背书、证明等，不影响其原件性质。②如果要求将该信息展现，可以将该信息显示给查阅该信息的人。

（5）数据电文的可接受性和证明力。该法第九条规定，在任何法律诉讼中，证据规则的适用在任何方面均不得以下列任何理由否定一项数据电文作为证据的可接受性：①仅仅以它是一项数据电文为由。②如果它是举证人按照合理预期所能得到的最佳证据，以它不是原样为由。对于以数据电文为形式的信息，应给予应有的证据力。在评估一项数据电文的证据力时，应考虑到生成、储存或传递该数据电文办法的可靠性，考虑到保持信息完整性的办法和可靠性，考虑到用以鉴别发端人的办法以及任何其他相关因素。

（6）数据电文的保存。该法第十条规定，如果法律要求某些文件、记录或信息应当保存，只要满足以下三个条件，就可通过保存数据电文的方式满足此种法律要求：①须以书面形式保存，即该数据电文中所记载的信息可以调取，以备日后查用。②所储存的信息只需能准确地反映当初发出的数据电文即可，即按生成、发送或接收时的格式保存该数据电文，或者以可被用来准确再现所生成、发送或接受信息的格式保存该数据电文。③须保存所有的信息，除了保存数据电文本身外，还包括用以确定该数据电文的传送信息，即保存可据以查明该数据电文的来源和归属以及该电文的收发日期和时间的任何信息。

3. 数据电文的传递

（1）合同的订立、有效性及其承认。在订立合同时，除非当事人各方另有协议，要约和承诺都可以采用数据电文的形式表示。若在订立合同时采用了数据电文的形式，则不得仅仅以使用了数据电文为由而否定该合同的有效性和可执行性。就一项数据电文的发端人和收件人而言，也不得仅仅因为其采用了数据电文的形式而否定其意思表示或陈述的法律效力、有效性和可执行性。

（2）数据电文的归属。确定数据电文的归属的主要目的在于确定有关数据电文对发端人是否具有法律约束力。该法第十三条规定了一项推定原则，即"发端人如果事实上发送了一项数据电文，它就要受到该电文的约束"。数据电文归属的法律意义在于：如果一项数据电文是发端人的或视为发端人的数据电文，或者该数据电文的收件人有权按此推定行事，就发端人与收件人之间而言，该收件人有权将所收到的数据电文视为发端人所要发送的数据电文，并按此推定行事。但是，若当收件人只要适当地谨慎或使用任何约定程序便知道或理应知道所收到的数据电文在传送中出现错误，则该收件人无此种权利。

（3）确认收讫。该法第十四条规定，如果在发端人发送数据电文之时或之前，或者通过该数据电文的方式，发端人已经要求或与收件人约定了后者须向前者确认其收悉数据电文的事实，收件人便有义务向发端人确定其收悉数据电文的事实。若发端人收到收件人的收讫确认，则推定有关数据电文已由收件人收到。但是，这种推定并不含有该数据电文与所收到电文相符的意思。若所收到的收讫确认指明有关数据电文符合约定的技术要求，或符合所适用标准中规定的技术要求时，即可推定这些要求已经满足。

（4）发出和收到数据电文的时间和地点。确定发出和收到数据电文的时间和地点不仅与合同的成立时间与地点有关，而且还关系到合同履行的时间和地点。根据该法

第十五条规定，除非发端人与收件人另有约定，否则，一项数据电文发出的时间应当是该电文进入发端人控制范围之外的某一信息系统的时间。这一系统可以是中间人的信息系统，也可以是收件人的信息系统。该条还规定，除非发端人与收件人另有约定，否则，数据电文收到的时间按下列规则确定：①若收件人为接收数据电文而指定了某一信息系统，则以数据电文进入该指定系统时为收到时间；或若数据电文发送至收件人的其他信息系统，则以收件人检索到该数据电文时为收到时间。②若收件人并没有指定某一信息系统，则以数据电文进入收件人的任何一个信息系统的时间为收到时间。除当事人另有约定外，发端人的营业地应视为数据电文的发出地，而收件人的营业地则视为数据电文的接受地。若发端人或收件人有两个以上的营业地，则以与交易有最密切关系的营业地为准；若原没有交易的基础，则以其主营业地为准；若发端人或收件人没有营业地，则以其习惯居住地为准。

二、《电子签名示范法》

2001 年 3 月 23 日，联合国国际贸易法委员会通过了《电子签名示范法》，该法共12 条，规定了有关电子签名各方的基本行为守则，其既是对《电子商务示范法》的具体说明，同时本身又是一部独立的法律文件。

1. 《电子签名示范法》的定义

《电子签名示范法》主要是对有关术语的解释。该法以《电子商务示范法》为基础，其所使用的术语也与《电子商务示范法》保持一致。该法第二条规定的专有术语有：①电子签名。电子签名是指用以鉴别数据电文有关的签名人和表明该签名人确认数据电文所含信息，并在数据电文中以电子形式包含或者在逻辑上与电子商务有联系的数据。②签名人。签名人是指持有电子生成数据并以本人的身份或以其所代表的人的名义行事的人。③证书服务提供者。证书服务提供者是指签发证书或可以提供与电子签名相关的其他服务的人。④依赖方。依赖方是指可以根据证书或电子签名行事的人。《电子签名示范法》适用于商务活动过程中的电子签名，但并不减损旨在保护消费者权益的任何法律规则。

2. 签名技术平等对待及电子签名的基本要求

该法第三条明确规定签名技术平等对待原则，即不排斥、限制或剥夺可生成满足本法所要求或符合适用法律要求的电子签名的任何方式的法律效力。

电子签名的基本要求：

(1)《电子签名示范法》第七条规定的电子签名，即在对《电子签名示范法》解释时，当法律规定要求有某人签名时，如果根据各种情况，包括根据任何有关协议，使用电子签名既适用生成或传送数据电文所要达到的目的，而且也同样可靠，那么该数据电文就满足了该项签名要求。其目的是保证可靠的电子签名与手写签名具有同等的法律效果。视为可靠的电子签名的条件是：①在使用电子签名情况下，电子数据签名人不与其他任何人相关联；②签名生成数据在签名时处于签名人而不是其他任何人的控制之下；③任何在签名后对电子签名所做的篡改均可被察觉；④当对电子签名的法律要求是为了保证签名涉及的信息完整性时，任何在签名后对该信息所做的篡改均可被察觉。

（2）可能为国家机构、私人开证实体或当事人本身承认符合示范法指定的技术可靠性标准的电子签名方法，这种承认的优点是，在这类电子签名技术的使用者实际使用电子签名技术之前，即可为它们带来确定性。采纳国可以指定任何的个人、公共或私人团体和机构决定哪些电子签名符合上述基本要求，但其所做的任何决定应当符合公认的国际标准，并且影响国际私法规则的适用。

3. 签名人的义务

该法第八条规定签名人如果要生成具有法律效力的签名，就应当做到：①采取合理的防范措施，避免他人擅自使用其签名生成的数据。②签名人知悉签名生成数据已经失密，或签名人知悉引起签名生效生成数据可能已经失密，应毫不迟延地向签名人所合理预期可能依赖电子签名辅助服务的任何人发出通知。③在使用证书支持电子签名时，采取合理的谨慎措施，确保签名人作出的有关证书整个周期的或者需要列入证书内的所有重大表述均精确无误和完整无缺。

4. 证书服务提供者的义务

该法第九条规定，若证书服务提供者为一个作为签名使用可具有法律效力的电子签名而提供服务，则该证书服务提供者应当做到：①兼顾行业政策和惯例，按其所作出的声明行事。②采取合理的谨慎措施，确保在证书有效期内其作出的所有与证书有关或需要列入证书内的所有重大表述的准确性和完整性。③提供合理手段，使依赖方得以从证书中确认证书服务提供者的身份、证书中所指明的签名人在签发证书时拥有对签名生成数据的控制和在证书签发之时或之前签名生成数据的有效性等。④提供合理手段，使依赖方得以在适当情况下从证书或其他方面确认用以鉴别签名人的方法、对签名生成数据或证书的可能用途或使用金额上的任何限制、签名生成数据有效和未发生失密、对证书服务提供者规定的责任范围或程度的任何限制以及是否提供了及时的撤销服务等。⑤确保提供及时的撤销服务。⑥使用可靠的系统、程序和人员提供服务。

5. 依赖方的义务

该法第十一条规定，若不履行下列义务，则应承担法律责任：①采取合理的步骤核查电子签名的可靠性。②在电子签名有证书证明的情况下，采取合理的步骤，核查证书是否有效、是否被中止签发或撤销。③遵守对证书的任何限制。

6. 对外国证书和电子签名的承认

对外国证书和电子签名的承认包括：①在确定某一证书或电子签名是否具有法律效力或在多大程度上具有法律效力时，不得考虑签发证书或使用电子签名的地理位置，或者签发人或签名人的营业地所在国。②在采纳国境外签发的证书，若具有基本同等的可靠程度，则应与在采纳国境内签发的证书具有同等的法律效力。③在采纳国境外生成或使用的电子签名，若具有基本同等的可靠程度，则与在采纳国境内生成或使用的电子签名具有同等的法律效力。④在确定某一证书或电子签名是否具有基本同等的可靠程度时，应考虑公认的国际标准和其他任何相关的因素。⑤如果当事人各方之间协议约定使用某种电子签名或证书，除该协议所依据的法律无效外，均应视为足以成为跨国境承认的依据。

第四节 电子商务中的知识产权保护

案例导入

许多消费者在线下商场看好商品后，找网络代购店下单，而不少"支持专柜验货"的卖家却卖假货、高仿货。"百分百正品，7天无理由退换""假一罚十""原装正品，支持专柜验货"相信习惯在网上购买品牌商品的消费者对这些字眼都不陌生。如今，无论是淘宝集市，还是天猫商城的旗舰店，抑或是优众网、聚美优品等品牌折扣网店，为强调其商品为正品，均做出"专柜验货"的承诺。

然而，专柜真的会提供网购产品真伪辨别的服务吗？

验货需要配备专业检验仪器，并依托于具有专业资格的工作人员。而专柜只被授权经营，未被授权检验。所以网店说的支持专柜验货，纯属"自说自话"。如今，几乎所有销售知名品牌商品的店铺都打出支持'专柜验货'的承诺，目的是吸引消费者。而多数消费者在购买前，也会询问如何验证是正品。因此，对于商家来说，不打出这样的口号，将很难得到消费者认可。

卖家承诺"假一罚十"，其是否真会兑现承诺？网店店主的回答却让人无言以对。她表示："顾客以假货理由要求退货，必须得有相关证明，不能靠单方面言辞。"然而，品牌专柜不提供服务，证明又从何而来呢？即使专柜验货，一般的销售人员也只能鉴别商品的防伪标志等，至于商品本身，由于缺乏一定的鉴别知识和手段，很难判定真伪。尤其是化妆品，除非拿到厂家质检部门鉴定，否则即使是专柜销售人员也很难鉴别。而一旦需要进行专业检测就要支出不菲的检测费用，有的产品检测费甚至会高过商品本身的价格，商家信誓旦旦表示"假一赔十"也只是一纸空文而已。

维权：根据国家的相关规定，只有产品的生产厂家或者国家法定的鉴定机构才有资格对产品真伪进行有效的鉴别，并出具书面报告，网店支持专柜验货的承诺不具备可操作性。

同时，对于商家用"支持专柜验货"为噱头，吸引消费者购买的方式，在法律界人士看来，这种行为涉嫌欺诈。专柜是否为网商的购货者提供验货服务，主要看网商与专柜之间有没有有关验货服务的约定，如果双方之间没有有关验货服务的约定，又没有隶属关系或并非同一集团下属机构，则专柜无义务为网购者提供验货服务。如专柜不提供验货服务，则网商的相关宣传就是一种欺诈。消费者可以选择与卖家协商、到网站投诉、到消费者协会投诉、到法院起诉等方式维权。

专家提醒消费者，通过网络购买品牌商品时，应尽量选择自己熟悉包装、气味、质地等细节的品牌，并选择该品牌商的官方网店，或者在有品牌商家出具网上经销许可的网店购买。

电子商务与其他商务一样，也涉及知识产权及其保护。电子商务所使用的数字化技术使得国际贸易的快速和低成本运行成为现实，这就为具有知识产权性质的各种信息或智力成果大量复制和传播提供了可能性，数字化技术也给予电子商务有关的知识产权带来了不少新的问题。

一、版权

网络作品是一种数字化和无纸化作品，根据我国《著作权法》及其有关规定，受《著作权法》保护的作品，包括该法第三条规定的各类作品的数字化形式，以及在网络环境下无法归于该法第三条列举的作品范围：文学、艺术和科学领域内具有独创性并能以某种有形形式复制的其他智力创作成果。

一方面，通过二进制代码可以将文学作品、音乐等艺术作品和科学作品再现于网络世界之中，也可以对这些作品进行任意的排列组合。借助于互联网创造出新的网上作品可降低作品制作和传播的成本，而且也能够极大地提高了作品的传播速度和容量。另一方面，网络作品已对著作权保护提出了新的课题。例如，如何协调版权的专有性与网络作品和信息事实上存在的公开、公知和公用的问题；又如，如何协调知识产权的地域性与网络世界的无国界性问题。对此，世界知识产权组织于1996年通过了《WIPO版权条约》（WCT）和《WIPO表演和录音制品条约》（WPPT）。两个条约规定了作者在网络上享有"向公众传播的权利"。如《WIPO版权条约》第八条规定，在不损害《伯尔尼公约》的第十一条和第十四条的有关规定的情况下，文学和艺术作品的作者享有专有权，可授权将其作品以有线或无线方式向公众传播。包括将其作品向公众提供，使公众中的成员在个人选定的地点和时间可获得这些作品。

将作品向公众提供有三种途径：①发行，是指通过有形载体固定作品，并将这种复制品投放市场。②传统的公开传播方式，是指通过播放、表演等方式传播，但观众没有得到固定作品的载体，如书籍、磁盘等有形物体。③有线、无线和网络传播方式，是指以数字化形式传播作品，但没有产生新的作品。

中国《著作权法》第十条规定的著作权各项权利均适用于数字化作品的著作权。根据我国的司法解释，将作品通过网络向公众传播，属于《著作权法》规定的使用作品的方式，著作权人享有以该种方式使用或者许可他人使用作品，并由此获得报酬的权利。未经著作权人许可，以营利为目的，复制发行其作品的，构成侵权。

1996年12月通过的《版权条约》即《伯尔尼公约》也有类似的规定，第九条所规定的复制权及其所允许的例外，完全适用于数字环境，尤其是以数字形式使用作品的情况。

二、域名

域名在电子商务活动中代表着一个企业的形象，与企业的商标权一样，属知识产权范畴。域名有着传统意义上商标的基本特征，它表明域名的经营者与其他产品或服务的经营者之间的区别。由于域名是一个企业的标志，因此它在一定程度上代表着经营者的信誉和质量。而且，域名还有商标所没有的地址功能，即如电话号码或门牌那样的地址作用。拥有一个与商标或品牌紧密联系的合适的域名，就意味着销售额或贸易量的增加。对从事电子商务的企业而言，注册和培育合适的域名的重要性不言而喻。

目前，世界各大公司都注册了自己公司的域名。但是，也出现了一些知名的企业和商标被他人恶意抢注的现象，被抢注的企业欲得到该域名时，就不得不花费巨资从抢注者手中购回该域名，否则就必须使用用户或者消费者不熟悉的域名。即便如此，各国有关域名的法律以及法院判决不同程度地做出了不利于恶意抢注行为的规定和判决。与商标抢注相比，域名的抢注问题更为突出。考虑到域名抢注没有一个统一的法律调整，1999 年 10 月，国际互联网域名系统最高管理机构（ICANN）颁布的《统一域名争端解决政策》和《统一域名争端解决政策规则》，为各国制定有关域名方面的立法及司法提供了示范性规则。中国也已发生了多起域名抢注和域名纠纷案件。

三、商标权

国际电子商务在拓展地域范围的同时，也使得企业的商标有了广泛被认知的地域空间。这有助于提高从事国际电子商务的企业商标的认知度。另外，还可以在互联网上用不断变化的形状、图形、色彩和伴音展现其商标，增强商标的可视性和识别性。

但是，从事国际电子商务的企业都应当使用注册商标，否则，即使在本国内，也可能遇到商标权纠纷。同专利权一样，商标权保护也存在着地域性问题。也就是说，只有当某一商家就其提供的商品或者服务向有关的国家提出商标注册并获批准后（有些国家实行先使用原则），才能得到该国的商标法保护。通常只有那些著名的国际大公司才可能在世界许多国家申请商标注册。相对而言，绝大多数中小企业通常只考虑在其商品或者服务覆盖的地域申请商标注册。

商标的地域性与网络的全球性存在着一定的冲突，由此就会带来一个无法回避的问题：某些商品或服务领域中，在不同的国家或地区可能存在两个或者两个以上的近似甚至相同商标的所有权人。因此，在互联网上使用注册商标时也应当注意，如果向未申请注册商标的国家或地区发布电子广告或从事网上销售，就不能与该国的同类商品或服务的注册商标相同或相似，否则就可能侵害了该注册商标权人的利益。根据英美法国家的法律，对任何擅自使用他人注册商标的行为，商标权利人都有权申请禁令，禁止他人继续实施侵权行为，并有权要求赔偿由此而产生的一切损失。

与域名相比，注册商标的地域性存在两大不足：一是使用地域范围的限制，即注册商标通常应在申请注册并受保护的国家使用，在未申请注册的国家或地区使用商标就会存在侵犯他人注册商标权的问题。二是使用对象范围的限制，即一个注册商标通常只在一类或几类商品或服务上使用，也就是说，相同或者相似的注册商标的各个所有权人可以在不同种类的商品或服务上使用该注册商标。由于域名通常不会产生这类问题，因此在互联网上使用具有与注册商标（或企业）相同或近似的域名，不仅可以提高企业的识别度，而且可以间接扩大商标的知悉度。此外，在无法使用其商标的情况下，与其商标相同的域名还具有间接替代功效。

四、专利权

电子商务同样存在着专利纠纷和侵权问题，众所周知，专利权受地域性限制，专利权人或专利产品独家经销商一旦发现专利侵权产品进入受保护国家的海关或者在这些国家的市场上销售时，有权通过海关禁止其进入或者通过行政或司法部门禁止其销售。但是，由于有些专利产品（如计算机软件）可以通过数字化的方式在互联网上实现销售，这些产品可以不通过海关而直接在互联网上向消费者传送，这使得原先不能从正常的商业途径通过海关进入一国并进行正当销售的存在专利权瑕疵的产品，有可能不采用明显犯法的传统走私方式实现销售。

各国专利法及其保护范围的不同，是产生各种专利纠纷的主要原因，它同样会影响到电子商务。同时，电子商务的发展也对专利权保护提出了新的课题，它需要国际社会的共同努力，在一个更大的范围内强化对专利权的保护。就目前而言，为了避免可能涉及专利产品的纠纷，从事电子商务的商家可以通过有关专利文献或 IBM（国际商业机器公司）网站等查找有关的国内外专利，避免在网上向对某一产品实施专利保护的国家销售该产品。

第五节　中国的电子商务法

案例导入

中国的电子商务法，有这样一些特点，一是对网购中的个人信息进行保护，要求电子商务经营主体必须建立健全内部控制制度和技术管理措施，防止信息泄露、丢失和损毁。二是禁止"刷单""炒信"等损害电子商务信用评价的行为，包括以虚构交易、删除不利评价、有偿或以其他条件换取有利评价的形式。三是明确电子商务第三方平台的责任和义务，要求对进入第三方平台的经营者进行信息审查登记、检查和监控。提出"先行赔付""保证金"等条款，如消费者权益受到侵害，电子商务第三方平台不能提供平台内经营者真实信息的，消费者可以要求第三方先行赔偿等。

一、电子商务法的概念

电子商务，是指通过互联网等信息网络进行商品交易或者服务交易的经营活动。

电子商务法是调整通过互联网等信息网络进行商品交易或者服务交易的电子商务活动中，电子商务经营主体与消费者之间产生的，与电子商务活动有关的各类关系的法律规范的总称。

中国的电子商务法，是基于国家鼓励发展电子商务新业态，创新商业模式，促进新技术在电子商务中的应用，营造有利于创新发展的市场环境而制定的，是为了促进电子商务持续健康发展，规范市场秩序，保障电子商务活动中各方主体的合法权益的基本法。

电子商务法不调整涉及金融类产品和服务、利用信息网络播放音视频节目以及网络出版等内容方面的服务关系。

二、电子商务经营主体

电子商务经营主体，是指电子商务第三方平台和电子商务经营者。

（一）电子商务第三方平台

电子商务第三方平台，是指在电子商务活动中为交易双方或者多方提供网页空间、虚拟经营场所、交易撮合、信息发布等服务，供交易双方或者多方独立开展交易活动的法人或者其他组织。电子商务第三方平台具有的义务如下：

（1）提供和监管电子商务经营者信息

电子商务第三方平台应当对申请进入平台销售商品或者提供服务的经营者身份、行政许可等信息进行审查和登记，建立登记档案，并定期核验更新，对平台内的商品或者服务信息进行检查监控，及时公示，并将涉嫌违法的信息报送有关部门。

（2）提供技术支持和协助

电子商务第三方平台应当采取必要的技术手段和管理措施保证平台的正常运行，提供必要、可靠的交易环境和服务，保障电子商务交易安全。平台服务协议和交易规则应当在电子商务第三方平台以显著方式持续显示，从技术上保证经营者和消费者能够便利、完整地阅览和保存，应当依法建立突发事件应急预案，发生突发事件时，应当立即启动应急预案，采取相应的补救措施，并依法向有关部门报告。

（3）应当遵循公开、公平、公正的原则

电子商务第三方平台应当遵循公开、公平、公正的原则，制定平台服务协议和交易规则，明确进入和退出平台、商品和服务质量保障、消费者权益保护等方面的权利和义务。应当建立健全信用评价体系，公示信用评价规则，提供客观、公正、合理的信用评价。

（4）记录、保存平台上信息的真实性和准确性

电子商务第三方平台在其平台上开展商品或者服务自营业务的，应当以显著方式区分标记自营业务和平台内经营者开展的经营业务，不得误导消费者。电子商务第三方平台应当记录、保存平台上发布的商品和服务信息、交易信息，并确保信息真实、完整、准确。商品和服务信息、交易信息保存时间自交易完成之日起不少于三年。

（二）电子商务经营者

电子商务经营者，是指除电子商务第三方平台以外，通过互联网等信息网络销售商品或者提供服务的自然人、法人或者其他组织。

电子商务经营者的义务：

（1）遵循自愿、公平、诚实信用的原则

国家鼓励电子商务经营主体在从事电子商务活动中，加强电子商务信用体系建设，建立健全电子商务信用记录、信用评价、信用管理制度，完善电子商务信用服务保障制度，遵守公认的商业道德。

（2）依法自主经营、自律管理

电子商务行业组织和电子商务经营主体应当加强行业自律，建立健全行业规范和

网络规范，引导本行业经营者公平竞争，根据电子商务活动的特点完善和创新电子商务管理体制和管理方式。

（3）维护电子商务交易安全

应当维护电子商务交易安全，保护电子商务用户信息，鼓励电子商务数据交换共享，保障电子商务数据依法有序流动和合理利用，支持和引导电子商务行业组织、电子商务经营主体和消费者共同参与电子商务市场治理。

（4）应当依法从事经营活动

电子商务经营主体应当依法办理工商登记，自然人通过电子商务第三方平台从事电子商务活动的，应当向电子商务第三方平台提交其姓名、地址、身份证明、联系方式等真实信息，不得销售或者提供行政法规禁止交易的商品或者服务。

（5）提供纸质发票或者电子发票

电子商务经营主体销售商品或者提供服务应当出具纸质发票或者电子发票，电子发票与纸质发票具有同等法律效力。

三、电子商务交易与服务

（一）电子合同

电子商务经营主体发布的商品或者服务信息符合要约条件的，当事人选择该商品或者服务并提交订单，合同成立。当事人另有约定的，从其约定。电子形式的要约或者承诺能够由收件人检索识别的时间视为该要约或者承诺到达的时间。电子合同当事人使用自动交易信息系统订立或者履行合同的行为对使用该系统的当事人具有法律效力。

电子合同使用自动交易系统的，在人机互动中用户发生输入错误，而该系统未提供更正错误的方式，同时符合以下要求的，用户有权撤回输入错误的部分：该用户在发生错误后立即通知对方当事人有输入错误发生；该用户没有从对方当事人处获得实质性的利益或者价值。

（二）电子支付

电子支付，是指付款人与收款人出于电子商务活动的需要，通过电子形式的支付指令实现货币资金转移的行为。

（1）电子支付服务提供者应当提供安全的支付服务

电子支付服务提供者为电子支付服务接受者开立账户的，应对账户实行实名制管理，不得开立匿名、假名账户。电子支付服务提供者应当告知电子支付服务接受者电子支付服务的功能、使用方法、注意事项、相关风险和收费标准等事项，不得附加不合理交易条件。电子支付服务提供者应当确保电子支付指令的完整性、一致性、可跟踪稽核和不可篡改。电子支付服务提供者应当向电子支付服务接受者免费提供对账服务以及最近三年的交易记录。

（2）提供符合约定方式的确认支付信息

电子支付服务接受者应当按照与电子支付服务提供者的约定，在合法范围内使用电子支付服务，支付服务费用，妥善保管交易密码、电子签名数据等安全工具。电子支付服务接受者发现安全工具遗失、被盗用或者其他未授权交易的，应当及时通知电子支付服务提供者。电子支付服务提供者完成电子支付后，应当及时准确地向电子支付服务接受者提供符合约定方式的确认支付信息。

电子支付指令未能成功执行的，电子支付服务提供者应当及时提示电子支付服务接受者，采取必要补救措施。支付指令发生错误的，电子支付服务提供者应当及时查找原因，并采取相关措施予以纠正。造成电子支付服务接受者损失的，电子支付服务提供者应当承担赔偿责任，但能够证明支付错误非自身原因造成的除外。

（3）电子支付服务提供者不得挪用备付金

电子支付服务接受者可以按照约定要求电子支付服务提供者将其备付金划转至本人结算账户，电子支付服务提供者不得设置障碍或者收取不合理的费用。

备付金，是指非银行支付机构作为电子支付服务提供者，办理电子支付服务接受者委托的支付业务而实际收到的预收待付货币资金。

（4）电子支付服务者的责任与免责

责任：电子支付服务提供者发现支付指令未经授权，或者收到电子支付服务接受者支付指令未经授权的通知时，应当立即采取措施防止损失扩大。电子支付服务提供者未及时采取措施导致损失扩大的，对损失扩大部分承担责任。未经授权的支付造成的损失，由电子支付服务提供者承担，法律另有规定的除外。

免责：能够证明未授权支付是因电子支付服务接受者的过错造成的，且电子支付服务提供者能够证明自己没有过错的，电子支付服务提供者不承担责任。

（三）快递物流与交付

快递物流服务提供者以加盟方式为电子商务提供服务的，在加盟地域和业务范围内均应当具备经营资质，并签订书面协议约定权利、义务。其义务：

（1）建立并严格实施作业技术规范

快递物流服务提供者进行作业时，应当加强服务信息化、网络化和标准化建设，规范数据处理和数据管理程序，保证作业信息准确和可追溯。快递物流服务提供者在服务过程中，电子商务交易物品发生延误、丢失、损毁或者短少的，应当依法赔偿。以加盟方式提供快递物流服务的，加盟方与被加盟方承担连带赔偿责任。快递物流服务提供者应当建立并严格实施作业技术规范，确保作业过程的安全性。

（2）不得违法揽收禁止和限制寄递、运输的物品

快递物流服务提供者在揽收电子商务交易物品时应当履行查验义务，不得违法揽收国家规定的禁止和限制寄递、运输的物品。

（3）如实填写快递物流运单

快递物流服务接受者应当如实填写快递物流运单。快递物流服务提供者应当核对运单信息，对于运单填写不完整或者信息填写不实的，不予揽收。

（4）严格代收货款服务制定

代收货款，是指快递物流服务提供者利用服务网络和资源，在提供快递物流服务

的同时，为电子商务经营主体代收货款并结算的快递物流增值业务。

对于与快递物流服务接受者有特殊约定或者提供代收货款服务的，快递物流服务提供者应当与快递物流服务接受者在合同中明确电子商务交易物品交付验收的权利、义务。快递物流服务提供者提供代收货款服务的，应当建立严格的现金管理、安全管理和风险管控制度。快递物流服务提供者应当与电子商务经营主体签订协议，对收费标准、服务方式、争议处理等作出约定。

（5）电子合同的标的交付

电子合同的标的为交付商品并采用快递物流方式交付的，以快递物流服务接受者签收时间为交付时间。电子合同的标的为提供服务的，以生成的电子或者实物凭证中所载明的时间为交付时间。

电子合同的标的为在线提供数字产品的，以承担交付义务的一方当事人将数字产品发送至对方当事人指定的特定系统并且能够检索识别的时间为交付时间。

电子合同当事人对商品、服务和数字产品的交付方式、交付时间另有约定的，从其约定。

四、电子商务交易保障

（一）电子商务数据信息

（1）电子商务用户享有对其个人信息自主决定的权利

个人信息，是指电子商务经营主体在电子商务活动中收集的姓名、身份证件号码、住址、联系方式、位置信息、银行卡信息、交易记录、支付记录、快递物流记录等能够单独或者与其他信息结合识别特定用户的信息。

电子商务经营主体不得以拒绝为用户提供服务为由强迫用户同意其收集、处理、利用个人信息。禁止采用非法交易、非法入侵、欺诈、胁迫或者其他未经用户授权的手段收集个人信息。电子商务经营主体修改个人信息收集、处理、利用规则的，应当取得用户的同意。用户不同意的，电子商务经营主体应当提供相应的替代方法。

（2）确保电子商务数据信息安全

电子商务经营主体应当建立健全内部控制制度和技术管理措施，防止信息泄露、丢失、毁损，确保电子商务数据信息安全。在发生或者可能发生用户个人信息泄露、丢失、毁损时，电子商务经营主体应当立即采取补救措施，及时告知用户，并向有关部门报告。

电子商务经营主体交换共享电子商务数据信息的，应当对数据信息进行必要的处理，使之无法识别特定个人及其终端，并且无法复原。电子商务经营主体应当依照法律、行政法规的规定向国家有关部门提供电子商务数据信息，有关部门应当采取必要措施保护相关数据信息的安全。

（二）市场秩序与公平竞争

（1）依法保护知识产权

电子商务经营主体应当依法保护知识产权，建立知识产权保护规则。电子商务第三方平台明知平台内电子商务经营者侵犯知识产权的，应当依法采取删除、屏蔽、断开链接、终止交易和服务等必要措施。

电子商务第三方平台接到知识产权权利人发出的平台内经营者实施知识产权侵权行为通知的，应当及时将该通知转送平台内经营者，并依法采取必要措施。知识产权权利人因通知错误给平台内经营者造成损失的，依法承担民事责任。

平台内经营者接到转送的通知后，向电子商务第三方平台提交声明保证不存在侵权行为的，电子商务第三方平台应当及时终止所采取的措施，将该经营者的声明转送发出通知的知识产权权利人，并告知该权利人可以向有关行政部门投诉或者向人民法院起诉。

电子商务第三方平台应当及时公示收到的通知、声明及处理结果。

（2）防止不正当竞争

从事电子商务活动，不得有下列不正当竞争行为：①擅自使用与他人域名主体部分、网站名称、网页等知名商业标识相同或者近似的商业标识，误导公众，导致市场混淆；②提供假冒链接、混淆链接等不正当链接；③攻击或者入侵其他经营者的网络系统，恶意访问、拦截、篡改其他经营者的网络店铺，影响其正常经营活动；④擅自使用政府部门或者社会组织电子标识，引人误解；⑤利用服务协议等手段，限制交易、滥收费用或者附加不合理交易条件；⑥法律、法规规定的其他不正当竞争行为。

（3）不得实施的损害电子商务信用评价的行为

从事电子商务活动，不得实施下列损害电子商务信用评价的行为：

①以虚构交易、删除不利评价、有偿或者以其他条件换取有利评价等形式，为自己或者他人提升商业信誉；②作出违背事实的恶意评价损害他人商业信誉；③骚扰或者威胁交易对方，迫使其违背意愿作出、修改、删除商品或者服务评价；④篡改或者选择性披露电子商务经营主体的信用评价记录；⑤发布不实信用评价信息；⑥其他违反法律、法规以及客观、公正、合理原则的信用评价行为。

（三）消费者权益保护

（1）保障消费者知情权和选择权

电子商务经营主体应当全面、真实、准确披露商品或者服务信息，保障消费者知情权和选择权。

（2）保障消费者的要求赔偿权

商品生产者、销售者应当对其提供的商品质量负责，服务提供者应当对其提供的服务质量负责。消费者通过电子商务第三方平台购买商品或者接受服务，其合法权益受到损害的，可以向商品生产者、销售者或者服务提供者要求赔偿。

电子商务第三方平台不能向消费者提供平台内经营者的真实名称、地址和其他有效联系方式的，消费者可以要求电子商务第三方平台先行赔偿；电子商务第三方平台向消费者赔偿后，有权向平台内经营者追偿。

（3）不得另行收取不合理费用

电子商务经营主体销售商品或者提供服务，应当保证商品或者服务的完整性，不得将商品或者服务不合理拆分，不得另行收取不合理费用。

（4）建立健全商品或服务质量担保机制

鼓励电子商务第三方平台建立有利于电子商务发展和消费者权益保护的商品或者服务质量担保机制。电子商务经营主体制定、修改交易规则和格式条款，应当征求消费者和消费者组织的意见。

电子商务第三方平台与经营者协商设立消费者权益保证金的，双方应当就消费者权益保证金的提取数额、管理、使用和退还办法等作出明确约定。

消费者在电子商务第三方平台购买商品或者接受服务，与平台内经营者发生争议时，电子商务第三方平台应当积极协助消费者维护自身合法权益。

五、跨境电子商务

跨境电子商务是指通过互联网等信息网络从事商品或者服务进出口的经营活动。

（一）跨境电子商务的当事人

跨境电子商务的当事人是指从事跨境电子商务的自然人、法人或者其他组织。国家促进跨境电子商务的发展，支持从事跨境电子商务活动的小微企业、跨境电子商务综合服务提供者和相关服务企业依法开展经营。跨境电子商务综合服务提供者是指在跨境电子商务活动中接受委托为他人提供办理报关、报检等进出口手续服务，并为电子商务经营主体提供相关信用融资等服务的经营者。

这些当事人应当遵守国家有关进出口监督管理的法律、法规，如实向国家进出口管理部门提供订单、物流、支付以及与交易相关的数据信息，并承担相应的法律责任。

（二）跨境电子商务管理

国家进出口管理部门应当建立跨境电子商务通关、税收、检验检疫等制度，推进"单一窗口"建设，实现信息共享、监管互认、执法互助，提高通关效率，保障贸易安全，促进贸易便利化。

国家应推进跨境电子商务活动进出口申报、纳税、检验检疫等环节的电子化。电子清单、电子税单等电子单证与纸质单证具有同等法律效力。

跨境电子商务经营主体可以凭电子单证向国家进出口管理部门办理有关手续。

电子商务经营主体从事跨境电子商务活动，应当依法保护交易中获得的个人信息和商业数据。国家应建立跨境电子商务交易数据的存储、交换和保护机制。

（三）跨境电子商务的法律依据

从事跨境电子商务活动，应当遵守本法及其他相关法律的规定，同时遵守中华人民共和国所缔结或参加的国际条约、协定的规定。

国家推动建立与不同国家、地区间跨境电子商务的交流合作，参与电子商务国际规则的制定，促进电子签名、电子身份等国际相互承认。

国家推动和建立与不同国家、地区之间的跨境电子商务争议解决制度。

六、监督管理

(一) 国务院及其有关部门、地方制定有关电子商务的行政法规

国务院有关部门依据本法和有关法律、法规对电子商务活动进行监督管理。县级以上地方各级人民政府可以按照本行政区域的实际情形,确定本行政区域内电子商务的部门管理职责划分。国务院及其有关部门、地方制定有关电子商务的行政法规、规章、地方性法规,不得违反本法及相关法律的规定,不得排除、限制市场竞争。

(二) 电子商务经营主体和第三方信用评价机构应当建立信用评价体系

电子商务经营主体和第三方信用评价机构应当建立信用评价体系,公开信用评价规则,提供信用评价服务,共享信用评价信息,对不良信用记录情节严重者实施失信联动惩戒机制。

(三) 建立多元共治的电子商务管理模式

各级人民政府有关部门、行业协会、电子商务经营主体、消费者及其他组织通过行政管理、行业自律、平台治理、消费者维权和监督等机制,建立多元共治的电子商务管理模式。电子商务行业组织应当履行行业自律职责,制定行业自律规范,接受各级人民政府有关部门业务指导和监督检查,指导、规范电子商务经营主体依法生产经营。

七、争议解决

(一) 电子商务活动当事人之间发生争议

电子商务活动当事人之间发生争议的,可以通过协商和解,请求消费者组织、行业协会或者其他依法成立的调解组织调解,向有关部门投诉,提请仲裁机构仲裁,或者向人民法院提起诉讼等方式解决。

(二) 电子商务各方主体建立电子商务在线争议解决机制

国家鼓励电子商务各方主体建立电子商务在线争议解决机制。电子商务第三方平台可以建立争议解决机制,制定并公示争议解决规则,公平、公正地解决当事人的争议。当事人可以采用前款规定的争议解决机制处理争议。当事人对处理决定有异议的,可以依法提请仲裁或者提起诉讼。

(三) 平台内经营者与第三方平台发生争议

平台内经营者与第三方平台发生争议,平台内经营者一方人数众多并有共同请求的,可以推选代表人参加协商、调解、仲裁、诉讼活动。

参考书

1. 吕国民. 国际贸易中的 EDI 法律问题研究 [M]. 北京:法律出版社,2001.

2. 张楚. 电子商务法 ［M］. 北京：中国人民大学出版社，2001.

思考题

1. 简述电子合同的特征。
2. 试述《电子商务示范法》和《电子签名示范法》的主要内容。
3. 试述电子商务涉及的知识产权问题。

第十章　国际投资法

教学要点与难点

1. 了解和掌握国际投资的概念、国际投资法的调整对象；
2. 了解各国对外投资立法的主要内容；
3. 了解和掌握投资的国际法律保护的主要内容；
4. 了解和掌握 BOT 投资方式的法律特征。

案例导入

　　美国某公司与苏丹政府签订关于修建主干公路的合同，后因历史事件的发生，两国中断外交关系，参加修建主干公路的美国某公司人员撤离苏丹，修建工程中途停顿。不久，美国某公司向苏丹政府提交可要求支付各种修路款项的发票清单约 500 万美元，苏丹政府偿还了 28 万美元左右，余数迟迟不予支付，也未说明原因。于是，美国某公司向当地的投资承保机构提出按投资保证合同规定，给予征用风险事故的赔偿。但投资承保机构认为索赔理由不足，拒绝赔偿。美国某公司遂又转向苏丹政府索赔，苏丹政府提出反诉，指责该公司未经东道国许可，擅自停工撤员，破坏原定修路合同，理应向苏丹政府支付损害赔偿费。于是，苏丹司法部正式驳回该公司的索赔要求。案件纠纷又转回美国国内，某公司再次向承保人提出索赔。

　　问题：承保机构为什么拒绝投保人的第一次索赔申请？

第一节　国际投资法概述

案例导入

　　埃及某公司同意将位于该国境内的两家宾馆长期租赁给英国 WENA 旅馆有限公司，后双方对于租赁合同项下的权利、义务发生争议。于是埃及政府介入此纷争，造成 WENA 旅馆有限公司被逐出该两家宾馆。1998 年，WENA 旅馆有限公司向"解决投资争端国际中心"（ICSID）提起仲裁，指称埃及政府违法了 1976 年其与英国签订的双边投资保护协定，其行为构成对 WENA 旅馆有限公司投资的"间接征收"。1999 年 ICSID 仲裁庭作出了对埃及不利的裁决。埃及遂向 ICSID 申请撤销该裁决。2002 年，ICSID 专门委员会驳回了埃及的撤销请求。

随着经济全球化快速发展，国际投资活动也有了高速发展，并呈现出许多显著的特点。无论世界各国，还是中国的国际投资活动无疑会越来越多。了解和掌握国际投资法也是本课程的重要内容。

一、国际投资的概念

国际投资是一种超越国界的资本活动。国际投资是指投资者跨越国界，直接将其资金、机器设备、专有技术、专利、商标等投入位于别国的企业，并取得该企业全部或部分管理控制权的一种资本输出活动。在这一跨国活动中，投资者的国籍所属国或资本所属国称为投资母国，即资本输出国；接受外国资本的国家则称为投资东道国，即资本输入国。

联合国"跨国公司中心"（Center on TNCs）认为，凡是投资者对海外企业的投资，均称之为国际直接投资。国际货币基金组织（IMF）对外国私人直接投资所下的定义是："外国居民在某一国境内对有效控制着的企业所作的投资。"

近年来，国际投资主体越来越多元化，发达国家资本单向外流已演变为各国之间互有进出、相互投资及相互渗透的局面，致使国际市场竞争日趋激烈。

二、国际投资法的调整对象

（一）国际投资法概念

国际投资法是指调整国际私人直接投资关系以及保护外国投资的各种法律制度和法律规范的总称，通常表现为资本输入国和资本输出国之间订立的有关国际投资的国内法规范、资本输入国和资本输出国之间订立的有关国际投资的双边协定、调整国际私人直接投资的多边协定以及国际公约等国际法规范。

国际投资法是随着国际私人直接投资的产生而逐渐形成和发展的，其主要内容包括直接投资、对外国投资的各种保护制度、对外国投资的各种鼓励与限制措施、国际投资所涉及的外汇、税务等管理制度以及解决国际投资争议的各种法律制度等。

随着《与贸易有关的投资措施协议》（TRIMS协议）以及其他含有规范国际投资条款的协定的签订，国际投资法正向着统一化、系统化、自由化的方向发展，各国调整直接投资关系的国内立法也在不断地演变。

（二）国际投资法的调整对象

国际投资法调整的对象为国际私人直接投资关系，即海外私人直接投资关系。这种投资关系具有下列三个基本特征：

1. 投资关系所涉及的外国投资具有私人性质

国际投资法调整的投资关系所涉及的只是外国自然人、法人及其他民间组织、企业团体等向资本输入国所作的投资，这种投资称为私人投资。所谓私人投资是指国与国之间所使用的概念，即使它属于资本输出国集体所有，或个别场合下属该国国家所有，也不享受任何外交特权，东道国一律将其视为私人资本，外国政府、国际金融机构的投资、贷款、援助则称为官方投资，这类投资关系并不包括在国家投资法所调整的范围内。

2. 投资关系所涉及的外国投资仅限于直接投资

国际投资法涉及的仅仅是合资经营、合作经营、外商投资经营等领域中产生的法律问题。间接投资关系则不包括在国际投资法所调整的范围内。

3. 投资关系涉及国内法与国际法双重关系

由于国际投资法所调整的投资关系具有跨越国界的私人资本流动的特点，国际投资法所调整的法律关系的主体包括不同国家的自然人、法人以及缔结双边或多边投资保护协定的有关国家的政府。因此，这种国际私人直接投资关系不但涉及调整外国投资者与东道国及其法人、自然人之间以及与其本国政府间的国内法关系，而且还涉及调整两个或多个政府之间的国际法关系。

三、国际投资法的渊源

由于国际投资法涉及国内法与国际法双重关系，这就决定了它的渊源具有多重性。一般地说，国际投资法的渊源有国内渊源和国际渊源两个方面。国内渊源主要指资本输入国和资本输出国有关国际私人直接投资的各种国内立法。国际渊源主要指调整两国间或多国间私人直接投资关系的双边、多边条约。

（一）投资东道国有关国际私人直接投资的法律规范

这是指资本输入国有关国际私人直接投资的法律制度和法律规范的总称。这种法律规范包括调整国际直接投资关系的实体法规范，也包括东道国对外国投资进行审批以及解决投资争议的各种程序法规定。

由于各国的立法形式不同，这种调整国际私人投资关系的法律规范通常有以下几种方式：①内容系统的、统一的外资法。有些国家对利用外资的各种形式都做了系统的规定。例如印度尼西亚、智利、阿根廷等国。②制定单一的专门法规。采用这种立法形式的国家通常不制定完整、系统、统一的利用外资的法典，而是就各种利用外资的形式，分别制定单一的专门法规。如中国的《中外合资经营企业法》《中外合作经营企业法》《外资企业法》等。③散见于其他法律文件中的有关外国投资的法律规定。

有些国家除了制定利用外资的基本法以外，还就与外国投资有关的外汇、税务、关税、劳务、土地管理等问题制定专门的法律、法令、条例、命令以及决议等法律文件，从各个不同的角度对各国有关外国投资的基本法做了补充。

（二）投资国有关海外直接投资的法律规范

不少投资国从维护本国经济利益、保护本国海外直接投资的实际需要出发，纷纷建立了鼓励、限制、保护本国海外直接投资的法律制度。有些国家制定了有关海外直接投资的专门法律，如美国 1948 年制定并几经修改的《对外援助法》、日本 1978 年修订的《输出保险法》、韩国 1978 年颁布的《海外资源开发促进法》等。

（三）投资东道国与投资国订立的双边投资协定

这是指投资东道国与投资国订立的双边投资保护协定、条约、换文，属于投资法体系中国际法制方面的重要法律规范。这些双边协定旨在鼓励、保护、保证及促进两国的直接投资，其名目繁多，主要有三种类型：

1. 友好通商航海条约

这是缔约国之间就商业活动和航行自由事宜签订的双边条约。其内容主要是解决两国间的商务关系，但也涉及外国商人及其资产和有关投资保护的问题。如美国与德国通商条约。

2. 投资保证协定

投资保证协定主要是美国采取的形式，通常采用换文的形式。这种协定或换文与美国海外投资保险保证结合在一起，也叫"投资保险和保证的协定"。这种协定的主要内容通常包括：投资保护的条件、保险的范围、投资者的法律地位、代位求偿权、补偿办法、争议的解决等。

3. 促进与保护投资协定

这类协定大多属于实体法的规定，其保护范围不仅包括"新"的投资，还包括已经存在于投资东道国的缔约另一方自然人或法人的投资。其基本内容主要包括：关于许可投资方的规定、关于国有化补偿的规定、关于因政治风险而赔偿损失的规定、关于代位求偿权的规定、关于争议解决的规定等。第二次世界大战以后，随着国际直接投资的不断发展，主要投资国为了保护其海外的直接投资，竞相采用双边投资保护协定这种法律手段。

（四）调整国际直接投资关系的多边投资条约

第二次世界大战以后，国际经济取得了突飞猛进的发展，单靠双边投资保护协定来调整国与国之间的投资关系，已经不能适应国际直接投资的需要。为此，一些国家、国际组织试图通过缔约国际公约来建立一整套多国间的保护国际投资的法则、机构、制度。一些国际民间机构也为此作出了种种努力。但是，由于各国的政治及经济制度的不同，经济利益各异，在一些重大问题上难以取得一致，许多已起草的国际公约对重大问题只是作了原则性的规定。

尽管如此，随着国际投资关系日益多元化，尽快建立起多边国际投资保护体系的呼声正逐步增强。这方面最大的进展是世界贸易组织的《与贸易有关的投资措施协议》（《TRIMS 协议》）。该协议第一次将投资问题纳入了世界多边贸易的体系之中，成为当今世界范围内最具影响的国际投资法典，在国际投资法的发展史上具有划时代的意义。但是，WTO 的《TRIMS 协议》的适用范围只限于与贸易有关的特定投资措施，不能涵盖所有国际投资关系。为此，一些国家政府和国际组织正在努力推动建立国际直接投资的多边法律框架。如经济合作与发展组织正在酝酿一个有约束力的《多边投资协议》（MAI），该协议签署后将向非成员国开放。可以预言，在 21 世纪的前几年，国际直接投资领域的多边立法将有突破性进展。

第二节 国际投资的方式

案例导入

中国 A 公司与韩国 B 公司共同成立一家生产医用电器的合资经营企业，由韩方 X 任董事长。中方以土地、厂房及原有设备作为投资，韩方投资 5 万美元。共同经营 5 年后，由于经济效益不好，韩方董事长未经中方同意，就通过订立合同将企业承包给另一韩国人经营，并声称每年给中方一定全额的承包费。之后 3 年，韩方没有给中方分配任何利润，承包费也未能兑现，中方遂起诉。

问：该案如何处理？

国际投资的分类依投资的不同目的和标准而有所区别。一般来说按投资对象可分为两大类，即私人海外投资和国家投资。按投资方式又分为三类：直接投资、间接投资和灵活方式投资。习惯上国际投资仅指私人直接投资，即私人对外投资而建立各种形式的公司，进行经营活动。

一、直接投资

直接投资，即一国的私人资本投放到另一国，直接在国外建立公司企业，直接进行经营活动，直接承担风险，取得利润。通过生产资本的输出，把资本直接放到生产中去。按照其投资方式可再分为三种：①独资经营；②合资经营；③跨国公司。

二、间接投资

间接投资，即以各种贷款方式进行投资，通过借贷资本的输出把资本输出到国外。按其资金来源划分，可分为三种：①国际金融机构贷款，主要是联合国的国际货币基金组织、世界银行及其所属机构的贷款；②政府贷款；③各种银行贷款。按照贷款的期限和利率划分又可分为三种：①不定期的浮动利率贷款；②短期高利率贷款；③长期低利率贷款等。

三、灵活方式投资

除上述两类投资形式外，其他方式的投资都属于灵活方式投资。按照投资经营、资金来源和投资方式综合分类，这类投资主要有六种形式：①股票投资；②证券投资；③信贷贸易；④补偿贸易；⑤来料加工，来件装配；⑥合作开发，合作生产，合作建筑，合作运输等。

目前，中国利用外资的具体形式大体有以下几种：①国际金融机构贷款，主要是世界银行贷款，其贷款条件比较优惠。②政府贷款。特点是贷款期长，利率低。如向外国政府贷款。③合资经营、合作经营或由国际投资者直接举办企业，这是中国吸收外资的重要途径，而且颇有成效。④一般银行贷款。⑤买方信贷，即由出口方银行直接向进口方银行提供贷款，这种信贷利息低，时间稍长些。⑥卖方信贷，即由进口方银行直接向出口方提供的信贷。⑦发行债券。⑧补偿贸易。⑨租赁等。

四、BOT 投资方式

(一) BOT 投资方式含义

BOT 的英文全称是 Build － Operate － Transfer，是指建设、经营、转让，是东道国政府将一定期限的特许专营权授予公司或企业，以合同的方式许可其融资修建和经营基础设施，并以营运收入偿还贷款及作为投资的收益，等专营期限届满时，基础设施无偿移交给东道国政府的一种投资方式。

知识拓展

BOT 投资方式于 1984 年首次出现在土耳其，由于其具有项目承办公司独自筹措资金或贷款，东道国政府或其主管部门不必承担债务并可以无偿获得运营到期的基础设施所有权的优点，已在国际上被广泛应用。比较著名的 BOT 项目有英吉利海峡隧道、澳大利亚悉尼港湾隧道、香港东区海底隧道、马来西亚南北高速公路、泰国曼谷第 2 期高速公路以及菲律宾的电厂项目等。中国近年来的 BOT 投资项目也逐渐增多，比较重要的有广东沙角 B 电厂项目、广西来宾 B 电厂项目、上海延安东路隧道项目等。BOT 投资方式与一般的中外合资经营企业不同，是一个非常庞大的系统工程，往往涉及土地、交通、能源、通信等对东道国国民经济和社会生活有重大影响的基础设施项目。而且，BOT 投资方式中包含了由许多当事人构成的复杂的法律关系，不仅仅是东道国的任何法人和外国自然人、法人简单的合作关系，而许多合同关系包括在内，例如东道国政府主管部门与该 BOT 项目承办公司之间的特许协议，项目承办公司与工程设计公司的设计合同，项目承办公司与承建公司的承建合同，项目承办公司与政府主管部门的产品回购合同、项目设施移交合同等。因此，BOT 投资方式往往涉及一系列复杂的法律问题。

(二) BOT 投资方式的基本运作程序

BOT 投资方式的运作一般经过以下几个主要阶段：

1. 项目确定阶段

在项目确定阶段中，东道国政府或其主管部门根据本国经济发展和国家安全的需要，制定一个包含新建项目和改进项目的基础项目中长期发展规划，国外的私营企业对其中感兴趣的项目向政府提交项目建议书。

2. 项目招标阶段

东道国政府或其主管部门准备有关的招标或要约文件，并把基础设施建设项目的内容、各项要求和交易条件予以公布。国外私营企业对标的作调查研究工作后，有意参加竞价投标者负责组成国际融资集团，该财团能以投资或贷款的形式承担项目所需的全部资金，而且财团中还包括富有经验的建筑承包商。政府或其主管部门对各个投标者进行综合评价，择优选用。

3. 合同谈判阶段

东道国政府或其主管部门与被选中的项目公司就标的的项目进行实质性的谈判，签订特许权协议。合同的内容包括完成建设与投入运营时间、项目建设总成本、运营期间的价格或收费水平以及违约事项、损害赔偿等条款。特许权协议是 BOT 项目中的主合同。

4. 建设经营阶段

项目承办公司取得特许经营权后，把工程分包给项目承建商，保证工程质量达到合同规定的要求。工程完工后，项目承办公司按照与东道国政府或主管部门签订的合同，在特许期限内，由项目承办公司自身或与委托专业项目经营公司对项目进行经营，经营收入是投资者的投资回收及偿还贷款的来源，而且投资者预期利润也来源于此。

5. 项目移交阶段

BOT 项目特许经营期限届满后，项目承办公司将把在建设和经营阶段拥有的项目所有权无偿移交给东道国政府。

（三）BOT 特许权协议的法律特征

BOT 项目特许协议是政府和 BOT 项目公司之间签署的许可项目公司享有专属于政府和公营机构的基础设施和公共工程项目的建设、经营权的协议。其主要特征为：

1. BTO 特许协议是国内法协议而不是涉外合同

传统的特许协议即石油特许协议是国际合同。这种特许协议是指国家机构或政府部门与外国投资者个人或法人之间缔结的，以一定期间、一定条件下勘探开发石油等自然资源的特别许可为内容的确定主体双方彼此权利与义务关系的协议。这种特许协议又被称为国家契约、跨国协定、投资协定、准国际契约等。而 BOT 协议则不同，因为其主体双方均是本国法律主体，并且协议依据项目所在国的法律签署，协议签订地、履行地均是在本国，因此 BOT 项目特许协议是国内法协议。

2. BOT 项目特许协议不同于一般的民事契约

特许协议的主体一方为政府机构，一方是经政府特别许可建设和经营基础设施项目的 BOT 项目公司，因此，BOT 项目特许协议不同于一般的民事契约。

3. BOT 项目是政府为追求一定法律后果而实施的协议

BOT 项目特许协议的根本目的在于政府通过在一定时期内将基础设施私营化以缓解不断增长的、耗资巨大的基础设施财政预算压力，减轻基础设施需求增长与国家财政不足的矛盾。政府通过特许协议授予项目公司对基础设施建设经营权，因而其具有政府采购的特征。

4. BOT 特许协议是政府依据行政权订立的合同，具有民事合同和行政合同的双重性质

BOT 项目特许协议关于授予项目公司基础设施的建设和经营权，涉及政府和公营机构对基础设施的垄断经营。采取"建设—经营—移交"的方式，是因为基础设施产业的国家垄断性要求国家应当最终拥有基础设施的所有权。因此，BOT 项目特许协议是政府机构依据行政权限而缔结的特殊合同，政府既是合同当事人，又是管理者，所以其又具有"公"的因素。

5. BOT 项目特许协议应当适用项目所在国法律

既然特许协议具有国内法的性质，且特许协议依项目所在国的法律订立，故其效

力、执行和争议解决，均应以本国法为依据。

（四）BOT 投资方式的主要法律依据

BOT 投资的项目一般是大型基础设施项目，在众多的当事人或关系人中，不仅牵涉到单纯的合同关系，而且还存在许多需要东道国完善的法律政策来解决的问题，例如特许权协议的法律性质，政府保证与投资回报、外汇平衡问题以及股权问题。中国至今还没有关于 BOT 投资方式的专门立法，唯一的法律依据是 1995 年《对外贸易经济合作部关于以 BOT 方式吸收外商投资有关问题的通知》。虽然在 BOT 项目实施的整个过程中，也要适用中国《民法通则》、我国《公司法》《担保法》《境内机构对外担保管理办法》《外商投资产业指导目录》《中外合资经营企业各方出资若干规定》《关于中外合作经营企业注册资本与投资总额比例的暂行规定》等规定。但是，这些法律规定对许多法律问题都没有作出规定，其中包括：关于 BOT 特许协议的法律性质；BOT 投资的政府担保范围，如对政治风险、商业风险和自然风险的担保等。

第三节　各国对外投资立法

案例导入

2009 年我国境内投资者共对全球 122 个国家和地区的 2 283 家境外企业进行了直接投资，累计实现非金融类对外直接投资（下同）433 亿美元，同比增长 6.5%。截至 2009 年年底我国累计对外直接投资已超过 2 200 亿美元。

海外投资保护是投资者和投资者母国都非常关心的问题。在投资者母国保护境外投资的法制当中，国内立法及其缔结的双边投资条约（BIT）都是重要的手段。我国已经缔结了 120 多个 BIT。

问题：你如何看待国内立法和 BIT 在保护海外投资方面的作用？

一般来讲，根据法律的属地管辖原则，投资东道国法律对于其本国境内的外国投资有权行使属地管辖。同样，根据法律的属人原则，投资国法律对于其境外本国投资者的投资活动有权行使属人管辖。尽管近年来国际社会出现了国际直接投资的多元化，但总的来说，不同国家在国际上的政治制度及经济地位不同，各国有关国际直接投资的立法各有差异，其中发达国家的有关国际投资的立法与发展中国家的有关的国际投资立法差异较大。

一、发达国家的涉外投资立法

在国际投资活动中，发达国家国际投资法律包括保护国际投资的法律机制、鼓励国际投资的法律机制及限制国际投资的法律机制。

（一）保护国际投资的法律机制

发达国家为保护本国的海外投资，纷纷建立了各国保护海外投资的法律机制。通常的做法是，依照本国国内法的规定，对本国海外投资者实行一种以事后弥补政治风险损失为目的的保险制度。这种保险制度称作"海外投资保证制度"，又称"海外保险制度"。这是投资国国内法保护国际投资的主要形式。投资国的海外投资者申请投资保险的程序主要有：

（1）海外投资者向本国政府设立的主管海外投资保险的机构申请政治风险的保险，该保险一般不包括自然灾害或一般商业风险。

（2）海外投资保险机构对海外投资者审查、核准后，与之订立保险合同并承担保险责任。海外投资者作为被保险人向海外投资保险机构缴纳保险费。

（3）当约定的保险事故发生后，海外投资保险机构向海外投资者补偿其所受的损失，并取得向造成意外政治损失的第三者求偿的代位权。

知识拓展

美国是最早实行"海外投资保证制度"的国家，1948 年美国实施的马歇尔援欧计划中率先实行了投资保证方案。随后，一些主要资本输出国家都效仿美国的做法，实行本国的海外投资保证制度。先后实行这一制度的主要国家有日本（1956 年）、法国、联邦德国（1960 年）、丹麦、澳大利亚（1966 年）、荷兰、加拿大（1969 年）、瑞士（1970 年）、比利时（1971 年）和英国（1972 年）等。

（二）鼓励国际投资的法律机制

资本输出是发达国家开展跨国活动的基石，一般来说，发达国家主要采取下列措施鼓励其国民到海外投资：

1. 税收优惠措施

常见的税收优惠措施主要有以下几种：

（1）税收减免措施。为了刺激本国私人投资者向海外输出资本，一些发达投资国采取税收减免措施。如英国在计算投资者的海外收入的税收时允许扣除其中的 1/4，即对此 1/4 免征所得税。

（2）税收抵免措施。双重征税问题一直是困扰国际投资者的问题之一。为了鼓励本国投资者向海外投资，一些投资国允许海外投资者在其本国应纳税款中扣除其已在资本输入国实际缴纳的税款，以解决双重征税问题。如美国 1970 年 12 月颁布的《税收法》、英国 1970 年的税法都明确规定对本国国民海外投资的收入实行税收抵免措施。

（3）税收饶让措施。这是指投资国主动放弃本国对海外投资者的征税权，只承认投资东道国的征税权。换言之，海外投资者在东道国已缴纳税款的，视为其在本国已履行了纳税义务，本国不再另行征税或要求补税，以此来解决国家税收管辖权问题上属人原则和属地原则的冲突。目前，全世界已有 130 多个双边税收协定中列入了税收饶让条款。

（4）海外投资储备金制度。这是指投资国采取的一种特殊形式的税收优惠措施。即投资国允许海外投资者在其投资之年将投资总额的全部或部分划为储备金，并在其应税所得额中扣除该储备金的数额，从而使其海外投资者在投资初期可以暂不纳税或减少纳税。这种制度实际上对海外直接投资起了一种无息贷款的作用。日本、德国等主要投资国都建立了这种制度。美国的税收立法中有一种税收迟征条款，该条款允许推迟征收美国国外子公司所得税，直到这些国外所得利润汇回母国公司，这就等于在迟征期间向海外投资企业提供了一笔无息贷款，从而鼓励了国外利润在当地滞留和再投资。

2. 资金援助措施

为了鼓励本国海外直接投资，不少投资国设立了专门的金融机构，以出资或贷款的方式参与本国私人的海外投资。这方面做得最好的是美国海外投资公司（OPIC）、联邦德国开发公司（DEC）、英联邦开发公司（CDC）等金融机构。

3. 技术援助措施

一些投资国还为海外投资者培训技术人员，对本国培训发展中国家技术人员的机构提供政府津贴，对发展中国家派来受训的人员提供生活费用及旅费等。如美国在国际开发署设立的"国际经营服务队"、加拿大设立的"加拿大海外经营服务机构"、日本设立的"世界经营协议会"都属于对海外直接投资提供技术援助的专门机构。

4. 投资情报及咨询服务措施

不少投资国为了鼓励和促进海外直接投资，通过国家行政机关或国内特别机关及驻外使馆所设立的经济、商业情报中心，向海外投资者提供投资东道国的经济情况和投资机会的情报，开展咨询服务，协助进行调查和投资项目的可行性研究。如美国海外私人投资公司、日本海外投资研究所和通产省所属的亚洲经济研究所经济调查部等机构。

（三）限制国际投资的法律机制

进入 20 世纪 90 年代以来，随着世界贸易组织《TRIMS 协议》等多边协定的签署和生效，国际投资自由化趋势日益明显。这种国际投资自由化的趋势和相关协议制约了一些国家限制外国投资的立法行为。但是，仍有一些国家对外国投资制定相关限制措施。这些措施主要有以下几种：

1. 取消海外投资企业享受的优惠待遇

投资国通过立法取消本国海外直接投资者所享受的优惠待遇，如 1978 年美国总统提议取消税收立法中的税收迟征条款，要求在美国收到国外利润前就对海外企业征税。

2. 强化国家对资本流出的宏观控制

由于海外投资在一定时期内可能对该国的国际收支和就业水平产生消极影响，一些投资国就会发挥干预经济活动的职能，在宏观上控制由本国海外直接投资所造成的资本外流。如美国商业部外国直接投资办公室曾对美国企业依优惠条件向发展中国家进行投资的贷款加以严格限制，致使美国向海外投资的公司只能以其海外投资利润所得进行再投资。瑞典也于 1974 年通过了一个关于直接投资引起资本外流的法案。

3. 加强政府对技术流出的监督和管制

对于多数国家来说，其对外直接投资较多地采用技术投资的方式，为此，一些国家为了限制其对海外的投资，政府就会加强对技术外流的监督和管制。在这方面，美国对其跨国公司的技术流出所作的限制性规定最为严格。例如，在通常情况下，美国允许其本国厂商输出设备制成品，但如果这种输出可以用来制造这些设备项目，或者可能被输入国获得用于国防目的的情报和技术时，则要受到严格限制。

二、发展中国家的涉外投资立法

第二次世界大战，大多数发展中国家独立后，纷纷致力于自己国家的经济发展和建设，其中采取的最重要的措施之一就是制定优惠政策以吸引外资，这样，各国加强了对国际投资的立法。由于各发展中国家的具体国情互有差异，各自的立法也有所不同。总的来说，这些立法主要包括保护、鼓励及限制外资的措施。

（一）保护国际投资的法律机制

作为东道国的发展中国家保护外国直接投资的主要形式有：

1. 政府政策声明

这是指东道国政府在特定场合下发表政策声明，表示在现行法律的范围内对外国投资者的权利加以某种保护。从法理上分析，政府声明只是一种表达政府诚意的方式，并没有法律约束力，可以随时撤回。当然，如果这种政策声明被纳入东道国的国内法，则具有法律约束力。

2. 宪法规定

这是指东道国在宪法条款中明文规定，对外国投资给予法律保护。宪法条款对于保护国际投资通常只作原则性、指导性的规定，各项具体的保护措施通常由各种有关国际直接投资的单行法根据宪法确定的原则作出具体规定。例如，中国《宪法》就是否允许外国投资作了原则性规定，具体保护外资的措施则体现在我国的外资单行法中。

3. 保护国际投资的国内专门立法

这是投资东道国根据本国宪法的规定或者本国的对外政策，以专门立法的形式对外国投资给予法律保护。与政府声明相比，国内专门立法不仅具有法律拘束力，而且更具稳定性，不易变更，只有经特别程序才能加以修改。实践表明，东道国保护外资的国内专门立法很受外国投资者的信赖和欢迎，它是最有效的保护外国投资的法律措施。中国国内法对外国投资的保护主要采用两种形式。

（二）各国法律赋予外国投资者的权利

各国法律赋予外国投资者的权利包括：①投资选择权。这是指在符合东道国法律规定的条件下，外国投资者享有自由决定投资方式、投资方向、出资比例的权利。②企业经营管理的自主权。③财产所有权。财产所有权直接关系到投资者的切身利益。为了解除外国投资者的后顾之忧，吸收更多的外国资本，各国立法通常都对保护外国投资者的所有权问题作了明确规定。④利润的处理权和汇出权。为了吸引外国投资者投资的兴趣，各国一般都赋予外国投资者将其所获得利润汇回其本国的权利。⑤税收优惠权。为了吸收更多的外资，不少国家在维护国家主权的前提下，积极发挥税收的杠杆作用，在税收方面给予外国投资者较多的优惠待遇。⑥诉讼请求权。为了保证外国投资者行使东道国法律赋予的各项实体权利，各国都赋予外国投资者诉讼请求权。但也有些国家在赋予外国投资者与本国公民同等的诉讼权利时，要以对等和互惠为条件。

（三）鼓励国际投资的法律机制

东道国鼓励外国投资的法律制度是该国外资立法最基本的内容。发展中国家由于经济相对落后，技术、资金缺乏，又急需争取外资以加速经济的发展，因此不惜给予外国投资者种种鼓励，而对外国投资者提供各种便利和优惠，这也是当前世界各国改善投资环境、鼓励外国投资的普遍做法，这种鼓励又以税收优惠为主要形式。

一般来说，发展中国家鼓励外商投资的措施有以下方面：

1. 税收优惠

税收优惠是东道国（主要是发展中国家）鼓励外国投资的最基本形式。其主要做法是按照外国投资企业的规模、性质、投资地区和投资部门的规模、性质，减免其进出口税、公司所得税和营业税等。有些国家为了鼓励外国技术人员的流入，还给予外国高级技术人员和管理人员减免个人所得税的待遇。由于税收优惠主要以低税率吸引外资，因此东道国的税率对投资者至关重要。

中国在这方面的优惠包括两个方面：

（1）所得税优惠。①低所得税。我国涉外税法采取比例税率，按不同情况分为4个等级：一般税率30%；对设在沿海经济开放区和经济特区、经济技术开发区所在城市老市区的生产性外商投资企业，征税24%；对设在上述地区或国务院规定的其他地区属于能源、交通、港口、码头或国家鼓励的其他项目的外商投资企业，以及设在经济特区的外商投资企业、外国企业和设在经济技术开发区的生产性外商投资企业等，征税15%；外国企业在中国境内没有设立机构或场所，而有来源于中国的所得，或者虽然设立了机构、场所，但上述所得与其机构、场所没有实际联系的，征税20%。②税收减免。主要是对生产性外商投资企业，从事农业、林业、畜牧业以及在不发达的边远地区的外商投资企业，从事自然资源开发的项目以及能源、交通、港口、码头及其他重要生产性项目，分别给予不同期限和不同幅度的税收减免。③鼓励再投资优惠。利润再投资经营期不少于5年的，可以退回已纳税款的40%。④亏损弥补优惠。外商投资企业和外国企业由于在我国从事生产、经营发生年度亏损，可以以下年度的所得来弥补亏损，并且可以享有长达5年连续弥补的优惠。⑤税收抵免优惠。外国投资企业来源于境外的所得已在境外缴纳税款的，准予在汇总纳税时从其应纳税额中扣除，但扣除额不得超过其境外所得依照《中华人民共和国税法》规定计算的应纳税额。

（2）关税和其他优惠。由于我国允许外商以实物作为投资并且鼓励出口，因此有关关税优惠主要体现在这两个方面：①虽然根据外商投资企业的组织形式、性质、所处地区或行业、是否出口或技术先进企业或高新技术企业等因素，而给予不同的优惠，但一般来说，外商进口的资本货物如机器设备、为生产出口产品而进口的原材料、自用交通工具和办公物品等，免征进口税。②出口产品一般可以免征出口税，有些可以免征增值税或产品税或享有出口退税。

2. 财政补贴

财政补贴主要是经济实力雄厚的发达国家鼓励外国投资的方式。其最主要的方式是由东道国政府以低于竞争性市场的利率提供资金，即以政府补贴的利息率进行贷款。发展中国家虽不以财政补贴作为鼓励外资的主要方式，但近年来对外资的贴息贷款和政府担保贷款的规模也呈上升的趋势。

3. 外汇奖励

外汇奖励是指东道国允许外国投资者在当地受控制的外汇市场上购买外汇，并且对投资者的投资本金和利润的汇回不加管制或放松管制。

如澳大利亚对外资采取传统的门户开放政策，允许投资者的净收入不受限制地出境。日本在外汇管理上采取自由的原则，利润、股息、技术转让费等均可以自由汇出。保加利亚、匈牙利、波兰等东欧国家的最新外资法对外国投资者利润和资本的汇出也不作限制。近年来，一些发展中国家也采取了比较自由的外汇政策，如菲律宾允许外国企业和外国人的收益以其原投资的货币形式汇回本国。

中国法律规定：①外国投资者依法纳税后的纯利润和其他正当收益，可以向开户银行申请汇出境外，汇出金额从其外汇存款账户中支付，并且未规定汇出限额。②外国投资者若要将外汇资本转移到中国境外，须向国家外汇管理局或其分局申请，从企业外汇存款账户中支付汇出。③依法终止的外商投资企业，按照国家有关规定进行清算、纳税后，属于外方投资环境所有的人民币，可以向外汇指定银行购汇汇出或者携带出境。这就给外资原本的汇出提供了保证。④对外籍职工的合法收入的汇出未加限制。

4. 行政协助

行政协助是指东道国政府设立专门机构，简化投资审批程序，提高工作效率，并且协调好投资活动涉及的各种关系，及时解决出现的各种问题，从而在行政上保证和促进外国投资活动的顺利进行。

（四）限制国际投资的法律机制

从法律上讲，东道国对外国投资者的限制是为了维护国家主权和经济利益，促使外国投资符合本国经济发展目标的客观要求，是符合国家属地主权优越原则的合法行为。几乎所有的投资东道国在积极引进外资的同时，都依照法律对外国投资者的投资活动予以适当的、合理的限制。

东道国对外国投资的限制性措施主要有以下几种：

1. 投资领域的限制

东道国通常都根据本国经济发展目标及国家利益，保留某些只允许本国投资者投资而限制外国投资者涉足的"封闭区"。这些受到限制的领域通常是一些战略性或敏感性的国防安全部门、支配国家经济命脉的重要工业部门以及需要重点保护的民族工业领域。对于投资领域的严格限制是对外国投资持谨慎态度的发展中国家投资法的一大特征。即使是对外资持放任态度的经济发达国家，其外资立法也有不少的这些内容。

例如，根据美国《原子能法》《天然气法》《联邦航空法》《海商法》《联邦通信法》《银行法》《农业外国投资法》等法律的规定，美国政府可在核能、矿藏开发、航空、运输、通信、银行以及农业等领域禁止外国投资。

发展中国家的投资法也有类似规定。如印度尼西亚《外国投资法》规定，港湾、公用铁路、原子能开发以及宣传部门等对国家至关重要并关系到多数国民生命的领域，不允许外国资本全面控制；对国防有重要意义的领域，特别是武器、弹药、炸药以及军用器材的生产，完全禁止外国资本进入。中国的《外资企业法实施细则》也规定了禁止、限制、允许外商投资的行业，设立外资企业的基本条件和不批准设立的情况。

但是，随着近年来经济全球化的快速发展，各国加快了外资政策自由化的进程，国际上出现了逐步放宽对外资准入的趋势，如世界贸易组织的《服务贸易总协定》生效后，服务贸易投资领域逐步推广开放，世界贸易组织各成员方根据该协定的有关规定开始快速的开放各自的服务贸易市场。这样，服务行业的国际直接投资占全球国际直接投资总额的比例也有了较大增长。

2. 股权比例的限制

为了确保本国对外国投资企业的控制权，投资东道国通常对外国直接投资者的股权加以限制，其主要方法是限制外国投资者拥有股份的比例，使得外国投资者持股比例的上限不得超过49%，可见股权成为确定企业控制的一个重要依据。

如墨西哥《外国投资法》规定，当法令和法规没有特别规定比例时，外国资本不得超过企业资本的49%，也无权以任何名义决定企业的经营管理。也有些国家逐步扩大本国在企业中的股权，从而由原来的少数股权变为多数股权。

美国、澳大利亚等国对外资的股权限制很严，外资股份超过10%和25%即被视为受外资控制。日本则规定外国资本在非特殊情况下不得超过日本企业股票额的50%。

中国法律在这一方面采取了较开放的做法，没有对外资的股份作出类似上述的规定。

3. 利润及资金汇出的限制

对外国投资者利润及资金的汇出加以限制，目的是防止外汇大量外流而造成国际收支失调。在一些外汇储备紧缺的国家，尤其是那些非自由汇兑货币的国家，非常重视利润及资金汇出的限制。

限制利润及资金汇出的主要做法是实行汇出限额，即外国投资者每年汇回的资本不得超过其注册资本的一定百分比。比如阿根廷《外国投资法》规定，从投资合同批准之日开始的前5年内，不得抽回任何资本。每年抽回的数额不得超过可抽回资本的20%。该法还规定，外国投资者将其利润汇往国外时，其转移的数额不得超过利润的12.5%，转移的利润须与抽回资本登记时的货币形式相同。但转移利润的数额无论如何不得超过以上两种情形中任何一种所规定的最高额。转移的利润必须是由他们自己的流动资金所取得的，用外国或贷款产生的利润不得转移，但经主管当局特殊批准者除外。如果有未偿清的财政欠款和社会治安欠款时，利润也不得转移。此外，在限制利润及资金汇出方面，有些国家还对超出汇出限额的部分实行"累进附加税制"，即超出比例越大，征收附加税越多。

4. 经营活动的限制

为了确保外资企业的经营活动不影响本国的经济秩序，不少国家都设立了专门机构对其经营活动加以限制。如美国设立了外国在美投资委员会，并通过专门的法律，规定外国公司、合资公司必须提供投资状况报告、经营年度、季度等报告、资料，以便对其审查监督，借以达到间接控制外资经营活动的目的。为了保证东道国对外国投资进行有效的控制，一些国家的投资法对合资企业董事会的组成及其权限等问题作了专门规定，如董事长、总经理等重要职务只能由东道国国民担任，东道国国民占董事的大多数，使东道国国民具有决定合资企业重大事宜的最大权限。例如，我国的相关法律就有类似规定。

第四节　跨国公司与国际投资法

案例导入

1990 年，美国某公司（A 公司）根据中国法律，在中国境内设立一家公司（B 公司），投资总额为 600 万元，注册资本为 500 万元。公司将部分自有资金虚报为借入资金。公司成立后，1991 年至 1995 年连年盈利。1995 年，A 公司又在香港投资设立了另一家公司（C 公司），从此 B 公司出现了连年亏损。同时 B 公司在进口产品时，将高关税的进口产品在发票上改换成低关税的进口产品，并且以公司自用为名，报关时多报所需进口设备的数量，进口后又以数量过多为名，在国内市场上高价转让等。

问题：A、B、C 三家公司之间是什么关系？

当今世界中经济全球化的特点之一是跨国公司的飞速发展。随着国际经济的进一步运行，跨国公司在国际经济中的作用越来越重要。跨国公司作为一种经济组织，有其自身的法律特点。

一、跨国公司的概念

(一) 跨国公司的含义

跨国公司是通过设立子公司的方式在国外进行直接投资的垄断组织。关于跨国公司的定义，国际上多达几十种。有的以国外拥有的股权份额作为标准，有的以国外子公司所分布的国家数量作为依据。联合国经济及社会理事会关于跨国公司定义的决议认为：凡是在两个或两个以上国家，控制了工矿、销售和其他营业机构的企业，都称为跨国公司。据此，凡以本国为基地，通过对外直接投资，在其他国家设立分支机构或子公司，从事国际化生产和经营活动的垄断组织就是跨国公司。

(二) 跨国公司的特征

跨国公司与一般国内企业或其他国际经济组织相比，具有下列特征：

(1) 生产经营活动的跨国化。跨国公司以其母国为基地，在其他国家设立分支机构与子公司，其触角遍及世界各个角落，几乎涉及生产、流通、分配和消费所有领域。

（2）经营战略的全球化。跨国公司以全世界市场为角逐目标，制定全球性的经营战略，通过对外直接投资带动资本、技术、人才等生产要素的国际移动，在全世界范围内实施生产力配置，使整个公司取得最大限度的利润和长远的利益。

（3）公司内部管理的一体化。跨国公司内部通常都实行高度集中的一体化管理体制，即母公司为决策中心，将遍布于世界各地的分支机构和子公司统一为一个整体，形成内部一体化的独特的管理体系，实现生产、销售、利润、分配、资金筹措、人事安排、财务等方面的一体化。

二、跨国公司对外投资的主要形式

跨国公司对外投资的主要形式包括股权投资与非股权投资两大类。

（一）跨国公司的股权投资

股权投资是指跨国公司母公司通过新建企业和收买参与当地企业股份的手段，在其国外的子公司中占有股权的份额。

按照跨国公司母公司对其子公司股权拥有的程度，可将跨国公司的股权投资划分为四种类型：①全部拥有形式。这是指母公司拥有子公司95%以上的股权，在直接投资中即为母公司在投资东道国设立独资企业。②多数拥有形式。多数拥有形式是指母公司拥有子公司51%~95%的股权。③对等拥有形式。这是指母公司拥有子公司50%的股权。④少数拥有形式。这是指母公司拥有子公司49%以下的股权。

除了上述股权之外，《多边投资担保机构》在合格投资的认定中认为，股权投资包括：①拥有具有法人资格的公司或其他实体的股份。②参与分享东道国境内合营企业的利润及清算所得收益的权利。③投资者在东道国境内的非法人分支机构或其他企业中资产的所有权。④有价证券以及直接股权投资，包括合营企业中的少数参与额、债券转换成的优先股，以及被给予同外国直接投资相结合的有价证券的优先权。⑤特殊情形下股权持有人向相关公司提供的中、长期贷款或者贷款担保也视为直接投资。

（二）跨国公司的非股权投资

跨国公司的非股权投资是指投资人不是通过投入现金或实物而取得相关企业股权的投资，而是指由各国合同安排，通过技术、管理、销售等与股权没有直接联系的渠道，为东道国提供服务，并从中获得相应利润的投资方式。

知识拓展

非股权投资是20世纪70年代以来面对发展中国家国有化浪潮和外资逐步退出现象而采取的投资策略。这是跨国公司在积极通过股权投资的方式对东道国特别是发展中国家进行资本渗透时，而采取的既可以减少投资风险，又可以通过先进的技术、管理和销售渠道对东道国企业施加影响的行为，从而达到加强其在东道国垄断优势的目的。

跨国公司非股权投资的形式较多，主要表现为跨国公司与东道国订立服务和管理合同、投资企业运行的特许协议、许可证协议、租赁协议和产品分成协议的为直接投资等新形式。具体分为：产品分成合同、利润分享合同、管理合同；商标、专有技术特许协议和技术协助合同；技术许可协议、交钥匙工程等几种非股权直接投资。

知识拓展

跨国公司的行为具有积极和消极双重性。跨国公司是一种垄断组织，它的规模巨大、资金雄厚、技术先进，对世界经济和发展中国家经济的发展有着举足轻重的作用和影响。另外，由于跨国公司唯利是图的本性，其会不可避免地使公司的利益与东道国的民族利益发生各种矛盾与冲突，给发展中国家带来负面影响。如跨国公司利用价格转移逃税、避税，从事各种限制性商业活动，甚至干预东道国国内的政策，严重威胁着这些国家政治和经济独立，也给世界经济带来不利的影响。为了制止跨国公司的不正当活动，20 世纪 70 年代以来，第三世界国家强烈要求国际社会共同制定有关跨国公司行动的基本准则，以便依法管制和监督跨国公司的活动，维护本国的合法权益。

三、跨国公司行为守则

（一）跨国公司行为守则的由来

1972 年联合国经社理事会一致同意建立联合国跨国公司委员会，1974 年跨国公司委员会正式成立，下设"跨国公司中心"。该委员会的宗旨是促进了解跨国公司活动的性质及其对政治、法律、经济和社会的影响，促进跨国公司对各国发展目标和世界经济增长做出积极贡献，控制和消除其消极的影响，加强东道国特别是发展中国家与跨国公司谈判的能力。该跨国公司中心于 1975 年开始研究制定跨国公司行为守则，1977 年设立了政府间为制定守则专设的工作组，开始具体的拟订工作。1982 年该小组提出了《联合国跨国公司行为守则》（以下简称《守则》）的草案，交各国审查。由于发达国家与发展中国家的社会和经济发展目标及发展程度存在显著差异，双方在诸如习惯投资法对投资的适用、国有化及其补偿、跨国公司的待遇等问题上存在不少分歧，《守则》至今没能通过。

（二）跨国公司行为守则主要内容

1. 《守则》本案共有六个主要部分

《守则》本案包括：①序言和目标；②定义和适用范围；③跨国公司的活动与行为；④跨国公司的待遇；⑤政府间合作；⑥守则的实施。《守则》序言和目标部分尚未起草。

2. 《守则》提出跨国公司定义的三个要素

守则提出跨国公司定义的三个要素包括：①设在两个或两个以上国家的实体，不管这些实体的法律形式如何和处于什么领域；②在一个决策体系下从事经营，能通过一个或几个决策中心采取一致决策和共同战略；③各个实体通过股权或其他方式形成的联系，使其中一个或一个以上实体有可能对别的实体施加影响。

3. 在起草《守则》的过程中各国存在的分歧

（1）关于《守则》的法律性质。对于《守则》的法律性质、法律效力及法律形式，发展中国家倾向于采用公约、条约或多边协定的形式使其产生法律拘束力，并建立国际执行机构来监督和加强国家在这方面的行动；发达国家则强调《守则》的自愿性或非强制性，主张只需列举普遍性的原则和指导方针，以联合国大会决议的形式通过即可。

（2）关于跨国公司的活动和行动。在这个方面存在的主要分歧有两个：①关于跨国公司尊重东道国主权的问题。发展中国家要求《守则》应体现被国际法公认的国家永久性主权原则，写上"每个国家有权对其自然资源、财富和经营活动行使永久主权"。一些发达国家则坚持只有同时提及有关国际法或国际公认的跨国公司待遇的标准，才能接受国家永久性主权的提法。②关于跨国公司不得干预东道国内部事务的问题。许多国家认为《守则》应明确规定"禁止跨国公司干涉其所在国的内部事务"，跨国公司不得从事东道国的法律、政策所不允许的具有政治性质的活动。但有的国家认为"内部事务"应限定为"内部政治性事务"，"不干预"应限定为"非法干预"。

（3）关于跨国公司的待遇。对于东道国给予跨国公司的一般待遇，发达国家提出《守则》应当规定："跨国公司在所在国应获得公平和公正的待遇"，并且提出各国法律给予跨国公司的待遇应当遵循最低标准。发展中国家则反对向跨国公司提供平等的、不受歧视的国民待遇，主张"只有在符合而不违背该国经济目标和发展计划的条件下，才对跨国公司提供国民待遇。"对于跨国公司给予什么优惠待遇，不存在所谓的最低标准，完全由东道国当局自由裁定。

（4）关于国有化及其补偿问题。《守则》确认国家对其领域内的跨国公司的财产有实行国有化或征用的权利并且对这种国有化承担相应的补偿义务。但对于国有化的法律依据和补偿的标准存在分歧。发达国家要求东道国对跨国公司实行国有化时必须符合国际法的原则，按照法律规定的程序进行，并按照"迅速、充分及有效"的原则给予补偿。发展中国家则认为在这一领域里不存在普遍接受的国际法原则，提出时被国有化的跨国公司的财产实行"适当的补偿"，并且坚持由东道国的法院解决因补偿而引起的争端。

第五节　投资的国际法律保护

案例导入

A国通知B国，禁止从B国进口羊肉，理由是从该国进口的羊肉的荷尔蒙含量超标，影响国民的身体健康。B国经过调查发现，A国境内销售的羊肉荷尔蒙含量与B国羊肉的荷尔蒙含量是一样的。还发现，A国还不断从C国进口同样质量的羊肉。B国认为A国违反了关税及贸易总协定（GATT）原则，使它们的利益受到了侵害。

A国反驳，它们采取的措施是不违反GATT原则的，是属于一般例外所允许的。

问题：

（1）A国的做法是否违反了 GATT 的原则？违反了那条原则？为什么？

（2）A国反驳的理由对不对？为什么？

为了使国际投资正常运行，推动国际经济的健康发展，国际投资需要适当的保护。对于投资的保护，仅依赖于投资国的国内投资法或东道国的国内投资法是不够的，这主要是因为资本输出国与资本输入国在国际直接投资的政策倾向、投资与吸引外资的意图等方面的差异较大，对国际直接投资难以给予公平合理的保护。有鉴于此，更需要对国际直接投资实施投资的双边保护和以国际条约为特点的国际多边保护。

一、保护国际投资的双边协定

双边投资保护协定是资本输出国与资本输入国之间签订的，旨在鼓励、保护、保证及促进国际私人直接投资的双边条约。保护投资的双边条约是投资国际保护的一种重要法律形式。第二次世界大战后，随着国际直接投资的不断发展，主要资本输出国为了保护其海外的直接投资，竞相采用双边投资保护协定这种法律手段。20 世纪 60 年代以来，国际资本流通呈现出交叉性和多元性的倾向，双边投资保护协定的数量、内容以及适用的地域范围都发生了显著的变化，不少发展中国家之间也陆续订立了双边投资保护协定。

保护国际投资的双边条约、协定、换文种类繁多，按其内容可分为三种主要类型。

（一）友好通商航海条约

友好通商航海条约（Friendship，Commerce and Navigation treaty，简称 PCN 条约）是指缔约国之间就商业活动和航海自由事宜签订的双边条约。其内容主要是解决两国之间的商务关系，但也涉及外国商人及其资讲和有关投资的保护问题，如美德通商条约规定："任何一方缔约国，其国民处在对方缔约国领域内……对于他们的财产，非经法律上的正当手续，并且给予公平合理的赔偿，不得加以征用和使用"。

《友好通商航海条约》中涉及投资的内容大致可归纳为以下方面：①外国投资者的入境、旅行与居留。②个人基本自由权。③关于外国投资者的待遇标准。④关于外国投资者财产权的保护和尊重。⑤管理与经营企业的权利。⑥对外国投资者的税收待遇。⑦外汇管制与资金转移。⑧关于争议的处理和管辖。

（二）投资保证协定

投资保证协定（Investment Guarantee Agreement）主要是美国采取的形式，这种协定通常采用换文的形式。这种协定或换文与美国海外投资保险、保证结合在一起，也叫"投资保险和保证的协定"。除美国以外，加拿大也采取这种形式。其基本内容包括以下几项：

1. 投资保护的条件

换文一般规定，受到保护的投资必须是经资本输入国政府批准的投资项目，而且只限于两国投资保护条约换文以后的新投资。如《中华人民共和国和美利坚合众国关于投资保险和投资保证的鼓励投资协议和换文》（以下简称《中美协议》）第二条规定："本协议的规定只适用于经中华人民共和国政府批准的项目或活动有关的投资的承保范围"。

2. 保险的范围

换文通常规定，保险的范围限于非商业性或政治性风险。如《中美协议》第一条规定：本协议中的承保范围系指"根据本协议由海外私人投资公司或继承该公司的美利坚合众国政府的任何机构"承保的"投资政治风险保险（包括再保险）或投资保证，其利益程度以作为承保范围内的保险者或再保险者为限。"

3. 投资者的法律地位

换文通常要求投资者享有与资本输入国公民同等的权利，但有些换文不包括这一内容。

4. 代位求偿权

换文规定，如果由于政治原因而使投资者遭受损失，可由投资者所属国（又称保护国）给予赔偿，保护国因此而取得代位求偿权，可代替投资者向资本输入国政府提出赔偿的要求。《中美协议》第三条对此也作了明确规定。

5. 补偿办法

换文规定，补偿时用资本输入国的法定货币，但保证国所得的资金和权利不能低于或高于原投资者在资本输入国所得到的权利。《中美协议》第五条规定："承保者根据承保范围得到的中华人民共和国法定货币的款项，包括债权，中华人民共和国政府对其使用和兑换方面所给予的待遇，不应低于这些资金在被保险的投资者手中时可享有的待遇。"

6. 争议的解决

换文一般规定，对投资保护换文的解释以及发生的争议应通过双方协商解决，如双方协商达不成协议，则通过仲裁方式解决。仲裁通常由双方各指定一名仲裁员，然后由仲裁员推选一名第三国的仲裁员为仲裁庭长，组成临时仲裁庭作出裁决。《中美协议》第六条对此作了详细规定。

（三）促进与保护投资协定

促进与保护投资协定（Agreement for Promotion and Protection of Investment）是欧洲一些发达国家与发展中国家签订的促进与保护投资的协定，其中德国的该类协定最为典型。据统计德国已签订了 50 多个这一类协定，因此，这类协定又被称为"联邦德国型的促进与保护投资协定"。这类协定关于鼓励和保护外国投资的规定更为具体详尽，而且大多属于实体法，其保护范围不仅包括"新"的投资，还包括已经存在于资本输入国的缔约另一方自然人或法人的投资。其基本内容可概括为以下几方面：

1. 关于许可投资方面的规定

一般规定，东道国给予外国投资者的待遇不应低于它给予其本国国民或任何第三国投资者的待遇（即外国投资者享受国民待遇或最惠国待遇）。

2. 关于国有化与补偿的规定

一般都规定，除非为了"公共利益"，否则不对外国投资者实行国有化。一旦根据需要对外国投资者实行国有化或其他类似措施时，应给予补偿。在国有化与补偿方面通常是相互给予国民待遇或最惠国待遇。

3. 关于因政治风险而赔偿损失的规定

对于因政治风险而造成外国投资的损失，应给予赔偿、补偿或恢复。双方一般相互给予国民待遇或最惠国待遇。

4. 关于代位求偿权的规定

一般都承认资本输出国享有代位求偿权，其具体内容与"美国式投资保证协定"的规定大致相同。

5. 关于争议解决的规定

这类协定针对两种不同类型的争议，规定了两种解决争议的办法：①缔约国之间关于条约或协议解释和适用的争议，一般规定由双方指派仲裁员组成仲裁庭解决。②东道国与外国投资者之间的争议，如果缔约国是《关于解决国家与他国国民之间投资争议公约》的参加国，则按照该公约规定的条件和程序，将争议提交"解决投资争端国际中心"（ICSID）解决。

（四）中国对外签订的投资保护协定

中国一直重视运用国际条约保护外资，1980 年到 1988 年是高峰期，其间我国几乎同所有西方国家签订了投资保护协定，并且同美国和加拿大签订了投资保险协定。此后，中国几乎同所有与中国有投资关系的国家包括新兴工业国、周边国家、独联体部分国家、东欧一些国家等，签订了投资保护协定。因此，中国对外资的条约保护已经形成了网络。

中国对外签订投资保护协定的内容不尽相同，但基本结构相近：①以简短的绪言表明缔约双方的合作和鼓励、保护投资的愿望。②确定某些重要法律用语的含义，如投资、收益、投资者等。③规定对外资的保护、促进及要求东道国遵守其与投资者签订的合同，其中重点是规定投资待遇及其适用的例外。几乎所有协定均规定了公平与公正的待遇，也规定了最惠国待遇。但与英国签订的协定也规定，尽可能对英国国民提供国民待遇，而中日协定直接规定了最惠国待遇和国民待遇。④在发生政治风险时，承认缔约一方投资保险机构的代位求偿权，并在有关方面实行最惠国待遇。⑤所有协定都有关于解决争端的解释和适用争端的规定。⑥确定协定的生效、有效期、有效期的续展，协定通常也规定对协定生效前进入的投资也给予保护。

二、保护投资的国际公约

第二次世界大战以后，特别是 20 世纪 60 年代以来，有关保护投资的国内法和只限于调整两国间投资关系的双边投资保护协定已不能适应日益复杂的国际直接投资的需要。为此，一些国家和国际组织试图通过缔结国际公约建立一整套多国间的保护国际投资的法则、机构、制度。多边投资保护通常通过多国间共同签订有关保护国际私人直接投资的多边条约、共同制订保护投资的方案及其他法律措施等形式进行的。

目前有效的关于国际投资保护的国际公约主要包括三个：《关于解决各国与他国国

民之间投资争议公约》(《1965 年华盛顿公约》)、《多边投资担保机构公约》及《与贸易有关的投资措施协议》。

(一)《关于解决国家与他国国民之间投资争议公约》

《关于解决国家与他国国民之间投资争议公约》(Convention of the Settlement of Investment Disputes Between States and Nationals of Other States) 在国际复兴开发银行(世界银行)的主持下,于 1965 年 3 月 18 日在华盛顿签字,简称《1965 年华盛顿公约》(以下简称《公约》),这是目前国际上仅有的解决外国投资者与投资所在国之间产生的投资争议的国际公约,《公约》于 1966 年 10 月 14 日正式生效。根据《公约》的规定,在华盛顿成立了"解决投资争议国际中心"(International Center for Settlement of Investment Disputes, 即 ICSID,以下简称"中心"),这是国际上处理投资争议的专门仲裁机构。由于发达的资本输出国和发展中国家在解决投资争端问题上存在尖锐的矛盾,国际社会以往所订立的多项公约因无法协调这种矛盾而均未得以实施。以鼓励和保护外国投资作为其宗旨之一,并且长期以来在解决政府同私人投资者争议方面积累一定经验的世界银行具有较高的信誉,在一定程度上赢得了资本输入国和资本输出国双方政府的信任。因此,由世界银行主持制定的这一《公约》为不少国家所接受。据统计,截至 1992 年 6 月 30 日,已有 86 个国家签署了这一《公约》。中国已加入此《公约》。《公约》于 1993 年 2 月 6 日对中国生效,公约的主要内容有以下几项:

1. 解决投资争议"中心"的宗旨,组织机构及其法律地位

《公约》规定:"中心"的宗旨是依照本公约的规定,为调停和仲裁各缔约国和其他缔约国国民之间的投资争端提供"便利"。该"中心"的所在地设在国际复兴开发银行的主要办公处,下设一个行政理事会和一个秘书处,并设有一个调停人小组和一个仲裁人小组。行政理事会由每一缔约国各派代表一人组成,由国际复兴开发银行行长担任主席。秘书处的秘书长是中心的法律代表和主要官员,并依照《公约》的规定和行政理事会通过的规则负责行政事务。

按照《公约》规定,"中心"具有完全的国际法律人格,其法律能力包括:①缔结契约的能力;②取得和处理动产和不动产的能力;③起诉的能力。

《公约》还规定,为了使"中心"能完成其任务,它在各缔约国领土享有豁免和特权。

2. "中心"的管辖范围

《公约》第二十五条第一项规定:"'中心'的管辖适用于缔约国(或缔约国指派到'中心'的该国的任何组成部分或机构)和另一缔约国国民之间直接因投资而产生的任何法律争端,而该项争端经双方书面同意提交给'中心',当双方表示同意后,不得单方面撤销其同意。"

《公约》第二十七条第一项规定:"一缔约国对于它本国的一个国民和另一缔约国根据本公约已同意交付或已交付仲裁的争议,不得给予外交保护或提出国际要求,除非该另一缔约国未能遵守和履行对此项争端所作出的裁决。"

3."中心"主持下的调停和仲裁程序

《公约》对于"中心"主持下的调停和仲裁程序作出了详细的规定。首先是由调停或要求采取仲裁的一方用书面形式向秘书长提出申请,"中心"在接受申请后的 90 天内组成调停委员会或仲裁庭进行调停或仲裁。调停委员会有责任澄清双方发生争端的问题,并努力使双方对共同可接受的条件达成协议,不管双方是否达成协议,调停委员会都要作出报告。仲裁的裁决则由仲裁庭成员多数通过,并以书面形式做成。裁决对双方有约束力,不得进行任何上诉或采取任何其他除本《公约》规定外的补救方法。

4."中心"仲裁适用的法律

《公约》四十二条第一项规定:"法庭应依照双方可能同意的法律规则判定一项争端。如无此种协议,法庭应适用争端一方的缔约国内法律(包括其关于冲突法的规则)以及可能适用的国际法规则。"《公约》还规定,法庭不得借口法律无明文规定或含义不清而暂不作出裁决。

5. 缔约国之间的争端

《公约》规定缔约国之间发生的不能通过谈判解决的有关公约的解释或适用的任何争端,经争端任何一方申请,得提交国际法院,除非有关国家同意采取另一种解决办法。值得一提的是,中国政府在 1993 年 1 月 7 日递交加入 ICSID 批准书时申明:"根据《公约》第二十五条第四款规定,中国政府仅将因征收和国有化而引起的赔偿争议提交ICSID 管理。"

(二)《多边投资担保机构公约》

1985 年 10 月世界银行年会通过了《多边投资担保机构公约》(Convention Establishing the Multilateral Investment Guarantee Agency),《多边投资担保机构公约》在汉城(即现在的首尔,下同)开放签字(又称《1985 年汉城公约》,以下简称《公约》)并且已于 1988 年 4 月 30 日正式生效。这是继《1965 年华盛顿公约》后世界上第二个正式生效的有关保护国际投资的多边公约。公约设立了"多边投资担保机构"(以下简称"机构"),为外国私人投资提供政治风险担保。

《1985 年汉城公约》共十一章六十七条,另有两个附件,其主要内容有以下几项:

1. 机构的目标和宗旨

(1)《公约》第二条规定:机构的目标应该是鼓励在其会员国之间,尤其是向发展中国家会员国融通生产性投资,以补充世界银行、国际金融公司和其他国际开发金融机构的活动。

(2)《公约》规定:为达到这一目的,机构应在一会员国从其他会员国取得投资时,对投资的非商业性风险予以担保,包括共保和分保;开展合适的辅助性活动,以促进向发展中国家会员国和在发展中国家会员国间的投资流动;为推进其目标,使用必要和适宜的附带权力。

(3)《公约》第二十三条规定,机构应采取行动,促进投资流动,努力消除在发达国家和发展中国家会员国间存在着的障碍,使投资流向发展中国家会员国;促成投资者和东道国对它们之间的争端取得和解；推进和促进会员国之间缔结有关促进和保护投资的协议。《公约》强调，机构在发挥其推进作用时，应特别注意在发展中国家会员国之间增加投资融通的重要性。

2. 机构的法律地位

《公约》第一条规定：机构应有完全的法人地位，特别有权：①签订合同；②取得并处理不动产；③进行法律诉讼。

《公约》第七章规定：为使机构能完成其职能，在各会员国领土内应授予机构豁免和特权；机构的财产和资产无论在何地为何人所保管，均应免受搜查、征用、没收、征收或其他行政或立法行为上的任何形式的扣押；机构的一切财产和资产，在《公约》规定经营的业务范围内，应不受任何性质的限制、管制、控制以及延期偿付之限。

3. 会员国资格和资本

《公约》规定，机构会员国资格应向世界银行所有成员国和瑞士开放。机构的法定资本为十亿特别提款权。资本分为十万股，每股票面价值一万特别提款权，供会员国认购。机构的每一创始会员国，均按票面价值和载明于本公约附录 A 中该会员国名下的股份数额及条件认股，但在任何情况下均不得以低于票面的发行价格认购。会员国的认缴不得低于 50 股。机构可制定规则，使会员国得以增加法定股本的认购份额。

4. 承保险别

《公约》规定，可为合格的投资就来自以下一种或几种风险而产生的损失作担保：①货币汇兑；②征收和类似的措施；③违约；④战争和内乱。

对于因下列原因而产生的损失，不在机构担保之列：①担保权人认可或负有责任的东道国政府的任何行为或懈怠；②担保合同缔结之前发生的东道国政府的任何行为、懈怠或其他任何事件。

5. 合格投资

《公约》规定，合格投资应包括产权投资，其中包括在有关企业中的产权持有人发放或担保的中长期贷款，以及董事会确定的直接投资的种种形式。《公约》还规定，董事会经特别多数票通过，可将合格投资扩大到其他任何中长期形式的投资。

6. 合格投资者

《公约》规定，在下列条件下，任何自然人和法人都有资格取得机构的担保：①该自然人是东道国以外一会员国国民；②该法人在一会员国注册并在该会员国设有主要业务地点，或其多数资本为一会员国，或几个会员国，或这些会员国国民所有。在上述任何情况下，该会员国都不是东道国；③该法人无论是否为私人所有，均在商业基础上营业。

7. 担保条件

《公约》规定，每一担保合同的担保条件应由机构根据董事会发布的条例和规定予以确定，但机构对承保的投资将不承担其全部损失。担保合同应在董事会指导下由总裁批准。

8. 索赔支付

《公约》规定，应在董事会指导下，由总裁根据担保合同和董事会所能采用的政策，决定对担保权人的索赔支付。担保合同应要求担保权人在机构支付之前，寻求在当时条件下合适的、按东道国法律可随时利用的行政补救办法。这类合同可要求在引起索赔的事件发生与索赔之间有一段合理的期限间隔。

9. 代位

《公约》规定，在对担保权人支付或同意支付赔偿时，担保权人对东道国其他债务人所拥有的有关承保投资的权利或索赔权应当由机构代位。担保合同应规定此类代位的条件。机构的代位权应得到全体会员国的承认。

10. 担保的限度

《公约》规定，除非董事会以特别多数票另作决定，机构可承担的或有负债总数不应超过机构未动用的认缴资本、储备以及董事会所确定的部分分保金总数的150%。董事会应根据其在索赔、风险多样化程度、分保范围和其他有关方面的经验，不时检查机构未满期责任中的风险状况，确定是否应向理事会建议改变或有负债的极值。理事会决定的或有负债极值总额在任何情况下都不得超越机构未动用的认缴资本、储备以及被认为是合适的部分分保资金这三项的总数的五倍。

11. 争端的解决

《公约》规定，机构的任一会员国和机构之间，或机构的会员国之间对本公约的解释或施行发生的任何争端，均应提交董事会裁决。如该问题对在董事会中设有其国民为代表的会员国有特殊影响时，该国可派遣一名代表出席董事会对该问题进行考虑的任何会议。《公约》还规定，如董事会已作出裁决，任何会员国仍可要求将争议提交理事会作最终裁决。但在理事会裁决前，机构认为有必要可以先按董事会的裁决执行。

(三) 世界贸易组织《与贸易有关的投资措施协议》

世界贸易组织虽以调整国际贸易为主，却也大量涉及国际投资领域，构成世界贸易组织国际投资法制机制的有关内容主要包含在《与贸易有关的投资措施协议》（Agreement on Trade - Related Investment Measures，简称《TRIMS》）、《服务贸易总协定》（General Agreement on Trade in Services，简称 GATS）之中。除此以外，《与贸易有关的知识产权协议》（简称《TRIPS 协议》）以及《关于争端解决规则与程序的谅解书》（DSU）等几项文件，对国际投资活动也有一定影响。

1. 《TRIMS 协议》的法律框架。

(1) 适用范围（COVERAGE）。《TRIMS 协议》第一条规定：本协定仅适用于与贸易有关部门的投资措施，例如，投资激励、经营要求、限制性商业惯例、母国限制等。

(2) 国民待遇和数量限制（National Treatment and Quantitative Restrictions）。TRIMS 协议第二条规定：任何成员方不得实施与国民待遇或取消数量限制规定不相符的任何《TRIMS 协议》。

1994 年《关税与贸易总协定》（GATT）第三条为国民待遇条款。它禁止成员方在制造、销售、运输、分配或使用等方面实施背离国民待遇原则的国内税收、费用、法律、条例及要求。因此，当一成员方某种投资措施使进口产品在其境内的待遇低于当地产品时，这种投资措施即应当被禁止。

（3）例外规定（Exception）。《TRIMS》协议第三条为例外条款，规定的例外包括：幼稚工业的建立与发展、国家政治稳定与安全、保障人类及动植物的生命或健康需要、边境贸易优惠以及为保障国际收支而实施的数量限制等。

（4）发展中国家。TRIMS 协议第四条规定，发展中国家根据《GATT》1994 第十八条（关于维持国际收支平衡）规定的范围和方式，有权暂时背离《TRIMS 协议》第二条所规定的义务。

《GATT》1994 第十八条是关于发展中国家特别待遇的条款，包括：①只能维持低生活水平，经济处于发展初期阶段的成员方。即为了加速某一特定工业的建立以提高人民的一般生活水平，在面临国际收支困难时采取数量限制方法来控制进口水平等。②经济处于发展阶段，但又不属于上述范围的成员方。

（5）通知与过渡性安排（Notification and Transitional Arrangements）。TRIMS 协议第五条共五款，规定了各成员方取消 TRIMS 的具体期限、步骤和方法。如第二款规定，发达国家成员方应在《世界贸易组织协定》生效后 2 年内取消这类 TRIMS，发展中国家成员方的期限为 5 年，最不发达国家为 7 年。

（6）透明度要求。TRIMS 协议第六条规定，有关各成员方应重申其在 GATT1994 第十条项下承诺的透明度和通知义务。

（7）磋商与争端解决。《TRIMS 协议》第八条规定，《GATT》1994 第二十二、二十三条，WTO 的《谅解》的规则应适用于本协议。

2.《TRIMS 协议》的法律性质与特点

《TRIMS 协议》非属纯投资协议，其性质介于投资与贸易之间，具有双重性质，因而被视为当今最具有广泛意义的国际投资法典，但严格地说，它的性质介于投资与贸易之间。

（1）具有明显的贸易性：①在相关的部长级会议上就宣布：TRIMS 谈判旨在"详尽地制定避免给贸易带来消极影响所必需的规则。"②《TRIMS 协议》所适用的范围仅限于与贸易有关的特定投资措施，不少投资领域的重大法律问题并未涉及。③《TRIMS 协议》所适用的国民待遇、禁止数量限制、透明度等法律原则都是货物贸易基本原则，而非完全是有关外资待遇的法律原则。④在《世界贸易组织协定》生效后 5 年内，有关《TRIMS 协议》的运行情况也由世界贸易组织属下的货物贸易理事会审查。

可见，《TRIMS 协议》首先是一项货物贸易协议，这是其与一般的双边或区域投资协定的重大区别所在。

（2）也不能完全否定《TRIMS 协议》投资协定的性质。《TRIMS 协议》有关条文的内容尚未确定，体系也未完全定型，具有"暂行规定"的性质。《TRIMS 协议》第九条中规定了在世界贸易组织协定生效后由货物贸易理事会提出修改的必要性。可见，《TRIMS 协议》只是缔约国暂时达成的临时性协议。

《TRIMS 协议》的规定体现了原则性和灵活性相结合的特点。《TRIMS 协议》既规定坚持《GATT》第三条、第十一条的经《TRIMS 协议》加以限制的原则性，同时又规定了"例外条款"，体现了相当大的灵活性。

3. 《TRIMS 协议》的法律意义与影响

该协议的法律特点主要表现在：

（1）大大促进了世界多边贸易法律体制的完善。《TRIMS 协议》成功地突破了多边贸易体制局限于货物贸易的缺陷，第一次将投资问题纳入了世界多边贸易的法律体制之中，打破了国际贸易法律体系与国际投资法律体系的隔阂。它拓宽了该法律体制的管辖范围，使多边贸易组织第一次具备了规范国际投资的职能。

（2）实现了投资领域国际立法的重大突破。国际投资领域的国际立法长期以来步履艰难，世界性的投资法典虽经长期酝酿但未有实质成就。一些国家或经济集团制定了一些协定、行动守则，但内容特定，适用范围狭窄，更不具有法律的强制性。而《1965 年华盛顿公约》（解决国家与他国国民之间投资争议的公约）、《1985 年汉城公约》（多边投资担保机构公约）虽具有较为广泛的世界性，但也仅限于解决投资争议、投资担保等个别领域的特定法律问题。《TRIMS 协议》的诞生在国际投资法的发展上具有里程碑的意义，是第一部世界范围内有约束力的实体性投资协定。

同时，《TRIMS 协议》作为 WTO 不可分割的一部分，具有了与 WTO 一样的世界性和广泛的法律约束力。

此外，《TRIMS 协议》将国民待遇、取消数量限制、透明度等一系列运用于国际贸易关系的法律原则引入国际投资法领域，从而丰富了国际投资法的内容，使传统的国际投资法发生了深刻的变革。

（3）促进了各国外资立法的统一性、公开性。为了使自己国家的外资立法与国际接轨，不少国家纷纷修改国内法，不断提高外资立法的透明度。可以说，在促进各国外资立法统一性、公开性方面，《TRIMS 协议》起到了重要的导向作用。

（4）加强了贸易与投资自由化的进程。《TRIMS 协议》在消除影响跨国投资及贸易有关的投资障碍方面迈出了一大步，从而有效地遏制了以投资措施取代关税措施的新贸易保护主义的蔓延，使国际投资与贸易自由化的范围不断扩大，程度不断加深。

（5）完善了解决国际投资争端的法律机制。WTO 的争端解决机制相关规定适用于《TRIMS 协议》，从而弥补了"解决投资争议中心"（ICSID）只解决投资者与东道国之间的投资争议，无法解决主权国家之间投资争议的缺陷，使解决国际投资争端的法律机制趋于完善。

参考书

1. 姚梅镇. 国际投资法 [M]. 修订版. 武汉：武汉大学出版社，1999.
2. 滕维藻，等. 跨国公司概论 [M]. 北京：人民出版社，1999.
3. 崔援民，等. 现代国际投资学 [M]. 北京：中国经济出版社，1999.

思考题

1. 简述国际直接投资关系的特征。

2. 简述国际直接投资法的概念、渊源及调整关系的特征。
3. 试析发达国家涉外投资法与发展中国家涉外投资法的区别。
4. 试述 BOT 投资方式的法律问题。
5. 试述跨国公司的特征和跨国公司对外投资的方式。
6. 多边投资担保机构的目标和宗旨是什么？
7. 试述世界贸易组织《TRIMS 协议》的法律性质与特点。

第十一章　国际商事仲裁法律制度

教学要点与难点

1. 了解和掌握国际商事仲裁的概念及其特征；
2. 了解和掌握国际商事仲裁规则的主要内容；
3. 了解国际商事仲裁协议的内容；
4. 了解世界贸易组织争端解决机制与程序规则。

案例导入

在某案件中，被告达文斯是英国某钢铁制造商，他与营业地在美国纽约的赫曼订立了一个独家代理合同。该合同中包含有如下仲裁条款："由本合同产生的争议应通过仲裁解决。"后来达文斯违约，因此双方发生了争议。在这种情况下，原告赫曼将此事告到法院，指控达文斯违约。达文斯则请求法院终止对该案的审理。法院的初审法官麦克米兰驳回了原告赫曼的起诉请求，指出"如果合同从来就不存在，那么作为合同一部分的仲裁协议也不存在。因为大合同中包含着小协议"。这意思是明确的：如果主合同无效，那么作为该合同一部分的仲裁条款也就随之无效。

原告赫曼不服，上诉英国上议院，即类似于美国的最高法院。上议院推翻了原判，认为该合同中的仲裁条款可以不依赖于其依据的合同而独立存在，并且裁定将此争议根据该合同中的规定提交仲裁解决。

第一节　国际商事仲裁概述

在国际经济贸易活动中，由于当事人的利益冲突以及法律制度、文化传统等因素的差异，争议的产生是不可避免的。在国际商事争议解决中，历来有仲裁、诉讼等方式。但由于仲裁方式具有显著的优点，近年来逐渐受到当事人的普遍欢迎，从而成为当今国际社会解决国际商事争议最重要的制度。

一、国际商事仲裁的概念

（一）仲裁的概念及其特征

1. 仲裁的概念

仲裁又称公断，是指双方当事人就某具体事件发生争议（或称纠纷）后，自愿共同邀请无直接利害关系的第三者判断是非，居中作出对双方具有拘束力的裁决。

2. 仲裁的法律特征

（1）仲裁实行自愿管辖。仲裁以双方当事人的协议为基础，只有双方当事人在争议发生前或争议发生后达成仲裁协议，将其争议交予仲裁机构仲裁，仲裁机构才能具有管辖权。而诉讼管辖并非是在自愿的基础上确定的，当事人无法通过协议确定管辖法院，只能向有管辖权的法院起诉。

（2）仲裁机构是民间组织。仲裁机构通常不具有国家机关的性质，它的管辖权来自双方当事人的仲裁协议。而法院是国家的司法机关，它的管辖权来源于法律的规定，而不是双方当事人的协议。

（3）仲裁的当事人具有充分的选择权。当事人可以自由选择仲裁机构、仲裁员和仲裁规则，仲裁机构不得强制。而在诉讼中，法院是按照诉讼法的规定审理案件，不受当事人的干涉。

（4）仲裁具有非公开性。为了保守当事人的秘密，仲裁以不公开审理为原则，经当事人协议公开审理的，仲裁机构才能分开审理。而在诉讼中，为保证审判的公正性，以公开审理为原则。除某些特殊案件外，当事人不享有审理方式的选择自由。

（5）仲裁裁决具有终局性。仲裁机构经审理作出裁决后，当事人不得再就同一争议申请仲裁或者向法院起诉。如果一方当事人不自动履行裁决，另一方可以向法院申请强制执行。诉讼则实行两审终审制或三审终审制。当事人对一审或二审判决不服的，还可以在法定期间内向上一级法院上诉，终审判决才具有定案效力。任何一方当事人不执行法院判决，法院都可以强制执行。

（6）仲裁具有专业性。仲裁员一般都是经济、贸易、技术、法律、海事等方面具有专业知识和实践经验的专家，这为准确、迅速地处理各种专业性、技术性较强的商事争议提供了条件。而在诉讼中，审判人员往往并不具有这方面的素质。

（二）国际商事仲裁及其特征

国际商事仲裁，是指由不同国籍的双方当事人达成协议，当双方在贸易、运输、保险、经济合作等各种商务活动中发生争议时，自愿将争议提交给双方所同意的第三者进行裁决的一种争议的方式。在国际贸易中这是解决各种国际商事纠纷和争议的重要方法。

国际商事仲裁具有以下特征：

（1）国际商事仲裁的一方或双方当事人为外国公司或其他经济组织或个人。国内商事仲裁的当事人均为同一国家的公司、经济组织或个人。

（2）国际商事仲裁的仲裁地由双方当事人协商选择；国内商事仲裁只能在本国境

内进行。

（3）国际商事仲裁中，当事人可以选择仲裁所适用的法律；国内商事仲裁须适用本国法律。

二、调整国际商事仲裁的法律规范

（一）国际条约

关于国际商事仲裁的国际条约主要包括全球性的国际公约和区域性的国际公约。前者主要包括国际联盟主持下的《仲裁条款议定书》《关于执行外国仲裁裁决公约》与联合国主持下的《关于承认与执行外国仲裁裁决的公约》。《仲裁条款议定书》是最早的全球性国际商事仲裁公约，而《关于执行外国仲裁裁决的公约》是《仲裁条款议定书》的补充。联合国在 1958 年 6 月 10 日通过的《关于承认与执行外国仲裁裁决公约》（又称纽约公约）已在事实上取代了上述两个公约，成为世界上缔约国最多的公约之一。

区域性仲裁公约主要指在一些区域性国际组织主持下所签订的国际商事仲裁公约。如《欧洲国际商事仲裁公约》《美洲国家国际商事仲裁公约》《阿拉伯国家商事仲裁公约》等。

（二）国内法

由于仲裁是解决国际商事纠纷最常用的手段，国际商事仲裁本身也是一项可创汇的重要服务，因此世界上很多国家特别是国际贸易大国非常重视国际商事仲裁立法，并注重顺应时势地对立法加以修改，以期为本国成为国际商事仲裁中心提供良好的法律环境。到目前为止，世界上大多数国家制定了自己的仲裁法，构成了国际商事仲裁国内的法律规范。

1. 法国仲裁法

法国仲裁法被收编在《民事诉讼法典》中，很多其他大陆法系国家也效法这种立法体例。法国仲裁法对国际商事仲裁表现出极大的宽容性，意思自治原则、友谊仲裁等做法皆受到充分承认。仲裁人不仅可就事实与法律问题作出决定，而且即使仲裁人有明显的错误，法院也不能推翻仲裁裁决。

法国法对国际商事仲裁的唯一禁止性规定便是裁决的作出及其执行不得违反法国的公共秩序。如，仲裁裁决不能要求被诉人清偿赌债，仲裁裁决不得仅根据一方当事人提出并为对方当事人所不知的证据文件作出等。正是由于法国法的上述诸多规定，使得法国长期保持着国际商事仲裁主要中心之一的地位。此外，法国仲裁法对德国、意大利、日本等大陆法系国家都有过重大影响。

2. 英国仲裁法

英国现行的仲裁法为《1950 年仲裁法》和《1996 年仲裁法》。《1950 年仲裁法》的特点是仲裁受法院的严格监督，具体表现在三个方面：①法院有权撤免行为不当或未能以应有速度进行仲裁和作出裁决的仲裁员；②法院有权以法律或事实上的理由审查或撤销仲裁裁决，并认为当事人以协议排除法院监督和干预的条款无效；③对仲裁中出现的"法律问题",仲裁员须列成"特别案件",提请法院解释和决定,除少数案例外,仲裁人一般不能决定法律问题。

由于《1950 年仲裁法》赋予了英国法院太多的干预权,国际商事纠纷的当事人大多不愿选英国为仲裁地。为扭转这种局面,英国制定了《1979 年仲裁法》。该法与《1950 年仲裁法》有很多不同之处,主要是削弱了法院对仲裁的监督和干预,并且承认仲裁员有权决定法律问题以及当事人在一定条件下以协议排除向法院提出上诉复审之权。

1996 年,英国又颁布了《1996 年仲裁法》。该法明确规定,在国际仲裁中,当事人可在任何时间内以协议排除法院的司法复审。该仲裁法已于 1997 年 1 月 1 日起生效。

3. 美国仲裁法

美国联邦现行的仲裁法是 1925 年制定,并于后来多次修订的《联邦仲裁法》,它主要约束州际或国际商事仲裁。美国《联邦仲裁法》也深受英国普通法制的影响。但由于州际及国际贸易的需要,美国很早就采用了一些与英国不同的规则,如承认仲裁条款的不可撤销性原则。美国现行的《联邦仲裁法》和有关判例已放弃了英国法中的很多法则,允许仲裁的事项日益扩大,法院对仲裁干预越来越少。概括地说,美国也在朝着成为世界特别是美洲商事仲裁中心的方向努力。

4. 中国的国际商事仲裁法律制度

中国目前的国际商事仲裁法制主要由下列法律中的有关规定所构成:中国缔结或参加的国际条约或公约、1995 年 9 月 1 日生效的《中华人民共和国仲裁法》。该仲裁规则除详细规定了仲裁程序外,还就仲裁委员会的受案范围、仲裁委员会的地址和分支机构、仲裁委员会的组织、仲裁员名册、仲裁规则的选用、仲裁适用的法律作了规定。中国海事仲裁委员会也制定了自己的仲裁规则,从其内容看,它与中国国际经济贸易仲裁委员会的《仲裁规则》大体相同,只是在受案范围上有所不同。此外,中国的《民事诉讼法》《合同法》等法律中均有关于仲裁的规定。总的来说,中国也成为世界上重要的国际商事仲裁中心之一。

(三)国际商事仲裁示范法和仲裁规则。

1. 示范法(Model Law)

示范法既不是国际条约,亦非国内立法,而是一种法的模式或样板。它通常由某一国际组织主持制定,然后由各主权国家采纳为国内法。在采纳示范法时,各国还可以进行修订或补充。示范法对于协调与统一各国国内法具有重要的意义。这方面最重要的示范法当属联合国国际贸易法委员会于 1985 年制定的《国际商事仲裁示范法》,该示范法在促进各国仲裁立法的协调化与统一化方面发挥了很大作用。

2. 仲裁规则

仲裁规则是指国际组织或常设仲裁机构所制定的关于仲裁的程序规则。这种规则本身不是正式意义上的法律,但一经当事人双方采用,即对该当事人及仲裁庭有拘束力。

三、国际商事仲裁机构的基本形式和规则

(一) 国际仲裁机构的基本形式

国际仲裁机构有两种基本形式:

1. 常设仲裁机构

常设仲裁机构即有固定组织形式、固定仲裁程序规则的仲裁机构。如果采用常设仲裁机构,应在仲裁条款中写明具体机构的名称,如果采用临时仲裁机构应写明仲裁组成的方式以及采用什么程序进行审理。经验证明,通过常设仲裁机构进行仲裁有这样的好处,它可帮助当事人指定仲裁员,提供工作上的各种方便,如传递文件和证据、开庭时安排记录和配备翻译等。

2. 临时仲裁机构

临时仲裁机构指根据当事人的仲裁协议在争议发生后,直接由当事人指定的仲裁员自行组成仲裁庭进行仲裁,结案后即自动解散。

3. 常设国际仲裁机构的类别

常设机构可分为国际性的、地区性、全国性的以及行业性的等。

国际性的仲裁机构有国际商会仲裁机构。各国仲裁机构有的附设在商会性质的社会团体内,有的独立存在。

(二) 国际商事仲裁规则

一般而言,一个完整的仲裁规则应当包括以下主要内容:①管辖。它主要包括仲裁机构的受案范围和条件等方面的内容。②仲裁机构组织。它主要包括仲裁机构人员、仲裁员名册、分会、仲裁地点等方面的内容。③仲裁程序。仲裁规则规定的仲裁程序与仲裁法规定的仲裁程序大体相似,只不过是比仲裁法的规定更为详尽而已。④附则。它主要包括仲裁使用的语言、送达、仲裁费用等事项。

目前《联合国国际贸易法委员会仲裁规则》在世界范围内的影响较大,该规则制定于1976年。它不属于任何仲裁机构,但却经常得到国际商事仲裁关系中当事人的选用,包括我国在内很多国家的国际商事仲裁机构都参照该规则制定自己的仲裁规则。

(三) 世界上有影响的国际商事仲裁机构

1. 国际商会仲裁院

国际商会成立于1919年,其仲裁院设立于1923年。仲裁院本身并不直接仲裁争议,如果当事人把争议提交该院,该院即请有关国家的国际商会国家委员会具体办理。该院的主要任务是提供解决国际商事争议的仲裁规则,与审理争议的有关国家委员会一起主持一些审理程序上的事务,包括:保证该院制定的仲裁规则的实施;指定仲裁员或确认当事人所指定的仲裁员;决定对仲裁员的异议是否正当;指定仲裁裁决的形式等。国际商会仲裁院现行的仲裁规则制定于1998年。

2. 美洲国家商事仲裁委员会

具有民间性质的该仲裁机构成立于1934年,现已成为美洲国家间进行商事仲裁的

重要机构。该机构的仲裁规则吸收了《联合国国际贸易法委员会仲裁规则》中的很多内容。

3. 斯德哥尔摩商会仲裁院

该仲裁院成立于 1917 年，是世界上著名的商事仲裁机构，特别是东、西方国际商事仲裁的机构，其现行的仲裁规则制定于 1988 年。

4. 美国仲裁协会

该仲裁协会成立于 1926 年，其现行的国际商事仲裁规则制定于 1991 年。

5. 中国国际商事仲裁机构

中国的国际商事仲裁机构成立于 1956 年，当时被称为"对外贸易仲裁委员会"，现名为"中国国际经济贸易仲裁委员会"。其现行的仲裁规则制定于 1998 年。随着中国国际商事仲裁法制的完善及该仲裁机构本身的长期努力，其近年来的年收案数经常位居世界第一，这足以说明中国已成为国际商事仲裁的重要中心。

除上述非常有影响的仲裁机构和仲裁规则外，亚洲及远东经济委员会商事仲裁中心及其仲裁规则、我国香港国际仲裁中心及其仲裁规则、瑞士苏黎世商会仲裁院及其仲裁规则、英国伦敦国际仲裁院及其仲裁规则等也有较大影响。

第二节 国际商事仲裁协议

案例导入

该案的案情是，1966 年，法国埃尔夫公司与伊朗国家石油公司签订了勘探和生产石油的协议，协议中载有仲裁条款，规定在发生纠纷时将由独任仲裁员处理；同时又规定，"在作出裁决时，仲裁员不受任何特别法律规则的限制，但应有权在考虑公平和普遍承认的法律原则，特别是国际法原则的基础上作出裁决"。1978 年，双方因投资偿还与石油价格问题发生纠纷。1980 年 8 月 11 日，伊朗石油公司通知埃尔夫公司，根据伊朗革命委员会的法令，1966 年的协议从一开始就无效。埃尔夫公司根据该协议中的仲裁条款，请求丹麦最高法院院长指定仲裁员，戈马德教授被指定为独任仲裁员，于是伊朗石油公司对仲裁员的权力提出异议。

对该案的审理首先应解决下面两个问题：①根据协议中的仲裁条款所指定的仲裁员，是否有权就其作为仲裁员的权限作出决定？②即使协议一方当事人对合同效力提出异议，协议中的仲裁条款是否享有独立性，使其成为双方当事人之间仲裁的基础？

对于第一个先决事项，戈马德教授指出，仲裁员有权就权限问题作出决定，这是有关仲裁的公约以及不少仲裁裁决所承认的国际仲裁的基本原则。对于第二个先决事项，这位教授的观点是，仲裁条款不受主合同效力的影响是普遍接受的国际仲裁的法律原则，并被各项关于仲裁的国际公约广泛接受，如果事实表明在当事人之间从未存在过有效的仲裁条款则另当别论，然而，本案的事实并非如此。基于上述理由，戈马德教授认为，仲裁条款仍然约束双方当事人，伊朗国家石油公司声称该协议从一开始就无效丝毫不影响其效力，而这个结论决不排除仲裁员在以后就该项石油勘探和生产协议是否有效问题作出裁决。

一、国际商事仲裁协议的概念和形式

国际商事仲裁协议，是指进行国际贸易或商事交易的双方当事人合意将他们之间业已发生或将来可能发生的争议提交某仲裁机构仲裁解决的一种书面文件，是仲裁机构受理仲裁案件的依据。

由于关系到双方当事人的切身利益，因此国际上普遍要求仲裁协议采用书面形式，主要包括以下三种形式：

（1）仲裁条款。即由双方当事人在争议发生之前在合同中或作为合同的一部分订立的，表示愿把将来可能发生的合同争议提交仲裁的条款。这是最常见的一种仲裁协议。

（2）仲裁协议书。即双方当事人在争议发生之前或之后平等协商，共同签署的有关争议提交仲裁解决的专门性文件。

（3）其他书面材料。即双方当事人协商同意将争议提交仲裁函电和其他书面材料。

二、国际商事仲裁协议的内容

1. 提交仲裁的争议事项

当事人在仲裁协议中明确表示将何种争议提交仲裁解决是仲裁庭受理案件的重要依据之一，也是当事人申请有关国家法院承认和执行仲裁裁决的必备条件之一。如果一方当事人申请仲裁的争议不属于仲裁协议所约定的争议事项，另一方当事人有权对仲裁庭的管辖权提出异议并拒绝参加仲裁，在这种情况下，即使仲裁作出了仲裁裁决，也得不到有关国家法院的承认和执行。

2. 仲裁地点

在国际贸易交易中，交易双方一般都力争在本国进行仲裁。因为按各国法律，凡属程序问题，原则上适用仲裁地法，即在哪个国家仲裁，就适用哪个国家的仲裁法。而适用不同国家的法律可能会对双方当事人的权利、义务作出不同的解释，得出不同的结果。

中国企业在订立涉外经济合同时，对仲裁地点主要采取以下三种规定办法：

（1）明确规定在中国仲裁机构仲裁；

（2）明确规定在被告所在国家的仲裁机构仲裁，这是双方力争在本国仲裁不成时采取的折中方法；

（3）明确规定在第三国仲裁，我国当事人在作此种选择时，多选择在与我国关系友好、仲裁法和仲裁规则完备且公平合理、仲裁机构的业务能力较强且国际信誉较高的国家仲裁，如瑞典斯德哥尔摩商会仲裁院和国际商会仲裁院。

3. 仲裁机构

在多数情况下，仲裁机构与仲裁地点是一致的。当事人选择某地作为仲裁地点，也就选择了该地的常设仲裁机构进行仲裁。但若仲裁地点有几个仲裁机构或没有仲裁机构，则应在仲裁协议中选定其中的一个或组成临时仲裁机构。

4. 仲裁规则

仲裁规则对仲裁结果的影响很大，运用不同的仲裁规则可能会产生不同的结果。通常仲裁条款规定在哪个仲裁机构仲裁，就应按那个仲裁机构制定的仲裁程序规则审理仲裁案件。但如前所述，有的仲裁机构也允许当事人另选仲裁规则。

5. 仲裁裁决的效力

仲裁裁决的效力是指裁决是否直接具有终局性，对双方当事人的约束力如何，以及裁决能否向法院提起上诉等。为了明确仲裁裁决的效力，避免引起复杂的上诉程序，双方当事人在订立仲裁条款时一般都规定仲裁裁决具有终局性，不得再向法院上诉要求予以变更。

6. 仲裁适用的法律

若主合同对根据何国实体法来确定双方当事人的权利和义务已有约定，则仲裁协议无须重写，若主合同对此没有约定，则可在仲裁协议中加以规定，若双方达不成协议，也可留待仲裁机关根据实际情况确定。

第三节 国际商事仲裁程序

国际商事仲裁程序，是指国际商事仲裁案件从申请至仲裁庭作出裁决的全过程。各国仲裁法及各种仲裁机构的仲裁规则都对仲裁程序作了比较详细的规定。《中国国际经济贸易仲裁委员会仲裁规则》（简称《仲裁规则》）有以下程序。

一、仲裁申请和受理

1. 仲裁申请

申请人提出仲裁申请时应提交仲裁申请书，申请人所提出的仲裁申请书应叙明下列申请：申诉人、被诉人的名称和地址；申诉人的要求和所根据的事实和证据；申诉人所依据的仲裁协议。

2. 仲裁受理

仲裁委员会收到仲裁申请书后，应初步审查仲裁协议是否有效、申请仲裁的争议事项是否属于仲裁协议的范围、仲裁申请是否超过仲裁时效、仲裁申请书内容是否完备等问题。对认为符合受理条件的应受理，并通知当事人；认为不符合受理条件的，应书面通知当事人不予受理，并说明理由。

被申请人收到仲裁申请书副本后，依《仲裁规则》规定应于45天内向仲裁委员会提交答辩书。仲裁委员会收到答辩书后，应在《仲裁规则》规定的期限内将答辩书副本送达申请人。被申请人未提交答辩书的，不影响仲裁程序的进行。申请人可以放弃或变更仲裁请求。被申请人可以承认或者反驳仲裁请求，并有权提出反请求。

二、仲裁庭的组成

仲裁庭通常由 3 人组成。《仲裁规则》第二十四条规定，双方当事人各自在仲裁委员会仲裁员名册中指定 1 名仲裁员，然后由仲裁委员会主席从仲裁名册中指定第三名仲裁员作为首席仲裁员，组成仲裁庭。如果双方当事人同意，也可以仅由 1 名独任仲裁员审理案件。

为了确保仲裁的公正性，避免由于有利害关系的仲裁员参与仲裁，《仲裁规则》规定，被指定的仲裁员若与案件有利害关系，应自己向仲裁委员会披露并请求回避；当事人如有正当理由怀疑被指定的仲裁员的公正性和独立性时，也有权向仲裁委员会提出书面申请，要求该仲裁员回避。

1. 仲裁审理

依《仲裁规则》规定，仲裁庭应开庭审理案件。但若双方当事人同意或提出申请，仲裁庭也不可开庭审理，只依据书面文件进行审理，并做出裁决。

仲裁庭在开庭审理案件时不公开进行，若双方当事人要求公开审理，则由仲裁庭做出决定。

在仲裁庭开庭时，若一方当事人不出席，仲裁庭可以进行缺席审理和作出缺席裁决。

2. 仲裁裁决

按照《仲裁规则》规定，仲裁庭应当在组成仲裁庭后 9 个月内做出仲裁裁决书。但如有正当理由，可以延长该期限。凡是由 3 名仲裁员组成仲裁庭审理的案件，裁决应依多数仲裁员的意见决定，少数仲裁员的意见可以作成记录附卷，但当仲裁庭不能形成多数意见时，应依首席仲裁员的意见作出裁决。

仲裁庭对其做出的仲裁裁决应当说明裁决所依据的理由，并由仲裁庭全体或多数仲裁员署名。

仲裁裁决是终局的，任何一方当事人都不得向法院起诉，也不得向其他机构提出变更仲裁裁决的要求。

3. 简易程序

由于涉外仲裁案件中有些争议的金额较小、案情较简单，《仲裁规则》对此特别规定了一章简易程序，以简化这类案件的仲裁程序，促进我国涉外仲裁事业的进一步发展。

按照《仲裁规则》规定，除非当事人另有约定，凡争议金额不超过人民币 50 万元的，或虽超过 50 万元，但经一方当事人书面申请并取得另一方当事人同意的，均可采用简易程序处理。

简易程序的主要内容包括：①由一名独任仲裁员组成仲裁庭；②提交答辩的时间缩短为收到仲裁通知之日起 30 天；③仲裁庭可以仅依据当事人提交的书面材料及证据进行书面审理，不一定都要开庭审理，如需开庭审理，亦只需提前 10 天通知双方当事人；④作出裁决的时间也大大缩短，凡需开庭审理的案件，应于开庭之日起 30 开内作出裁决；如属于书面审理的案件，则应于仲裁庭组成之日起 90 天内作出裁决。

第四节 国际商事仲裁裁决的承认和执行

国际商事仲裁裁决的承认与执行，是指法院或其他法定的有权机关承认国际商事仲裁裁决的终局约束力，并予以强制执行的制度。

知识拓展

从各国仲裁立法来看，各国仲裁都赋予裁决法律效力，故本国仲裁裁决无须得到本国法院的另行承认，就可以立即执行。但是，一个国家没有义务赋予外国仲裁裁决在本国境内的法律效力，法律另有条约约定的除外。所以，本国法院往往需要承认外国仲裁裁决，然后才予以执行。

在国际上，解决各国在承认和执行外国仲裁裁决的国际公约主要有：①1923 年《关于仲裁条款的日内瓦议定书》；②1927 年《关于执行外国仲裁裁决的国际公约》；③1958 年《承认和执行外国仲裁裁决的公约》，即《纽约公约》。现在《纽约公约》成为当前国际上关于承认和执行外国仲裁裁决的最主要公约。我国已于 1986 年 12 月正式加入该公约，但有两项保留：一是仅适用于缔约国间作出的裁决；二是只适用于商事法律关系所引起的争议。

一、1958 年《纽约公约》的主要内容

1. 承认和执行"外国仲裁裁决"的条件

按照《纽约公约》的规定，外国仲裁裁决是指在一个国家的领土内做成，而在另一个国家请求承认和执行。作出裁决和要承认裁决的国家一定是《纽约公约》的参加国。各缔约国应该相互承认仲裁裁决有拘束力，并保证执行。各缔约国可以根据《纽约公约》第一条第三款的规定，在批准《纽约公约》时声明，在按照对等的条件下将《纽约公约》适用于非《纽约公约》参加国作成的裁决。

2. 拒绝承认和执行"外国仲裁裁决"的条件

《纽约公约》第五条详细规定了拒绝承认和执行外国仲裁裁决的条件。被请求执行的国家主管机关在被诉人能够提供下列情况之一的证明时，可以依被诉人的请求拒绝承认和执行裁决：

（1）签订仲裁协议的双方当事人根据对他们适用的法律，在当时处于某种无行为能力的情况下，或者根据双方当事人选定适当的法律，或在没有这种选定的时候，根据作出裁决的国家的法律，上述协议无效。

（2）对作为裁决执行对象的当事人未曾给予指定仲裁员，或者进行仲裁程序的适当通知，或者作为裁决执行对象的当事人由于其他情况未能提出申辩。

（3）裁决涉及仲裁协议所未曾提到的或者不包括在仲裁协议规定之中的争执，或者裁决内含有对仲裁协议范围以外事项的决定。

（4）仲裁庭的组成或仲裁程序同当事人之间的协议不符，或者当事人之间未订此种协议时，而又与进行仲裁的国家的法律不符。

（5）裁决对当事人尚未发生约束力，或者裁决已由作出裁决的国家或裁决所依据

的法律的国家主管机关撤销或停止执行。

《纽约公约》第五条还规定，被请求承认和执行仲裁裁决的国家主管机关如果查明有下列情况之一者，也可以拒绝承认和执行：①争执的事项，依据这个国家的法律，不可以用仲裁方式解决；②承认或执行该项裁决和该国的公共秩序相抵触。

二、对本国的国际商事仲裁裁决的承认和执行

依本国法确认为本国的国际商事仲裁裁决的承认和执行，包括中国在内的很多国家对此处理得很简单。即与本国的纯国内商事仲裁裁决的承认和执行制度一样，由获得有利裁决的一方当事人向有管辖权的法院提出申请，该法院收到申请后即对仲裁协议和裁决作出形式审查，经审查认为形式上合法后，即发布执行该裁决的命令，予以强制执行。但是在执行过程中，若对方当事人依法提出了有效的异议，则强制执行行为应予以中止，待异议经法院审查不成立后再继续强制执行。当然，对方当事人的异议经法院审查认为成立的，该仲裁裁决就不能被执行。

根据中国《民事诉讼法》第三百六十条规定，对中国涉外仲裁机构作出的仲裁裁决（其中的绝大多数可称为中国的国际商事仲裁裁决）被申请人提出证据证明仲裁裁决有下列情形之一的，经人民法院组成会议庭审查核实，裁定不予执行：①当事人在合同中没有订立仲裁条款或事后没有达成书面仲裁协议的；②被申请人没有得到指定仲裁员或进行仲裁程序的通知，或者由于其他不属于被申请人负责的原因未能陈述意见的；③仲裁庭的组成或仲裁的程序与仲裁规则不符的；④仲裁的事项不属于仲裁协议的范围或者仲裁机构无权仲裁的。

三、外国仲裁裁决在中国的承认和执行

我国《民事诉讼法》第二百六十九条规定：国外仲裁机构的裁决，需要中华人民共和国人民法院承认和执行的，应当由当事人直接向被申请人住所地或者其财产所在地的中级人民法院申请，人民法院应当依照中华人民共和国缔结或者参加的国际条约，或者按照互惠原则办理。我国法院承认和执行外国仲裁裁决的前提条件是两国之间存在着条约关系或者互惠关系。

第五节　世界贸易组织争端解决机制与程序规则

一、争端解决机制与程序规则的概念

解决争端机制与程序规则是指为了保障多边贸易体系安全、维护成员之间权利与义务的平衡、为争端寻求积极的解决办法而建立的对多边贸易的保护体制和保障制度。目前，世界贸易组织已成为国际经济贸易领域中解决贸易争端和贸易摩擦的唯一多边裁决机构。乌拉圭回合最后通过的《关于争端解决规则与程序的谅解书》则是解决争端的程序规则。

知识拓展

　　随着各国经济关系的日益密切，国与国之间的竞争加剧，贸易摩擦也日益增多。为确保贸易能公平、公正地进行，需要一个有效的争端解决程序和机制。为了进一步强化世界贸易组织的争端解决机制，乌拉圭回合谈判较全面、彻底地对争端解决规则和程序作了改进，并最终形成了《关于争端解决规则与程序的谅解书》。世界贸易组织《关于争端解决规则与程序的谅解书》的核心是精细的操作程序、明确的时间限制以及严格的交叉报复机制。通过这样一个强化了的机制，世界贸易组织希望能更迅速、更有效地处理成员之间的贸易纠纷和摩擦，维护他们之间的权利与义务，督促各成员更好地履行各项协议的义务及其所做的承诺。

二、世界贸易组织争端解决机制的特点

　　1. 建立了统一的争端解决程序

　　《关于争端解决规则与程序的谅解书》（以下简称《谅解》）综合了关贸总协定成立以来在解决贸易争端方面逐步形成的原则和程序。它既适用于《建立世界贸易组织协定》，又适用于多边贸易协定和诸边贸易协定。因此《谅解》不仅扩大了管辖范围，而且在适用程序的选择方面有了明确的规定，这样就避免在适用法律上出现分歧，为解决程序的迅速启动奠定了基础。

　　2. 严格规定了争端解决的时限

　　《谅解》及其附件对于争端解决的各个阶段都确定了严格明确的时间表。例如，专家小组的审案时间一般不超过 6 个月，遇有紧急情况，则应在 3 个月内完成。但无论遇到何种情况，审案的时间不得超过 9 个月。这既有利于及时纠正成员违反世界贸易组织协定或协议的行为，使受害者得到及时的救济，也有助于增强各成员对多边争端解决机制的信心。

　　3. 设立了争端解决机构（Dispute Settlement Body，DSB）

　　世界贸易组织成立了专门负责解决争端的机构，该机构隶属于世界贸易组织总理事会之下，由一位主席主持，并有自己的议事规则和程序。

　　4. 增设了上诉程序

　　世界贸易组织争端解决的程序中设立了上诉程序，并建立了相应的常设上诉机构受理上诉的案件。这是关贸总协定的程序所没有的。《谅解》规定，任一当事方均有上诉权，但上诉须限制在专家组报告所涉及的法律问题和专家组作出的解释范围内。上诉机构可维持、修改或推翻专家组的裁决和结论。

　　5. 实行"反向协商一致"的决策原则

　　在争端解决机构审议专家组报告或上诉机构报告时，只要不是所有的参加方都反对，则视为通过。从关贸总协定的"一致同意"原则，转变为除非"一致同意"反对，这一转变大大增强了执法的力度。因为在一般情况下，"一致同意"否定某项决议的意见很难达成，从而排除了败诉方单方面阻挠报告通过的可能。

　　6. 引入交叉报复的做法

　　如果成员在某一领域的措施被裁定违反世界贸易组织协定或协议，且该成员未在

合理期限内纠正，经争端解决机构授权，利益受到损害的成员可以进行交叉报复。报复应首先在被裁定违反世界贸易组织协定或协议措施的相同领域进行，称为平行报复；若很难进行或其效力很小，报复可以在同一协议项下的不同部门中进行，称为跨领域报复；如仍不行，报复可以跨协定或协议进行，称为跨协议报复。

通过授权进行交叉报复，使有关当事方可挑选更有效的方式对违反协议的情况进行报复，这就从另一方面促使败诉方认真考虑执行裁决。可进行交叉报复的规定被视为提高世界贸易组织争端解决机制效力的有力措施之一。

7. 设立对最不发达成员的特别程序

在确定涉及一个不发达国家成员争端的起因和争端解决程序的所有阶段，应特别考虑最不发达国家的特殊情况。在此方面，各成员在根据这些程序提出涉及最不发达国家的事项时应表现适当的克制。如认定利益的丧失或减损归因于最不发达国家成员所采取的措施，则起诉方在依照这些程序请求补偿或寻求中止实施减让或其他义务的授权时，应施加适当的限制。

此外，在涉及一个不发达国家成员的争端解决案件时，在磋商中未能找到令人满意的解决办法，如有最不发达国家成员请求，应在设立专家组之前，进行斡旋、调解和调停，协助各方解决争端。

三、世界贸易组织争端解决的基本程序

世界贸易组织争端解决的基本程序包括磋商、专家组审理、上诉机构审理、裁决的执行及监督等。除基本程序外，在当事方自愿的基础上，也可以采用仲裁、斡旋、调解和调停等方式解决争端。

贸易争端的解决通常要经过以下程序：

1. 磋商

磋商是争端解决的第一个阶段，是指两个或两个以上的成员方为解决贸易争端或达成谅解进行交涉的一种形式。当一方提出请求磋商时，被请求方应在 10 日内作出答复，同意磋商时应在 30 天内进行磋商，以寻求双方满意的解决办法。如果被请求方未在规定的期限内作出答复或进行磋商，或者争端当事方在收到磋商请求后的 30 天内通过磋商不能解决争端，投诉方可请求成立专家小组。在紧急情况下，各当事方应从收到请求日起不超过 10 天内进行磋商，如果在收到请求后的 20 天内未能磋商解决争端，投诉方即可请求成立专家小组。

2. 斡旋、调解和调停

斡旋、调解和调停是由争端当事方同意而自愿选择的程序。争端的任何一方可以在任何程序或任何程序上的任何时候请求斡旋、调解、调停。而且，一旦斡旋、调解和调停被终止，投诉方可请求成立专家小组。但是，当斡旋、调解和调停在收到磋商请求后的 60 天内进行时，投诉方在 60 天内不得请求成立专家小组，除非争端当事方均认为斡旋、调解和调停已不能解决争端。

3. 专家小组

当投诉方提出请求建立专家小组后，最迟应在此请求列入争端解决机构的正式议

程会议后的下一次会议上成立专家小组，除非在那次会议上争端解决机构以协商一致方式同意不成立专家小组。专家小组由3人组成，如果各方同意，也可以由5人组成。专家小组的成员应确保有独立性和多样性的背景、丰富的经验。除非争端各方均同意，否则争端当事方的公民或在争端中有实质利害关系的第三方的公民都不得作为有关争端的专家小组成员。

专家小组的职责是帮助争端解决机构履行世界贸易组织规则所赋予的责任。因此，专家小组应该就其所面对的事项以及各有关协议适用范围的一致性作出客观的评价，同时提出其他有助于争端解决机构制定各项建议或作出各项裁决的调查材料。专家小组应经常与争端各当事方进行磋商，并给他们足够的机会以达成双方满意的解决办法。

专家小组应在6个月内完成工作，最长不得超过9个月。在紧急情况下，专家小组应在3个月内向争端当事方作出报告。

专家小组的报告完成后，便提交给争端解决机构。为了给各成员方提供足够的时间来考虑专家小组的各项报告，争端解决机构只有在这些报告向各成员方分发20天后才能考虑予以通过。对专家小组报告提出异议的各成员方，至少应在将要审议该项报告的争端解决机构会议的前10天提交解释其异议的书面理由。争端各当事方应有权全面参与由争端解决机构主持对专家报告的审议，他们的各种意见均应被充分记录在案。专家小组报告向各成员方发送后60天内，该报告应在争端解决机构会议上予以通过，除非争端一方已正式将上诉决定通知争端解决机构，或者争端解决机构协商一致决定不通过报告。

4. 上诉复审

上诉机构由7人组成，它们不属于任何政府，是公认的权威，精通法律、国际贸易和各有关协议的主题内容。7人中，只有3人可以同时接一个案子。上诉只能由争端当事方提出，但按有关规定已经向争端解决机构通报其在事件中具有重大利益的第三当事方，可以向常设上诉机构提供书面意见，并由上诉机构给予机会以听取第三方意见。上诉机构应该在与争端解决机构主席及世界贸易组织总干事磋商的基础上制定上诉审议的程序。上诉机构在审理上诉的过程中，应该考虑专家小组报告中涉及的法律及由专家小组所作的法律解释。上诉机构可以维持、修改或推翻专家小组的法律认定和结果。按一般规则，自一争端方正式通知其上诉之日起到上诉机构作出决定止应不超过60天。在紧急情况下，常设上诉机构将决定其相应的进度。如上诉机构认为在60天内不能提交报告，则它必须以书面的方式通知争端解决机构，说明延期的理由和估计提交报告的时间。但无论如何，该程序不应超过90天。

上诉机构的报告应该在向各成员方散发后30天内由争端解决机构通过，除非争端解决机构一致决定不通过该报告。争端各当事方应该无条件接受已经通过的报告，这一通过程序无损于各成员方就上诉报告发表其意见的权利。

5. 裁决的实施

为确保各成员履行争端解决机构做出的建议或裁决，世界贸易组织制定了特殊的执行措施：

（1）强化监督。在专家小组或上诉机构报告通过后的30天内举行的争端解决机构会议上，有关成员应将其执行争端解决机构的建议与裁决的打算通知争端解决机构。如果该成员不能及时履行有关建议与裁决，它应在一个合理的期限内履行。一般来说，执行专家小组或上诉机构建议的期限不得超过 15 个月。

因执行有关裁决而采取的措施是否与有关协定保持一致而引起的争论，依然可以诉诸争端解决程序，也可求助于原专家小组以求得解决。专家小组应从争端提交之日起 90 天内发布报告，否则就要告知争端解决机构延期的理由及提交报告的预计期限。任何成员方都可随时向争端解决机构指出败诉方在执行有关建议或裁决中所存在的问题，此类问题应于履行各项建议和裁决的合理期限确定之日起的 6 个月后列入争端解决机构会议的议事日程，一直到问题被解决为止。有关成员应至少在每次处理此类问题的争端解决机构会议举行的前 10 天，向争端解决机构就实施有关建议或裁决的进展情况提供书面报告，除非争端解决机构协商一致决定不同意执行建议或裁决。如有发展中国家涉及裁决或建议的执行问题，则应该考虑适用世界贸易组织有关协议的规定，给予发展中国家差别性的、更为优惠的待遇。争端解决机构不但要考虑被控诉的有关措施所涉及的发展中国家贸易领域中的情况，而且应该考虑该措施对发展中国家的经济影响。若认定最不发达的成员方所采取的措施导致利益的取消或损害，则起诉方在按照有关程序请求补偿或寻求中止减让或其他义务的授权时，应该施加适当的限制。

（2）补偿。如果有关成员方认为无法在合理期限内执行争端解决机构的建议和裁决，该成员方可在合理期限结束前与投诉方进行谈判，提出对投诉方进行补偿的请求，并达成双方均能接受的赔偿办法。赔偿必须是自愿的，且必须与有关协议一致。

（3）交叉报复。如果当事方未能在合理时间期满后 20 日内达成令人满意的赔偿协议，任一当事方可请求争端解决机构授权中止履行有关协定项下的减让或其他义务，即"报复"。此时，起诉方应遵循以下原则和程序：①起诉方应在专家小组或上诉机构已认定其利益受到损害或被取消的部门内寻求中止减让或中止义务。②若起诉方认为在同一部门中止减让或中止义务的做法不切合实际或者无效力，而且情况十分严重，可以在同一协定中的其他部门中止减让或其他义务。③如在同一协定中其他部门的制裁仍然不能奏效，且情况十分严重，则可以在另一协定的部门内实行中止减让或中止其他义务。④适用以上手段时要考虑到这一领域对对方的重要性和中止减让或其他义务对对方的影响，并考虑到把制裁水平限定在自己的利益丧失或损害的限度内，争端解决机构所授权的中止水平应与有关成员方的利益或受到损害的水平相同。⑤争端一方如果要求在同一协定其他部门或在其他协定规定的部门内中止减让或其他义务，应该说明理由并通报世界贸易组织有关委员会或理事会，并且必须有整个多边贸易机构的参与，不允许单方面决定。⑥对于世界贸易组织有关规则禁止中止减让或其他义务的行为，争端解决机构则不应该授权这些中止。

（4）赔偿和报复措施的取消。中止减让或其他义务是临时性的措施，一旦出现下列三种情况，则应结束中止：①败诉方与有关适用协定的规定不相符的措施已被取消。②需要执行建议或裁决的有关成员方对丧失或损害有关利益的问题提出了解决办法。③已达成双方满意的解决办法。

参考书

1. 赵威, 等. 国际仲裁法理论与实务 [M]. 北京: 中国政法大学出版社, 1995.
2. 陈治东. 国际商事仲裁法 [M]. 北京: 法律出版社, 1998.

思考题

1. 简述仲裁的法律特征。
2. 试述《纽约公约》规定的承认和执行仲裁裁决的条件。
3. 试述世界贸易组织争端解决的基本程序。